Roland Hardmeier

Du bist da in meinem Schmerz

www.fontis-verlag.com

Meiner Frau
Elisabeth Hardmeier-Gurtner
in Dankbarkeit

Roland Hardmeier

Du bist da in meinem Schmerz

Wie Gott in unserem Leiden wirkt

fontis

Bibliografische Information der Deutschen Nationalbibliothek
Die Deutsche Nationalbibliothek verzeichnet diese Publikation in der Deutschen Nationalbibliografie; detaillierte bibliografische Daten sind im Internet über www.dnb.de abrufbar.

Der Fontis-Verlag wird von 2021 bis 2024
vom Schweizer Bundesamt für Kultur unterstützt.

Die Bibelzitate stammen zum Großteil aus:
Einheitsübersetzung der Heiligen Schrift 1980 und 2016. In wenigen Fällen aus:
Gute Nachricht Bibel 2018, «Hoffnung für alle» (2015) oder Lutherbibel 2017.

Umschlag: CaroGraphics, Carolin Horbank, Leipzig
Bild Umschlag: Blue Planet Studio – stock.adobe.com
Satz: InnoSetAG, Justin Messmer, Basel
Druck: Finidr
Gedruckt in der Tschechischen Republik

ISBN 978-3-03848-257-4

Inhalt

Bevor wir loslegen: Die Dame in Schwarz

Es liegt mehr als zehn Jahre zurück, aber ich kann mich noch gut erinnern: Ich sitze in einem Zimmer, das breit genug ist, dass ein Bett, ein Schrank und am Fenster ein Tisch Platz haben. Ein Freund hat mich eine Stunde zuvor am Eingang der Klinik abgesetzt, weil ich physisch und psychisch zusammengebrochen war.

«Da bin ich also», ging es mir durch den Kopf, «ein gestrandeter Pastor und Dozent. Einer, der anderen half bis zum Umfallen und jetzt selbst Hilfe braucht.» Ich glaubte damals, schnell zu Kräften zu kommen und in meinen Dienst als Pastor zurückzukehren. In Wahrheit stand ich in den Ruinen meines Lebens. Ich konnte nicht wissen, dass Aufenthalte in weiteren Kliniken folgen sollten und ich weder meinen Job noch meine Gesundheit wiederbekommen würde. Seither sind chronische Migräne meines vestibulären Systems, Schwindel, Schlafstörungen, Erschöpfung und Arbeitseinschränkungen meine täglichen Begleiter.

Manchmal fühlt es sich an, als würde das, was ich glaube, unter dem Druck des Leidens wegbrechen. Trotzdem bin ich gehalten. Ich bin manchmal am Boden, aber nicht am Ende, manchmal verzweifelt, aber nie verlassen. Etwas hat sich in den Jahren des Leidens fast unbemerkt meiner bemächtigt: die Gewissheit, dass der lebendige Gott da ist in meinem Schmerz. Von dieser Hoffnung handelt dieses Buch.

Vor einigen Jahren erkrankte Alexandra, eine Mutter mit drei schulpflichtigen Kindern aus unserer Kirche, an Krebs. Sie kämpfte tapfer und war voller Glauben. Als es ihr besser ging, fragte sie mich, ob ich ihr helfen würde, ein Buch über ihre Erfahrung zu schreiben. Doch dann verschlechterte sich ihr Zustand. Der letzte Kontakt, an den ich mich erinnere, fand statt, als ich in einer Klinik auf Epilepsie untersucht wurde. An einem Ende der Leitung ich, völlig erschöpft wegen Schlafentzug, mit einem Dutzend Elektroden auf meinem Kopf, die fast wie Rasta-Locken aussahen. Am anderen Ende Alexandra auf einer Krankenstation mit Schmerzen und schwächer werdender Stimme. Da waren wir beide, gebeutelt vom Leben, aber gehalten vom Lebendigen. Weil es solche Erfahrungen gibt, schreibe ich dieses Buch.

Warum gibt es so viel Schmerz?

Leiden ist wie eine Dame in Schwarz, die uns zu Tisch bittet. So etwa hat es der berühmte Schweizer Psychiater Carl Gustav Jung ausgedrückt. Wenn die Dame in Schwarz auftrete, empfehle es sich, sie nicht wegzuschicken, sondern als Gast zu Tisch zu bitten und zu hören, was sie zu sagen habe.

Meine eigene Schmerzerfahrung und die vieler Leidender haben mich gelehrt, dass die Dame in Schwarz viel zu sagen hat. Im Schmerz leiden wir an der Verborgenheit Gottes, bis wir entdecken, dass Verborgenheit nicht dasselbe ist wie Abwesenheit. Gott ist ein verborgener Gott (Jesaja 45,15), aber er ist niemals ein Gott, der nicht da ist. Vielleicht erfahren Leidende die Gegenwart Gottes am intensivsten und hören sein Reden am klarsten.

Leiden wirft aber zuerst einmal Fragen auf. Warum gibt es so viel Schmerz auf der Welt? Diese Frage ist mehr als ein philosophisches Gedankenspiel. Es ist keine Ausrede leidensscheuer Menschen. Es ist die Frage aller Fragen. Sie beschäftigt alle Menschen, ob Christen, Muslime, Hindus oder Atheisten. Warum ist die Welt voller Übel? Warum gibt es Krieg? Warum sterben Mütter an Krebs? Alexandra starb wenige Wochen nach unserem Gespräch. Gott, wo warst du an jenem Tag im September, als Alexandra starb?

In diesem Buch stelle ich mich diesen Fragen. Nicht mit stoischer Ruhe, sondern ehrlich, schonungslos und eruptiv. Kein Schmerz kann überwunden werden, wenn man wegschaut, sondern nur, wenn man ihm ins Angesicht blickt. Diesem schwierigen Themenfeld dient der erste Teil «Das unlösbare Rätsel». In ihm gehe ich der Frage nach, warum das Böse in der Welt existiert. Ich untersuche, wie in der Philosophie, den Religionen und im Atheismus das Problem des Bösen behandelt wird und welche inneren Prozesse Leidende durchmachen. Ich werde Ihnen in diesem Teil mehr über meine Leidensgeschichte erzählen, durch die ich gelernt habe, dass die Ruinen unseres Lebens den Blick zum Himmel freigeben.

Der zweite Teil, «Freunde auf dem Weg», geht Menschen in der Bibel nach, die gelitten und in ihrem Leiden erfahren haben, dass Gott wirkt. Sie sind uns zur Seite gestellt wie Freunde, die uns begleiten. Zu diesen Menschen gehören Leute wie Hiob, der erwählte Leidende im Alten Testament, und David mit seinen Wüstenerfahrungen. Am Leiden dieser und anderer biblischen Figuren habe ich gelernt, dass die meisten Leiden keine Strafe für gestern, sondern Vorbereitung für morgen sind. Diese Erkenntnis hat mich durch viele dunkle Täler begleitet. Sie hat das Potenzial, unseren Blick auf das Leiden völlig zu verändern und in den Widerwärtigkeiten des Lebens Gott zu entdecken, der beständig am Werk ist. Die Reise dieses Teils endet am Kreuz, wo Gott selbst unser Leiden teilt und durch das Opfer seines Sohnes die Welt verändert.

Der dritte Teil, «Tanzen mit dem Wind», befasst sich mit der Frage, wie wir Leiden aushalten und wachsen können. Glaube entsteht nicht, wenn wir uns ducken und dem Leid aus dem Weg gehen. Unser Glaube wächst und wir steigen zu unserer wahren Größe empor, wenn wir Gott im Leiden vertrauen. Kernstück dieses Teils ist das Beten aus der Tiefe des Herzens. Wir lernen das schonungslos ehrliche Beten der Psalmen, das sich bis zur Anklage steigern kann, als einen Akt des Glaubens kennen. Gott liebt unsere Gebete, die aus der Tiefe unseres Herzens kommen, und nimmt sie an.

Das abschließende Kapitel richtet den Blick auf die neue Schöpfung, von der die Bibel in kräftigen Bildern spricht. Der Blick auf das Jenseits ist mehr als ein Trostpflaster. Leid ist wie ein transzendentes Gerücht über eine andere Welt, um es mit Philip Yancey zu sagen.[1] Die Erwartung einer Zeit ohne Tränen erfüllt uns mit einer vibrierenden Hoffnung und hilft uns, das Leiden zu tragen, das vorübergehend ist.

Mein Dank an einige spezielle Menschen

Wenn Leidende im Schmerz nicht zerbrechen, sondern mit dem Wind tanzen, sind sie nicht allein, sondern haben Freunde. Ich wüsste nicht, was mit mir wäre ohne Liebe, Freunde und Gebete.

Danken will ich zuerst meiner Frau Elisabeth. Du bist das Beste, was ich auf Erden habe. Du hast in guten und bösen Tagen Wort gehalten. Mitten in den dunkelsten Zeiten haben wir in den Bergen unsere silberne Hochzeit gefeiert. Wir haben ein Chalet in Wengen gemietet, am Fuße von Eiger, Mönch und Jungfrau, wo im Winter die berühmten Lauberhorn-Skirennen stattfinden. Dort hatten wir uns, noch keine zwanzig Jahre alt, ineinander verliebt. In den vielen Jahren seit jenem wunderbaren Winter sind manche unserer Träume an meiner Gesundheit zerschellt. Unsere Ehe hat mein fragmentiertes Leben zusammengehalten.

Danken will ich auch meiner Familie, meinen Eltern, meinen fünf Geschwistern, meinen Freunden, unseren Betern und Menschen wie Alexandra. Menschen, die ihr Leid mit Würde tragen und nicht bitter werden, strahlen Schönheit aus. Ich habe in dieser Schönheit die Herrlichkeit Gottes gesehen.

Danke auch meinen Begleitern in diesem Herzensprojekt. Ihr habt das Manuskript gelesen, wertvolle Hinweise gegeben, unzählige Korrekturen getippt, bei einem guten Essen in einer gemütlichen Stube oder einem Latte macchiato bei der Italienerin mit mir über das Leiden und den Glauben reflektiert. Euch gehört mein besonderer Dank: Stefan und Jacqueline Ochs, Corinne und André Meier, Hans und Maja Toniolo, Stefan Hardmeier, Michael Girgis, Silvana Möhl, Hanspeter Schmutz, Ernst Gassmann und Peter Henning. C.S. Lewis schreibt in einem Essay über die Liebe, dass die Menschheit die Freundschaft biologisch betrachtet nicht brauche. Freundschaft besitze keinen Wert für den Lebenskampf, aber sie gehöre zu jenen Dingen, die das Leben lebenswert machen. Ihr seid der Beweis dafür, dass Lewis recht hat.

Teil I
Das unlösbare Rätsel

Leiden ist ein unlösbares Rätsel, mit dem sich alle Menschen in allen Religionen und Kulturen beschäftigen. Die Bibel ist nicht nur ein Buch über Gott und den Glauben, sondern auch über das Leiden. Sie spricht häufiger über das Leiden als jedes andere Werk der Weltliteratur. Ihre Antworten greifen tiefer, weil sie ein Buch ist, das im Leiden geboren wurde.

Kapitel 1
Das Problem des Bösen

Wenn man sich mit dem Leiden beschäftigt und keine oberflächlichen Antworten will, muss man sich mit dem Bösen in der Welt befassen. Das Böse ist ein Problem, das sich nicht kleinreden lässt. Es betrifft ausnahmslos jeden Menschen auf dieser Erde. Solange uns kein Leid bedroht und keine Krankheit aus der Bahn wirft, ist dieses Problem möglicherweise klein oder theoretischer Natur. Das ist anders, wenn die Diagnose des Arztes unser Leben mit einem Schlag verändert oder jemand, der uns nahesteht, das Opfer eines Verbrechens wird.

Das Problem des Bösen wirft früher oder später die Frage nach Gott auf. Keiner der großen Denker, die sich mit dem Leiden befasst haben, hat dieser Frage ausweichen können. Dabei war es ganz unerheblich, was für eine Weltanschauung diese Leute hatten. Der Philosoph Bertrand Russell (1872–1970) fragte einmal: «Stellen Sie sich vor, Sie wären allmächtig und könnten in das Weltgeschehen eingreifen. Würde die Welt dann nicht anders aussehen?» Für Russell, der Atheist war, war die Welt nicht gut genug, um an Gott zu glauben:

> *«[Es] ist höchst erstaunlich, dass Menschen glauben können, diese Welt mit allem, was sich darin befindet, und mit all ihren Fehlern sei das Beste, was Allmacht und Allwissenheit in Millionen von Jahren erschaffen konnten. Ich kann das wirklich nicht glauben. Meinen Sie, wenn Ihnen Allmacht und Allwissenheit und dazu Jahrmillionen gegeben wären, um Ihre Welt zu vervollkommnen, dass Sie dann nichts Besseres als den Ku-Klux-Klan oder die Faschisten hervorbringen würden?»* [2]

Das von Russell vorgebrachte Argument wird vom Protest-Atheismus häufig verwendet. Es stellt ein echtes Problem dar, weil es die Frage nach Gottes Güte und Allmacht aufwirft. Es ist ein Argument, das seinen Ursprung im Denken des 19. Jahrhunderts hat, dem Jahrhundert der großen Religionskritik, in welcher Karl Marx die Religion als «das Opium des Volkes» bezeichnete und Sigmund Freud die Religion wie eine Krankheit untersuchte.

Die Rolle der Religion hat sich in den vergangenen hundert Jahren verändert. Früher war die Religion für viele Menschen gleichbedeutend mit Trost und Hoffnung. Sie war Sinnstifterin, und sie wurde als hilfreich empfunden, um gesellschaftliche Probleme zu lösen. Heute ist die Religion selbst zum Problem geworden. Viele Menschen glauben, dass die Welt ohne Religion besser wäre. Wäre die Politik nicht menschlicher, wenn im Iran keine islamischen Geistlichen an der Macht wären? Wäre die Gesellschaft nicht freier, wenn die Religion nicht Jahrhunderte lang die Unterdrückung von Frauen legitimiert hätte? Alle diese Fragen münden in die große Frage ein: Wenn es Gott gibt, warum lässt er das Übel in der Welt zu? Warum löst Gott das Problem des Bösen nicht, wenn er doch allmächtig ist?

Die meisten Menschen würden die Frage von Bertrand Russell vermutlich mit Ja beantworten. Wenn sie allmächtig wären, würden sie verhindern, dass Frauen vergewaltigt und Kinder Opfer von Verbrechen werden.

Die Frage, warum Gott das nicht tut, ist keine Ausrede von Menschen, die einfach nicht an Gott glauben wollen. Es ist die eine große Frage, welche die ganze Welt bewegt.

Seit Gottfried Wilhelm Leibniz (1646–1716) wird von dieser Frage als der «Theodizee» gesprochen. Es handelt sich um ein Kunstwort, das sich aus den griechischen Wörtern «theos» (Gott) und «dike» (Gerechtigkeit) zusammensetzt. In der philosophischen Diskussion wird unter diesem Begriff das Problem der Güte Gottes angesichts des Übels in der Welt diskutiert.

Das Theodizee-Problem wird von zwei Seiten angegangen: Es wird sowohl in Bezug auf Gott selbst als auch in Bezug auf den Glauben an ihn erörtert.[3]

- Auf der einen Seite geht es um die Rechtfertigung Gottes vor dem Tribunal der menschlichen Vernunft. Wie kann Gott wirklich Gott sein, wenn er das Übel in der Welt zulässt? Kann ein Gott, der Übel nicht verhindert, gerecht sein?
- Auf der anderen Seite geht es beim Theodizee-Problem um die Rechtfertigung des Glaubens. Christen glauben an Gottes Allmacht, aber Gott benutzt sie offenbar nicht, um das Übel aus der Welt zu schaffen. Wie kann man den Glauben an einen allmächtigen Gott angesichts einer Welt voller Leid rechtfertigen?

Die Tatsache des Übels in der Welt wirft die Frage auf, ob es nicht unmoralisch ist, einen solchen Gott anzubeten. Jürgen Moltmann spricht von einer offenen Wunde:

> *«In dieser Welt kann keiner die Theodizeefrage beantworten und niemand sie abschaffen. Leben in dieser Welt heißt mit dieser offenen Frage zu existieren […] Die Theodizeefrage ist keine Frage, die man wie andere Fragen stellen oder nicht stellen kann, sondern die offene Wunde des Lebens in dieser Welt. Die wirkliche Aufgabe des Glaubens und der Theologie ist es, das Überleben mit dieser offenen Wunde zu ermöglichen.»*[4]

Die Nacht des Holocausts

Die offene Wunde des Lebens ist nirgends schmerzhafter ins menschliche Bewusstsein getreten als im Holocaust. Zwischen 1933 und 1945 brachten die Nationalsozialisten unter Adolf Hitler sechs Millionen Juden, Sinti, Roma, Behinderte, Homosexuelle und politisch Andersdenkende um. Zu den erschütterndsten Zeugnissen dieser dunklen Periode gehört das autobiografische Buch «Die Nacht» des jüdischen Schriftstellers Elie Wiesel.

Wiesel wuchs als gläubiger Jude im ungarischen Siebenbürgen auf, besuchte die Synagoge und studierte die Tora. Im Alter von fünfzehn

Jahren wurde er mit seinen Eltern und seiner kleinen Schwester Tzipora nach Auschwitz deportiert. Während seine Mutter und seine Schwester ermordet wurden, blieben Elie und sein Vater Schlomo die ganze Zeit im Arbeitslager zusammen.

Als die Gefangenen in Auschwitz ankamen und die Gaskammern sahen, begannen viele das Totengebet Kaddisch aufzusagen. Elie hörte, wie sein Vater vor sich hin murmelte: «Sein Name sei erhöht und geheiligt», als der Rauch von verbranntem Menschenfleisch in den Himmel stieg. Das war für den jungen Eliezer unerträglich. «Zum ersten Mal fühlte ich Aufruhr in mir aufwallen. Warum sollte ich Seinen Namen heiligen? Der Ewige, der König der Welt, der allmächtige und furchtbare Ewige schwieg, wofür sollte ich ihm danken?»[5] Die erste Nacht im Konzentrationslager war die schlimmste:

> *«Nie werde ich diese Nacht vergessen, die erste Nacht im Lager, die aus meinem Leben eine siebenmal verriegelte lange Nacht gemacht hat. Nie werde ich diesen Rauch vergessen. Nie werde ich die kleinen Gesichter der Kinder vergessen, deren Körper vor meinen Augen als Spiralen zum blauen Himmel aufstiegen. Nie werde ich die Flammen vergessen, die meinen Glauben für immer verzehrten. Nie werde ich das nächtliche Schweigen vergessen, das mich in alle Ewigkeit um die Lust am Leben gebracht hat. Nie werde ich die Augenblicke vergessen, die meinen Gott und meine Seele mordeten, und meine Träume, die das Antlitz der Wüste annahmen. Nie werde ich das vergessen, und wenn ich dazu verurteilt wäre, so lange wie Gott zu leben. Nie.»*[6]

Am nächsten Tag hatte Elie das bleierne Gefühl, er hätte aufgehört, ein Mensch zu sein:

> *«Die Nacht war vorüber. Der Morgenstern glitzerte am Himmel. Auch ich war ein völlig anderer Mensch geworden. Der Talmud-Schüler, das Kind, das ich einst gewesen, war in den Flammen untergegangen, und es blieb nur noch eine Hülle übrig, die mir ähnelte. Eine schwarze Flamme hatte meine Seele durchzüngelt und sie verzehrt.»*[7]

Zusammen mit seinem kranken Vater überlebte Elie die Todesmärsche im Winter 1945 nach Buchenwald. Dort wurde Schlomo Wiesel drei Monate vor der Befreiung auf seiner Pritsche von einem SS-Mann erschlagen, als er sich schon nicht mehr rühren konnte. Elie lag auf der Pritsche über seinem Vater, unfähig, sich zu bewegen oder ihm zu Hilfe zu eilen oder nur schon ihm zu antworten. Er erinnert sich:

> *«Nun röchelte mein Vater, und ich hörte meinen Namen: ‹Eliezer›. Ich sah ihn noch stoßweise atmen und rührte mich nicht. Als ich nach dem Appell von meiner Pritsche stieg, konnte ich noch seine Lippen murmeln sehen. Über ihn gebeugt, betrachtete ich ihn eine gute Stunde lang, um sein blutüberströmtes Gesicht, seinen zerschmetterten Schädel im Gedächtnis zu bewahren. Dann war Nachtruhe, und ich kletterte auf meine Pritsche über meinem Vater, der noch immer lebte. Es war der 28. Januar 1945.*
> *Am 29. Januar erwachte ich im Morgengrauen. Anstelle meines Vaters lag ein anderer Kranker auf der Pritsche unter mir. Vermutlich hatte man ihn vor Tagesanbruch in die Gaskammer gebracht. Vielleicht atmete er noch. Es wurden keine Gebete über seinem Grab gesprochen, zu seinem Andenken wurde keine Kerze entzündet. Sein letztes Wort war mein Name gewesen. Ein Ruf, den ich nicht beantwortet hatte.»*[8]

Am 10. April 1945 wurde Buchenwald von amerikanischen Truppen befreit. Elie Wiesel überlebte eine schwere Vergiftung, nachdem er zwei Wochen zwischen Leben und Tod schwebte. Als er wieder aufstehen konnte, wollte er sich im Spiegel an der gegenüberliegenden Wand betrachten. Er hatte sich seit seiner Deportation nach Auschwitz nicht mehr gesehen.

> *«Aus dem Spiegel blickte mich ein Leichnam an. Sein Blick verlässt mich nicht mehr.»*[9]

Wo ist Gott?

Die Schrecken des Zweiten Weltkriegs werfen die Frage auf, wie man angesichts des Holocaust noch an Gott glauben kann. Das Erleben des jungen Elie Wiesel bringt das Dilemma in seiner ganzen Schärfe ins Bewusstsein. In den ersten Wochen nach der Ankunft im Lager sprach abends auf den Pritschen manch einer von Gott und seinen geheimnisvollen Wegen, von den Sünden des jüdischen Volkes und von der zukünftigen Erlösung. In Elie kamen erste Zweifel auf. «Ich leugnete zwar nicht Gottes Existenz, zweifelte aber an seiner unbedingten Gerechtigkeit.»[10]

Elies Glaube wurde erschüttert, als das ganze Lager einer besonders schrecklichen Hinrichtung beiwohnen musste. Während normalerweise Erwachsene für irgendwelche Vergehen gehängt wurden, wurde nach einem vermuteten Sabotageakt zusammen mit zwei Erwachsenen ein Kind, ein sogenannter «Pipel», zum Tod verurteilt. Als die Kolonne am Ende des Tages von der Arbeit zurückkam, sahen sie auf dem Appellplatz drei Galgen. «Antreten!» Als der Lagerchef das Urteil verlas, waren alle Augen auf das Kind gerichtet. Es war aschfahl, aber fast ruhig und biss sich auf die Lippen. Die drei Verurteilten stiegen zusammen auf die Stühle. «Es lebe die Freiheit!», riefen die beiden Erwachsenen. Das Kind schwieg. Hinter Elie fragte eine Stimme: «Wo ist Gott, wo ist er?»

Auf ein Zeichen des Lagerchefs kippten die Stühle um. «Mützen ab!» brüllte der Lagerchef mit heiserer Stimme. «Mützen auf!»

Dann mussten die Gefangenen an den Gehängten vorbeimarschieren. Die beiden Erwachsenen lebten nicht mehr, ihre geschwollenen Zungen hingen bläulich heraus. Der Knabe lebte noch. Mehr als eine halbe Stunde hing er vor den Augen der Gefangenen, die ihm ins Gesicht sehen mussten. Er lebte noch, als Elie an ihm vorüberschritt. Seine Zunge war noch rot, seine Augen noch nicht erloschen.

Hinter Elie fragte derselbe Mann: «Wo ist Gott?» Elie hörte eine Stimme in sich antworten: «Wo er ist? Dort hängt er am Galgen.»[11]

Die Feier des jüdischen Neujahrsfests Rosch Haschana wurde für

Elie unerträglich. Als die Nacht hereinbrach, versammelten sich auf dem Appellplatz Tausende, um nach dem Gebet dicke Suppe zu essen und den Ewigen zu preisen. Halbverhungerte mit schmerzverzerrten Gesichtern. Elies Geist war in Aufruhr:

> *«Wer bist du, mein Gott, dachte ich zornig, verglichen mit dieser schmerzerfüllten Menge, die dir ihren Glauben, ihren Zorn, ihren Aufruhr zuschreit? Was bedeutete deine Größe, Herr der Welt, angesichts all dieser Schwäche, angesichts dieses Verfalls und dieser Fäulnis? Warum noch ihre kranken Seelen, ihre siechen Körper heimsuchen?»* [12]

«Lobet den Ewigen, gepriesen sei der Name des Ewigen!» Tausende von Lippen wiederholten die Lobpreisung wie im Sturm gebeugte Bäume. Elie betete nicht mehr, er klagte Gott an:

> *«Warum, warum soll ich ihn preisen? Jede Faser meines Wesens sträubte sich dagegen. Nur weil er Tausende seiner Kinder in Gräben verbrennen ließ? Nur weil er sechs Gaskammern Tag und Nacht, Sabbat und Festtag arbeiten ließ? Nur weil er in seiner Allmacht Auschwitz, Birkenau, Buna und so viele andere Todesfabriken geschaffen hat? Wie soll ich zu ihm sagen: ‹Gepriesen seist du, Ewiger, König der Welt, der du uns unter den Völkern erwählt hast, damit wir Tag und Nacht gefoltert werden, unsere Väter, unsere Mütter, unsere Brüder in den Gaskammern verenden sehen? Gelobt sei dein heiliger Name, du, der du uns auserwählt hast, um auf deinem Altar geschlachtet zu werden?›»* [13]

Elie fühlte sich allein auf der Welt, ohne Gott, ohne Mitleid, ohne Liebe. An diesem Abend von Rosch Haschana fühlte er sich inmitten der jüdischen Gemeinde als ein fremder Beobachter.[14]

Elie war noch keine zwanzig Jahre alt und hatte in Auschwitz gesehen, wie Tausende in die Gaskammern gingen, wie sie sich in den elektrischen Stacheldraht warfen, um nicht mehr leiden zu müssen, wie sie einander für ein Stück Schimmelbrot umbrachten, wie sie gedemütigt, erhängt, erschossen und verbrannt wurden.

Was soll man angesichts dieses unvorstellbaren Ausmaßes an Leid sagen? Vielleicht ist es das Beste, zu schweigen, so wie Hiobs Freunde keinen Schaden anrichteten, als sie schwiegen, und es dann doch nicht lassen konnten und durch ihr Reden Hiobs Leiden noch verschlimmerten. Wer kann es einem jungen Mann verdenken, dass er seinen Glauben zwischen Gaskammern und Gräbern verlor? Wer versteht nicht die Verzweiflung? Den Aufruhr?

Der berühmte französische Schriftsteller François Mauriac tat, was Hiobs Freunde nicht vermochten: Er schwieg und hörte zu, als Elie Wiesel ihm gegenübersaß und seine Geschichte erzählte. Mauriac berichtet im Vorwort von Wiesels Bestseller, wie die Begegnung mit Elie Wiesel endete, der damals als junger Journalist für eine Zeitung in Tel Aviv arbeitete und ihn aufsuchte:

> *«Was konnte ich, der ich glaube, dass Gott die Liebe ist, meinem jungen Gesprächspartner antworten, dessen blaue Augen den Widerschein der Trauer jenes Engels bewahren, die eines Tages in den Gesichtszügen des gehängten Knaben erschienen war? Was habe ich ihm gesagt? Habe ich ihm von jenem Israeliten gesprochen, von dem Bruder, der ihm vielleicht glich, von jenem Gekreuzigten, dessen Kreuz die Welt besiegt hat? Habe ich ihm bestätigt, dass das, was für ihn ein Stein des Anstoßes wurde, für mich der Eckstein geworden ist und dass die Übereinstimmung zwischen dem Kreuz und dem Leiden der Menschen in meinen Augen der Schlüssel zu dem unergründlichen Geheimnis bleibt, in dem sein Kinderglauben verlorengegangen ist? Dennoch ist Zion aus den Gaskammern und Beinhäusern wieder erstanden. Das jüdische Volk ist aus seinen Millionen von Toten auferstanden. Durch sie lebt es von neuem. Wir kennen den Wert eines einzigen Tropfens Blut, einer einzigen Träne. Alles ist Gnade. Wenn der Ewige der Ewige ist, gehört ihm das letzte Wort eines jeden von uns. Das hätte ich dem jungen Juden sagen sollen. Stattdessen habe ich ihn nur weinend umarmen können.»*[15]

Elie Wiesel machte sich als Aktivist und Autor über den Holocaust einen Namen. 1986 erhielt er den Friedensnobelpreis für seinen Kampf gegen Gewalt, Unterdrückung und Rassismus.

Gott und das Übel

Die unausweichliche Frage, die sich angesichts des Übels in der Welt stellt, lautet, wie sich Gott und das Übel zusammen denken lassen. Ist es denkbar, dass angesichts einer Welt voller Leid und Schmerz ein gütiger und allmächtiger Gott existiert? Spätestens nach dem Holocaust ist das eine offene Wunde, die nach einer Antwort verlangt. Es gibt vier Aussagen, die in das rechte Verhältnis zueinander gebracht werden müssen, wenn man Gott und das Übel zusammen denkt:

1. Gott ist gut.
2. Gott ist allmächtig.
3. Gott ist allwissend.
4. Die Welt ist voller Übel.

Nach menschlichem Ermessen können diese vier Aussagen nicht gleichzeitig wahr sein. Wenn Gott allmächtig und allwissend ist, warum greift er nicht in das Weltgeschehen ein? Wenn Gott gut ist, warum ist die Welt nicht besser? Diese Fragen sind so alt wie die Menschheit. Der griechische Philosoph Epikur (341–271 v. Chr.) brachte das Dilemma in den Worten zum Ausdruck:

> *«Ist Gott willens, aber nicht fähig, Übel zu verhindern? Dann ist er nicht allmächtig. Ist er fähig, aber nicht willig, Übel zu verhindern? Dann ist er nicht allgütig. Ist er jedoch sowohl fähig als auch willens, Übel zu verhindern? Dann dürfte es in der Welt kein Übel geben.»*

Die moderne Art, das Problem zu lösen, besteht darin, die Existenz Gottes zu verneinen. Das ist die Position des Atheismus (es gibt keinen Gott) und in weniger strengem Sinn des Agnostizismus (man kann nicht wissen, ob es Gott gibt). Wenn Gott nicht existiert, erübrigt sich die Frage nach seinem Eingreifen in die leidvolle Welt. Diese Art, das Problem zu lösen, kann als «modern» bezeichnet werden, weil sie mit dem Weltbild der Moderne populär wurde, die das mittelalterliche Weltbild ablöste und den Menschen an Gottes Stelle setzte. Die quälende Frage: «Gott, warum leide ich?», ist für einen Atheisten keine Frage und keine Qual. Es gibt niemanden im Himmel, an dem er verzweifeln müsste, weil er nicht eingreift, obwohl er könnte. Das Problem dieser Position ist, dass das Leiden keinem Ziel dient und keinen Sinn macht. Es gibt im atheistischen Weltbild keine Vorsehung, keine göttliche Liebe, nur blindes Schicksal.

Wenn man aus weltanschaulichen Gründen an der Existenz Gottes festhält, besteht die Möglichkeit, das Problem des Bösen zu lösen, darin, das traditionelle Gottesbild zu hinterfragen. In der Theologie spricht man in diesem Zusammenhang von der «Modifikation der Eigenschaften Gottes».[16] Der Begriff «Modifikation» wird im Sinne von «Anpassung» oder «Abänderung» verwendet und bezieht sich auf das traditionelle Gottesbild. Im Fokus stehen die Eigenschaften der Güte, der Allmacht und der Allwissenheit. Es geht darum, ein neues Gottesbild zu denken, das den Erfordernissen des Theodizee-Problems standhält. Ziel dieses Neudenkens ist es, aufzuzeigen, dass Gott nicht für das Übel in der Welt verantwortlich gemacht werden kann.

Gottes Güte

Im Rahmen einer Neubewertung der Eigenschaften Gottes besteht die erste Möglichkeit darin, die *Güte* Gottes zu hinterfragen. Das Problem des Leidens besteht ja darin, dass Gott als *gut* gedacht wird, so dass er nicht Ursache des Übels sein kann. Diese absolute Position wird modifiziert, und also wird gesagt: «Gott ist nicht gütig, jedenfalls nicht immer und überall, und nicht so, wie wir es uns vorstellen. Seine Güte ist beschränkt, weil er Leiden verhindern könnte, es aber nicht in jedem Fall tut.» Gott wird im Rahmen dieser Neubewertung immer noch als mächtig gedacht, aber nicht mehr als der, der zwingend Übel verhindern will.

Die wenigsten Denker erklären in diesem Zusammenhang Gott zum bösen Gott. Die meisten, die in diese Richtung denken, sprechen von Gott als dem «ganz anderen» und von den «dunklen Seiten» Gottes. Die dunklen Seiten, die in Gottes Verborgenheit gründeten, dürften nicht übergangen werden, lautet eine der meistgenannten Überlegungen. Gott könne nicht auf menschliche Vorstellungen von Liebe und Güte reduziert werden, er handle jenseits der menschlichen Vorstellungskraft.[17] Wir werden noch sehen, dass es tatsächlich ein Problem darstellt, wenn wir unsere menschlichen Vorstellungen von Liebe und Güte unbedacht auf Gott übertragen.

Trotzdem löst die Modifikation der Güte Gottes das Problem nicht, wie Klaus von Stosch zu bedenken gibt:

> *«Wenn Auschwitz die Folge einer dunklen Seite Gottes ist, dann ist hier dunkel nur eine beschönigende Umschreibung von bösartig. Und wenn der Völkermord von Ruanda und das Erdbeben von Lissabon ein schreckenerregendes Werk Gottes sind, dann kann dieser Gott nach menschlichen Maßstäben nur noch als verabscheuungswürdig bezeichnet werden.»*[18]

Das Argument, das von Stosch vorbringt, ist einleuchtend, denn der Holocaust war nicht Gotteswerk, sondern Menschenwerk. Trotzdem haftet dem Argument eine gewisse Einseitigkeit an. Bis zum Anbruch der Moderne im 17. Jahrhundert haben Theologen und Denker gewisse Übel durchaus Gott zugeschrieben, und selbst die meisten Leidenden stimmten ihnen zu. Aus Gründen der Weltanschauung, mit der wir uns später befassen, kam für frühere Generationen die Modifikation der Güte Gottes nicht in Frage.

Gottes Allmacht

Die zweite Möglichkeit besteht darin, Gottes *Allmacht* zu hinterfragen. In den meisten Religionen wird Gott als allmächtig gedacht. Gott steht über Raum und Zeit. Er ist keinen Einschränkungen unterworfen. Diese absolute Position, die auch für den christlichen Glauben zentral ist, wird modifiziert, indem gesagt wird: «Gott ist gütig, kann aber nicht jedes Leid verhindern, weil seine Macht, in den Verlauf der Geschichte einzugreifen, beschränkt ist.» Gott ist, wenn man diese Möglichkeit in Betracht zieht, gütig, gleichzeitig ist er in seiner Handlungsfähigkeit eingeschränkt, entweder weil er auf seine Allmacht verzichtet oder nie Allmacht besessen hat.

Die Modifikation der Allmacht Gottes spielt in der Prozesstheologie, die auf den amerikanischen Philosophen und Mathematiker Alfred North Withehead (1861–1947) zurückgeht, eine zentrale Rolle.[19] In der Prozesstheologie wird die Welt als ein ständiger Prozess von Werden und Vergehen aufgefasst. Gott steht nicht über der Schöpfung (wie im klassisch christlichen Weltbild), sondern ist in einen evolutionären Prozess eingebunden, ohne Allmacht zu besitzen. Es wird davon ausgegangen, dass die Welt Gott vorgegeben war – so wie der Ton dem Töpfer. Gott kann den Ton nicht beliebig formen (das würde bedeuten, dass er allmächtig wäre), sondern er ist an die Vorgaben des Ton-Materials gebunden.

In der Prozesstheologie ist die Welt ein Spielfeld der Evolution, in der Gott nicht der Lenker der Geschichte, sondern eine Kraft unter anderen Kräften ist. Es gibt keinen Bauplan der Wirklichkeit, den Gott festgelegt hat, und keine Vorsehung. Der Ausgang der Weltgeschichte ist offen, nicht einmal Gott weiß, was in Zukunft genau sein wird. Trotzdem wird Gott nicht untätig gedacht. Er greift mit seiner kreativen Liebe in den Weltlauf ein, um ihn zum Guten zu bewegen, aber er kann nicht über die Welt verfügen, weil Mensch und Materie eine gewisse Eigenmächtigkeit besitzen. Der Gott der Prozesstheologie ist gütig, aber nicht allmächtig.[20]

Was die Modifikation der Allmacht Gottes im Leiden praktisch bedeutet, zeigt der amerikanische Rabbi Harold Kushner in seinem Buch «Wenn guten Menschen Böses widerfährt». Anlass war eine persönliche Tragödie in der Familie. Als Kushners Sohn Aaron drei Jahre alt war, diagnostizierte der Kinderarzt Progerie, bei der Kinder vorzeitig altern. Der Kinderarzt eröffnete den Eltern, «Aaron würde niemals größer als etwa einen Meter werden und keine Haare an Kopf und Körper haben. Er würde auch als Kind wie ein kleiner alter Mann aussehen und nicht viel älter als zehn, zwölf Jahre alt werden.»[21]

Rabbi Kushner verspürte ein tiefes Gefühl der Ungerechtigkeit: «Ich war doch kein schlechter Mensch gewesen! Ich hatte zu tun versucht, was Gott wohlgefällig war. Ich glaubte, Gottes Wegen zu folgen und Sein Werk zu tun. Wie konnte gerade meiner Familie dies widerfahren? Wie konnte Er mir das antun?»[22]

Zwei Tage nach seinem vierzehnten Geburtstag starb Aaron an vorzeitiger Vergreisung. Aarons Krankheit warf bei den Kushners die Frage auf, warum guten Menschen Böses widerfährt. Beim Studium des Buches Hiob kam der Rabbi zum Schluss, «dass Gott alle Mühe damit hat, das Chaos und den Schaden durch das Böse in Grenzen zu halten».[23] Gott möchte zwar, dass die Gerechten ein glückliches Leben haben, «aber manchmal bringt das selbst Er nicht zuwege. Selbst für Gott ist es zu schwierig, Chaos und Grausamkeit von unschuldigen Opfern fernzuhalten.»[24]

Offenbar haben Millionen von Lesern Trost in Kushners schwachem Gott gefunden. Sowohl die amerikanische als auch die deutsche Ausgabe war ein Bestseller. Kushners Lösung ist keine wirkliche Lösung, sondern ein schwacher Trost. Die Modifikation der Allmacht Gottes, wie Kushner sie vorträgt, hat enorme Auswirkungen. Sie ist weit mehr, als dass man nur ein kleines Wörtlein wie «allmächtig» aus dem Schatz des Glaubens streicht. Wenn Gott unser Glück will, ist er gut, wenn er nicht verhindern kann, dass Böses dieses Glück stört, ist er schwach. Mich lässt diese Vorstellung mit dem Gefühl zurück, dass meine Krankheit eine Panne ist, die Gott beheben möchte, aber nicht kann. Mit dieser Gottesvorstellung fühle ich mich nicht getröstet, sondern alleingelassen. Ich möchte lieber einen starken Gott, dessen Wege ich nicht ergründen kann, als einen gütigen Gott, der schwach ist.

Gottes Allwissenheit

Die dritte Möglichkeit, Gott und das Übel zusammen zu denken, besteht darin, Gottes *Allwissenheit* zu hinterfragen. Bei dieser Möglichkeit wird erneut eine grundlegende Eigenschaft Gottes eingeschränkt, indem gesagt wird: Gott ist nicht verantwortlich für das Böse in der Welt, weil Gott bei der Erschaffung des Menschen nicht wissen konnte, welches Übel durch die Freiheit des Menschen entstehen würde.

Die Modifikation der Allwissenheit Gottes ist konsequent zusammen mit dem Gedanken der menschlichen Freiheit zu denken. Als Gott den Menschen schuf, gab er ihm die Möglichkeit, sich in Freiheit für oder gegen ihn, für oder gegen das Böse zu entscheiden. Diese Freiheit führte zu dem, was das «malum morale» genannt wird. Es handelt sich um das vom Menschen verursachte Böse, wenn er anderen Menschen Schaden zufügt. Wenn wir davon sprechen, dass jemand unmoralisch handelt, weil er Geld unterschlagen oder jemanden belogen oder verletzt hat, bezieht sich das auf das «malum morale». Im Anschluss an Leibniz ist es üblich geworden, neben dem «malum morale» auch das «malum metaphysicum» und das «malum physicum» voneinander zu unterscheiden.[25] Das «malum metaphysicum» bezeichnet die geschöpfliche Unvollkommenheit und Endlichkeit. Ihr Endresultat ist der physische Tod. Das «malum physicum» ist das in der Natur vorhandene Übel, beispielsweise wenn ein Tsunami Menschenleben fordert. Im Gegensatz zum «malum morale» kann es keinem Willen zugeordnet werden. Es stellt ein passives Übel dar, welches den Geschöpfen zustoßen, ihr Leben gefährden oder beeinträchtigen kann.[26] In der Philosophie und der Theologie ist es seit Leibniz üblich, den Leidensdiskurs entlang dieser dreifachen Unterscheidung zu führen. In der Übersicht sieht diese Unterscheidung so aus:

1. Das «malum metaphysicum» bezeichnet die geschöpfliche Unvollkommenheit, die «über» (meta) den physischen Dingen steht.
2. Das «malum physicum» ist das in der Natur vorhandene Übel, zu dem Naturkatastrophen und Krankheiten gehören.
3. Das «malum morale» ist das willentlich von Menschen verursachte Böse, das anderen Menschen Schaden zufügt.

Die geschöpfliche Unvollkommenheit und das natürliche Übel sind Ursachen vieler Leiden. So ist jede Krankheit letztlich eine Folge dieser Form des Leidens. Das Leiden, das am schwierigsten zu ertragen ist, ist das von den unmoralischen Entscheidungen des Menschen verursachte «malum morale». Menschen lügen, morden, bauen Bomben und errichten Vernichtungslager. Sie benutzen den Verstand, der eine gute Gabe des Schöpfers ist, um anderen Menschen Schaden zuzufügen. Hat Gott einen Fehler begangen, als er den Menschen mit Willen und Verstand schuf und so die Möglichkeit kreierte, dass der Mensch diese gute Gabe missbraucht, um Böses zu tun? Wenn durch die Einschränkung der Allwissenheit Gottes nachgewiesen werden kann, dass Gott beispielsweise nicht voraussehen konnte, dass Katastrophen wie Auschwitz geschehen würden, wäre Gott vor dem Tribunal der menschlichen Vernunft entlastet. Gott bliebe dann der gute Gott, aber der Satz «Sollte dem Herrn etwas unmöglich sein?» (1Mo 18,14) würde seine unbedingte Gültigkeit verlieren.[27]

Der Preis ist zu hoch

Die Modifikation der Allmacht Gottes, wie sie von der Prozesstheologie vorgeschlagen wird, spielt im Leidensdiskurs eine wichtige Rolle, weil sie die Möglichkeit in Aussicht stellt, Gott vom Vorwurf zu entlasten, für das Übel in der Welt verantwortlich zu sein. Einen Gott, der das Übel verhindern möchte, aber nicht kann, kann man nicht anklagen. Die Entlastung Gottes vor dem Tribunal der menschlichen Vernunft kann prozesstheologisch in den folgenden drei Sätzen dargestellt werden:

1. Gott lenkt als «Poet der Welt» (Alfred North Withehead) die Geschichte durch seine Güte, Liebe und Geduld.
2. Gott ist in seiner Macht, Gutes zu tun und Übel zu verhindern, eingeschränkt, weil er keine Allmacht besitzt.
3. Gott ist nicht für das Übel in der Welt verantwortlich, weil er das Gute nicht verfügen und das Übel nicht (in jedem Fall) verhindern kann.

Die Prozesstheologie bietet eine Lösung des Theodizee-Problems unter modernen Denkvoraussetzungen. Mit der Streichung des Allmachtsprädikats wird Gott vom Vorwurf entlastet, für das Übel verantwortlich zu sein.

Was wie ein attraktives Angebot aussieht, stellt ein ernsthaftes Problem dar. Die Modifikation der Eigenschaften Gottes, allen voran seiner Allmacht, ist mit einer biblischen Weltanschauung nicht vereinbar. Die Bibel beschreibt Gott als allmächtig, allgegenwärtig und allwissend (Ps 139,2 ff.; Ps 91,1; Offb 4,8). Sie lässt dem Gedanken eines Gottes, der in seiner Macht und Handlungsfähigkeit eingeschränkt ist, keinen Platz. Die Aussagen, dass Gott gut, allgegenwärtig und allmächtig ist, sind darum mit der Feststellung, dass die Welt voller Übel ist, zusammen zu denken, auch wenn das mit der Vernunft nur schwer in Einklang zu bringen ist.

Gottes Güte, Allmacht und Allwissenheit waren für die Verfasser der Bibel nicht verhandelbar, und ein schwacher Gott war für sie undenkbar. Die Menschen der Bibel haben sich vor Gottes Größe und Allwirksamkeit gebeugt und in dieser überragenden Schau Trost in ihrem Leiden gefunden. Sie haben freilich auch an ihrem Glauben an Gott gelitten und Gott sogar Untätigkeit und Ungerechtigkeit vorgeworfen. Das Buch Hiob und die Psalmen reflektieren dieses Dilemma eindrücklich. Trotzdem hätte keiner von ihnen das moderne Angebot angenommen, Gott kleiner zu denken, nur um den Schmerz zu lindern.

Der Gott der Prozesstheologie stellt auch ganz praktisch ein Problem dar. Ein gütiger Gott, der helfen will, aber nicht kann, mag den Schmerz für einen Augenblick lindern, weil die Frage entfällt, warum Gott seine Macht nicht nutzt, um zu helfen. Trotzdem wird das Übel nicht kleiner, wenn wir Gott klein denken. Das Übel wird unlösbar, weil Gott nicht in der Lage ist, das Gute, das er uns zudenkt, zu verwirklichen. Loichinger und Kreiner weisen darauf hin, dass die Modifikation der Allmacht Gottes einen tiefen Einschnitt in den christlichen Glauben bedeutet. Sie fragen, ob der nicht allmächtige Gott der Prozesstheologie für den Glauben überhaupt noch eine Zuflucht sein kann. Ihre Antwort:

> *«Zumindest kann er [Gott] seine Verheißungen nur bedingt einlösen. Gewiss ist er vollkommen gut und vollkommen gütig. Gewiss will er für den Menschen nur das Beste mit seiner zärtlichen Vision vom Guten und Schönen, mit seiner Idee einer erlösten und heilen Welt. Aber Gott kann die zukünftige Verwirklichung seiner Verheißungen, Visionen und Ideen nicht definitiv garantieren. Mit der Streichung des Allmachtsprädikats vollzieht die Prozesstheologie daher nicht irgendeine Korrektur am Gottesglauben, sondern genau genommen zerstört sie den christlichen Gottesbegriff und mit ihm die christliche Glaubenshoffnung.»*[28]

Keiner der Versuche, durch die Modifizierung der Eigenschaften Gottes Leid und Schmerz zu lindern oder zu erklären, kann überzeugen. Eine Linderung dieser Art ist nur um den Preis eines schwachen, kleinen und uninformierten Gottes zu haben. Dieser Preis ist nicht nur unbiblisch, er ist am Ende schlicht zu hoch, weil mit einem Gott, der zwar helfen möchte, es aber nicht tun kann, keinem Leidenden geholfen ist.

Das Übel neu bewerten

Das Problem des Bösen lässt sich von Gott her nicht lösen. Gott ist stets größer als unsere Erklärungen. In diesem Sinn ist Jürgen Moltmann recht zu geben, wenn er sagt, dass niemand die Theodizee-Frage beantworten kann. Das Problem des Bösen kann aber noch von einer anderen Seite angegangen werden: Anstatt Gottes Eigenschaften anzutasten, wird versucht, das Übel neu zu bewerten und ihm durch verschiedene Überlegungen einen Sinn abzugewinnen. Bei dieser Suche nach einer Lösung hinterfragt man nicht Gott, sondern die menschliche Wahrnehmung und Bewertung des Übels. Vereinfachend gesagt geht es darum, einen Satz wie «Krankheit ist immer nur schlecht» zu relativieren, indem daraus die Wörter «immer» und «nur» entfernt werden. Dadurch entsteht die Möglichkeit, dass eine Krankheit oder ein anderes Übel unter Umständen einen Sinn hat.

Versuche in diese Richtung werden gemacht, seit der Mensch literarisch tätig ist. Wir können buchstäblich Tausende von Jahren zurückgehen und feststellen, dass entsprechende Wege oft beschritten wurden im Versuch, die quälende Frage nach dem Zweck des Leidens zu beantworten. Wir können zurückgehen in die Zeit der Reformation oder in die Zeit der Alten Kirche und zu den Anfängen des Christentums und noch weiter zurück zu den Psalmen, dem Buch Hiob und noch älteren literarischen Zeugnissen der Ägypter und Babylonier, um festzustellen, dass immer wieder Versuche unternommen wurden, dem Leiden einen Sinn abzugewinnen.

Diese vielfältigen Versuche lassen sich auf die Gefahr hin, sie zu stark zu kategorisieren, in zwei Strategien unterteilen. Man spricht in diesem Zusammenhang von sogenannten «Bonisierungsstrategien» einerseits und von «Depotenzierungsstrategien» andererseits.[29] Praktisch alle Versuche, dem Leiden einen Sinn abzugewinnen, können diesen beiden Strategien zugeordnet werden. Sie lassen sich wie folgt darstellen:

1. Bonisierungsstrategien suchen das Übel zu entübeln, indem der Versuch unternommen wird, dem Leiden Sinn zu geben. Im Hintergrund der Wortbildung steht das lateinische Wort «bonum» für gut. Es wird danach gesucht, dass das Leiden für etwas gut ist. – Ich werde die Erklärungen, die sich dieser Strategie zuordnen lassen, unter dem Begriff «Entübelung des Übels» behandeln.[30]
2. Depotenzierungsstrategien suchen das Übel erträglich zu machen, indem sie durch Relativierungen verschiedener Art dem Übel seine Macht nehmen. In der Regel geschieht das, indem der Blick auf höhere Dinge gelenkt wird, beispielsweise auf ein von Leiden freies Jenseits. Der Begriff der Potenz steht für Macht. Wenn das Übel in einer glaubhaften Weise relativiert werden kann, wird es entmachtet und erscheint unter Umständen sogar als sinnvoll. – Ich werde die Erklärungen, die sich dieser Strategie zuordnen lassen, unter dem Begriff «Relativierung des Übels» behandeln.

Entübelung durch Funktionalisierung

Es ist für Leidende eine enorme Entlastung, wenn ihr Leiden nicht sinnlos ist, sondern in irgendeiner Weise zum Guten für sie selbst oder für andere beiträgt. Leiden hat hauptsächlich dann einen Sinn, wenn ihm ein höherer Wert zugeschrieben werden kann. Wenn Leiden beispielsweise dazu führt, dass ich selbst in meinem Glauben auferbaut werde oder andere durch meine Standhaftigkeit in ihrem Glauben gestärkt werden, hat mein Leiden positive Auswirkungen und ist möglicherweise erträglicher geworden. Aus Schlechtem kann Gutes hervorgehen, zu dem es ohne das Übel möglicherweise nicht gekommen wäre. In solchen Fällen liegt eine *Funktionalisierung* des Übels vor.[31]

Obwohl das Übel eine positive Funktion ausüben kann, bleibt es ein zweischneidiges Schwert. Wenn Schwierigkeiten und Böses überhandnehmen, kann es in Menschen das Gute wecken, das Gott in sie hineingelegt hat, so dass sie ungeahnte Tugenden entwickeln. Das ist offensichtlich, wenn wir daran denken, in was für einer Welt wir leben. Wenn wir immer noch im Paradies lebten und es keinen Rassismus und keine Armut in der Welt gäbe, hätte es keinen Martin Luther King und keine Mutter Teresa gegeben, die durch ihre Solidarität und ihr Mitleid die Welt ein Stück besser machten. Das Beispiel von außergewöhnlichen Menschen weckt die Hoffnung, dass das Übel etwas Gutem dienen kann.

Aus Leiden kann also Gutes kommen, aber das Leiden darf nicht romantisiert werden. Gut ist nicht das Übel an sich, gut kann sein, was Menschen daraus machen. In vielen Fällen aber wächst aus dem Übel mehr Schlechtes als Gutes. Es gab in der Zeit des Zweiten Weltkriegs viele Menschen, die unter dem Einsatz ihres Lebens Juden versteckten, ihnen Pässe verschafften und sich mit ihnen auf andere Weise solidarisierten. Die Geschichten von Leuten wie Oskar Schindler und Corrie ten Boom, die Tausende von Juden vor den Vernichtungslagern retteten und dabei ihr eigenes Leben riskierten, hat eindrücklich vor Augen geführt, dass Menschen edel handeln können, wenn das Schicksal sie herausfordert.

Aber es gab auch die anderen Geschichten, und sie waren in der Mehrheit. Es gab die geschlossenen Grenzen, es gab die Begeisterung für die rassistische Ideologie der Nazis, es gab die Vernichtungslager, die heute Museen und Stätten des Gedenkens sind. Sie sind eine Erinnerung daran, dass wir als moralische Wesen in der Pflicht gegenüber dem Nächsten stehen. Die Erinnerung des Bösen fördert Werte wie Solidarität und Toleranz. Aber nicht nur. Es ist verstörend und unerträglich, dass auch die bösen Geschichten fortgeschrieben werden. Dass Adolf Hitlers Ideen heute noch Anhänger finden, zeigt, dass das Übel nicht automatisch zur Besinnung führt, sondern weiterexistieren kann. Von der positiven Funktion des Übels können wir darum nur mit großer Zurückhaltung sprechen.

Vielleicht sollten wir, wenn wir Menschen in Krisen begleiten, ganz darauf verzichten, dem Übel eine Funktion zuzuschreiben, und es ihnen überlassen, ihrem Leiden einen Wert beizumessen. Vorschnelle Erklärungen vergrößern das Leiden in der Regel, anstatt es zu lindern. Philip Yancey erzählt in seinem Buch «Wo ist Gott in meinem Leid?», dass er eines Tages einen Hilferuf von seinen Freunden John und Claudia Claxton erhielt.[32] Sie waren Anfang zwanzig und hatten gerade geheiratet, als bei Claudia Krebs in den Lymphknoten diagnostiziert wurde. Die Ärzte gaben Claudia eine fünfzigprozentige Überlebenschance. Die Bestrahlungen zerstörten Claudias Attraktivität fast über Nacht. Sie war ständig müde, die Haare fielen ihr aus, ihr Hals war eine offene Wunde, und sie erbrach fast alles, was sie zu sich nahm.

Claudia bekam viel Besuch von Leuten ihrer Kirche, die sie ermutigen wollten, aber wie Hiobs Freunde ihr Leid nur noch verschlimmerten. All diese netten Leute meinten zu wissen, welche Funktion Claudias Leiden in ihrem Leben hatte. Ihr Pastor erweckte in Claudia das Gefühl, dass sie mit ihrer Krankheit eine besondere Aufgabe habe. Er sagte: «Claudia, du bist dazu auserwählt, für Christus zu leiden, und er wird dich dafür belohnen. Gott hat dich auserwählt, weil du so stark und moralisch integer bist, so wie er auch Hiob auserwählt hat. Und er will dich als Vorbild für andere gebrauchen.»[33] Sie solle nicht bitter sein, so der Pastor weiter, sondern sich als privilegiert betrachten, denn was für sie eine Not sei, sei für Gott eine Gelegenheit.

Als Philip Yancey Claudia besuchte, war sie aufgrund der vielen Erklärungen völlig verwirrt. Yancey vermochte gar nicht viel darauf zu antworten und hörte ihr einfach nur zu.

Es fügt dem Übel ein weiteres Übel hinzu, wenn wir meinen, wir könnten Kranken flugs erklären, warum sie leiden müssen. Der Pastor wollte Claudia ermutigen, stieß sie aber weiter ins Elend. Hätte er gesagt: «Claudia, wie du dein Leiden erträgst, ist für mich ein großes Vorbild», hätte er sie auferbaut, anstatt sie mit seinen Erklärungen zu verwirren. Auch der gut gemeinte Hinweis, Gott habe Claudia zum Leiden erwählt, weil sie so stark und integer sei, war zweischneidig. Hätte Gott Claudia denn verschont, wenn sie nicht so stark gewesen wäre? Hätte sie einfach weniger integer sein sollen, so dass Gott ihr diese Prüfung nicht zugemutet hätte?

Entübelung durch Pädagogisierung

Eine lange, bis auf das Alte Testament zurückgehende Tradition erkennt im Leiden eine Form der Prüfung und Erziehung. In diesem Fall kann von der *Pädagogisierung* des Leidens gesprochen werden.[34] Das Leiden wird als Pädagoge gesehen, der den Leidenden etwas lehrt, so wie ein Erzieher erzieht und ein Lehrer lehrt. Diese Vorstellung ist in den Religionen weitverbreitet. Der Apostel Paulus wusste, dass Gott ihm einen «Pfahl im Fleisch» zumutete, damit er wegen seiner hohen Offenbarungen nicht hochmütig wurde (2Kor 12,7). Paulus fand Frieden in dieser Sicht auf sein Leiden, weil er nicht bemühende Freunde hatte, die es ihm dauernd an den Kopf warfen, sondern weil er von Gott eine Antwort erbat und diese auch ganz persönlich erhielt.

Ganze biblische Bücher wurden geschrieben, um die Leser im Glauben zu erziehen. Als die Israeliten wegen des Ungehorsams gegen Gott in das babylonische Exil mussten, setzte eine Zeit der Besinnung ein. Erweckte Israeliten machten sich in dieser dunklen Periode daran, Israels Geschichte aufzuschreiben und zu deuten. Das Resultat sind die Geschichtsbücher des Alten Testaments, die mit dem Buch Josua beginnen und mit dem zweiten Könige-Buch enden. Wenn Sie die Schlusskapitel dieses großen Geschichtswerks lesen (2Kö 17,7 ff.), sehen Sie, dass es geschrieben wurde, um die Israeliten im Glauben zu erziehen. Sie sollten wissen, warum Gott Leid über sein Volk brachte, und aus dem Exil, das ihnen ein strenger Erzieher war, im Glauben gestärkt hervorgehen. Die Bücher Esra, Nehemia und Esther malen eindrücklich vor Augen, dass Gottes Erziehung ihr Ziel erreichte.

Es wäre eine Katastrophe für Leidende, wenn ihr Schmerz keinerlei pädagogische Wirkung hätte. Oft ist der einzige Trost der Gedanke, dass das Leid für irgendetwas gut sein muss. Die Frage nach dem Warum und dem Wozu des Leides ist existenziell wichtig. Leiden ist schlimm, sinnloses Leiden ist unerträglich. Als ich mitten im dunklen Tal war und es keinen Anhaltspunkt gab, wozu mein Leiden gut sein könnte, schrieb ich in mein Tagebuch: «Ich fühle mich wie ein Baum, der Schatten wirft und keine Früchte trägt. Ich fürchte, dass die Zeit, in der ich mich befinde, unfruchtbare Zeit ist, die weder mir noch anderen etwas nützt.»

Nöte und Herausforderungen können Menschen verändern, so dass sie gereift aus dem Ofen des Leidens hervorgehen. Gerade weil das so ist, besteht die Gefahr, dass Außenstehende das Leid romantisieren und damit verharmlosen. Es ist nicht nur so, dass Menschen im Leiden reifen, es gibt auch Menschen, die im Leiden zusammenbrechen und ihren Glauben verlieren. Der vielzitierte Satz, dass Gott uns nicht *mehr* zumutet, als wir ertragen können, stimmt nicht für jede Situation. Es gibt Leiden, das so verheerend ist, dass es keinen pädagogischen Nutzen hat. Worin liegt der Nutzen, dass Millionen von Bürgern der ehemaligen Sowjetunion in den sibirischen Arbeitslagern umkamen? Ihr Leiden hat die Welt nicht besser gemacht. Niemand wird behaupten wollen, dass der Völkermord von Ruanda pädagogisch wertvoll war. Es ist in Ruanda im Nachgang des Genozids zwar zu eindrücklicher Versöhnungsarbeit gekommen. In jedem Fall aber überwiegen die desaströsen Auswirkungen des Abschlachtens den Nutzen der Aufarbeitung des Konflikts.

Es ist ein Unterschied, ob wir mit klugen Erklärungen Leidende aufzumuntern versuchen oder ob sie selber einen pädagogischen Nutzen in ihrem Leiden erkennen. Die Besucher der von Yancey beschriebenen jungen Claudia verwirrten sie mehr, als dass sie von ihnen aufgemuntert wurde. Zu ihren Besuchern gehörte ein Diakon ihrer Kirche, der ihr sagte: «In deinem Leben muss es etwas geben, das Gott nicht gefällt. Du musst irgendwo ungehorsam gewesen sein. Solche Dinge passieren nicht rein zufällig. Gott gebraucht Umstände, um uns damit zu warnen oder zu strafen.»[35] Eine andere Frau, die Claudia besuchte, erklärte, dass Krankheit ein Werk des Teufels und niemals Gottes Wille sei.[36] Kein Wunder, fand Yancey eine völlig verunsicherte Frau vor, als er sie im Krankenhaus besuchte.

Wenn es etwas gibt, das Leiden mindert, sind es nicht kluge Erklärungen, sondern das Mitleiden von Freunden, die das persönliche

Opfer eines Besuchs, einer Nachtwache oder sonstiger praktischer Unterstützung bringen und so dem Leidenden zeigen, dass er nicht vergessen ist.

Entübelung durch Ästhetisierung

Ein weiterer Versuch, der den Bonisierungsstrategien zugeordnet werden kann, lenkt im Leiden den Blick auf das Schöne. Es wird darauf hingewiesen, dass das Gute und Schöne in vielen Fällen erst durch das Schlechte und Böse ernsthaft gewürdigt werden kann. Dieser Versuch, der mit dem Gedanken von Gegensätzen arbeitet, kann als *Ästhetisierung* bezeichnet werden.[37] Der Versuch der Ästhetisierung ergibt sich aus der Feststellung, dass das Leben voller wirkungsvoller Gegensätze ist. Der Bösewicht in der Geschichte lässt den Protagonisten edler erscheinen, Dissonanzen verlangen nach Auflösung durch Harmonien, Licht scheint in der Dunkelheit am hellsten.

In den ersten Jahrhunderten des Christentums wirkten Versuche dieser Art überzeugend. Bis in das Mittelalter hinein erfreuten sie sich großer Beliebtheit. Der Kirchenvater Augustin sagte, der Mensch werde durch das Leid gehärtet, um das Glück ertragen zu können, so wie der Ton im Feuer gebrannt wird, um Wasser fassen zu können. Möglicherweise aus demselben Grund fand Augustin Gefallen an den Höllenqualen der Gottlosen. Er glaubte, dass die Gerechten sich an ihrem himmlischen Glück umso mehr freuen können, wenn sie beständig das Brennen der Verlorenen in der Hölle vor Augen haben.[38] Tertullian, der zweihundert Jahre vor Augustin lebte, bemerkte einmal, er werde jubeln, lachen und entzückt sein, wenn er die Kaiser, die jetzt vergöttlicht werden, in der Finsternis werde klagen hören.[39] Heute wirken solche Versuche befremdend. Man braucht die Vorstellung von Höllenqualen nicht mehr, um sich den Himmel auszumalen.

Ästhetisierungsversuche sind philosophisch abstrakt und vermögen in den seltensten Fällen zu überzeugen. Sie nehmen ein groteskes Missverhältnis in Kauf. Braucht es wirklich so viel Leid, wie es in der Welt vorkommt, um das Schöne und Gute im Leben zu schätzen? Wäre die Welt wirklich farbloser ohne Vergewaltigungen, Verkehrsunfälle und Kriegsopfer? Ästhetisierungsversuche laufen Gefahr, das Leiden des einzelnen Menschen zu verharmlosen, um ein harmonisches Gesamtbild der Welt zu zeichnen. Während die Pädagogisierung des Leides in der Bibel eine wichtige Rolle spielt, sind Ästhetisierungsversuche dort abwesend.[40]

Gewiss kann aus dunklen Tälern Schönes entstehen. Wenn Menschen um uns herum im Versuch, unserem Leiden einen Sinn zu verleihen, jedoch in einseitige Erklärungen verfallen – vielleicht weil sie sonst nicht wissen, was sie sagen sollen –, kann das schmerzhaft sein. Als ich tief im Leiden steckte, meinen Job verloren hatte und nicht mehr arbeiten konnte, führte ich ein Telefongespräch mit einer Bekannten, die mich und meine Frau in unserer Jugendzeit begleitet hatte. Wir hatten lange nichts voneinander gehört, und nachdem ich mich nach ihrem Ergehen und dem ihrer Kinder erkundigt hatte, wollte sie wissen, wie es uns geht. Ich erzählte ihr, wie ich meine Gesundheit und meinen Job verloren hatte und kaum noch in der Lage war zu arbeiten, wie ich meinen Alltag um meine Krankheit herum organisieren müsse und vieles wegfalle, was mich früher ausgefüllt hatte, so dass ich einfach zu Hause sei und darauf vertraue, dass Gott mich aus dem Tal führt. Ihre Reaktion darauf bestand in einem einzigen Satz: «Das ist ja wunderbar, Roland, jetzt hast du mehr Zeit zum Beten!»

Ich fühlte mich völlig unverstanden. Mein Leiden, mein Ringen, auch der seelische Schmerz, wurden in keiner Weise gewürdigt. Der Satz war eine Mischung aus einer Bonisierungsstrategie («Wunderbar, Roland, jetzt wissen wir, dass du nicht mehr zu arbeiten vermagst, damit du mehr beten kannst») und einer Relativierung des Übels («Dein Leid ist nicht so schlimm, weil du dadurch mehr Zeit für das Wichtigste hast: das Gebet»). Mit dieser Form der Problemlösung, die wir den Depotenzierungsstrategien zugeordnet und als «Relativierung des Übels» bezeichnet haben, müssen wir uns als Nächstes befassen.

Relativierung durch den Blick auf das Jenseits

Ein Übel hat das Potenzial, Macht über uns auszuüben, so dass sich alles in unserem Leben nur noch um unser Leiden dreht. Chronisch Kranke kennen dieses Phänomen gut. Sie verlieren einen Teil ihrer Selbstbestimmung, weil ihre Krankheit darüber entscheidet, ob sie einen Besuch empfangen, eine Einladung zum Essen annehmen oder einen Ausflug planen können. Das Leiden wird zu einer alles bestimmenden Macht, die an allen Ecken und Enden ihren Tribut fordert. Diese Macht kann gebrochen werden, wenn der Blick vom Übel auf höhere Dinge gelenkt wird. Wenn dies geschieht, kann im positiven Sinn des Wortes von einer Relativierung des Übels gesprochen werden.

Im theologischen Leidensdiskurs kennt man zwei hauptsächliche Arten der Relativierung. Die erste versucht, dem Übel die Macht zu nehmen, indem sie den Blick auf das Jenseits richtet. Im Vordergrund steht der Gedanke, dass die Herrlichkeit der neuen Schöpfung von ungleich größerem Gewicht ist als die Leiden der Gegenwart. Im Weiteren geht es um den Glauben, dass Gott am Jüngsten Tag ausgleichende Gerechtigkeit schaffen wird. Kein Leid, kein Schmerz und keine Ungerechtigkeit, so das Argument, könnten so schrecklich sein, dass sie in der zukünftigen Welt nicht von Gott geheilt und wieder gut gemacht werden könnten.[41] Der Gedanke des Gerichts ist keine Verharmlosung des Übels; im Gegenteil, er nimmt es ernst und besteht darauf, dass die Welt eines Tages vom Schöpfer selbst ins Lot gebracht wird.

Der Blick auf das Jenseits spielt im Neuen Testament eine wichtige Rolle. Der Apostel Paulus spricht im Römerbrief davon, dass die Leiden der gegenwärtigen Zeit nichts bedeuten im Vergleich zu der Herrlichkeit, die vor uns liegt (Röm 8,18). Paulus vermochte seine eigenen Leiden im Blick auf das Jenseits zu ertragen. Paulus fühlte sich zu bestimmten Zeiten zwar niedergestreckt, wie er im zweiten Korintherbrief schreibt, aber nicht vernichtet, weil er wusste, dass das Beste jenseits dieser Welt noch vor ihm lag (2Kor 4,7 ff.).

Die Offenbarung des Johannes schließt mit einer gewaltigen Schau von der kommenden Welt, in der es keine Tränen, keine Trauer und keinen Tod mehr geben wird: «Er wird alle Tränen von ihren Augen abwischen: Der Tod wird nicht mehr sein, keine Trauer, keine Klage, keine Mühsal» (Offb 21,4). Viele Christen haben durch die Jahrhunderte hindurch in Leid und Verfolgung in diesen Worten Trost gefunden. Sie haben durch ihren Glauben an die kommende Welt das Leiden in dieser Welt nicht verharmlost oder so getan, als gäbe es das Leiden nicht. Sie haben es im besten Sinn des Wortes relativiert, weil der Blick auf den Himmel die Erde erträglich machte.

Nach dem Holocaust vermögen nicht mehr viele Menschen so zu denken. Über den Himmel als Ausgleich für das Leiden zu sprechen, wird als Verharmlosung des Bösen empfunden. Dorothee Sölle hat dieses Empfinden in ihrem bekannten Satz «Kein Himmel kann Auschwitz wieder gut machen» auf den Punkt gebracht.[42] Wenn dieser Satz stimmt, sind Gottes Gerechtigkeit und Güte nachhaltig beschädigt, so dass man vom Tod Gottes sprechen muss. Ein Gott, der das Gute will, aber nicht in der Lage ist, die Schöpfung ultimativ diesem Guten zuzuführen, ist in seinem Vorhaben gescheitert.

Die Menschen der Bibel hätten Sölles Satz niemals zugestimmt, nicht weil ihnen Leiden unbekannt gewesen wäre, sondern weil sie Gott im Leiden am Werk sahen und den Himmel vor Augen hatten. Der Blick auf das Jenseits war für sie kein Trostpflaster, das irdische Enttäuschungen überdeckte, sondern eine Hoffnung, die sie beflügelte. Der Apostel Paulus schrieb mit Blick auf seine zahlreichen Schwierigkeiten: «Die Nöte, die wir jetzt durchmachen, sind nur eine kleine Last und gehen bald vorüber, und sie bringen uns etwas, was von unvergleichlich viel größerem Gewicht ist: eine unvorstellbare und alles überragende Herrlichkeit, die nie vergeht» (2Kor 4,17).[43] Diese Worte haben Gewicht, weil sie nicht von jemandem geschrieben wurden, der Leiden theoretisch erörterte oder durch Gitter hindurch einen Blick in römische Kerker wagte. Sie wurden von Paulus geschrieben, der im Gefängnis lag, verraten, verlassen und verprügelt wurde, und doch einer der lebendigsten und hoffnungsvollsten Menschen war. Kein anderer Verfasser des Neuen Testaments hat so nachhaltig und überzeugend darauf verwiesen, dass der Blick auf das Jenseits das Übel in einer ganz praktischen Art relativiert, wie der Apostel Paulus.

Relativierung durch Charakterbildung

Die zweite Art, dem Übel seine Macht zu nehmen, wird nach einer alten Tradition als *Schule der Seele* bezeichnet. Sie legt den Fokus darauf, dass durch die Auseinandersetzung mit eigenem und fremdem Leiden unser Charakter gebildet wird. Dieser Versuch weist starke Ähnlichkeiten mit dem Gedanken der Pädagogisierung des Leidens auf. Er steht in der Denktradition des Kirchenvaters Irenäus von Lyon (135–200 n. Chr.) und wird deshalb als «Irenäische Theodizee» bezeichnet. Wenn von Leiden als Schule der Seele gesprochen wird, wird die Aufmerksamkeit in der Regel darauf gelenkt, dass Leiden innere Prozesse anstoßen können, welche die Seele vervollkommnen. Während die Kirchenväter gerne von der Seele sprachen, wenn sie den Blick darauf lenkten, dass wir innerlich reifen, sprechen wir heute von Charakterbildung oder Persönlichkeitsbildung.

Leiden als Schule der Seele kann nur in einer unvollkommenen Welt durchlaufen werden. Wenn wir jenseits des Paradieses Versuchungen überwinden und richtige Entscheidungen treffen, ermöglicht uns das, als Persönlichkeit zu reifen und einen authentischen Glauben zu entwickeln. Leiden schafft die Voraussetzung, an Gott zu glauben, ohne dass dieser Glaube berechenbar wird. Würden wir in einer Welt leben, in der gute Taten sofort belohnt und schlechte stets bestraft würden, würden wir Gott um der Vorteile willen lieben, die aus dieser Gesetzmäßigkeit entstünden. Damit aber wäre echte Liebe zu Gott und zu den Menschen gar nicht möglich. Wer hingegen in einer unvollkommenen Welt in seiner Liebe zu Gott gefestigt wird und gelernt hat, seinen Mitmenschen gegenüber selbstlos zu handeln, dessen Persönlichkeit ist in der

Schule der Seele gereift. Auf diese Weise wird das Übel in seinen vielfältigen Formen zu einem Mittel, durch das wir zu unserer wahren Größe emporsteigen können.

Die Bibel ist voller eindrücklicher Geschichten von Männern und Frauen, die durch verschiedene Übel in Form von Herausforderungen, Verlusten und erlittenen Ungerechtigkeiten zu dem wurden, was sie nach Gottes Willen sein konnten. Sie haben die Schule der Seele durchlaufen und sind aus der Asche zu ihrer wahren Schönheit aufgestiegen. Wenn ein bestimmtes Maß an Leiden nötig ist, damit wir zu dem Menschen werden, der wir nach Gottes Willen sein können, dann ist Gott gerechtfertigt, der uns dieses Leiden zumutet.

Trotzdem muss jeder Versuch, Leid zu bonisieren oder zu relativieren, an seine Grenzen stoßen. Timothy Keller spricht in seinem Buch «Gott im Leid begegnen» von Stärken und Schwächen der Irenäischen Theodizee. Die Stärke dieser Denkrichtung besteht darin, dem Leiden Sinn zu verleihen. Das Leiden als Schule der Seele «zwingt uns auf heilsame Weise, unsere Sicht vom Leben zu hinterfragen. Ist es das höchste Gut, dass es uns gut geht und uns nichts Böses passiert, oder dass wir geistlich und ethisch wachsen?»[44] In einer Welt, in der das Böse sofort bestraft würde, würden wir niemals aus freien Stücken und aus Liebe das Rechte tun. Wir würden es nur tun, um Nachteilen und Strafe zu entgehen. «Die Ungerechtigkeit und die Probleme dieser Welt sind also ein Mittel, durch das wir innerlich wachsen.»[45]

Die Irenäische Theodizee hat aber auch ihre Schwächen. Leiden und Böses sind in der Welt offenbar nicht so verteilt, wie es nötig wäre, um persönliches Wachstum zu bewirken. Viele Menschen mit «bösen Seelen» erleben wenig von dem Leid, das sie bräuchten, um bessere Menschen zu werden, während viele gute Menschen viel mehr Leid durchmachen, als für ihr inneres Wachstum nötig wäre.[46] Übel kann entmachtet und zum Segen werden, wenn wir innerlich daran reifen, auch wenn es uns Angst kostet und Schmerzen bereitet. Wenn aber Menschen am Leid zerbrechen oder wenn kleine Kinder leiden, die nicht verstehen können, warum sie

Schmerzen haben, kann kaum noch von nützlichen Seelenprozessen gesprochen werden. Insofern ist das Leiden eines der großen Rätsel des Lebens, und es ist nicht erstaunlich, dass die Religionen sich intensiv damit befassen.

Kapitel 2
Die Antwort der Religionen

Die Auseinandersetzung mit dem Übel in der Welt ist so alt wie die Menschheit. In allen Kulturen und Religionen wird die Frage gestellt, warum es Leid gibt und wie es bewältigt werden kann. Die alten Ägypter haben sie gestellt, in der antiken Mythologie und Philosophie kommt sie vor, sie ist ein wesentlicher Bestandteil der östlichen Religionen und sie hat den modernen Atheismus beflügelt. Praktisch alle bedeutenden Denker der Geschichte haben sich mit dem Übel in der Welt befasst. Zu ihnen gehören der griechische Philosoph Platon, der Kirchenvater Augustin, die Philosophen Kant und Hegel und der Aufklärer Nietzsche.

Wenn man sich die Auseinandersetzung mit dem Leiden in den verschiedenen Kulturen und Religionen vor Augen führt, wird zweierlei deutlich:

Zum einen kommt keiner der Versuche, das Leid zu ergründen, an Gott vorbei. Die Völker des Altertums glaubten, dass Missernten und verlorene Kriege dem Zorn der Götter entsprangen, wenn ihnen nicht in angemessener Weise geopfert wurde. In den östlichen Religionen ist Leiden ein kosmisches Schicksal, dem man zu entfliehen versucht. Die heiligen Schriften des Judentums befassen sich ständig mit Glück und Unglück, Segen und Fluch. Die Tora, die Psalmen, die Bücher der Propheten und natürlich das Buch Hiob sind voll davon. Das Neue Testament teilt im Wesentlichen die Auffassungen des Judentums über das Leiden und blickt voraus auf die Befreiung der seufzenden Schöpfung.

Zum andern hat sich die Einstellung der Menschen zum Leid im Laufe der Jahrhunderte markant verändert. Die meisten dieser Modifikationen sind einer Veränderung im Gottesbild geschuldet. Das gilt zumindest für den westlichen Kulturkreis. Sobald durch den Siegeszug des Säkularismus Gott aus dem Zentrum des Universums vertrieben wurde und der Mensch sich an diese Stelle setzte, begann er das Leiden völlig anders zu bewerten als die Generationen vor ihm.

In diesem Kapitel machen wir uns auf eine Reise, in der wir zeitliche und kulturelle Grenzen überschreiten. Wir befassen uns mit dem Leiden in der antiken Philosophie, im modernen Säkularismus, im Protest-Atheismus und in den östlichen Religionen. Das Resultat vergleichen wir mit der Einstellung zum Leiden im Judentum und im Christentum. Auf dieser Reise wird deutlich, dass das Christentum mit anderen Glaubensrichtungen dieselben Fragen und Herausforderungen teilt, wenn es um das Leiden geht, dass seine Antworten aber in vielerlei Hinsicht einzigartig sind.

Leiden in der antiken Philosophie

Die Philosophen der Antike befassten sich intensiv mit dem Leiden. Eine der einflussreichsten Denkrichtungen der griechischen Philosophie war der Stoizismus, der auf Zenon von Kition (um 300 v. Chr.) zurückgeht. Die Stoiker glaubten, dass die Welt von einem alles ordnenden Prinzip, dem Logos, durchwaltet wird. Das Universum bestand für sie nicht bloß aus Materie, anderseits glaubten sie nicht an einen Gott, der alles geschaffen hat. Nach stoischem Verständnis ist das Universum «in sich göttlich, schön und durchstrukturiert und zeigt eine Ordnung, die rational ist und die wir mit unserem Verstand entdecken können». Die Stoiker glaubten an absolute, universalgültige Normen. Normen sind «richtige Weisen, sich zu verhalten, die mit der Ordnung des Universums übereinstimmen, aber auch falsche Lebensweisen, die dieser Ordnung widersprechen.»[47]

Für den Stoiker war es entscheidend, die Ordnung, die die Welt durchwaltet, zu erkennen und seinen Platz als Individuum in dieser Ordnung zu finden. Der Stoiker strebte diesen Platz an, indem er Selbstbeherrschung einübte und mit Hilfe von Gelassenheit und innerer Seelenruhe nach Weisheit strebte. Der beste Weg, das Leben mit seinen Unwägbarkeiten zu bewältigen, bestand für den Stoiker darin, dem Schicksal durch den Einsatz seiner Vernunft standzuhalten. Er musste dazu seine Affekte kontrollieren, um so Freiheit von seinen Leidenschaften zu erlangen und Selbstgenügsamkeit und Unerschütterlichkeit zu erreichen.

Ziel und Weg der stoischen Denkrichtung, die in der Antike sehr wirkmächtig wurde, bestand darin, mit der sprichwörtlich gewordenen «stoischen Ruhe» das Schicksal zu meistern. Zu den einflussreichsten Stoikern zählte der römische Schriftsteller Seneca, der ein Zeitgenosse des Apostels Paulus war. Für ihn war die Gelassenheit, die durch die Vernunft erlangt werden konnte, die oberste Tugend.

In der antiken Philosophie herrschte eine sehr realistische Weltanschauung vor. Man sah sich umgeben von einem göttlichen Schicksal, in das der Mensch sich ohne Selbstmitleid fügen musste, um das Leben zu meistern. Das Leben wurde als Leihgabe der Götter oder des Schicksals angesehen, das jederzeit zurückgenommen werden konnte. Die Philosophen empfahlen daher, dem Tod gelassen entgegenzutreten, letztlich sei er nur die Verwandlung aus einem Zustand in einen anderen.

Mit ihrer realistischen Sicht boten die Philosophen den Leidenden ein vernünftiges Lehrgebäude, das ihnen half, Schicksalsschläge hinzunehmen. Gleichzeitig gingen ihre Ratschläge oft in eine Richtung, die besagte, man sollte sich nicht zu sehr an irdische Freuden hängen. Sie rieten, nicht zu sehr zu lieben, um nicht zu sehr zu leiden, wenn man durch Schicksalsschläge oder den Tod wieder loslassen müsse.

Wer den Ideen der Philosophen folgte, sah sich ermutigt, Leiden hinzunehmen, aber er bekam keinen wirklichen Trost. Die Frage nach dem Sinn des Leides blieb unbeantwortet, weil das kosmische Schicksal unergründlich war.

Im Gegensatz dazu empfanden die ersten Christen im Leiden Trost, weil sie an das Walten Gottes glaubten, der das Übel zum Guten wenden konnte (Röm 8,28). Der Unterschied zwischen der Philosophie der Antike und der Weltanschauung der ersten Christen liegt im Bezug auf das Leiden in den total verschiedenen Sichtweisen von kosmischem Schicksal und göttlicher Vorsehung. Der Mensch der Antike, ob Grieche oder Römer, hatte sich nach dem Rat der Philosophen einem herzlosen Schicksal zu fügen. Was über der Geschichte waltete, war ein unpersönlicher Logos, der zwar eine Ordnung garantierte, aber keine Liebe und keine Wärme ausstrahlte. Diese Sicht bot einen Verständnisrahmen, aber keinen Trost, wenn Menschen durch Leidenszeiten gehen mussten.

Die antike Mythologie machte die Situation nicht besser. In der Vorstellung der Griechen und der Römer war der Himmel von einer Vielzahl von Göttern bewohnt. Im Gegensatz zum biblischen Gott waren die Götter weder allmächtig noch allwissend noch barmherzig. Sie kannten keine Pflichten und folgten keiner erkennbaren Moral. Sie aßen und tranken, sie bluteten, wenn sie kämpften, ihre Eifersucht konnte ins Unermessliche steigen genauso wie ihr sexuelles Begehren.[48] Die Götter waren keine Vorbilder und niemand, an den man sich wenden konnte, wenn Hilfe nötig war, weil sie launisch und unberechenbar waren.

Werner Dalheim konstatiert: «Der einfallsreiche Ehebrecher Zeus, seine eifersüchtige Gattin Hera, der gehörnte Hephaistos, die mütterliche Demeter, die lebensfrohe Aphrodite, der dem Trunk ergebene Dionysos oder Hades, der düstere Herr der Unterwelt, und seine Gattin Persephone verkörperten eine Lebensart, vor der die Mütter ihre Kinder zu allen Zeiten warnten.»[49]

Im Gegensatz zu den Göttern der Antike ist der Gott der Bibel heilig und gut. Wer sich an ihn wendet, findet einen guten Hirten und Trost, weil er weiß, dass Gott alles zum Guten führen kann. Diese Gottesvorstellung war dem antiken Götterglauben überlegen. Die absoluten Unterschiede zwischen dem Gott der Bibel und den Göttern der Völker zeigt sich schon daran, wie man sich die Erschaffung der Welt dachte. In der antiken Mythologie geht die Welt aus einem Götterkampf hervor, in welchem Pfeile abgeschossen und Keulen geschwungen werden und Blut fließt. Im biblischen Schöpfungsbericht dagegen herrschen Ordnung und Ruhe. Es wächst Leben, und die Schönheit auf der Erde nimmt mit jedem Schöpfungstag zu. Es gibt keinen Götterkampf, es kostet Gott keine Anstrengung, die Welt zu schaffen, denn er ruft sie durch sein allmächtiges Wort ins Dasein. Gott ist nicht Teil der Schöpfung, sondern sie geht aus ihm hervor, und er herrscht in Güte und Allmacht über ihr.

Das Gottesbild der Bibel ist einzigartig unter den Religionen des Altertums. Wenn das biblische Gottesbild zutreffend ist, ist Leid nichts Zufälliges, sondern etwas, das in Gottes Hand ist. Es gibt kein blindes Schicksal, das irgendwann zuschlägt, sondern göttliche Vorsehung. Es ist nicht alles erklärbar, was an Schmerz in der Welt geschieht, aber die Bibel vermittelt uns die Gewissheit, dass ein Sinn dahinter liegt und dass Gott den Schmerz überwindet.

In dem Wissen um einen solchen gütigen, allwirksamen Gott liegt für jeden Leidenden unendlicher Trost.

Leiden im Hinduismus

In keinen anderen Religionen spielen das Leiden und das Übel eine so zentrale Rolle wie im Hinduismus und im Buddhismus. Während in den großen monotheistischen Religionen, dem Judentum, dem Christentum und dem Islam, die Frage nach dem Leid wichtige Aspekte des Glaubens berührt, stehen das Leiden und seine Überwindung im Zentrum hinduistischen und buddhistischen Glaubens schlechthin.

Der Hinduismus ist weniger eine klar definierte Lehre oder Religion als ein «religiöses Universum», das mythologische und philosophische Überlegungen in sich vereint.[50] Das zentrale Motiv des breiten Stroms von Überlegungen ist die Idee des Wiedergeburts-Kreislaufs «Samsara». Solange der Mensch bzw. seine Seele «Atman» sich in diesem Kreislauf befindet, erfährt er Leid. Der Kreislauf der Wiedergeburt wird durch das Prinzip des «Karma» geregelt. Es besagt, dass Glück und Leid Auswirkungen früherer Leben sind. Die Taten früherer Leben machen den Menschen zu dem, was er im gegenwärtigen Leben ist. Schlechte Taten wirken sich in schlechtem Karma aus und resultieren in Unglück und Leid. Durch gute Taten im gegenwärtigen Leben kann der Mensch sein zukünftiges Schicksal bestimmen.

Das hinduistische Karma ist ein ethisches Grundprinzip, das unentrinnbar ist und wie ein Naturgesetz wirkt. Die Upanishaden, eine Sammlung philosophischer Schriften aus vorchristlicher Zeit, fassen das Prinzip des Karma in den Worten zusammen: «Wer Gutes tut, wird gut; wer Übles macht, wird schlecht. Verdienstvoll wird man durch die verdienstvolle Tat, böse durch das bös Gemachte.»[51] Konkret bedeutet das:

> *«Jede gute Tat zeitigt gute Wirkungen, jede böse Tat böse Wirkungen. Alles wird im Leben vergolten bzw. abgegolten. Man kann ebenso ein gutes wie schlechtes Karma anhäufen – und wird entsprechend in einer guten oder schlechten Lebensposition wiedergeboren [...] Nichts ereignet sich rein zufällig oder willkürlich, auch bleibt nichts ‹ungesühnt›, sondern alles gehorcht einem streng ethischen Gerechtigkeits- bzw. Vergeltungsprinzip. Die Karma- bzw. Wiedergeburtenlehre gibt damit eine Antwort auf eines der zentralen Probleme, das mit der Erfahrung von Übel und Leid zusammenhängt – die scheinbar ungerechte Verteilung von Glück und Unglück des Einzelnen. Im Kontext von ‹karma› und ‹samsara› erscheint diese Verteilung nicht mehr als willkürlich, sondern als letzten Endes verdient und gerecht.»*[52]

Nach hinduistischem Verständnis brechen Leid, Krankheit, Unglück und Tod nicht schicksalhaft über den Menschen herein, sondern sind eine gerechte Folge früherer Leben. Der Bettler und der König, der Kanalarbeiter und der Mathematikprofessor sind genau das, was sie aus sich selbst gemacht haben.

Mit seiner Lehre vom Karma legt der Hinduismus eine in sich schlüssige Theodizee vor. Der Soziologe Max Weber (1864–1920) bezeichnete sie in seinen gesammelten Aufsätzen als die «konsequenteste Theodizee» der Geschichte.[53]

Mit dem Gesetz des Karma wird ein in die Geschichte eingreifender Gott verzichtbar. Einen gütigen und allmächtigen Gott, der Leiden verhindern könnte, gibt es nicht, denn selbst die Götter sind nach hinduistischem Glauben dem Karmaprinzip unterworfen. Die quälende Frage des Leidenden: «Warum, Gott, widerfährt mir das?», fällt weg. Die hinduistische Theodizee ist konsequent, weil sie eine Erklärung für das Leiden hat, die keine offenen Fragen zurücklässt. Nichts, das in der Welt geschieht, ist ungerecht. Es gibt keine zufälligen Schicksalsschläge und keine Ungerechtigkeit im Kreislauf der Wiedergeburt, gegen die sich der Leidende auflehnen könnte.

Das Gesetz des Karma hilft dem Hinduisten, sein Los anzunehmen. Er leidet nicht wegen eines dummen Zufalls, eines abwesenden Gottes oder eines blinden Schicksals, sondern wegen seiner früheren Taten. Er ist Teil eines Kreislaufs der Wiedergeburt und einer Gesetzmäßigkeit, die im Rahmen des hinduistischen Weltverständnisses moralisch unantastbar ist.

Der indische Philosoph und Sanskrit-Gelehrte Mysore Hiriyanna erklärt: «Gerade die Überzeugung, dass es keine Ungerechtigkeit im Leben gibt, erklärt die Abwesenheit jeden Gefühls der Verbitterung, das im Gefolge von Schmerz und Trauer so leicht entsteht. Dies fällt auch unter ganz normalen Menschen in Indien auf, wenn sie ein Unglück trifft. Sie machen weder Gott noch ihre Mitmenschen dafür verantwortlich, nur sich selbst.»[54] Der Glaube an das Gesetz des Karma hilft nicht nur, Leiden anzunehmen, es vermittelt auch die Hoffnung, es in einem nächsten Leben zu überwinden, wenn man in diesem Leben recht handelt. Der Bettler kann als König wiedergeboren werden, der Kanalarbeiter kann im nächsten Leben Professor sein. Der Hindu ist seines eigenen Glückes Schmied.

Leiden ohne Mitleid

Das Problem der hinduistischen Weltanschauung ist, dass sie den Leidenden sich selbst überlässt. Sie verhindert Mitleid und stumpft gegenüber dem Leiden ab. Das Gesetz des Karma entwertet nicht nur das Leiden an sich, sondern auch den Menschen selbst. Es führt zu einer unsolidarischen Gesellschaft und zementiert entgegen dem theoretischen Anspruch, einem gerechten Gesetz zu entsprechen, ungerechte Verhältnisse.

Während der Corona-Krise brachte das Schweizer Fernsehen im Herbst 2020 einen Bericht über indische Kanalarbeiter, welche buchstäblich die Scheiße der Wohlhabenderen aus den Abflüssen der großen Städte holen. Sie arbeiten mit bloßen Händen und laufen Gefahr, sich mit dem Virus und anderen Krankheiten anzustecken. Auf dem Heimweg benutzte der Kanalarbeiter, der porträtiert wurde, einen öffentlichen Wasserhahn am Gehsteig eines Wohnquartiers, um sich zu waschen. Sofort war er von Anwohnern umringt, die riefen: «Hau ab! Weg mit dir! Lass dich hier nie wieder blicken!» Schon sein Vater und sein Großvater waren Kanalarbeiter und gehörten einer niederen Kaste an. Am Schluss des Beitrags blickte der Mann nachdenklich vor sich hin, während sein vierjähriger Sohn im Hintergrund auf dem nackten Zementboden spielte, und sagte: «Mein Sohn wird auch Kanalarbeiter. Was sonst soll er werden?»

Wenn man dem Gesetz des Karma folgt, sind Kanalarbeiter das, was sie in einem früheren Leben aus sich gemacht haben. Sie haben kein Mitleid verdient, und niemand scheint sich darum zu kümmern, ihr Los zu verbessern. Im Kreislauf der Wiedergeburt sind die Dinge nun mal so, wie sie sind.

Wie sehr diese Weltanschauung abstumpfen kann, zeigt ein Beispiel, das der indische Philosoph und Christ Vishal Mangalwadi erzählt.[55] Nach dem Philosophiestudium zogen Vishal und seine Frau Ruth in ein indisches Dorf, um unter der verarmten Bevölkerung zu dienen. Als ersten Schritt beschlossen sie, jede Familie des Dorfes zu besuchen. Bei einem solchen Besuch sah Ruth in der Mitte eines schmuddeligen Raums ein knapp zweijähriges Mädchen namens Sheela auf einer kargen Pritsche liegen. Sheela war nur noch Haut und Knochen. Körper und Kopf waren mit eitergefüllten Blasen übersät. Die Oberschenkel waren dünn wie die Daumen eines Erwachsenen.

«Was hat sie denn?», fragte Ruth die Mutter. «Oh, sie isst nicht», erwiderte sie. «Sie erbricht alles, egal, was man ihr verabreicht.»

«Warum bringen Sie sie nicht in ein Krankenhaus?», fragte Ruth. «Woher sollen wir das Geld für einen Arzt nehmen?», fragte die Mutter.

«Ich werde die Behandlung zahlen», sagte Ruth kurz entschlossen. «Und woher sollen wir die Zeit nehmen, ins Krankenhaus zu gehen?», erwiderte die Mutter. «Ich habe noch drei Kinder und einen Mann. Außerdem weiß ich gar nicht, wie ich dort hinkommen könnte.»

«Fragen Sie doch Ihren Mann, ob er Sie nicht begleiten kann», schlug Ruth vor. «Er hat keine Zeit. Er muss sich um das Vieh kümmern und hat auf seinem Acker zu tun.»

«Sagen Sie ihm, dass ich jemanden bezahle, damit er einen Tag lang für ihn die Feldarbeit erledigt. Ich komme auch mit, viele Mitarbeiter im Krankenhaus sind Freunde von uns», ermunterte Ruth sie.

Als Vishal am Abend die Familie aufsuchte, um Sheela ins Krankenhaus zu bringen, versammelte sich die Familie vor dem Haus und weigerte sich, den Mangalwadis die kleine Sheela mitzugeben. Erst als Vishal mit der Polizei drohte, gaben die Eltern nach.

Im Krankenhaus wurde Sheela intravenös mit Medikamenten und Nahrung versorgt, bis sie kräftig genug war, um mit den Mangalwadis nach Hause zu gehen. Nach einigen Wochen war sie in der Lage, selbst zu essen. Die kleine Sheela wurde zu einem richtigen Sonnenschein.

Eines Tages erschien ihre Mutter und meinte aufgebracht: «Die Dorfbewohner sagen, dass Sie unsere Tochter unter einen schlechten Einfluss bringen. Wenn sie bei Ihnen isst, wird unsere Kaste verunreinigt und Sheela wird zur Christin.»

Ruth gab der Mutter ihre Tochter zurück, froh, dass sie wieder bei Kräften war.

Nach einigen Wochen befand sich Sheela im selben kritischen Zustand. Die Mangalwadis brachten sie wieder ins Krankenhaus und pflegten sie gesund. Die Mutter erschien wieder, um sich zu beschweren. Ruth gab ihr die Kleine zurück, gewiss, dass sie denselben Fehler nicht wieder machen würden. Nach kurzer Zeit war Sheela tot.

Sheelas Eltern ließen sie verhungern, weil sie als zweite Tochter eine Belastung war. Eine Tochter reichte, um zu putzen und zu kochen und auf die Söhne aufzupassen. Zudem würde die Mitgift, die sie später bei einer Heirat von Sheela zu bezahlen hätten, eine große Belastung für die Familie sein. Mangalwadi erklärt diesen traurigen Vorfall wie folgt:

> *«Sheelas Eltern glaubten aufgrund ihrer stark fatalistischen Prägung aus dem Hinduismus, dass weder die Kleine noch sie selbst eine Chance hätten, den Klauen der Armut zu entkommen. Deshalb hielten sie es nicht für möglich, dass der Mensch an seinem Dasein und Leben irgendetwas ändern kann. Aus ihrer Sicht war es ausgeschlossen, dass es jenseits von Schicksal und Karma, Natur und Kultur noch Alternativen gab. Es war undenkbar für sie, dass sie als Menschen selbst die Geschichte formen und als Geschöpfe einen kreativen Beitrag in dieser Welt leisten könnten – und dass Sheelas Leben nicht unabänderlich dazu bestimmt war, für alle Zeiten öde und trostlos zu sein.»* [56]

Leiden im Buddhismus

Die Lehre des Buddha dreht sich direkt um die Frage, wie Leid überwunden werden kann. Weil der Buddhismus den Glauben an einen persönlichen und transzendenten Gott nicht kennt, hat er ein Leidproblem, aber kein Theodizee-Problem. [57]

Der Buddhismus geht auf die vier Ausfahrten des Prinzen Siddharta Gautama zurück. Siddharta wurde 563 v. Chr. in ein altes nordindisches Adelsgeschlecht geboren, an der Grenze zwischen Indien und dem heutigen Nepal. Mit sechzehn Jahren wurde er vermählt, er genoss das wohlbehütete Leben im Palast, den er kaum verließ. Im Alter von neunundzwanzig Jahren, nach der Geburt seines einzigen Sohnes, unternahm Gautama vier Ausfahrten in die vier verschiedenen Himmelsrichtungen. Auf diesen Ausfahrten begegnete er einem alten Menschen, einem Kranken und einem Leichnam am Wegrand. Erschüttert fragte er seinen Wagenlenker, ob er auch von diesen Übel, nämlich Alter, Krankheit und Tod, befallen werde, was dieser bejahte. Auf seiner vierten Ausfahrt begegnete er einem Wanderasketen, dessen gelassene Ausstrahlung den jungen Prinzen so beeindruckte, dass er seinen Palast und seine Familie verließ, um selbst Wanderasket zu werden. Fortan war er auf der Suche nach der Befreiung von Leid und Übel. Buddhistischer Überlieferung zufolge erreichte er nach langjähriger Suche unter einem Baum meditierend diese innere Befreiung und wurde zum Buddha, dem Erleuchteten.

In der Lehre des Buddha dreht sich alles um die Vergänglichkeit und Nichtigkeit des Seins und die Überwindung des Leides. Nach buddhistischer Auffassung besteht das Problem des Leidens darin, dass wir vergängliche Dinge begehren und doch nicht erreichen: «Alles ist vergänglich, alles müssen wir wieder aus der Hand geben, alles wird uns wieder genommen und löst sich auf, weil es vergänglich ist. Diese Lehre von der Leerheit aller Dinge (sunyata-Lehre), wonach nichts ein bleibendes, die Veränderung überdauerndes substanzielles Wesen besitzt, ist zugleich der tiefere Grund für das vergebliche Glücksstreben des Menschen. Gefangen im Kreislauf von Geburt, Tod und Wiedergeburt erfahren Menschen die permanente Frustration ihres Glücksstrebens.»[58]

Das Leben wird im Buddhismus nach hinduistischem Vorbild als Kreislauf der Wiedergeburt gedacht. Die Lehre des Buddha gilt dem Ausweg aus diesem leidvollen Kreislauf. Der vergängliche Mensch soll aus dem von Krankheit, Alter und Tod geprägten Rad der Wiedergeburt befreit werden. Wenn der Mensch dieses Ziel, Nirwana, erreicht hat, ist allem Leid und damit auch der Wiedergeburt ein Ende gesetzt.

Zentral für den Buddhismus in seinen vielfältigen Erscheinungsformen sind die von Buddha gepredigten «Vier edlen Wahrheiten». Sie legen die Verständnisgrundlage für den Buddhismus als Lebensprinzip und zeigen praktisch auf, wie der Buddhist sich von der Vergänglichkeit lösen kann, um den Zustand des Nirwana zu erreichen.

Die erste Wahrheit ist die Wahrheit des Leides. Alles Leben ist letztlich Leiden. Alter, Krankheit und Tod zerstören die Grundlagen dauerhaften Glücks. Das gesamte Sein ist vergänglich und unvollkommen.

Die zweite Wahrheit ist die Wahrheit von der Ursache des Leides. Ursache ist die menschliche Gier nach materieller Sinnbefriedigung. Der Mensch sucht nach vergänglichen Dingen, die er nicht behalten kann, so sehr er sie auch begehrt. Um echtes Glück zu erreichen, muss diese Ursache überwunden werden.

Die dritte Wahrheit ist die Wahrheit von der Aufhebung des Leides. Leid kann aufgehoben werden, wenn die Ursache des Leides, das Begehren, erlischt. Das Begehren muss erlöschen, denn wenn es kein Begehren gibt, gibt es kein Leid.

Die vierte Wahrheit ist die Wahrheit vom Weg zur Aufhebung des Leides. Dieser Weg besteht im «Achtfachen Pfad», der begangen werden muss, um sich vom Begehren zu lösen und so das Leid zu überwinden. Dieser Pfad besteht in rechter Ansicht, rechtem Denken, rechter Rede, rechter Handlung, rechtem Lebenserwerb, rechter Anstrengung, rechter Achtsamkeit und rechter Konzentration. Alle Buddhisten verschiedener Richtungen sind sich einig, dass die Erleuchtung und damit das Nirwana das Ziel des Daseins ist und dass dieses Ziel durch die Befolgung des Achtfachen Pfades erreicht werden kann. Buddha selbst soll diesen Zustand erreicht haben, als er unter dem Baum meditierend erleuchtet wurde.

Die Sinnlosigkeit des Leidens

Der Buddhismus ist die Religion, die das Leiden auf sehr praktische Weise angeht. Weil der Buddhismus keinen personalen Gott kennt, der Leiden verhindern könnte, hat er kein Theodizee-Problem. Die quälende Frage: «Warum, Gott, leide ich?», gibt es in dieser Weltanschauung nicht. Der philosophische Leidensdiskurs, wie er im westlichen Kulturkreis seit dem 18. Jahrhundert permanent stattfindet, existiert im Osten nicht. Es besteht kein Bedürfnis danach, und es wird kein Sinn darin gesehen, das «malum metaphysicum» zu ergründen. Stattdessen wird die Aufmerksamkeit auf die praktische Überwindung des Leides gelegt, indem das Nicht-Begehren, hauptsächlich in Form des Achtfachen Pfades, eingeübt wird. Damit erweist sich der Buddhismus weniger als Religion und mehr als Lebensphilosophie zur Überwindung von Leid.

Die buddhistische Sicht auf das Leiden, die keinen Platz für eine intellektuelle Auseinandersetzung bietet, wird durch die Geschichte vom Krieger illustriert, der von einem Giftpfeil getroffen wurde. Buddha erklärte einem seiner Schüler: Für einen Krieger, der von einem Giftpfeil getroffen wird, ist es völlig müßig zu fragen, woher der Pfeil kam, wie er beschaffen ist und warum es in der Welt überhaupt Dinge wie giftige Pfeile gibt. Wichtig ist, dass der Pfeil so schnell wie möglich herausgezogen und die Wunde gereinigt wird.

Diese Geschichte zeigt, wie der Buddha die Aufmerksamkeit auf den gegenwärtigen Moment lenkte, ohne metaphysische Erklärungen über das Leid zu bieten.

Der buddhistische Glaube hilft, Leid anzunehmen, ohne gegen das Schicksal aufzubegehren. Trotzdem ist der Buddhismus nicht einfach fatalistisch. Mit dem Achtfachen Pfad bekommt der Buddhist eine praktische Lebensphilosophie an die Hand, die ihm zeigt, wie er das leidvolle Dasein überwinden kann. Einer der berühmtesten Sätze des Buddha lautet: «Bestehe nicht auf die Vergangenheit, träume nicht von der Zukunft, konzentriere deinen Geist auf den gegenwärtigen Moment.»

Problematisch im Buddhismus ist die Sinnlosigkeit des Leidens und die Ausschaltung des Verstandes, der für die Verringerung von Leiden eingesetzt werden könnte. Während im Hinduismus Leiden als gerecht angesehen wird, ist das Leiden nach buddhistischer Auffassung schlicht sinnlos. Die ultimative Sinnlosigkeit des Leidens entwertet das Leiden und verunmöglicht es, ihm eine positive Funktion zuzuschreiben. Bonisierungsversuche müssen im Buddhismus an der kategorischen Aussage «Leiden ist sinnlos» scheitern.

Im Buddhismus wird das Anhaften an Vergängliches als Grundproblem und Hauptursache des Leides verstanden. Während im christlichen Glauben Erlösung in der Bindung an Gott besteht und in der Verheißung des ewigen Lebens einen konkreten Ort hat, ist im Buddhismus Erlösung gleichbedeutend mit Leere. Das Leersein von allem, das Freisein von vergänglichem Begehren, ist das Ziel, weil es in diesem Zustand kein Leid mehr gibt. Durch Meditation wird versucht, diesen Zustand des Leerseins zu erreichen. Das klingt verlockend für gestresste Menschen in der westlichen Welt, ist aber gesellschaftlich problematisch. Der Verstand wird im Buddhismus verwendet, um den Verstand zu entleeren, anstatt ihn dafür einzusetzen, beispielsweise Lebensbedingungen zu verbessern und damit Leiden zu verringern.

Vishal Mangalwadi sieht in der Rolle des Verstandes einen der hauptsächlichen Unterschiede zwischen der westlichen und der östlichen Weltanschauung. Die westliche Weltanschauung sei durch die Bedeutung, welche die Bibel dem Denken zuschreibe, in der Lage gewesen, mittels Fortschritt Verbesserungen der Lebensverhältnisse zu erreichen.

Eigentlich sei der Osten dem Westen voraus gewesen, denn die Druckerpresse wurde in China lange vor Gutenberg erfunden. Im 9. Jahrhundert besaßen buddhistische Klöster in China bereits so viele Bücher, dass sie auf die Idee kamen, rotierende Bücherregale zu konstruieren. Mangalwadi berichtet vom buddhistischen Mönch Yeh Meng-te, der im 12. Jahrhundert durch Klöster und Tempel im Osten Chinas reiste und berichtete: «In sechs bis sieben von zehn Tempeln kann man bei Tag und Nacht das Geräusch der rotierenden Regale vernehmen.»[59] Die Mönche benutzten die rotierenden Bücherregale jedoch nicht, um leichter an die Bücher heranzukommen und sie zu studieren, sondern um zum Geräusch der unermüdlich rotierenden Regale zu meditieren. Sie schärften ihren Verstand nicht durch das Lesen der Bücher, sondern entleerten ihn, indem sie sich selbst und ihr Denken durch das Mantra des Rotationsgeräusches zum Schweigen brachten.

Es erstaunt nicht, dass der Buddhismus kaum intellektuelle Kräfte bereitstellt, um durch den Gebrauch des Verstandes Lebensverhältnisse zu verbessern und Leiden zu minimieren. Anders als im Christentum wird die Welt weniger gestaltet und stärker erduldet, so dass missliche Verhältnisse unverändert bleiben. Die Leidensbewältigung ist im Buddhismus eine individuelle Angelegenheit, die auf dem Weg der Versenkung begangen wird. Barmherzigkeit ist mehr eine Sache von Almosengeben und weniger eine gemeinschaftliche Aufgabe, die darauf zielt, Ursachen des Leides zu bekämpfen. Die Konzentration auf das Begehren als Ursache von Leid negiert andere Ursachen wie falsches Denken, hinderliche Traditionen oder strukturelle Ungerechtigkeit und hindert so eine umfassende Leidbewältigung. Auf gesellschaftlicher Ebene scheitert der Buddhismus an seiner zentralen Aufgabe, Leiden zu mindern, weil die Ursachen des Leidens kaum ins Blickfeld kommen und so Leid verursachende Faktoren nicht angegangen werden.

Leiden im Judentum

Das Judentum kennt eine intensive, ehrliche und teilweise eruptive Beschäftigung mit dem Leiden.[60] Lebendige Ausdrücke davon finden sich in den Psalmen und in den Weisheitsbüchern.

In Psalm 23 kommt das Leiden in zwei bekannten Metaphern zur Sprache. Er handelt von «Feinden», die dem Psalmisten zusetzen, und vom «Tal der Todesschatten», durch die er gehen muss.

David schreibt, dass Gott ihm vor den Augen seiner Feinde den Tisch deckt. Was für ein kühnes Bild! David sitzt im Haus Gottes, und Gott selbst ist der Gastgeber. Draußen stehen seine Feinde, von denen er viele hatte, und wollen ihm ans Leben. Aber Gott schützt David, weil er Gast in seinem Haus ist, so wie das im Alten Orient üblich ist, wo die Gastfreundschaft so wunderbar gedeiht. Gott beschert David inmitten von Schwierigkeiten einen gedeckten Tisch, so dass er sagen kann, dass der Herr sein Hirte ist und ihm nichts mangelt.

Der Psalm reflektiert die Erfahrung, die Menschen des Glaubens durch die Jahrhunderte hindurch immer wieder gemacht haben: Sie gehen durch das Tal der Todesschatten und begegnen ihrem ganz persönlichen Übel. In diesen leidvollen Perioden ihres Lebens erfahren sie Gottes Gegenwart und Trost. Bis heute ist der Psalm 23 eine Quelle des Trostes für Leidende. Das alles Entscheidende ist, ob wir in unserem Leiden der Gegenwart Gottes gewiss sind – oder ob wir uns verlassen fühlen. Wenn Gott uns vor den Augen unserer Feinde den Tisch deckt, ist er uns ganz nah. In diesem Sinn sagt eine alte rabbinische Weisheit:

> *«Gut ist Gottes Gegenwart, böse ist nicht seine Abwesenheit, die gibt es nicht. Böse ist unsere Unwissenheit, dass Gott immer und überall gegenwärtig ist.»*

Viele Psalmen sind vom selben Vertrauen geprägt wie Psalm 23 und dadurch eine Quelle des Trostes. Kein Wunder, greifen Leidende gerne zu den Psalmen und lernen mit ihnen zu beten.

In Psalm 66 spricht der Verfasser davon, dass Gott das Meer in trockenes Land verwandelte und Israel aus Ägypten befreite (Ps 66,6). Die Erfahrung der Sklaverei brannte sich für immer in die jüdische Seele. «Du hast uns geprüft und geläutert, wie man Silber läutert. Du brachtest uns in schwere Bedrängnis und legtest uns eine drückende Last auf die Schulter. Du ließest Menschen über unsere Köpfe schreiten. Wir gingen durch Feuer und Wasser. Doch du hast uns in die Freiheit geführt» (Ps 66,10–12).[61] Der Handelnde in diesem Psalm ist Gott. Es war nicht ein unpersönliches Schicksal, das dazu führte, dass Israel durch Feuer und Wasser gehen musste. Es war nicht einmal so, dass Gott es zuließ, sondern Gott selbst führte die Bedrängnis herbei, er legte die Last auf, er prüfte und läuterte sein Volk. Trotzdem ist es nicht die Klage, sondern das Lob, das den Psalm prägt: «Preist unseren Gott, ihr Völker; lasst laut sein Lob erschallen!» (Ps 66,8)

Psalm 73 handelt davon, wie Asaf in seinem Leiden fast an Gott verzweifelt wäre. Der Psalm ist ein inspiriertes Protokoll, das in schonungsloser Ehrlichkeit durch die Phasen des Leides führt, die Betroffene üblicherweise zu bewältigen haben. Am Ende bekennt sich Asaf zu Gott als der einzigen Quelle seines Glücks und entschließt sich, Gott zu vertrauen (Ps 73,28). Die Männer, die diese Psalmen verfassten, hoben sich nicht einsam aus einer ansonsten leidensscheuen Gesellschaft ab. Ihr Umgang mit Leid ist bemerkenswert, entsprach aber der allgemeinen Einstellung jener Zeit.

Die alttestamentlichen Weisheitsbücher, die zum Kernbestand der frühjüdischen Literatur gehören, bieten eine gründliche Reflexion des Leidens. Ausgangspunkt ist die Frage nach dem gelingenden Leben. Insbesondere die Sprichwörter leiten dazu an, kluge Entscheidungen zu treffen, um sich selbst Leid zu ersparen. Die verschiedenen Spruchweisheiten gehen davon aus, dass Gott eine Ordnung in die Schöpfung gelegt hat und dass jener Mensch weise ist, der nach dieser Ordnung lebt.

Der Mount Everest des frühjüdischen Leidensdiskurses ist das Buch Hiob. Es konfrontiert uns mit falsch konstruierten Gottesbildern und porträtiert Gott als den Allmächtigen, der alles kann und alles darf. Wie wir in einem späteren Kapitel sehen werden, ist gerade dieses anstößige Gottesbild die beste Medizin im Leiden.

Eine veränderte Einstellung

Die Einstellung zum Leiden hat sich im Christentum in den letzten zwei Jahrhunderten markant verändert. In der Zeit von den Anfängen des christlichen Glaubens bis zur Reformation blieb die Einstellung zum Leiden erstaunlich konstant. Als Einschnitt erweist sich der Übergang vom Weltbild des Mittelalters zur Moderne im 17. Jahrhundert.

Philip Yancey machte bei den Recherchen zu seinem Buch «Wo ist Gott in meinem Leid?» eine interessante Entdeckung. Die Bücher, die er zum Problem des Leidens las, ließen sich zwei verschiedenen Kategorien zuordnen: «Die älteren davon, wie zum Beispiel Bücher von

Thomas von Aquin, Bunyan, Donne, Luther, Calvin oder Augustinus, erkennen Leid und Schmerz bereitwillig als nützliche Werkzeuge Gottes an. Diese Autoren stellen das Handeln Gottes nie in Frage. Sie versuchen einfach, ‹die Wege Gottes› vor den Menschen zu rechtfertigen. Sie schreiben voller Zuversicht, so als ob unsere emotionalen Reaktionen nur mit Vernunft zu besänftigen seien.»[62]

Yanceys Untersuchungen zeigen, dass der Wandel in der Einstellung zum Leiden mit den jeweiligen Gottesvorstellungen verbunden ist. Je weiter Yancey auf der Zeitachse fortschritt, desto stärker wandelte sich die Einstellung der Autoren zum Leiden. Yancey stellte fest, dass die Autoren von modernen Büchern davon ausgingen, «dass der ganze Berg von Leid und Schmerz, der sich in dieser Welt auftürmt, mit der traditionellen Sicht eines gütigen und liebenden Gottes unvereinbar ist. Damit wird Gott aus der Position des Sachverständigen verdrängt und auf die Anklagebank geschoben. Diese zornigen modernen Menschen scheinen zu fragen: ‹Ich möchte mal sehen, Gott, ob du dafür ein paar gute Erklärungen hast!› Viele von ihnen passen diesem Sachverhalt ihr Gottesbild an, entweder indem sie die Liebe neu definieren, oder indem sie seine Allmacht in Frage stellen.»[63]

Es waren diese Beobachtungen, die Yancey dazu veranlassten, die von ihm konsultierten Bücher in zwei Kategorien einzuteilen:

> *«Wenn man diese beiden Kategorien von Büchern kurz hintereinander liest, ist es verblüffend, wie sehr sie sich im Ton voneinander unterscheiden. Man könnte dabei denken, dass wir in der heutigen Zeit wirkliche Experten auf dem Gebiet des Leidens sind. Vergessen wir dabei vielleicht, dass Luther und Calvin in einer Zeit lebten, die weder Narkosemittel noch Penicillin kannte, dass die durchschnittliche Lebenserwartung bei 30 Jahren lag und dass Bunyan und Donne ihre größten Werke im Gefängnis schrieben, bzw. als sie wegen der Pest isoliert waren? Seltsamerweise sind es gerade die modernen Autoren, die vor Wut zu schäumen scheinen, obwohl ihnen fürstlicher Komfort, beheizte Räume und eine gut gefüllte Hausapotheke zur Verfügung stehen.»*[64]

Yanceys Beobachtung öffnet uns den Blick dafür, dass unsere Auffassung vom Leiden nicht die einzige und unter Umständen sogar ziemlich falsch ist. So überzeugend sie uns selbst scheint, mag sie im Urteil früherer Generationen möglicherweise völlig durchfallen. Das hilft uns, darauf vorbereitet zu sein, dass abweichende Ansichten Quellen der Inspiration sein können, die uns im Umgang mit unserem Leiden weiterhelfen.

Eine alte Weisheit sagt, dass wir weiter sehen als frühere Generationen, weil wir unsererseits auf den Schultern von Giganten (bzw. «Riesen») stehen. Das gilt auch für das Thema des Leides. «Riesen» wie Luther, Calvin oder die Kirchenväter können uns helfen, einen Weitblick zu gewinnen, auch wenn wir nicht alle ihre Ansichten teilen müssen.

Luthers Leiden und Newtons Brief

Wenn man ältere Biografien liest, ist es eindeutig, dass die Menschen früher nicht nur mehr litten als heute. Die Geduld, mit der sie Krankheiten ertrugen, und die Ratschläge, die sie Leidenden erteilten, zeugen davon, dass sie auch in der Lage waren, Leiden besser zu ertragen. Das Leben im vorindustriellen Zeitalter, als es noch keine Klospülung, keine Kopfwehtabletten und keine Knie- und Hüftgelenk-Operationen gab, hielt für viele ein gerütteltes Maß an Leiden bereit. Es steht außer Frage, dass die Menschen früher im Leiden geübt waren und dass sie eine erstaunliche Fähigkeit besaßen, darin auszuharren.

Martin Luther, der fast die ganze Zeit seines Lebens krank war, war darin geübt, im Leiden durchzuhalten. In seinem Buch «Luthers Leiden» weist der Berliner Medizinprofessor Hans-Joachim Neumann auf Luthers Leiden hin und legt dar, was er dem Patienten Luther zu sagen hat.[65]

Luther hat in Briefen und Gesprächen häufig über sein Leiden geklagt und gefragt, wer ihn da so malträtiert. Als Luther mit einundzwanzig Jahren ins Augustinerkloster Erfurt eintrat und sich der harten Disziplin des mönchischen Lebens unterwarf, fingen seine gesundheitlichen Leiden an, die er zeit seines Lebens nicht mehr loswurde. Seine Briefe und Gespräche mit Freunden zeigen, dass Luther unter Magenbeschwerden, Verstopfungen, Nierenkoliken, hohem Blutdruck, Herzschmerzen, Ohrenentzündungen, Schwindelanfällen, Kopfweh, Gicht, Angina, Ohnmachtsanfällen und Schwermut litt.

Seine Bemerkungen zu seinen Krankheiten sind sehr anschaulich. Luther sagte, er esse, was ihm schmecke, und leide danach, was er könne. «Nun sitze ich da wie eine Wöchnerin, aufgerissen, verletzt und blutig», schrieb er einmal. «Ich gehe abermals schwanger und liege in Kindesnöthen, krächze am Steine», schrieb er zu einer Nierenkolik. Einen Anfall von Angina Pectoris kommentierte er mit den Worten: «Ich fühle mich sehr beengt ums Herz und wäre beinahe gestorben.» Seinem Freund Justus Jonas gegenüber erwähnt er eine heftige Schwindelattacke: «Mir wird übel, Wasser her oder was ihr habt, oder ich vergehe.» Er ruft Gott im Himmel an, macht sein Testament und lebt dann doch noch weitere neunzehn Jahre, bis er im Alter von dreiundsechzig Jahren auf einer Reise an einem Herzinfarkt stirbt. Zusammen mit Freunden betet er in seiner letzten Nacht: «In deine Hände befehle ich meinen Geist, du hast mich erlöset, Herr, du treuer Gott.»

Ein Freund fragt ihn, ob er auf Christus und seine Lehre sterben will. Luther antwortet klar und deutlich mit «Ja». Am nächsten Morgen findet man einen Zettel auf dem Tisch neben Luthers Totenbett, auf den er in der Nacht seine letzten Worte kritzelte. Darauf steht: «Wir sind Bettler, das ist wahr.»

Luther setzte sich intensiv mit seinen vielen Leiden auseinander. Die meisten Krankheiten schrieb er dem Teufel zu. «Der Satan hängt an mir mit gewaltigen Seilen und zieht mich mit Schiffstauen in die Tiefe», schrieb er einmal, «doch Christus steht mir bei und hängt an mir an einem dünnen Faden, und ich an ihm.»

Trotz seiner Leiden verlor Luther weder seinen Kampfgeist noch seine Lebensfreude noch seine Lust nach seinem geliebten «Naumburgisch Bier». Sein Vertrauen auf Christus, von dem er sich gehalten wusste, half ihm, seine Leiden auszuhalten. Über den Umgang mit Leiden sagte Luther in seiner Auslegung zur vierten Bitte des Vaterunsers:

> *«Kein Leiden oder Gedränge und Tod kann überwunden werden mit Ungeduld, Flucht und Trost suchen, sondern allein damit, dass man fest stillsteht und ausharrt.»*

Feststehen, vertrauen und ausharren – das scheint für frühere Generationen das Hauptrezept im Umgang mit Krankheit und Schmerz gewesen zu sein. Diese Einstellung zum Leiden prägte die Christenheit bis ins 19. Jahrhundert. In dieser Zeit war in weiten Teilen der Christenheit der Glaube an einen gütigen und allmächtigen Gott noch nicht durch den Säkularismus zerbrochen. Ein Beispiel für diese Einstellung und dafür, welche Ratschläge in der Regel erteilt wurden, ist ein Brief des anglikanischen Geistlichen John Newton (1725–1807), dem Verfasser des berühmten Liedes «Amazing Grace», an eine Frau, der die Krankheit ihrer Schwester schwer zu schaffen machte:

> *«Ich muss oft an Eure Schwester denken. Ihre Krankheit tut mir weh; stünde es in meiner Macht, ich würde sie rasch von ihr befreien. Doch der Herr kann sie heilen, und ich hoffe, Er wird es tun, wenn die Krankheit den Zweck, zu dem Er sie geschickt hat, erfüllt hat […] Möge es Euch geschenkt werden, sie wie auch Euch selber und alle Eure Sorgen in Seine Hände zu legen. Es ist Sein volles Recht, so mit uns zu handeln, wie es Ihm beliebt. Denken wir, wer wir sind, so werden wir zugeben, dass wir keinen Grund haben, uns zu beklagen, und für die, die Ihn suchen, legt Seine Allmacht das Kleid der Gnade an. Alles wird zum Guten zusammenwirken. Alles ist nützlich, was Gott uns schickt, nichts kann gut für uns sein, was Er uns verweigert […] Ihr braucht Geduld, und wenn Ihr um sie bittet, wird der Herr sie Euch geben. Doch es kann erst dann wirklich Frieden geben, wenn unser Wille ein Stück weit unterjocht ist. Bergt Euch unter dem Schatten Seiner Flügel, verlasst Euch auf Seine Fürsorge und Macht.*

Betrachtet ihn als einen Arzt, der es aus Liebe unternommen hat, Eure Seele von der schlimmsten aller Krankheiten, der Sünde, zu heilen. Fügt Euch dem, was Er Euch verordnet, und kämpft gegen jeden Gedanken, der es Euch verlockend erscheinen lässt, selber zu bestimmen. Wenn Ihr den Weg nicht wisst, seid getrost im Wissen, dass Er Euch führt. Wenn Euer Geist nicht mehr ein noch aus weiß, weiß Er Euren Weg. Er wird Euch nicht straucheln und sinken lassen.»[66]

An Newtons Brief fällt das unbedingte Vertrauen auf Gottes Güte, Vorsehung und Erziehung auf. Für moderne Menschen klingt sein Brief wie ein Echo aus einer vergangenen Welt. Dass Gott das Recht hat, mit uns so zu handeln, wie es ihm beliebt, und es gut ist, sich dem zu fügen, was er verordnet, ist heute kein häufig gehörter Rat mehr. Das geduldige Ertragen des Leides, das Pastoren damals häufig verschrieben, mutet stellenweise wie ein christlicher Stoizismus an, der das Leiden emotionslos erträgt. Die Klage, welche die Verfasser der Psalmen so freimütig praktizierten, war ihnen kaum bekannt. Und doch hat die Christenheit früherer Generationen mit ihrem unbedingten Vertrauen auf Gott die Bibel auf ihrer Seite.

Neben dem unbedingten Vertrauen auf Gott im Leiden gab es unter früheren Generationen einen bemerkenswerten Kampf gegen Leiden und gesellschaftliche Übel. Der christliche Glaube setzte enorme Kräfte zur Weltgestaltung frei, wenn es darum ging, Leid zu mindern. Davon zeugen die Arbeit von unzähligen Orden, die christliche Krankenpflege, Seelsorge-Angebote und diakonische Einrichtungen. Die Übereignung an den Willen Gottes, gerade im Leiden, führte nicht zum Fatalismus, sondern spornte zu Taten der Barmherzigkeit an.

Leiden in der Aufklärung

Der Anbruch der Moderne im 17. Jahrhundert ist unauflöslich mit der Aufklärung verbunden. Die Aufklärung war eine Bewegung vorwiegend intellektueller Vordenker, die sich aus der Bevormundung der Kirche und ihrer Dogmen lösten und sich ihres eigenen Verstandes bedienen wollten. Zu den bedeutendsten Frühaufklärern gehörte der Philosoph und Universalgelehrte Gottfried Wilhelm Leibniz (1646–1716).

Anders als die späteren Aufklärer, die einen methodischen Zweifel entwickelten und Gott aus ihrem Weltbild verbannten, suchten die Frühaufklärer einen Ausgleich zwischen Vernunft und Offenbarung. Sie glaubten an die biblische Offenbarung, gleichzeitig sahen sie in der Vernunft eine Gabe Gottes. Leibniz suchte nach vernünftigen Gründen, um die Welt und das Leid zu erklären, gleichzeitig ging er davon aus, dass Gott existiert und dass er gütig und allmächtig ist.

Von Leibniz stammt der berühmte Gedanke, dass Gott «die beste aller Welten» geschaffen hat. Leibniz war überzeugt, dass ein weiser und gütiger Gott nur die beste aller Welten schaffen würde. Leibniz ging davon aus, dass es ein harmonisches Zusammenspiel zwischen menschlicher Freiheit und den von Gott geschaffenen Naturgesetzen gibt. Das Resultat dieser Abwägung sei die beste aller Welten, auch wenn diese nicht vollkommen sei.

Aus der guten, aber unvollkommenen Welt ergibt sich nach Leibniz das «malum metaphysicum». Aus diesem übernatürlichen Malum resultiert das zweite Übel, das geschöpfliche Leiden, das Leibniz das «malum physicum» nannte. Das «malum morale» vervollständigte Leibniz' Analyse der Welt, wie sie ist, so dass von einem vernünftig durchdachten Versuch gesprochen werden kann, das Übel zu ergründen. In Leibniz' Weltbild wiegt die Summe des Guten die Masse des Bösen im größtmöglichen Umfang auf.[67]

Eine wichtige Rolle in Leibniz' Weltbild spielte der Freiheitsgedanke. Die Sünde ist nach Leibniz eine notwendige Folge der Freiheit des Menschen. Um die Sünde und das Leiden auszuschließen, hätte Gott die Freiheit des Menschen einschränken oder verunmöglichen müssen. Damit aber wäre der Mensch nicht mehr fähig zur Liebe gewesen. Freiheit und Liebe sind in diesem Erklärungsversuch konsequenterweise nur um den Preis des Leidens zu haben. Denn wo der Mensch frei handeln kann, erzeugt er mit seinem Tun Leiden, wenn er unmoralisch handelt.

Leibniz erwartete, dass seiner Welterklärung widersprochen würde. Kann Gott gütig sein, wenn das Übel ein Teil der von ihm geschaffenen Ordnung ist? Ist dieser Gott wegen fehlender Güte nicht anklagbar vor dem Tribunal der menschlichen Vernunft? Leibniz wehrte der Anklage, indem er argumentierte: Obwohl Gott alles erschaffen hat und damit auch das Übel in der Welt, hat er das Übel nicht gewollt, sondern das Gute. Das Gute war jedoch nicht ohne das Übel zu bewerkstelligen, so dass Gott das Übel zulassen musste.[68] In Leibniz' Worten:

> *«Die höchste Vernunft nötigt Gott, das Übel zuzulassen. Wenn Gott dasjenige wählte, was nicht absolut und im Ganzen das Beste ist, so wäre das ein weit größeres Übel als alle jene besonderen Übel, die er dadurch vermeiden könnte. Eine solche schlechte Wahl würde seine Weisheit bzw. seine Güte auf den Kopf stellen.»*[69]

Leibniz' Theodizee ist einer der einflussreichsten Versuche, Leid und Gott unter modernen Bedingungen zusammen zu denken. So ist der Gedanke, dass Freiheit nur um den Preis des Leides zu haben ist, ein gültiges Argument, das nach Leibniz intensiv weiterbearbeitet wurde und für jede Untersuchung über das Leid in Betracht gezogen werden muss. Für die meisten Menschen jedenfalls ist die Freiheit ein so hoch zu schätzendes Gut, dass sie dafür den Gedanken des Leidens in Kauf nehmen. Das «malum morale» vollständig zu verhindern, setzte einen willenlosen und unfreien Menschen voraus, der weder für Gott noch für den Mitmenschen ein echtes Gegenüber ist. Ein unfreies Geschöpf, sozusagen eine Marionette Gottes, wäre kaum Teil einer guten Schöpfung.

Leibniz' Beitrag wurde zunächst als Lösung der Theodizee-Frage gefeiert. Trotzdem vermochte er sich nicht durchzusetzen. Je weiter durch die Aufklärung der Zweifel (einschließlich des Zweifels an Gottes Güte und Existenz) das Denken des Abendlandes beherrschte, desto lauter wurde die Kritik an Leibniz' Ideen. Die Kritik dreht sich bis heute um die Frage, ob wirklich so viel Leid nötig ist, um die Welt im Gleichgewicht zu halten, wie Leibniz vorschlug. Dass Judenverfolgungen, zwei Weltkriege oder die von Napalbomben verbrannten Leiber von vietnamesischen Zivilisten dazu nötig sind, wird niemand behaupten wollen.

Vierzig Jahre nach Leibniz' Tod erlitt die Plausibilität seiner Theorie von der besten aller Welten einen schweren Schlag durch eine reale Katastrophe: durch das Erdbeben von Lissabon.

Das Erdbeben von Lissabon

Am Morgen des 1. Novembers 1755 erschütterte ein Erdbeben der Stärke 9 die portugiesische Hauptstadt Lissabon. Mit geschätzten 300'000 Einwohnern war sie die viertgrößte Stadt Europas und durch Portugals Vormachtstellung in der Welt eine der bedeutendsten Städte überhaupt. Die Katastrophe kam völlig überraschend an Allerheiligen. Tausende hatten sich in den Morgenstunden in den Kirchen versammelt, um Gottesdienst zu feiern, als die Katastrophe hereinbrach.

Der erste Stoß, der rund vier Minuten dauerte, riss meterbreite Spalten in den Erdboden und verwüstete das Stadtzentrum fast völlig. Angesichts der Wucht der Erdstöße stürzten Tausende von Gebäuden ein, darunter viele Kirchen, das neu erbaute Opernhaus und der königliche Palast mit seiner monumentalen Staatsbibliothek. Durch Kerzen und Herdfeuer entzündete Feuersbrünste fraßen sich in atemberaubender Geschwindigkeit in alle Gemäuer und legten die Stadt unter eine dunkle Staubwolke. Im Minutenabstand folgten weitere Erdstöße, die ganz Lissabon und umliegende Städte und Dörfer erschütterten.

Das Epizentrum des Bebens lag zweihundert Kilometer vor der Küste im Atlantik. Die Überlebenden flüchteten sich an den Hafen, wo das Meer zurückgewichen war und die Schiffwracks auf dem

Grund freilegten. Eine halbe Stunde nach dem ersten Erdstoß überrollte eine zwanzig Meter hohe Flutwelle die Stadt und riss die noch stehenden Gebäude mit sich. Das Rotlichtviertel Alfama wurde verschont, während die Gläubigen in den Gottesdiensten unter den einstürzenden Kirchen begraben wurden.

Dort, wo der Tsunami die Feuer nicht löschte, wüteten die Brände in der Hauptstadt und im Umland tagelang weiter. Drei Viertel der Gebäude Lissabons wurden völlig zerstört, ein Drittel der Bevölkerung kam ums Leben. Das Beben war in ganz Europa und bis nach Südamerika zu spüren.

Wie kein anderes Ereignis der Moderne vor dem Holocaust warf das Erdbeben von Lissabon die Frage nach der Existenz und der Güte Gottes auf. Ein intensiver Katastrophendiskurs setzte ein, der über ein halbes Jahrhundert lang von Philosophen, Theologen und Denkern kontrovers geführt wurde. Das alte Theodizee-Problem, das einige mit Leibniz für gelöst hielten, brach neu auf. Viele einflussreiche Denker wie Kant, Voltaire, Lessing und Goethe verarbeiteten die Katastrophe in ihren philosophischen Werken, Romanen und Theaterstücken.

Auf den jungen Johann Wolfgang Goethe, der zum Zeitpunkt des Erdbebens sechs Jahre alt war, machte die Katastrophe einen nachhaltigen Eindruck. Fünfzig Jahre später schrieb er in seiner autobiografischen Schrift «Aus meinem Leben»:

> *«Gott, der Schöpfer und Erhalter Himmels und der Erden, den ihm [dem Knaben Goethe] die Erklärung des ersten Glaubens-Artikels so weise und gnädig vorstellte, hatte sich, indem er die Gerechten mit den Ungerechten gleichem Verderben preisgab, keineswegs väterlich bewiesen. Vergebens suchte das junge Gemüt sich gegen diese Eindrücke herzustellen, welches überhaupt um so weniger möglich war, als die Weisen und Schriftgelehrten selbst sich über die Art, wie man ein solches Phänomen anzusehen habe, nicht vereinigen konnten.»*

Goethes erschütterter Glaube ist sinnbildlich für die Erschütterung des christlichen Abendlandes. Erschüttert war der philosophische Optimismus der Aufklärung, erschüttert war der Glaube an die Vorsehung und die Güte Gottes. Nach der Katastrophe war es vielen Dichtern und Denkern immer weniger möglich, zu glauben, in der besten aller Welten zu leben, von der Leibniz gesprochen hatte. Die Katastrophe von Lissabon wurde zu einer Zäsur in der Geschichte Europas. Sie verstärkte den Zweifel an der Religion, den eine zunehmende Zahl von Aufklärern in der Mitte des 18. Jahrhunderts immer deutlicher vorgetragen hatte, und beflügelte den Atheismus.

Leiden im Atheismus

Der Atheismus erachtet es als erwiesen, dass Gott nicht existiert. Ausschlaggebend sind nicht nur Vernunftgründe, sondern auch die Existenz des Bösen und damit die Frage nach dem Leid. Können vernünftig denkende Menschen an Gottes Existenz glauben? Können Leid und Gott zur selben Zeit existieren? Die Diskussion über solche Fragen, die im 19. Jahrhundert sehr heftig geführt wurde, gipfelte im berühmten «Gott ist tot!»-Zitat von Friedrich Nietzsche.[70]

Das Erdbeben von Lissabon beflügelte die atheistische Weltanschauung, die bis zu diesem Zeitpunkt eine Außenseiterposition gewesen war. Der französische Philosoph und Dramatiker Voltaire schrieb in seinem Gedicht über die Katastrophe von Lissabon: «Wie einen Gott sich denken, der, die Güte selbst, den Kindern, die er liebt, die Gaben spendet, und doch mit vollen Händen Übel auf sie gießt [?]»[71] Dass Gott das christliche Abendland in einer solchen Weise strafen sollte, war für viele undenkbar und verlieh dem westlichen Säkularismus einen kräftigen Schub. Doch schon vorher hatte eine Entwicklung eingesetzt, die rationales Denken hoch achtete und den christlichen Glauben in Frage stellte. – Was war geschehen?

In dem auf Lissabon folgenden Jahrhundert ging eine Saat des Zweifels auf, deren Wurzeln bis zur Renaissance und zum Humanismus des 15. Jahrhunderts zurückverfolgt werden können. Bis ins Mittelalter ging man davon aus, dass das Universum von Gott regiert wird. Die Menschen vermochten Leid in bemerkenswerter Weise zu ertragen, weil sie davon ausgingen, dass Gott Gründe hatte, es zuzulassen. Der mittelalterliche Mensch fragte nicht zornig: «Warum lässt Gott das ausgerechnet mir geschehen?», sondern ging in sich und suchte nach Verfehlungen in seinem Leben, die Gott möglicherweise heimsuchte. Der überragende Lebenssinn wurde darin gesehen, Gott zu ehren, denn Gottes Werke sollten den Schöpfer preisen, was auch im Leiden galt. In dieser Weltanschauung war Gott das unangefochtene Zentrum des Universums. Jeder Versuch, dem Sinn des Leidens auf die Spur zu kommen, kam an Gott nicht vorbei.

Im 15. Jahrhundert setzte eine Bewegung ein, die von der Wissenschaft später als Epoche der Renaissance (Wiedergeburt) bezeichnet wurde. Man entdeckte die Ideale der Antike mit ihrem Interesse für die Schönheit der Künste und für den Menschen. Im Rahmen eines immer noch christlichen Weltbildes mit Gott, der das Universum lenkt, rückte der Mensch mit seinen Möglichkeiten und seiner Würde und bald auch mit seinen Bedürfnissen ins Zentrum.

Die Reformation beschleunigte den Übergang zur anbrechenden Moderne mit ihrem autonomen Menschen. Als Martin Luther vor dem Reichstag in Worms seinen Lehren absagen sollte und sich auf sein Verständnis des Wortes Gottes und auf sein Gewissen berief, war das ein epochaler Vorgang. Luther zweifelte öffentlich am katholischen Lehrgebäude und verschaffte so dem autonomen Gewissen seinen legitimen Platz in der Geschichte.

Bald nahmen weitere Denker das von Luther erstrittene Recht zu zweifeln für sich in Anspruch. Allerdings entwickelten sie dieses Recht in eine ganz andere Richtung. Der französische Philosoph René Descartes (1596–1650), der fünfzig Jahre nach Luthers Tod geboren wurde, machte mit seinem berühmten Satz «cogito ergo sum» (Ich denke, also bin ich) den Zweifel zum wissenschaftlichen Werkzeug. Descartes wollte mit dem Satz sagen, dass er eigentlich nur gewiss sein könne, dass es ihn selbst gibt. Seine Gewissheit gründete

Descartes auf die Feststellung, dass da jemand (nämlich er selbst) am Zweifeln ist.

Descartes tat etwas von ungeheurer Sprengkraft: Er verlegte die Gewissheit von Gott in den Menschen. Das Faktum der eigenen Existenz wurde zum Fundament aller Gewissheiten.[72] Der methodische Zweifel brachte ein atheistisches Weltbild hervor, das Descartes so nicht wollte, wofür er aber die Denkvoraussetzungen schuf. Die Einstellung der Menschen zum Leiden begann sich als Folge dieser geistesgeschichtlichen Umwälzungen grundlegend zu verändern.

Zunächst, sozusagen als Zwischenschritt, führte der Zweifel zu einem deistischen Weltbild. In diesem ging man von der Existenz Gottes aus, glaubte aber, dass der Schöpfer nicht mehr in das Weltgeschehen eingreift. Gott hatte die Welt geschaffen, sie wie eine Uhr aufgezogen und war dann weggegangen. Der «Uhrmachergott» strahlte zunächst noch religiöse Wärme aus. Einige der Aufklärer begeisterten sich am Gedanken der Ordnung des Universums, die Gott geschaffen hatte. Mit der Zeit bewirkte diese Weltanschauung aber eine merkliche Abkühlung des Gottesverhältnisses.[73]

Als sich der Deismus («Es gibt einen Gott, aber er greift nicht in das Weltgeschehen ein») immer deutlicher zum Atheismus («Es gibt keinen Gott») wandelte, war es um den Gott, der unserem Leiden einen Sinn verleihen kann, geschehen.

Der säkularisierte Mensch war jetzt auf einmal ganz allein im Universum. Es gab keine göttliche Vorsehung und keinen weisen Plan mehr, in welchem das Leiden seinen legitimen Platz haben konnte. Es gab nur noch ein physisches Schicksal, in das man sich ähnlich wie in der Weltsicht der antiken Philosophen fügen musste.

Der Säkularismus als Resultat dieser Entwicklung konnte keinen Sinn mehr darin sehen, dass wir da sind, um Gott zu ehren. Er kehrte diesen Sinn ins Gegenteil um und verlieh dem Gedanken Vorschub, dass Gott da ist, um *uns* Gutes zu tun. Mit dieser Weltsicht wurde es schwieriger, Leiden zu ertragen. Im Zentrum des Universums befand sich jetzt der Mensch mit seiner anmaßenden Vernunft, aber auch mit seiner Verletzlichkeit und Bedürftigkeit. Man konnte jetzt nur noch gegen den Gott protestieren, den manche zwar für tot hielten, den man aber doch nicht so leicht loswurde.

Der Fels des Atheismus

Wenn man sich mit dem Leiden befasst, kommt man am Atheismus nicht vorbei. Er ist ein ernsthafter Gegner, der die schicksalhafte Frage nach der Existenz und der Güte Gottes aufwirft. Viele Gründe, die zugunsten einer atheistischen Weltanschauung vorgetragen werden, sind mit dem Problem des Übels in der Welt verbunden und damit direkt mit der Frage, wie sich Gott und das Leid zusammen denken lassen.

Der Schriftsteller Georg Büchner (1813–1837) bezeichnete das Leiden als «Fels des Atheismus». Büchners Metapher, die im philosophischen Leidensdiskurs häufig verwendet wird, nahm die Bedeutung an, dass das Leiden in der Welt sozusagen ein «felsenfestes» Argument gegen die Existenz Gottes ist. Unter den vielen Argumenten, welche der Atheismus gegen die Existenz Gottes vorbringt, berühren mindestens die folgenden drei das Problem des Übels:

Erstens spricht aus philosophischer Sicht die Tatsache des Bösen gegen die Existenz Gottes. Dieses Argument findet sich zum Beispiel in dem Buch «Warum ich kein Christ bin» des deutschen Philosophen Kurt Flasch. Flasch verfasste das Buch im Alter von dreiundachtzig Jahren, um nach eigenen Angaben darzulegen, warum er sich vom christlichen Glauben abgewandt hatte.[74] Im Kapitel «Das Böse» führt Flasch sechs philosophische Gründe an, an denen die Kirche seinem Verständnis nach im Versuch, «der Tatsache des Schlechten das Gift zu nehmen», gescheitert ist.[75] Flasch ist überzeugt, dass aus der gegebenen Welt nicht auf einen weisen und guten Gott geschlossen werden kann.[76] Seine philosophische Kritik widerspiegelt die intellektuelle Skepsis des modernen Menschen, für den das Leiden in der Welt und die Verfehlungen der Kirche ein Stolperstein in Sachen Glauben darstellen.

Zweitens gibt es nach atheistischer Auffassung im Universum keine überzeugenden Anhaltspunkte für die Existenz eines Schöpfers. Der Evolutionsbiologe Richard Dawkins bringt dieses Argument in seinem Buch «Und es entsprang ein Fluss in Eden» mit dem Satz auf den Punkt: «Das Universum, das wir beobachten, hat genau die Eigenschaften, mit denen man rechnet, wenn dahinter kein Plan, keine Absicht, kein Gut oder Böse steht, nichts außer blinder, erbarmungsloser Gleichgültigkeit.»[77]

Evolutionsbiologen wie Dawkins vermissen in der Schöpfung eine Zielgerichtetheit, die Hinweis auf die Existenz Gottes sein könnte. Eine Schöpfung ohne erkennbaren Plan, so das Argument, kann kaum aus einem intelligenten Schöpfer hervorgegangen sein.

Es war genau dieser Mangel an Plan und Absicht in der Natur, der Charles Darwin (1809–1882) von seinem Glauben an den Schöpfergott abbrachte. Der junge Darwin studierte Theologie und wollte Landpfarrer werden. Als er auf dem Vermessungsschiff «Beagle» eine Weltreise mitmachte und sich mit der Entstehung der Arten befasste, kamen Zweifel an seinem Schöpfungsglauben auf. Die Naturphänomene, die er während der Reise beobachtete, stimmten nicht mit seiner Weltanschauung und seiner Gottesvorstellung überein.

In seiner zweiten Lebenshälfte suchte er nach einer Lösung, um seinen theistischen Glauben, den er hatte bewahren können, mit seinen Entdeckungen zu verbinden. Er fand sie zunächst darin, dass Gott selbst die Naturgesetze eingerichtet hatte, so dass sich die Arten nach seinem Plan entwickeln konnten. Das Gesetz der natürlichen Auslese («Der Stärkere setzt sich im Evolutionsprozess durch») verdrängte seinen Glauben schließlich ganz, weil er den Gedanken der Zielgerichtetheit der Schöpfung nicht zuließ. Damit wurde der Schöpfer in Darwins Weltanschauung verzichtbar.

Am Ende stand für ihn fest, dass es für die Menschen ebenso schwer ist, den Glauben an Gott abzuschütteln, wie für einen Affen seine instinktive Angst vor Schlangen. Darwins Entwicklung gleicht einer negativen Bekehrung, an deren Ende er seinen ursprünglichen Glauben verlor.[78]

In der atheistischen Weltanschauung schließt das Übel in der Welt die Existenz Gottes also aus. Dort, wo Planlosigkeit und erbarmungslose Gleichgültigkeit herrschen, könne kein Schöpfer sein.

Drittens weisen Atheisten darauf hin, dass die Religion in vielen Fällen eine Quelle des Leides gewesen ist, so dass von frommen Menschen nicht auf einen guten Gott geschlossen werden könne. Christopher Hitchens nennt in seinem Buch «Der Herr ist kein Hirte» ein Beispiel, das dieses Argument gut veranschaulicht:

> *«Eine Woche vor dem 11. September 2001 nahm ich an einer Podiumsdiskussion mit Dennis Prager teil, der in Amerika als Moderator religiöser Sendungen recht bekannt ist. Als er mich aufforderte, eine, wie er es ausdrückte, ‹direkte Frage mit Ja oder Nein› zu beantworten, erklärte ich mich gern dazu bereit. Also gut, sagte er. Ich solle mir vorstellen, ich befinde mich in einer fremden Stadt, und die Nacht breche herein. Ich sähe mehrere Männer auf mich zukommen. Würde ich mich sicherer fühlen oder weniger sicher, wenn ich wüsste, dass sie gerade aus einer Gebetsversammlung kämen? Meinen Lesern fällt natürlich gleich auf, dass man diese Frage nicht mit Ja oder Nein beantworten kann. Dennoch konnte ich auf Anhieb eine Antwort auf die Frage geben, die für mich ganz und gar nicht hypothetisch war. ‹Ich beschränke mich jetzt einmal auf den Buchstaben B. In Belfast, Beirut, Bombay, Belgrad, Bethlehem und Bagdad habe ich so eine Situation schon erlebt. In jedem Fall kann ich behaupten, und dies auch begründen, dass ich mich unmittelbar bedroht fühlte, wenn ich annahm, dass die Männer, die mir im Dämmerlicht begegneten, aus einer religiösen Veranstaltung kamen.›»*[79]

Hitchens erklärte in der Podiumsdiskussion, dass er gesehen habe, wie im Krieg zwischen den christlichen Konfessionen in Belfast ganze Straßenzüge niedergebrannt wurden. Er habe mit Menschen gesprochen, deren Verwandte und Freunde von religiösen Todeskommandos entführt, gefoltert oder getötet worden waren, häufig allein deswegen, weil sie der jeweils anderen Konfession angehörten.[80]

Der Atheismus erteilt allen Bonisierungsversuchen und Depotenzierungsstrategien eine kategorische Absage. Dass Leiden einem guten Zweck dienen und von Gott benutzt werden kann, wird heftig bestritten. Die Stärke der atheistischen Weltanschauung liegt im scharfsinnigen Protest. Eine Hilfe für Leidende ist sie jedoch nicht.

Leiden ist in dieser Weltanschauung ein dummer Zufall, ein blindes, erbarmungsloses Schicksal. Das «malum physicum» kann aus atheistischer Sicht also nicht bonisiert werden. Das ist für chronisch Kranke im besten Fall enttäuschend, im schlimmsten Fall ist es völlig niederschmetternd. Das Übel wird zu einem bloßen Abfallprodukt eines evolutionären Vorgangs. Es ist ein Kollateralschaden, der für die Höherentwicklung der Spezies in Kauf genommen werden muss.[81]

Diese Anschauung entwertet menschliches Leiden in eklatanter Weise. Wenn dem Leiden kein höherer Zweck zugeschrieben werden kann und nur erbarmungslose Gleichgültigkeit dahintersteckt, ist das Übel unerträglich. Die atheistische Interpretation der Realität mag angesichts von Leid und Schmerz intellektuell befriedigen. Für viele ist es ein felsenfestes Argument gegen die Existenz Gottes, und manche benutzen es dazu, sich der Frage nach Gott erst gar nicht zu stellen.

Über den heftigen Protest an der Religion hinaus hat der Atheismus nicht viel zu bieten. Klaus von Stosch weist darauf hin, dass der Protest-Atheismus moralisch bedenkliche Implikationen hat.[82] Er schließt die Möglichkeit aus, dass Leiden jemals wiedergutgemacht und überwunden wird. Mit seiner radikalen Diesseitigkeit zerstört er jede Hoffnungsperspektive. Der Leidende wird mit der Sinnlosigkeit seines Leides alleingelassen.

Die atheistische Lösung des Theodizee-Problems ist eine Scheinlösung. Mit ihr scheidet Gott als Ursache des Leides aus, aber das Leid verschwindet damit nicht, sondern es geht weiter. Wenn man aus Protest gegen das Böse Gott aus seinem Leben streicht, wird die ganze Sache nur noch schlimmer, denn dann hat man nichts mehr als eine böse und absurde Welt – und sonst nichts.[83]

Vergleich mit dem Christentum

Es ist offensichtlich, dass in den Religionen und in der Philosophie intensiv mit der Tatsache des Übels gerungen wird. Das ist im christlichen Glauben einschließlich seiner jüdischen Wurzeln nicht anders. Auch hier, angefangen mit den ersten Seiten der Bibel, findet eine intensive Beschäftigung mit dem Übel statt. Auch hier wird im Angesicht des Leidens gelitten, geklagt, gehofft und vor allem gebetet.

Wenn man einen Vergleich zieht, fällt auf, dass die Religionen dazu neigen, vereinfachende Antworten zu bieten. Nicht selten wird das Übel auf eine einzelne Ursache zurückgeführt, oder es wird gesagt, dass Leiden ganz grundsätzlich gerecht oder sinnlos ist. Diese vereinfachenden Antworten werden den vielfältigen Formen des Übels nicht gerecht.

Die christliche Antwort auf das Leiden ist sehr vielfältig und in mancherlei Hinsicht einzigartig. Sie widerspricht religiösen, philosophischen und säkularen Konzepten an entscheidenden Punkten:

Die antiken Philosophen sahen im Leiden ein unpersönliches Schicksal, das es zu ertragen gilt; im christlichen Glauben ist es ein persönlicher Gott, der im Leiden wirkt.

Der Hinduismus sagt, dass Leiden gerecht ist, und akzeptiert es; das Christentum sagt, dass es in den meisten Fällen ungerecht ist, und entwickelt Strategien zur Leidverminderung.

Der Buddhismus lehrt, dass Leiden sinnlos ist, und leitet dazu an, ihm zu entfliehen; das Christentum sagt, dass Leiden einen Sinn haben kann, und ermutigt, durch das Leiden hindurchzugehen.

Für den Atheisten steht hinter dem Leiden ein erbarmungsloses Schicksal; für den Juden und den Christen aber das unergründliche Walten Gottes.

Mit seiner umfassenden, sowohl metaphysischen als auch praktischen Art und seinen ermutigenden Antworten auf das Leiden ist der christliche Glaube einzigartig.

Die Religionen und Ideologien bieten Erklärungen, warum es das

Übel gibt, sie bieten aber wenig Hilfe, wenn es um die praktische Bewältigung von Leid geht. Wenn Leiden gerecht ist (wie der Hinduismus lehrt), sinnlos ist (wie Buddhisten glauben) oder dem Zufall entspringt (wie der Atheismus behauptet), trägt das Leid immer den Sieg davon.

Denn wenn mein Leid gerecht ist, muss ich es akzeptieren; wenn es sinnlos ist, muss ich ihm ausweichen; wenn es Zufall ist, habe ich Pech gehabt, dass der Krebs mich befällt. Überzeugende und hoffnungsvolle Perspektiven, um Leid zu bewältigen, lassen sich daraus nur mit Mühe ableiten.

Die biblischen Texte, die sich mit dem Leid befassen, und die Figuren, die wir bei der Bewältigung ihrer Schicksale beobachten können, bieten uns dagegen eine echte Hoffnungsperspektive. Die Bibel hat zum Leiden viel zu sagen: Leiden kann uns erziehen und läutern, es kann uns als Persönlichkeit reifen lassen, es kann unseren Glauben und unseren Charakter stärken, es kann Demut in uns bewirken und uns zu unserer wahren Größe emporsteigen lassen. Und es kann unseren Blick auf die kommende Welt richten und buchstäblich unendlichen Trost bieten.

«Liebe nicht zu sehr!»

Von den verschiedenen Antworten auf das Problem des Bösen ist die antike Philosophie dem biblischen Verständnis erstaunlicherweise am nächsten. Natürlich gibt es auch Unterschiede. Das wird deutlich, wenn man sich mit den Ursachen von Leid befasst. Die antike Philosophie geht von einer göttlichen Ordnung im Universum aus und sieht das Leiden als Teil dieser Ordnung. Es gibt wie im christlichen Glauben metaphysische Ursachen des Leides, etwa wenn die Götter Strafen für nicht dargebrachte Opfer schicken. Auch in der Bibel kann Leiden eine Strafe Gottes sein, sie entspringt aber nicht einer Laune Gottes wie in der antiken Mythologie, sondern ist ein Mittel der Erziehung, so wie Eltern Kinder erziehen.

In der Bewältigung des Leides gibt es ebenfalls Parallelen. Der Gleichmut, mit dem die antiken Philosophen ihr Schicksal ertrugen, ist beeindruckend. Das gelassene Annehmen ihres persönlichen Schicksals lässt sich mit Geschichten wie derjenigen von Abraham vergleichen, der das Hinauszögern der Verheißung geduldig ertrug und selbst dort hoffte, wo es nichts mehr zu hoffen gab. Es erinnert an Texte wie Psalm 37,5, wo der Rat erteilt wird: «Befiehl dem Herrn deinen Weg, vertrau ihm – er wird es fügen.»

Sowohl in der Bibel als auch in der antiken Philosophie sind Besonnenheit und Gelassenheit hochgeschätzte Tugenden.

Trotzdem ist christliche Leidbewältigung nicht einfach mit Stoizismus gleichzusetzen. Die Stoiker versuchten, dem Übel ganz grundsätzlich mit stoischer Ruhe zu begegnen. Davon ist in der Bibel, zumindest als erste Reaktion auf das Leiden, nicht viel zu spüren. Die Klagelieder Jeremias, die ein einziger poetischer Schrei im Angesicht unsäglichen Leids sind, der Protest in den Klagepsalmen und das fast endlose Lamentieren Hiobs sprechen eine deutliche Sprache.

Das Ermutigende ist: Diese Texte sind keine Ausrutscher, ihre Verfasser keine Abweichler von der Masse schicksalsergebener Menschen. Diese übel zugerichteten Seelen gehören sogar zu den lebendigsten Figuren der Bibel. Ihr Aufschrei ergibt sich aus dem, was sie vom Leben erwarteten, aber nicht bekamen. Es gibt hauptsächlich im Alten Testament eine intensive Lebensbejahung. Es findet sich ein Streben nach Glück, eine Suche nach dem prallen Leben.

Der Begriff «Schalom» fasst diese intensive Lebensbejahung zusammen. Schalom bedeutet in einem umfassenden Sinn Frieden, Glück, Sicherheit und Wohlergehen. Den stoischen Rat, nicht zu sehr zu lieben, um nicht zu sehr zu leiden, hätten die Menschen des Alten Testaments von sich gewiesen. Sie haben gelebt, und sie haben gelitten, wenn dieses volle Leben ihnen entglitt. Erst durch heftiges Ringen haben sie in der Regel zur Annahme ihres Loses und zu innerer Ruhe gefunden. Das erklärt, warum es in der Bibel beides gibt: den Aufschrei angesichts des Übels – und das geduldige Ertragen des Leides.

Der stoische Rat, nicht zu sehr zu lieben, um nicht zu viel zu leiden, erweist sich im Kern als unbiblisch, weil er dem Doppelgebot der Liebe entgegensteht. Im Zentrum des christlichen Glaubens steht das Gebot, Gott von ganzem Herzen und mit aller Kraft zu lieben und den Nächsten wie sich selbst (Mk 12,29–31). Wenn man, um Enttäuschungen und Schmerz zu vermeiden, auf Liebe verzichtet, bewegt man sich aus diesem Zentrum hinaus, und das Leben wird öde. Das christliche Leben ist ein leidenschaftliches, von Liebe erfülltes Leben, oder es ist keines. Wer das Leben bejaht und liebt, der leidet mehr, wenn ihn Übel trifft, aber er ist lebendiger, auch im Leiden.

Der vielleicht markanteste Unterschied zwischen dem philosophischen Stoizismus und der ersten Christenheit besteht in der Fähigkeit, Mitleid zu haben. Der Stoiker lehnte es ab, dass man Mitleid mit seinem Schicksal hatte, und er lehnte das Mitleiden mit anderen ab. Die antike Gesellschaft war über den Stoizismus hinaus eine mitleidslose Gesellschaft, welche die Opfer sich selbst überließ. Überzählige Kinder wurden ohne Gewissensbisse getötet, für die antiken Gastmähler wurden Menschen sexuell versklavt, für die an Kreuzen Hängenden hatte man nur Hohn und Spott übrig. Im Allgemeinen ging man davon aus, dass das Opfer sein Schicksal verdient hatte.

Die ersten Christen hingegen kümmerten sich um die Opfer der Gesellschaft. Sie sorgten dafür, dass verarmte Menschen und elternlose Kinder ein anständiges Begräbnis erhielten und nicht einfach weggeworfen wurden. Sie sorgten sich um Schiffbrüchige und Strafgefangene, weil Liebe und Mitleid sie antrieb. Der Kirchenvater Tertullian berichtet, dass die antike Welt verwundert den Kopf schüttelte und sagte: «Seht, wie sie sich untereinander lieben!»[84]

Als der christliche Glaube immer mehr an Einfluss gewann, versuchte Kaiser Julian im 4. Jahrhundert das Rad der Zeit zurückzudrehen. Er klagte, der christliche Glaube habe sich nur ausbreiten können, weil die Christen sich liebevoll um die Armen kümmerten. Er förderte nach Kräften die heidnischen Kulte und versuchte, dem aufstrebenden Christentum den Boden zu entziehen. Seine Bemühungen waren vergeblich. Die Christen litten besser, und sie kümmerten sich besser um die Leidenden. Und sie verschafften so ihrem Glauben Ansehen.

«Weiche dem Leiden aus!»

Die Weltanschauung, die das Christentum angesichts des Übels am stärksten herausfordert, ist der Atheismus. Für den Atheisten ist das Leiden ein Kollateralschaden eines evolutionären Vorgangs. Er vermag dem Übel in der Welt keinen Sinn abzugewinnen. Wenn er leidet, ist das nach seiner Weltanschauung ein gleichgültiges und erbarmungsloses Geschehen. Bonisierungsversuche und Depotenzierungsstrategien, die im christlichen Glauben eine wichtige Rolle spielen, haben für den Atheisten kaum Relevanz. Wenn er sich im Tal der Todesschatten befindet, gibt es für ihn keinen guten Hirten, der hindurchführt. Dass Leiden für etwas Höheres als diese Welt gut ist, liegt außerhalb seiner streng materialistischen Weltanschauung.

Religiöse Antworten auf das Übel, so unterschiedlich sie sind, haben an diesem Punkt mehr zu bieten als der Atheismus.

Für den Hinduisten ist sein Leiden gerecht. Er hat es in einem früheren Leben selbst verschuldet, so dass er die Früchte seines schlechten Karmas erntet. Die Aussicht, es im nächsten Kreislauf der Wiedergeburt besser zu haben, mildert sein Leid und spornt ihn an, recht zu handeln. Diesen Ausweg hat der Atheist nicht, weil dieses verdammte Leben alles ist, was er hat.

Für den Buddhisten ist Leid ebenso sinnlos wie für den Atheisten. Der Buddhist sucht sich vom Leiden zu befreien, indem er dem Begehren absagt und die Erleuchtung sucht. Auf diesem Weg entwickelt er Tugenden wie rechtes Denken und rechte Gesinnung. Der Versuch, Erleuchtung zu erlangen, die das große Lebensziel des Buddhisten ist, wird durch das Leid nicht empfindlich gestört. Er glaubt, das Übel durch das Befolgen des Achtfachen Pfades besiegen und aus dem Rad der Wiedergeburt ausbrechen zu können. Das Leiden ist seiner Auffassung nach zwar sinnlos, aber es kann ihn anspornen, die Erleuchtung anzustreben und sein Leben auf dieses Ziel hin zu bewegen.

Diese Möglichkeit hat der Atheist nicht. Sein Leiden dient keinem höheren Ziel, weder in diesem noch in einem nächsten Leben, und ist letztlich sinnlos. Seine materialistische Weltanschauung wirft ihn auf sich selbst zurück. Das spornt ihn an, das Schicksal selbst in die Hand zu nehmen und sein Leben schön, spannend und sinnvoll zu gestalten. Doch was ist, wenn Krankheit und Unglück dieses Streben dauerhaft frustrieren?

Für den Christen ist das Leid genauso ein Feind wie für den Atheisten, aber er hat Hoffnung. Er weiß, dass Gott in seinem Leiden wirkt. Er kann durch das Leid hindurchgehen, weil Gott mit ihm durch das Tal der Todesschatten geht. Er vertraut darauf, dass Güte und Barmherzigkeit ihm sein Leben lang folgen. Sein Ziel ist nicht ein von Leiden und Problemen freies Leben. Er will Gott ehren, ihn lieben und die Bestimmung leben, die Gott für ihn hat. Das Leiden ist auch für ihn ein echtes Leiden, aber es kann das Leben entsprechend der göttlichen Vorsehung nicht dauerhaft frustrieren.

Dem Atheisten bleibt hingegen nur die Möglichkeit, dem Leiden auszuweichen.

Ungeachtet ihres Wahrheitsgehalts bieten die metaphysischen Erklärungen der Religionen Orientierung im Leiden. Sie schaffen einen Verständnisrahmen, der die Ursache des Übels erklärt und Strategien zur Bewältigung bietet.

In der westlichen Kultur ist ein solcher Verständnisrahmen mit dem Siegeszug des Säkularismus allerdings zerbrochen. In Politik und Gesellschaft wird versucht, christliche Einflüsse zurückzudrängen. Gott wird aus der Verfassung gestrichen, Gipfelkreuze werden abmontiert und durch «politisch korrekte» Symbole ersetzt. In dieser Welt ohne Gott und ohne transzendente Hoffnung ist Leiden nichts als ein «böser Schluckauf», den man so schnell wie möglich loswerden muss.[85]

Das große Nichts

Die atheistische Weltanschauung ist die Frucht radikaler aufklärerischer Denkweise. Sie hat den westlichen Säkularismus hervorgebracht, der sich christlicher Einflüsse entledigt. Mit dieser Entledigung hat der Westen seine Seele und seine Hoffnung verloren. Als in der Zeit der Aufklärung die Gewissheit von Gottes Existenz und Handeln langsam, aber stetig in eine Lobpreisung der Souveränität und Einmaligkeit des Menschen verlegt wurde und man sich auf nichts als sich selbst berief, wurde das Zeitalter des Glaubens vom Zeitalter des Zweifels abgelöst. Der Zweifel an Gott führte zum Zweifel an allem, was vernünftig nicht erklärbar ist. Der Glaube an Gott, an Wunder und an den Himmel fielen dieser Einstellung zum Opfer. Der aufgeklärte Mensch ist zwar frei, aber er hat seine Freiheit um den Preis einer verlorenen transzendenten Hoffnung errungen.

Die große Freiheit des Säkularismus entpuppt sich je länger je mehr als große Leere. Der autonome Mensch hat in einem Gefühl der Überlegenheit die Flasche des Zweifels angesetzt und kräftig daraus getrunken. Jetzt ist die Flasche leer, und auf dem Boden wartet nicht die große Freiheit, sondern das große Nichts.[86]

Wir haben uns zweihundert Jahre lang bemüht, die Methode des Zweifels zu perfektionieren, und wurden belohnt: Zuerst zweifelten wir an Gott, dann an uns selbst, und schließlich daran, dass man überhaupt etwas wissen kann. Wir haben in wissenschaftlicher Überheblichkeit den Kompass, der uns über tausend Jahre lang die Richtung gewiesen hat, zu Boden geworfen und sind darauf herumgetrampelt. Jetzt wundern wir uns, dass wir die Orientierung verloren haben.

Die Philosophie hat diese Entwicklung im 19. Jahrhundert mit dem Begriff «Nihilismus» bedacht. Nichts ist gewiss, nichts ist verbindlich, nichts macht Sinn.[87] Friedrich Nietzsche, von dem das berühmte «Gott ist tot!»-Zitat stammt, erkannte, dass die Konsequenz des Nihilismus die absolute Sinnlosigkeit ist.

Der französische Schriftsteller und Philosoph Albert Camus sprach von der Absurdität des Lebens, die eigentlich nur noch die Frage übrig lässt, ob man sich umbringen soll oder nicht.

Sowohl Nietzsche als auch Camus haben gegen das «große Nichts» aufbegehrt. Nietzsche wollte die Sinnlosigkeit durch das bewusste Bejahen des unvermeidlichen Schicksals überwinden, und Camus die Absurdität des Lebens durch die Annahme des Absurden.[88] Das klingt ziemlich hoffnungslos. Es ist, als würden Nietzsche und Camus uns raten, den kaputten Kompass vom Boden aufzuheben und loszulaufen in das unvermeidliche Schicksal, auch wenn die Richtung, die das defekte Gerät anzeigt, absurd ist. Es ist schwer vorstellbar, dass eine solche Weltanschauung Kräfte für den Umgang mit Leid bereitstellt.

Timothy Keller beschreibt im Kapitel «Leid als Unfall» auf treffliche Art und Weise, was geschieht, wenn der Säkularismus auf Leid trifft.[89] Wenn wir es mit einem rein materiellen Universum zu tun haben, dann muss das, was unserem Leben Sinn gibt, folglich zwingend etwas Materielles sein. Es muss in dieser Welt zu finden sein, weil es keine andere gibt, und irgendwie auf Dingen basieren wie Annehmlichkeiten, Vergnügen oder Sicherheit.

In anderen Kulturen ist der Sinn des Lebens in der Regel etwas anderes als persönliches Glück und Vergnügen. Oft handelt es sich um Werte wie Tugenden, Treue, Ehre oder Erleuchtung. Ein sinnvolles Leben führt, wer ein ehrenhafter Mensch ist – oder jemand, zu dem seine Kinder und Nachbarn aufschauen können. In diesen Kulturen ist Leid etwas, das dazu hilft, die eigene Lebensgeschichte zu einem guten Ende zu bringen. Dieses gute Ende ist nicht *trotz* des Leidens möglich, sondern wird gerade erst durch Leiden erreicht. In diesen Weltanschauungen haben das Leid und das Böse nicht das letzte Wort. Leid kann sogar zu einem wichtigen Kapitel in der eigenen Lebensgeschichte werden, das hilft, die höchsten Wünsche zu verwirklichen.

Für einen überzeugten Säkularisten hingegen kann Leid niemals ein gutes Kapitel sein:

> *«Für den Säkularismus ist die materielle Welt alles, was es gibt, und folglich besteht der Sinn des Lebens darin, sich das Leben wählen zu können, das einen am glücklichsten macht. Für Leid ist hier kein Platz; es ist eine lästige Störung meiner Lebensgeschichte, aber niemals ein sinnvolles Kapitel. Folglich muss ich es um fast jeden Preis vermeiden oder zumindest minimieren.»* [90]

Der Säkularismus hat jegliche religiöse Hoffnung wie ein großes Gemälde heruntergerissen; es hängt in Fetzen herab, so dass es seine Strahlkraft verloren hat. Zum Vorschein kommt eine nackte Wand, eine Leere, ein Nichts. In einer solchen materialistischen Welt ist für Leid kein Platz.

Ein Lied der Hoffnung

Der Westen hat Jahrhunderte lang gut mit der christlichen Hoffnung gelebt. Unsere Vorfahren haben mehr Leid und Entbehrung erlebt als unsere Generation und waren doch von einer hartnäckigen Hoffnung beseelt. Das Lied «O du fröhliche, o du selige, gnadenbringende Weihnachtszeit» ist Ausdruck dafür. Es wurde von Johannes Falk geschrieben, wenige Jahre nach der großen Völkerschlacht bei Leipzig, als die deutschen Lande von einer schrecklichen Seuche heimgesucht wurden.

In der Ebene von Leipzig trafen 1813 fünfhunderttausend Soldaten aus zwanzig Völkern aufeinander.[91] Es ging um nichts weniger als die Vorherrschaft über Europa. Auf der einen Seite stand Napoleon Bonaparte, Kaiser der Franzosen, mit zweihunderttausend Mann. Auf der anderen Seite standen die verbündeten Monarchen von Preußen, Österreich, Russland und Schweden mit dreihunderttausend Mann.

Die Schlacht von Leipzig wird zum Schicksal für den europäischen Kontinent. Napoleon verliert die Schlacht und in der Folge die Vorherrschaft über Deutschland. Zurück bleiben hunderttausend Tote.

Vierzigtausend Verletzte sterben innerhalb der nächsten Tage auf dem Schlachtfeld. Die Angst vor Seuchen geht um. Pferdekadaver und Leichen müssen so schnell wie möglich unter die Erde gebracht werden. Doch der Wettlauf gegen die Zeit geht verloren. Eine Typhus-Epidemie bricht aus. Sie rafft zehntausend Soldaten und dreitausend Leipziger dahin. Von dort breitet sich die Seuche in den deutschen Landen aus und erreicht Weimar, das keine hundert Kilometer entfernt liegt.

Die Familie Falk trifft es hart.

Sie verliert vier Kinder an die Seuche.

Unsere Generation hat mehr Wohlstand und Sicherheit erreicht als alle Generationen vor ihr. Eigentlich müssten wir die glücklichsten aller Menschen sein. Unsere Lieder müssten von Dankbarkeit überfließen. Und doch sind wir eine leidensscheue Generation, deren Musik voller Protest, Oberflächlichkeit und Sinnlosigkeit ist.

Johannes Falk aber protestiert nicht, klagt nicht an, sondern handelt. Anstelle seiner vier Kinder sammelt er Waisen von der Landstraße und gründet das Waisenhaus «Lutherhof». Die Kinder wachsen ihm ans Herz, und er beginnt Lieder für sie zu schreiben. 1819 schreibt er das Lied «O du fröhliche, o du selige, gnadenbringende Weihnachtszeit». Als Melodie dient ein alter Kirchengesang, der auf ein sizilianisches Fischerlied zurückgeht.

Die Kinder nehmen das Lied begeistert auf. Bald dringt es unter das Volk und breitet sich über die ganze Welt aus. Das Lied mag einfältig klingen, aber es ist voller Hoffnung. Da wird inmitten von Krieg und Seuchen eine fröhliche Weihnachtszeit besungen! Während das Böse seine hässliche Fratze erhebt, triumphiert das arme Häuflein von Christen im Glauben und singt: «Christ ist erschienen, uns zu versühnen, freue, freue dich o Christenheit!»

Unsere Zeit bringt nur noch selten Menschen wie Johannes Falk hervor. Wenn man die Gewissheit von Gottes Da-Sein in den überschwänglichen Lobgesang auf den Menschen verlegt, hat man nichts, an das man sich halten kann, wenn Katastrophen über einem hereinbrechen.

Der christliche Glaube kann alles ändern. Wenn Gott unsere Gewissheit und unser Hirte ist, haben wir eine Hoffnung, die durch alles hindurchträgt.

Kapitel 3
Was geschieht mit uns, wenn wir leiden?

Es ist eine Sache, über das Leid zu philosophieren, aber es ist eine ganz andere Sache, durch Leid hindurchzugehen. Wenn wir leiden, schlägt der Sturm an unser Haus und schüttelt uns durch (Mt 7,24–27). Das kann bis zum Punkt gehen, an dem die Fundamente unseres Glaubens oder unsere Weltanschauung erschüttert werden. Wir sind verwirrt und voller Fragen, wenn das Übel uns mit voller Wucht trifft. Unsere Gefühle fahren Achterbahn: Wir sind empört und fragen, warum das Übel ausgerechnet uns treffen muss. Dann sind wir zuversichtlich, dass wir die Krise meistern werden, nur um im nächsten Augenblick hinunterzustürzen ins bodenlose Nichts.

Im Leiden brechen Fragen auf. Wenn eine Krankheit uns körperlich entstellt, fragen wir uns, wer wir sind und wer uns noch liebt. Wenn ein Kind einen Unfall hat oder behindert zur Welt kommt, fragen wir uns, wie ein Leben voller Hindernisse bewältigt werden kann. Wenn der erste Schock vorüber ist und uns klar wird, dass wir mit einer Behinderung oder mit Einschränkungen leben müssen, brechen Glaubensfragen auf. Wie kann es sein, dass mir in dieser Situation «nichts mangelt», wie es Psalm 23 sagt? Gilt die Verheißung, dass denen, die Gott lieben, alle Dinge zum Besten dienen, jetzt noch? (Röm 8,28) Schaff ich das, was mir zugemutet wird?

Leidende fühlen sich auf der Achterbahn der Gefühle oft unverstanden. Sie haben den Eindruck, dass sie die Einzigen sind, die enttäuscht, wütend und hoffnungslos sind. Dieses Gefühl macht einsam und fördert Selbstanklagen. Im Leiden ist es entscheidend wichtig, dass wir wissen, was mit uns geschieht, und dass uns jemand die Gewissheit gibt, dass wir nicht allein sind. Wenn wir leiden, ereignen sich ganz bestimmte innere Prozesse, zu denen Gefühle wie Enttäuschung, Wut und Hoffnungslosigkeit gehören. Es gibt Millionen unterschiedlicher Situationen des Leides, und doch gehen die meisten

Menschen durch dieselben inneren Prozesse, wenn sie leiden. Gott hat uns auf eine ganz bestimmte Art und Weise geschaffen, so dass wir als seine Geschöpfe erstaunlich ähnliche Leidensphasen durchschreiten, wenn das Übel uns trifft.

Erika Schuchardt, Professorin für Bildungsforschung und Erwachsenenbildung an der Universität Hannover, hat sich in ihrer wissenschaftlichen Arbeit ausführlich mit der Bewältigung von Krisen beschäftigt. In einem ihrer erfolgreichen Bücher untersuchte sie zweitausend Biografien von unterschiedlichsten Menschen. Sie stellte fest, dass in den meisten Lebensgeschichten Krisen vorkommen, und legte das Augenmerk darauf, wie diese Leute ihre Krisen bewältigten. Das erstaunliche Ergebnis ihrer umfangreichen Studien: Die meisten Menschen gehen durch fast identische Phasen des Leidens, angefangen vom ersten Schock über das Unglück, das sie getroffen hat, bis zum Aufbruch in ein neues Leben nach der Krise.

Ich werde in diesem Kapitel das Modell der Krisenbewältigung von Schuchardt in vereinfachter Form anwenden.[92] Ich werde es mit biblischen Texten in Verbindung bringen, die vom Übel in der Welt handeln, und meine eigene Leidensgeschichte reflektieren.

Das Ermutigende an Schuchardts Modell ist, dass man als Leidender nicht allein ist, sobald man weiß, dass es anderen ähnlich geht. Je besser wir die inneren Prozesse einer Krise verstehen, desto klarer wird, dass die Phasen, die wir durchmachen, normale Vorgänge sind. Es wird uns klar, dass wir in vielen Fällen durch diese Phasen hindurch müssen, um die Krise erfolgreich zu meistern. Das bedeutet, dass wir unsere Gefühle nicht ständig kontrollieren müssen. Es ist keine Schande, wenn wir die Fassung verlieren oder dastehen und plötzlich weinen müssen. Wir dürfen Trauer und Wut und all die anderen Emotionen, die mit der Bewältigung einer Krise verbunden sind, zulassen. Es ist keine Schwäche, wenn wir durchgeschüttelt werden. Wenn wir die mit einer Krise verbundenen Gefühle zulassen, schaffen wir die Voraussetzung, dass wir am Ende des Tunnels zu einem neuen Lebensabschnitt aufbrechen können.

Phase 1: Ungewissheit

Die erste Phase ist die Phase der Ungewissheit.[93] Eben noch haben wir das Leben unter Kontrolle gehabt und Pläne geschmiedet. Wenn das Übel uns trifft, wird alles, was wir uns vorgenommen haben, in Frage gestellt. In einer ersten Reaktion versuchen wir, das Unglück von uns wegzuschieben. Wir sind noch nicht bereit, emotional damit umzugehen.

In der ersten Schockphase bauen wir uns Verteidigungsburgen auf aus Angst vor dem Unbekannten. Der Gedanke «Es muss ein Irrtum sein!» ist eine typische Reaktion dieser Phase. Wir reden uns ein, dass es so schlimm nicht sein wird, und sind bereit, uns an Strohhalme zu klammern.

Wenn die Phase der Ungewissheit anhält, wird sie zur Qual. Das kann der Fall sein, wenn Krankheitssymptome uns zu schaffen machen und trotz ärztlichen Untersuchungen keine klare Diagnose vorliegt. Irgendwann sind wir am Punkt, an dem wir sagen: «Es ist mir egal, was es ist, ich möchte es einfach wissen.» Wenn wir diesen Punkt erreicht haben, stehen wir am Übergang zur nächsten Phase, der Phase der Gewissheit.

Im Rückblick erkenne ich, dass ich auf meinem Leidensweg sehr lange in der Phase der Ungewissheit war. Angefangen hatte alles im Winter vor mehr als zwanzig Jahren: Ich sitze am Computer in meinem Büro. Ein ganz gewöhnlicher Tag mit der alltäglichen Arbeit eines Pastors. Plötzlich geht mir ein Impuls durch den Kopf, so als hätte ich einen leichten Stromstoß versetzt bekommen. Es wird mir übel. Ich versuche weiterzuarbeiten, aber schon nach wenigen Minuten ist klar, dass das nicht geht. Ich breche ab und lege mich aufs Bett.

Eben noch fühlte ich mich völlig okay, wollte arbeiten, am Nachmittag Sport treiben und eine Abendsitzung leiten. Ich liege da und stelle fest, dass ich völlig erschöpft bin. Woher kommt das? Warum habe ich das bisher nicht bemerkt?

Erst eine Stunde später kann ich wieder aufstehen. Meine Beine fühlen sich schwach an. Ich habe keine Ahnung, was mit mir passiert ist. Und ich habe in diesem Moment auch keine Ahnung davon, dass es der Anfang einer langen Leidenszeit mit mehreren Klinikaufenthalten ist.

Als ich nach einer Woche immer noch völlig erschöpft war, reduzierte ich mein Arbeitspensum. Bald fühlte ich mich besser. Ich atmete auf und sagte mir, dass es nur etwas Vorübergehendes war. Jeder ist mal übermüdet und braucht Ruhe. Ich hatte begonnen, meine Verteidigungsburgen aufzubauen. In meinem Innern aber wusste ich, dass ich zu viel in meiner Agenda stehen hatte.

Trotzdem arbeitete ich im selben Rhythmus weiter. Bald erfolgte eine nächste Schwindelattacke, von der ich mich nur sehr langsam erholte. Der Schwindel wurde zu meinem ständigen Begleiter. Ich fühlte mich völlig erschöpft und konnte meine Arbeit je länger je weniger bewältigen. Arbeiten am Computer waren jetzt nur noch in kleinen Arbeitsschritten möglich. Gespräche mit Menschen ermüdeten mich enorm. Ich mochte meine Arbeit immer noch, ja ich klammerte mich daran, aber ich war unsicher, ob ich meine Arbeit weiter bewältigen konnte.

An diesem Punkt meiner unfreiwilligen Reise konnte ich mir nicht vorstellen, dass ich mich derart überarbeitet hatte, dass ich meine Gesundheit dauerhaft ruinierte. Tief in meiner Seele empfand ich etwa Folgendes, vermochte es aber noch nicht in Worte zu fassen: «Ich mache meine Arbeit für Gott. Es gibt sicher einen Unterschied zwischen mir und jemandem, der sich für Unilever oder die Credit Suisse kaputt arbeitet. Mir kann das ja eigentlich gar nicht passieren, weil ich für Gott arbeite.»

Ich sollte mich gründlich irren.

Phase 2: Gewissheit

Die zweite Phase ist die Phase der Gewissheit und der Ambivalenz. Es lässt sich nicht mehr leugnen: «Ich muss mit den Folgen des Auffahrunfalls leben» – «Mein Kind ist behindert» – «Mein Partner will die Scheidung.»

Es ist eine Sache, eine Tatsache mit dem Verstand zu erfassen; es ist eine ganz andere Sache, sie emotional zu verkraften. Es bauen sich innere Spannungen zwischen unserem Verstehen und unseren Gefühlen auf: «Die Betroffenen sind bereit, die ungeteilte Wahrheit anzunehmen, aber emotional und faktisch leben sie weiterhin von der Hoffnung wider alle Hoffnung, dass sich die Anzeichen als unrichtig, irrtümlich herausstellen werden. Diese Ambivalenz zwischen verstandesmäßigem Ja und gefühlsmäßigem Nein ist das Bestimmungsmerkmal der Phase Gewissheit.»[94]

Viele Psalmen wurden in der Phase der Ambivalenz geschrieben. Psalm 13 ist ein Lied von David, in welchem er über seine Not klagt: «Wie lange noch, Herr, vergisst du mich ganz? Wie lange noch verbirgst du dein Gesicht vor mir? Wie lange noch muss ich Schmerzen ertragen in meiner Seele, in meinem Herzen Kummer Tag für Tag? Wie lange noch darf mein Feind über mich triumphieren? Blick doch her, erhöre mich, Herr, mein Gott» (Ps 13,2–4).[95] David fühlt sich in seiner Not allein. Er klagt, Gott habe ihn vergessen. Er ist voller Kummer und fürchtet, seine Feinde, die ihm ans Leben wollen, könnten ihn ins Grab bringen (Ps 13,4b).

Die Not ist David längst eine Gewissheit. Er ringt mit der Frage, wie es so weit kommen konnte, dass er so allein ist. Dieses Ringen drückt sich in der Frage «Wie lange noch?» aus, die viermal am Anfang des Psalms erscheint. Wie lange noch vergisst mich Gott? Wie lange noch verbirgt er sich? Wie lange noch muss ich Kummer ertragen? Wie lange noch dürfen meine Feinde triumphieren? In dieser Klage schwingt die Hoffnung mit, dass sich alles als böser Traum erweist und bald vorübergeht. In den meisten Fällen ist es nur das Aufflackern einer Hoffnung, die bald stirbt.

In meiner eigenen Leidensgeschichte dauerte es lange, bis die Gewissheit, dass ich krank und auf unabsehbare Zeit arbeitsunfähig war, mich mit voller Wucht traf. Die nächsten Jahre wurden zu einem stetigen Auf und Ab. Ich erlitt Dutzende von Schwindelattacken, die mich zurückwarfen, wenn ich mich wieder aufgerappelt hatte. Eine lange Odyssee von Arztbesuchen setzte ein. Ich wurde von einem Spezialisten zum anderen weitergereicht. Ich bekam Pülverchen, Propheten, Gurus und Therapien empfohlen, und alles war gut gemeint. Hätte ich auf alle gehört, wäre ich verrückt geworden.

Mit der Zeit stellte sich die Gewissheit ein, dass mein rechtes Gleichgewichtsorgan, das viele Jahre zuvor durch eine Schädelfraktur beschädigt worden war, nicht mehr richtig arbeitete. Solange ich ein vernünftiges Arbeitsmaß eingehalten hatte, vermochte das linke Organ den Ausfall zu kompensieren. Als ich Pastor wurde und nebenbei Bücher zu schreiben begann, meine Dissertation verfasste und theologischen Unterricht erteilte, verlor ich das gesunde Maß. Irgendwann war der Punkt erreicht, an dem mein vestibuläres System ernsthaft erkrankte und sich nicht mehr erholte.

Nach Monaten des Ringens mit meinem unsichtbaren Gegner fühlte ich mich völlig ausgebrannt. Schließlich brach ich psychisch und physisch zusammen und ließ mich in eine Klinik einliefern. Erst dort traf mich die Gewissheit mit voller Wucht, dass ich ernsthaft krank war und dass mein Leben nicht mehr so sein würde wie früher.

Ich brauchte in der Klinik mehr als eine Woche, bis ich es mir eingestand und auch aussprechen konnte: «Ich bin krank. Ich bin völlig ausgebrannt. Ich kann nicht mehr.»

Phase 3: Aggression

Die dritte Phase ist die Phase der Aggression und des Verhandelns. In dieser Phase kommt es zum Aufbäumen gegen das scheinbar Unvermeidliche. Je nach Weltanschauung richtet sich die Aggression gegen das unpersönliche Schicksal oder gegen Gott. Das Wissen, dass Gott das Übel hätte verhindern können und es nicht tat, und dass er die ganze Sache wenden könnte und nichts geschieht, wird für den glaubenden Menschen zur Anfechtung und löst Aggressionen aus.

Im Buch Hiob ist Hiob während des endlosen Dialogs mit seinen Freunden fast beständig in dieser Phase. Seine Aggression richtet sich gegen seine Freunde, die ihn belehren, anstatt ihn zu trösten (Hiob 12,1), und gegen Gott. Nachdem Hiob am Anfang die Schicksalsschläge gegen seinen Besitz und seine Familie scheinbar gleichmütig aus Gottes Hand genommen hat (Hiob 1,21), richtet sich seine Aggression gegen den Allmächtigen. Hiob verflucht den Tag seiner Geburt (Hiob 3,1–5) und betet: «Dein Leben ist doch nicht wie unser Leben, du zählst es nicht wie wir nach kurzen Jahren. Was suchst du dann so eilig meine Schuld und spürst voll Eifer meinen Sünden nach, obwohl du weißt, dass ich nicht schuldig bin und niemand mich aus deiner Hand errettet?» (Hiob 10,5–7).[96] Hiob erlebt die Qual des Nichteingreifens Gottes an jeder Faser seines zerschundenen Körpers und hält mit seiner Klage nicht zurück.

In ihren Studien stellte Erika Schuchardt fest, dass die meisten Personen in ihrer Krise auf die Frage nach Gott oder nach dem Übernatürlichen zurückgeworfen werden. Die Leidenden ließen Messen lesen, legten Gelübde ab, verschrieben ihren Besitz der Kirche oder humanitären Einrichtungen und versprachen, ihr Leben grundlegend zu ändern. Zwei Drittel der untersuchten Personen unternahmen sogar eine Wallfahrt nach Lourdes. Die dritte Phase ist geprägt von einem intensiven Verhandeln mit Gott oder dem unpersönlichen Schicksal – im Versuch, das Übel abzuwenden und in das frühere Leben zurückzukehren.

In meinem Leiden ging es lange, bis ich meinen Aggressionen Raum gab. In dieser Zeit schrieb ich meine Gebete auf. Ich begann, Gott schwere Vorwürfe zu machen: «Ich habe mich für dich eingesetzt! Ich habe alle meine Kraft in meine Berufung als Pastor investiert. Ich habe Tag und Nacht gearbeitet. Ich habe die Leute mitten in der Nacht im Krankenhaus besucht. Einmal habe ich meine Ferien abgebrochen und bin tausend Kilometer zurückgefahren, um bei einem Todesfall jemandem beizustehen. Ich war immer da, wenn die Leute mich brauchten, und jetzt, wenn ich *dich* brauche, bist du nicht da!»

Ich weiß noch, wie ich weinte und mit Gott haderte, als ich diese Zeilen schrieb und sie anschließend bei einem einsamen Spaziergang in den Himmel schickte.

Ich habe in meiner Phase der Aggression in der Bibel gelesen, wie Petrus Jesus verwegenes Vertrauen entgegenbrachte und auf dem Wasser zu ihm ging. Ich hatte den Eindruck, dass Gott mir dadurch sagen wollte, ich sollte in meinem Dienst weitermachen wie bisher und aus dem Glauben leben. Ich nahm die Herausforderung an und arbeitete weiter, aber nur um meine Kräfte immer mehr schwinden zu sehen. Ich haderte mit Gott: «Ich habe wie Petrus meinen Fuß auf das Wasser gesetzt und bin im Vertrauen, dass du mich hältst, weitergelaufen. Ich habe dir vertraut, mein Gott, und bin abgesoffen!»

Das Buch Hiob und die Psalmen haben mich in dieser Zeit ermutigt, ehrlich zu beten, auch wenn es dann zuweilen nicht schön klingt. Früher hätte ich mir nie vorstellen können, so mit Gott zu reden. Ich fragte mich, ob das noch Beten sei und was mit meinem Glauben eigentlich passiert.

Nebst dem ständigen Schwindel machte mir der Schmerz zu schaffen, unnütz zu sein. Es war in dieser Phase, dass ich in mein Tagebuch schrieb: «Ich fühle mich wie ein Baum, der Schatten wirft und keine Früchte trägt. Ich fürchte, dass die Zeit, in der ich mich befinde, unfruchtbare Zeit ist, die weder mir noch anderen etwas nützt.» Die Vorstellung, dass meine Jahre unnütz dahingingen, brachte mich fast um den Verstand.

Ich führte in meinen geistlichen Tagebüchern einen beständigen Dialog mit Gott, in dem ich manchmal jammerte, oft klagte, dann wieder Gott vertraute und mich an kleinen Dingen zu erfreuen suchte. Am meisten habe ich in dieser Zeit gebetet: «Wenn du mich schon nicht heilen willst, dann schenke, dass aus meiner Schwäche etwas Starkes wird.»

Die Bibel räumt dem Auflehnen gegen das Übel erstaunlich viel Platz ein. Natürlich gibt es viele Bibeltexte, die vom Vertrauen auf Gott handeln, vom Still-Sein in der Not und der Gelassenheit angesichts der Erwartung, dass Gott die Dinge fügt. Wenn wir vertrauen können und still und gelassen werden, sind wir bereits in einer nächsten Phase, der Phase des Annehmens. Diese Phase darf nicht voreilig herbeigeredet oder herbeigebetet werden. Zuerst müssen wir durch die Zeiten des Klagens hindurch, ehe wir Ja sagen und zu einem neuen Leben aufbrechen können. Wenn es nicht so wäre, dürften viele Texte gar nicht in der Bibel stehen. Wenn wir alles in stoischer Ruhe zu ertragen hätten, müsste die Hälfte der Psalmen aus der Bibel entfernt werden. All jene Psalmen, in denen gejammert und geklagt wird, hätten keinen Platz. Die Geschichte Hiobs wäre die Geschichte eines Ungeduldigen, der sich anmaßt, Gott zu sagen, ob er denn wisse, was er da tue. Und die Klagelieder Jeremias wären ein poetisches Meisterstück, aber unnütz.

Im Leiden entwickeln wir Aggressionen. Sie haben nichts mit Charakterschwäche zu tun, und sie dürfen auch nicht ohne Weiteres als Ungeduld abgetan werden. Wir verstehen die Phase der Aggression besser, wenn wir erkennen, dass die mit dieser Phase verbundenen Gefühle Ausdruck unserer Geschöpflichkeit sind. Gott hat uns in seinem Bild geschaffen (1Mo 1,27) und den Auftrag gegeben, über die Schöpfung zu herrschen (1Mo 1,28). Die Schöpfung ist Gottes Meisterstück, das seine Herrlichkeit und Größe bezeugt. Als alles sehr gut war und die Erde sich wie ein ungeschliffener Rohdiamant vor Gott präsentierte, hörte Gott auf und ruhte am siebten Tag. Der Auftrag: «Herrscht über die Fische des Meeres, über die Vögel des Himmels, über das Vieh, über die ganze Erde und über alle Kriechtiere auf dem Land» (1Mo 1,26), bedeutet, dass der Mensch dort weitermachen sollte, wo Gott aufgehört hatte.[97] Gott hatte seinen Teil getan und aus dem Nichts die Welt erschaffen. Nun war es am Menschen, die Schöpfung auszugestalten und zu einem Ort voller Schönheit und Leben zu machen. Gott setzte den Menschen ein, um die Schöpfung zu bebauen und zu bewahren und die Tiere zu benennen (1Mo 2,15). Alle diese Tätigkeiten sind im Auftrag, zu herrschen, mit enthalten.

Der Schöpfer hat uns mit Verstand, Kreativität und Schaffenskraft ausgestattet. Wir sind geschaffen, Dinge hervorzubringen, die größer sind als wir selber. Wenn wir Kinder erziehen, einen neuen Arbeitszweig aufbauen, eine Firma gründen, ein Musikstück schreiben oder in der Kirche mitarbeiten, bauen wir an etwas, das größer ist als wir selbst, und erfüllen so unsere Bestimmung als Pächter der Erde. Wir lieben es, Dinge auszudenken, zu schaffen und zu verbessern, denn dazu hat der Schöpfer uns gemacht.

Wenn uns ein Übel trifft, das uns in unserer Schaffenskraft einschränkt, leiden wir, weil sich das Übel gegen unsere Bestimmung stellt. Gottes ursprünglicher Plan war es, unsere Fähigkeit, dienende Herrscher zu sein, in einer buchstäblich paradiesischen Welt zur Geltung zu bringen. Wir sollten bebauen, bewahren, benennen und herrschen. Krankheit und Tod gehörten nicht zu Gottes ursprünglichem Plan, sondern kamen erst als Folge des Sündenfalls hinzu (1Mo 3,1 ff.). Gott hat nicht Dornen und Disteln für uns vorgesehen, sondern ein Leben in Fülle.

Wenn wir leiden, scheint es uns, dass wir von diesem «Leben in Fülle» für den Rest unseres Daseins abgeschnitten sind. Leiden trifft uns existenziell, weil wir zu einem erfüllten Leben geschaffen sind, nicht zu einem Leben der Entsagung und des Schmerzes.

Wenn wir Aggressionen gegen das Übel entwickeln, strecken wir uns im Grunde genommen nach dem vollen Leben aus, das Gott am Anfang, als noch alles gut war, uns zugedacht hat. Das Aufbegehren gegen Schicksalsschläge, wie Hiob und die Psalmen es vortragen, ist kein Aufschrei von Leidensscheuen, sondern ein Schrei nach dem wahren Leben. Dass viele biblische Figuren trotz ihrer Schicksalsschläge dieses erfüllte Leben fanden (wenn auch anders, als sie ursprünglich dachten), macht ihre Geschichte zu einer Quelle der Inspiration und wird uns im nächsten Teil beschäftigen.

Die Psalmen feiern an einigen Stellen das Leben, das Gott geschaffen hat. Es wird gestaunt darüber, dass Gott den Menschen als Krone der Schöpfung eingesetzt hat, damit sie über diese Schöpfung herrschen: «Was ist der Mensch, dass du an ihn denkst, des Menschen Kind, dass du dich seiner annimmst? Du hast ihn nur wenig geringer gemacht als Gott, hast ihn mit Herrlichkeit und Ehre gekrönt. Du hast ihn als Herrscher eingesetzt über das Werk deiner Hände, hast ihm alles zu Füßen gelegt» (Ps 8,5–7).[98]

Der Mensch herrscht über die Schöpfung, indem er arbeitet. Arbeit gehört «zum Grundauftrag des Schöpfers an sein Geschöpf».[99] Wir kennen Arbeit oft als Last, aber sie ist zuallererst Würde, denn in ihr zeigt sich unsere Ebenbildlichkeit mit Gott. Dass wir arbeiten können, rückt uns in die Nähe unseres Schöpfers, der ein arbeitender Gott ist. Wenn eine Krankheit oder ein Unfall uns die Arbeitsfähigkeit nimmt, ist das ein Frontalangriff auf unser ureigenstes Menschsein.

Das Übel in Form einer fristlosen Entlassung, einer geistigen Einschränkung oder einer manischen Depression raubt uns die Möglichkeit, über den Bereich zu herrschen, den Gott uns zugeteilt hat. Jedenfalls zerstört es unsere Vorstellung davon, wie wir diesen Bereich gestalten können. Es ist wie ein großes Schild: «Betreten verboten!» – und das auf *unserem* Land! Das dürfen wir beklagen. Wir müssen durch die Phase der Aggression und des Verlusts hindurch. Wir dürfen wütend und enttäuscht sein. Erst allmählich finden wir den Punkt, an dem wir unser Schicksal annehmen und zu einem neuen Leben aufbrechen können. Vorher aber erleben viele Leidende, dass es sogar noch tiefer geht und die Aggression zur Resignation wird.

Phase 4: Resignation

Wenn die psychischen Ressourcen aufgebraucht sind und die emotionalen Kräfte durch die Aggression erschöpft sind, kommt es zur Resignation. In der Phase der Resignation hat der Leidende seinen persönlichen Ground Zero erreicht. Blickt er zurück, sieht er nichts als Verlust. Die unbeschwerten Tage sind vorbei, als man in einer fröhlichen Runde ein Feierabendbier genoss oder eine Geburtstagstorte mit Freunden anschnitt. Blickt er voraus, wartet ein Leben auf ihn, das so gar nicht seinen Vorstellungen entspricht. Schuchardt spricht von einer Phase der Depression «aufgrund des Rezipierens von Verlusterfahrungen und des Antizipierens künftiger Lebensminderung».[100] Der Leidende nimmt in dieser lähmenden Phase Abschied von seinen Lebensträumen und fällt in ein Loch. Die Begleiterscheinungen dieser Phase sind grenzenlose Traurigkeit, völlige Perspektivlosigkeit, emotionale Abstumpfung und aufwallender Zynismus.

Resignation zeigt an, dass man endgültig in der neuen Realität angekommen ist. Es gibt keine Strohhalme mehr, an die man sich klammern könnte. Resignation ist nicht Sünde und darf auch nicht ohne Weiteres zu Kleinglauben erklärt werden. All das wäre einer konstruktiven Bewältigung des Leids hinderlich, weil es notwendige Prozesse abwürgt und die Seele dadurch verkrümmt wird.

Gott braucht keine Helden, die meinen, sie müssten ohne Resignation durch die Krise kommen. Die besten Leute der Bibel gingen durch Krisen hindurch.

Während seines Dialogs mit seinen Freunden erlebt Hiob Phasen der Aggression und der Resignation. Er ringt mit Gott, hofft, dass Gott sein Schicksal zum Guten wendet, verliert dann alle Hoffnung und fällt ins Bodenlose: «Mir ist jetzt alles gleich, drum sprech ich's aus, selbst wenn ich meinen Kopf dafür riskiere: Dass ich im Recht bin, hilft mir nichts bei ihm; ob schuldig oder nicht – Gott bringt mich um! Wenn plötzlich eine Katastrophe kommt und Menschen ohne Schuld getötet werden, hat er für ihre Ängste nur ein Lachen» (Hiob 9,22–23).[101]

Das ist falsch und zynisch, aber ehrlich. Das gute Leben, das Hiob einst hatte, ist ein für alle Mal vorbei. Er resigniert und lässt seinem Frust freien Lauf. Dass Hiob dafür von Gott nicht getadelt wird, sondern für seine Ehrlichkeit am Ende Lob erntet, gehört zu den wunderbaren Wendungen des Buches und wird uns später noch beschäftigen.

Als ich meinen ersten Klinikaufenthalt antrat, setzten bei mir Phasen der Resignation ein. Plötzlich war ich allein. Keine E-Mails mehr, keine Anrufe, kein «Wir brauchen dich hier!» mehr, kein Land mehr, das ich hätte bebauen können. Als ich meine Stelle als Pastor verlor,

verlor ich einen Teil meiner Seele. Ich besuchte noch die Gottesdienste, aber es schien mir, als laufe alles an mir vorbei. Unsere Kirche kam mir vor wie ein Schnellzug: Ich stehe am Bahnsteig und schaue den roten Lichtern hinterher. Mein Gott, warum muss ich das alles erleben?

Der Schwindel, der mich Tag und Nacht begleitete, machte mich völlig fertig. Mein Leben reduzierte sich nach dem Klinikaufenthalt auf die wenigen Quadratmeter zu Hause, wo ich, nach allen Seiten Halt suchend, einen vernünftigen Alltag aufrechtzuerhalten suchte. Ich litt an Schlafstörungen, so dass meine inneren Batterien in kurzer Zeit leer waren. Ein ganzer Cluster von Begleiterscheinungen kam hinzu, die mich auszuzehren begannen. Ich bekam Sehstörungen, die es mir während Jahren verunmöglichten, einen Film zu schauen oder ein Buch zu lesen. Eine E-Mail zu verfassen brachte mich schon an die Grenzen meiner Kräfte.

Irgendwann kam noch ein Tinnitus im rechten Ohr hinzu, ein hoher Pfeifton, der bis heute nicht mehr abstellen will, ein wenig später bekam ich einen tiefen dumpfen Ton im linken Ohr, etwas, das wie eine Maschine brummt, die beständig an- und abgestellt wird. Entzündungen verschiedener Art begannen in meinem Körper umherzuwandern, so dass zermürbende Schmerzen hinzukamen. Eine hormonelle Vorerkrankung, die ebenfalls chronisch wurde, schwächte mich zusätzlich.

Das Leben wurde immer mühsamer. Ein Gespräch führen, eine Straße überqueren, einen Einkauf machen, das wurde alles zu übermäßigen Kraftakten, die ich einfach nicht mehr schaffte.

Hatte ich diesen Zustand nicht längst kommen sehen? Ich blätterte in meinen Tagebüchern und stellte fest, dass ich immer wieder notiert hatte, dass ich an das Ende meiner Kräfte gelange. «Es liegen vier schlimme Tage hinter mir. Bin mit meinen Kräften am Ende», schrieb ich am 24. März 2004. Im selben Eintrag hielt ich fest: «In den letzten zwölf Jahren hatte ich vier Zusammenbrüche, das ist doch wahnsinnig! Ich kann so nicht weitermachen. Sonst bin ich mit fünfzig Jahren ein Wrack.»

Sechs Jahre später, am 28. Mai 2010, schrieb ich: «Ich bin fünfundvierzig Jahre alt. Ich bin ein Wrack. Fünf Jahre früher als befürchtet.»

Phase 5: Annahme

Bis die fünfte Phase, die Phase der Annahme, erreicht ist, können Wochen oder Jahre vergehen. Nachdem der Leidende sich gegen sein Schicksal aufgebäumt hat, sind seine emotionalen Kräfte erschöpft. Er fühlt sich leer. Diese Leere ist Voraussetzung für den Eintritt in die Phase der Annahme. Er hat ausgetrauert und ist bereit, sich und seine Umstände so anzunehmen, wie sie sind. Er lebt jetzt «nicht mehr *gegen* die Krise, sondern *mit* der Krise.»[102] Es gelingt ihm, sein altes Leben loszulassen und sich auf einen neuen Lebensabschnitt einzustellen.

Der Friedensschluss mit der eigenen leidvollen Situation ist absolut essenziell. Menschen, die ihr Schicksal nicht annehmen können, werden bitter und bleiben im Kreislauf von Auflehnung, Resignation und Zynismus gefangen.

Ich brauchte mehrere Jahre, bis ich an den Punkt kam, an dem ich meine Situation annehmen konnte. Im Rückblick frage ich mich, warum es bei mir so lange dauerte.

Nach meinem ersten Klinikaufenthalt folgten im Abstand von mehreren Jahren zwei weitere. Der Weg zurück war lang und hart. Ich kam zurück in ein Leben, das es so nicht mehr gab. Ich musste mich auf völlig neue Verhältnisse einstellen. Mein Körper war eine einzige Baustelle. An eine geregelte Arbeit war nicht mehr zu denken.

Nachdem mein Einkommen weggefallen war, nahmen meine Frau und ich einen großen Rollentausch vor. Elisabeth suchte nebst ihrer Arbeit als musikalische Grundschullehrerin eine Stelle im Büro und verdient seither unsere Brötchen. Ich bin Hausmann geworden und habe gelernt, zu waschen, termingerecht zu kochen und meine Frau mit Kaffee zu verwöhnen, wenn sie von der Arbeit nach Hause kommt. Endlich konnte ich Frieden schließen mit meiner Situation.

Als ich ein Jahr nach meinem Klinikaufenthalt Bilanz zog, schrieb ich: «Langsam beginnt mein Herz zu glauben, dass diese Phase meines Lebens nicht umsonst war. Es gibt Tage, an denen ich spüre, dass Gott aus den Bruchstücken meines Lebens etwas Schönes und Wertvolles machen wird. Und diese Tage werden immer mehr.» In dieser Zeit, von der man sagt, dass es das beste Alter sei, begann ich zu begreifen, was Gnade ist. In meinem Herzen formte sich ein Bild, das mich seither begleitet:

> *«Die Gnade ist wie das Wasser, sie sickert durch die Bruchstücke unseres Lebens und sammelt sich am tiefsten Punkt.»*

Während einiger Jahre verbrachten meine Frau und ich unsere Sommerferien in den südlichen Alpen. Wir logierten in einem einfachen Gasthaus am Rande einer weiten Ebene, die man gut überblicken konnte. Es war ein wunderbarer Flecken Erde. Hinter uns die Berge, die schnell auf dreitausend Meter anwuchsen, wo man im Winter Skilaufen konnte. Vor uns das ausflachende Land, das irgendwo am fernen Horizont ans Mittelmeer stieß. Über uns stand eine alte Ruine aus gelbem Kalkstein. Eines Tages stieg ich zu ihr hoch. Früher hatte sich das Sumpfland am Fuße des Hügels ausgedehnt, jetzt war die Ebene voller Obstplantagen und Weinberge.

Wenn man in einer Ruine steht, verwandelt sich das verfallene Gebäude mit ein wenig Vorstellungskraft in eine stolze und sichere Burg. Das schützende Dach, die Wände voller Waffen und Trophäen, weit ausladende Kamine und ein großes Tor, das bei Gefahr verriegelt werden kann. Wenn es uns gut geht, gleicht unser Leben einer solchen Burg. Das Tor ist stark gebaut und verleiht ein Gefühl von Sicherheit. An den Wänden hängen die Trophäen unserer Erfolge, und im Kamin brennt ein wärmendes Feuer. Über uns steht ein schützendes Dach. Wir überblicken die Ebene und können unser Leben kontrollieren.

Es braucht wenig, und unsere stolze Burg zerfällt zu einer Ruine. Vom erfolgreichen Geschäftsmann zum Sozialhilfe-Empfänger kann es schnell gehen, wenn ein Unfall oder eine Krankheit einem die Gesundheit ruinieren. Berufliche Veränderungen können uns überfordern und den Schlaf rauben. Beziehungen können über Nacht zerbrechen. Dann fallen uns die Trophäen, die wir so sicher befestigt glaubten, reihenweise von den Wänden. Wir stehen in den Ruinen unseres Lebens und durchlaufen Phasen von Ungewissheit, Auflehnung und Resignation.

So bedrohlich eine solche Situation ist, so viele Schmerzen sie mit sich bringen mag, hat sie doch auch ihre Chancen. Wenn wir Auflehnung und Resignation durchlaufen haben und in die Phase der Annahme kommen, beginnen wir die Möglichkeiten zu sehen, die sich uns bieten.

Stellen Sie sich vor, Sie stehen mitten in einer Ruine und blicken hoch. Was sehen Sie? Sie sehen den Himmel! Ruinen geben den Blick in den Himmel frei! Wenn das Übel uns trifft, fällt das von Menschen Gemachte weg; es kann uns keine Sicherheit mehr bieten und vielleicht auch keinen Sinn. Wir haben keine Waffen mehr, die wir von den Wänden nehmen könnten, um uns zu wehren. Wir ringen mit einem unsichtbaren Gegner, dem man mit Schwert und Lanze nicht beikommen kann. Die einzige Waffe, mit der wir jetzt noch etwas ausrichten können, ist das Vertrauen in Gottes Wort. Alles, was uns bleibt, ist die Verheißung, dass Gott mit uns ist, und die einzige Waffe, die uns zur Verfügung steht, ist unser Glaube an Gottes Verheißungen. Mit der Waffe des Wortes Gottes, das schärfer ist als ein zweischneidiges Schwert, lernen wir gegen Enttäuschung und Hoffnungslosigkeit anzukämpfen. Je früher wir lernen, mit dieser Waffe umzugehen, desto besser sind wir gerüstet, wenn es zum Kampf kommt.

In solchen Situationen beginnen wir von uns wegzuschauen und auf Gott zu blicken. So hart eine solche Erfahrung sein kann, sie bietet die Chance zum Aufbruch. Wenn wir uns nicht mehr mit Trophäen schmücken können, merken wir, wie sehr unser Leben und unsere wahre Identität in dem besteht, was wir im Glauben sind. Wenn wir uns nach Gott ausstrecken, erfahren wir ihn als den ewig Gegenwärtigen, der aus den Ruinen unseres Lebens etwas baut, das schöner ist, als wir es je für möglich gehalten haben. In der Phase der Annahme beginnen wir erstmals zu glauben, dass das möglich ist.

Als ich dort am Rand der Ebene in der Ruine stand und die Bruchstücke der Wände betrachtete, entdeckte ich, dass am Boden Wasser lag. So wie das Wasser durch die bröckelnden Wände der Burg rann und sich am Boden sammelte, so ist die Gnade. Sie sickert durch die Bruchstücke unseres Lebens und sammelt sich am tiefsten Punkt. Wenn der Boden erreicht ist und es nicht mehr weitergeht, wenn wir ganz unten sind, stoßen wir nicht auf das große Nichts, sondern auf die große Gnade. Wir haben sie gar nicht bemerkt. Sie ist nicht wie ein Sprühregen über uns gekommen, sie ist ganz leise durch die Bruchstücke unseres kaputten Lebens gesickert und ist einfach da.

Als ich das mit meinem Herzen glauben konnte, war ich bereit, zu einem neuen Leben aufzubrechen.

Phase 6: Aufbruch

In der letzten Phase bricht der Leidende zu einem neuen Leben auf. Wenn er sein Schicksal annehmen kann, ist er bereit zum Aufbruch. Schuchardt stellt die Bewältigung einer Krise als Spirale dar.[103] Die Phasen der Unwissenheit und der Gewissheit bilden das Eingangsstadium, in welchem der Betroffene zu begreifen sucht, was mit ihm geschieht. Die Phasen der Aggression und der Resignation sind das Durchgangsstadium, in welchem der Leidende mit seinem Schicksal hadert. Die Phasen der Annahme und des Aufbruchs sind das Zielstadium, in dem es gelingt, zu einem neuen Leben aufzubrechen.

Schuchardt vergleicht die Spirale mit der engen Pforte, die zum Leben führt, aus der Bergpredigt (Mt 7,14).[104] Die Pforte drückt aus, dass man durch die Phasen hindurch muss, die Spirale deutet an, dass es sich um unabgeschlossene Vorgänge handelt. Krisen nehmen selten einen geraden Verlauf an, so dass der Leidende mehrmals durch die Phase der Aggression muss, ehe er sein Schicksal annehmen kann. Die Spirale «veranschaulicht sowohl die Unabgeschlossenheit der inneren Vorgänge als auch die Überlagerung verschiedener Windungen im Verlaufe des Lebens und Handelns mit anderen. Das Bild verweist darauf, dass es lebenslang bei diesem schwierigen Lernen bleibt, auch dann noch, wenn es den betroffenen Menschen gelang, ihr beeinträchtigtes, eingegrenztes Leben als lebenswert zu bejahen.»[105]

Wenn der Entschluss gefestigt ist, mit der individuellen Eigenart zu leben, werden vergessene Kräfte freigesetzt. Diese Kräfte drängen darauf, den neuen Lebensabschnitt aktiv zu gestalten. Viele Betroffene sprechen in diesem Zusammenhang von einem «Vorher» und einem «Nachher». Das Leben nach der Krise kann unter derart anderen Bedingungen stattfinden, dass es sich mit dem Leben vorher nicht mehr vergleichen lässt. Aber nicht nur das Leben ist neu, der Betroffene selbst hat sich während der Krisenbewältigung verändert, so dass manche Leute davon sprechen, dass er – oder sie – «ein anderer Mensch» geworden sei.

Schuchardt charakterisiert den Abschluss der Spirale mit dem Schlagwort «Solidarität». Wenn die Krise bewältigt ist, wächst in den Betroffenen der Wunsch, «in der Gesellschaft verantwortlich zu handeln. Der individuelle Bereich, die individuelle Eigenart werden in ihrer Beziehung zum weiteren Lebensrahmen erkannt. Der Krisen-Auslöser rückt in den Hintergrund, das gesellschaftliche Handlungsfeld tritt in das Bewusstsein und fordert zu gemeinsamem Handeln heraus.»[106]

Der Betroffene hat durch seine Leidenserfahrung zu einem neuen Verständnis von sich selbst und dem Leben gefunden und beginnt damit, seine Erfahrung solidarisch für die einzusetzen, die durch ähnliche Krisen gehen. Er kann sie besser verstehen als jeder andere und kann denen gegenüber, die sich noch in der Krise befinden, mit Glaubwürdigkeit auftreten. Von Krisen Geschüttelte erkennen in ihm ein echtes Gegenüber, das nicht lebensfremde Ratschläge erteilt, sondern durch solidarisches Mitfühlen die Last zu tragen hilft.

Schuchardt stellte bei den von ihr untersuchten Personen fest, dass viele die Aufgabe, sich solidarisch in der Gesellschaft einzusetzen, als sinnstiftend erfuhren, und verwendet dafür sogar das Wort «Glück».[107]

Für Krisengeschüttelte, die permanent mit Einschränkungen leben müssen, ist das meiner Erfahrung nach ein großes Wort.

Es dauerte zehn Jahre, bis mein Schwindel so weit nachließ, dass ich wieder regelmäßig arbeiten konnte. Erst nach diesen langen Jahren erlebte ich erste Glücksmomente, zum Beispiel durch das Fertigstellen eines Buches. Ich lebe immer noch mit engen Grenzen und bin dauernd erschöpft. Aber ich kann wieder in kurzen Sequenzen arbeiten. Ich unterrichte Theologiestudenten und begleite sie beim Schreiben ihrer Bachelor- und Masterarbeiten. Ich schreibe Bücher und bin als Referent tätig.

Es ist noch nicht lange her, dass mich der Schwindel wieder völlig übermannte. Ich konnte mir nicht vorstellen, so weiterzuleben. Aber ich erholte mich schneller als früher, auch wenn ich keine Verheißung habe, dass bald alles vorüber ist.

Ich bin dankbar, dass Gott mir ein neues Stück Land zugewiesen hat, das ich mit meinen begrenzten Kräften bebauen kann. Die unmittelbaren Jahre nach meinem ersten Klinikaufenthalt wurden sogar zu meiner bisher produktivsten Zeit als Autor. Ich begann in kleinen Schritten Bücher zu schreiben, erstaunt und dankbar, dass die chronische Erschöpfung meine Kreativität nicht völlig ausgetrocknet hatte. Wenn die Kräfte es erlaubten, unterbrach ich meine Hausarbeit für eine halbe oder ganze Stunde und widmete mich bei einem Latte macchiato einem meiner Manuskripte. Manchmal äußern Freunde Erstaunen darüber, dass ich in meinem Zustand literarisch derart produktiv sein kann. Ich sage dann mit einem Lächeln: «Ich habe noch nie ein Buch geschrieben, nur jeden Tag eine Seite.» Ich bin nicht erlöst von meiner Last, aber ich lebe jetzt nicht mehr im Widerstand gegen meine Einschränkungen, sondern mit ihnen.

Teil II
Freunde auf dem Weg

Im Leiden brauchen wir Menschen, die uns zur Seite stehen und ein Stück Weg mit uns gehen. Die Bibel bietet uns Freunde, die vor uns durch das Tal der Todesschatten gegangen sind. Sie begleiten uns, wenn wir ihre Geschichte zu uns sprechen lassen. Wie man im Leiden standhaft und hoffnungsvoll ist, zeigen sie uns besser als jeder abstrakte philosophische Satz, so richtig er auch sein mag.

Kapitel 4
Wenn Gott wettet

Dem berühmten Physiker Albert Einstein wird der Satz «Gott würfelt nicht» zugeschrieben. Einstein brachte damit zum Ausdruck, dass es in der Physik keine Zufälle gibt. Er ging davon aus, dass Gott das Universum nach festen physikalischen Grundsätzen ausgestattet hat. Ein Gott, der würfelt, wäre eine skandalöse Vorstellung. Es würde bedeuten, dass Gott auf Zufälle angewiesen ist und das Universum niemals in Allmacht und Gerechtigkeit regieren könnte.

Das Buch Hiob vermittelt ein Gottesbild, das dieser skandalösen Vorstellung in nichts nachsteht. Im Buch Hiob würfelt Gott nicht, sondern er wettet. Er schließt mit dem Teufel eine Wette ab, und zwar auf Hiobs Familie und seine Gesundheit. Während Einsteins Satz die Frage nach Gottes Allmacht aufwirft, stellt sich bei Gottes Wette die Frage nach seiner Güte. Das unsägliche Leiden Hiobs ist die Folge der göttlichen Wette. Oder ist sie teuflisch?

Ist es moralisch vertretbar, an einen Gott zu glauben, der auf die Gesundheit seiner Kinder wettet?

Trotz der schwerwiegenden Fragen, die es aufwirft, fasziniert das Buch Hiob seit Jahrhunderten. Nicht nur Christen lesen es gerne, auch säkulare Philosophen, Schriftsteller und Atheisten kommentieren es. Das Buch Hiob ist in vielerlei Hinsicht einzigartig. Es ist voller schlechter Nachrichten, gleichzeitig ist es voller Anmut, Tiefe und Schönheit. Keines der Bücher der Welt, die über das Leiden geschrieben wurden, ist von gleicher poetischer Kraft. Nirgends wird schonungsloser über das Leid gesprochen, nirgends wird ehrlicher gebetet, nirgends reichen die Antworten tiefer. Das Buch Hiob ist das Meisterstück der Weltliteratur, wenn es um das Leiden geht.

Der Schlüssel zum Verständnis des Buches liegt in der Größe Gottes. Gottes Souveränität erhält einen so starken Ausdruck, dass sich seine Güte dahinter fast ganz verbirgt. Gott ist der Unverfügbare, der alles kann und alles darf. Er schließt mit dem Teufel eine Wette ab und gibt Hiob in die Hand des Bösen. Hiobs Leid treibt diesen fast in den Wahnsinn. Er verzweifelt an sich selbst, an seinen Freunden, vor allem aber an seinem Gott. Aber Hiob gibt seinen Glauben nicht auf, und Gott gewinnt die Wette.

Ein Gott, der wettet, ist eine Ungeheuerlichkeit. Das empfindet nicht nur der moderne Mensch so. Für Hiobs Freunde war der Gedanke, Gott lasse Hiob grundlos leiden, unerträglich. Das Gottesbild des Buches Hiob ist rätselhaft und provozierend. Es scheint so gar nicht in das Bild zu passen, das man sich im Christentum von Gott im Allgemeinen macht. Kein Wunder, versuchen viele Hiob-Kommentare das Buch fromm zurechtzustutzen.[108] Erstaunlicherweise ist es gerade das skandalöse Gottesbild dieses außerordentlichen Buches, an dem man sich erst einmal wundreiben muss, das sich hernach als die beste Medizin gegen das Leiden erweist.

Wer ist Hiob?

Das Buch Hiob beginnt mit den Worten: «Im Lande Uz lebte ein Mann mit Namen Hiob. Dieser Mann war untadelig und rechtschaffen; er fürchtete Gott und mied das Böse» (Hiob 1,1).[109] Gott stellt ihm sogar das Zeugnis aus, dass seinesgleichen niemand auf Erden war (Hiob 1,8). Hiob litt nicht, weil er der schlechteste, sondern weil er der beste Mensch war.

Die Theologie ist sich uneins, ob Hiob eine historische Person war oder ob es sich um eine lehrhafte Dichtung handelt. Darüber streiten die jüdischen Rabbiner seit Jahrhunderten, wie man aus dem Talmud entnehmen kann. Die Verfasser der Bibel behandeln Hiob wie eine historische Person (Hes 14,20; Jak 5,11). Die Beschreibung der Lebensumstände Hiobs sind sehr realistisch und passen exakt in die Zeit des Alten Orients. Anderseits ist es schwer vorstellbar, dass jemand, der mit Eiter übersät ist und in der Asche sitzt, langatmige Reden voller poetischer Schönheit aneinanderreiht.[110] Es ist denkbar, dass Hiobs Geschichte historisch ist und die langen Dialoge eine poetische Komposition von späterer Hand sind.

Das Buch Hiob dürfte in der Zeit Salomos entstanden sein.[111] Damals war die große Zeit der Weisheit, in der man alte Texte sammelte und Weisheiten unter das Volk brachte. Das Buch der Sprüche, das Buch Prediger und das Hohelied der Liebe wurden ebenfalls in dieser Zeit geschrieben. Das Hauptthema der biblischen Weisheitsschriften ist das gelingende Leben. Sie drehen sich allesamt um die Frage, wie man das Leben gestalten kann, so dass es als sinnvoll und erfüllend erfahren wird. Das Buch Hiob passt perfekt in dieses Zeitalter der Weisheit. Denn: Was der Sinn des Leidens ist, ist eine Grundfrage der Menschheit. Sie gehört ganz zentral zum gelingenden Leben, das den Weisheitslehrern Israels zur Zeit Salomos so sehr am Herzen lag.

Als Verfasser können wir einen der besten Weisheitslehrer Israels annehmen. Er ist ein äußerst tiefgründiger Mensch und ein hervorragender Denker. Er ist selbst durch Leiden gegangen, sonst könnte er nicht so tief in die Materie eindringen. Das Handwerk des Schriftstellers hat er von der Pike auf gelernt, denn er ist fähig, Dialoge voll poetischer Schönheit und Tiefgründigkeit zu verfassen. Er webt zwei verschiedene Schreibstile kunstvoll ineinander: Die Rahmenerzählung der Kapitel 1–2 enthält in Prosa zwei Himmelsszenen, welche die Vorgeschichte von Hiobs Leiden bilden. Kapitel 3–41 enthalten Hiobs Dialoge mit seinen Freunden und Gottes Reden an Hiob in poetischer Form. In Kapitel 42 kehrt der Verfasser zu Prosa zurück und berichtet von Hiobs Wiederherstellung.

Der Verfasser ist weit gereist, denn er kennt den «Behemot» (möglicherweise das Flusspferd) und den «Leviatan» (möglicherweise das Krokodil), die es in Ägypten gab, aber nicht in Israel (Hiob 40,15 ff.). Vor allem kennt sich der Verfasser in der Literatur seiner Zeit aus. Obwohl das Buch Hiob sehr alt ist, nämlich rund dreitausend Jahre, ist es nicht das älteste Werk seiner Art. Etliche Zeit vor Salomo entstanden im Alten Orient Texte über das Leiden. Das Thema wird von den Ägyptern und den Babyloniern ausführlich behandelt. Das Grundmuster ist stets dasselbe: Ein Gerechter erfährt Ungemach und ringt mit seinem Schicksal. Einer dieser Texte ist dem Buch Hiob so ähnlich, dass die Fachwelt vom «babylonischen Hiob» spricht.[112]

Das Buch Hiob entspricht diesem Grundmuster in auffallender Weise. Damit reiht es sich in die großen literarischen Versuche ein, das Leiden theologisch zu ergründen. Die Ähnlichkeiten zwischen dem babylonischen und dem biblischen Hiob machen es wahrscheinlich, dass der Verfasser des Buches Hiob die ältere babylonische Dichtung kannte. Trotzdem ist bei allen Ähnlichkeiten mit vergleichbaren Texten das Buch Hiob einzigartig. Es übertrifft mit seiner poetischen Schönheit und seiner gestalterischen Wucht alle ähnlichen Texte des Altertums. Es porträtiert Gott als den eigentlichen Handelnden und Hiob als erwählten Leidenden, der im Tal der Todesschatten eine Gotteserfahrung macht, die so tief geht, dass er sich nicht über sein Leid beschwert, sondern Gott anbetet.

Hiobsbotschaften

Hiobs Leben war perfekt, bis im Himmel die Wette abgeschlossen wurde, von der er nichts wusste. Hiob hatte eine wunderbare Familie, er besaß sagenhaften Reichtum und er stand in hohem gesellschaftlichem Ansehen (Hiob 1,2–3). Das Geschehen auf der Erde wird bestimmt von einer kosmischen Auseinandersetzung, die in der Gegenwart Gottes stattfindet. Eines Tages erschien Satan vor Gott und behauptete, Hiob sei nur fromm, weil Gott ihn gesegnet habe. Satan durchschaut die religiöse Attitüde der Menschen und sagt mit Blick auf Hiob: «Entzieh ihm deinen Segen, und er wird dir den Rücken kehren!» Anstatt dass Gott sagte: «Ich kenne die Gedanken der Menschen und weiß, dass Hiob mich liebt», gab er alles, was Hiob hatte, in die Hand Satans, und die Wette galt (Hiob 1,12).

Dem Bösen ausgeliefert, bricht das Übel an einem einzigen Tag wie ein Blitz aus heiterem Himmel über Hiob und seine Familie herein (Hiob 1,13–19). Ein Bote nach dem anderen trifft ein und überbringt buchstäblich Hiobsbotschaften. Hiobs Viehbestand wurde gestohlen, seine Knechte wurden getötet. Ein Wüstensturm zerstörte das Haus, in welchem Hiobs Söhne und Töchter feierten, und begrub sie darunter. Hiobs ganzes Glück auf Erden ist in einem Augenblick zerstört.

Hiob reagiert so, wie es den Trauerbräuchen entspricht, die im Alten Orient seit Jahrtausenden üblich sind. Er steht auf, zerreißt sein Gewand und schneidet sich die Haare (Hiob 1,20a). Die uralten Bräuche geben seiner verstummten Seele eine Ausdrucksmöglichkeit, ohne die sie in tausend Stücke zerspringen müsste.[113] Hiob wirft sich zu Boden und betet an (Hiob 1,20b). Mit seinem zerrissenen Obergewand, einem kunstvoll gewirkten Überwurf, der als Statussymbol galt, und seinem geschorenen Kopf könnte man ihn für einen Bettler oder einen Sklaven halten. Hiob ist in einem Tag vom Boss zum Bedürftigen geworden, versklavt unter das «malum physicum», das ihn buchstäblich mit teuflischer Wucht getroffen hat.

Die ersten Worte, zu denen Hiob fähig ist, sind keine Klage und kein Auflehnen gegen das Schicksal. Diese Phase wird Hiob während der endlosen Dialoge mit seinen Freunden intensiv durchleben. Seine ersten Worte sind ein Bekenntnis:

> *«Nackt kam ich hervor aus dem Schoß meiner Mutter; nackt kehre ich dahin zurück. Der Herr hat gegeben, der Herr hat genommen; gelobt sei der Name des Herrn»* (Hiob 1,21).

Hiobs Seele befindet sich in einem Zustand der Taubheit, wie der Daumen sich dumpf anfühlt, wenn der Hammer ihn getroffen hat, weil sonst der Schmerz zu groß wäre.

Was hält und trägt Hiob in diesem vernichtenden Augenblick? Hiob weiß, dass das Leben eine Leihgabe des Schöpfers ist. Gott gibt Leben, und er hat das Recht, es zurückzufordern. Hiob hat nichts in die Welt gebracht, und er wird nichts mitnehmen, wenn seine Zeit gekommen ist. Hiob lobt Gott für das gerüttelte Maß an Segen, das ihm gegeben worden war, und tut damit das Gegenteil von dem, was Satan erwartete. Satan behauptete, Hiob werde Gott ins Angesicht absagen, wenn er ihm seinen Segen entziehe (Hiob 1,11). Der teuflische Plan geht nicht auf. Hiob lästert Gott nicht, sondern lobt ihn.[114]

Mit dem Satz «Der Herr hat gegeben, der Herr hat genommen» legt Hiob ein Bekenntnis ab, hinter das er nicht mehr zurückgeht, nicht einmal in der tiefsten Resignation. Der Satz bringt sein Weltbild auf den Punkt, und es ist dieses Weltbild, das ihn während der Dunkelheit der Seele am Leben erhält. Hiob weiß, dass er nicht an einem blinden Schicksal leidet. Immer wieder in seinen Reden, die noch folgen, hält Hiob an Gottes Allwirksamkeit fest. Sie lastet schwer auf ihm, aber sie ist für ihn keinen Augenblick lang in Frage gestellt. Hiob «hat all das, was ihn an Unerklärlichem getroffen hat, nicht als Schicksal oder Zufall empfunden, sondern als ein ihm von Gott zugeteiltes Los».[115]

Die Vorstellung, dass Gott würfelt, kommt an keiner Stelle in Hiobs Geschichte auch nur für den Bruchteil einer Sekunde auf. Gott ist während des ganzen Plots stets Herr der Lage, und Hiob weiß das. Philosophisch gesprochen kam für Hiob die Modifikation der Allmacht Gottes nicht in Frage. Ein Gott, der ihn beschützen wollte, aber nicht konnte, wäre für Hiob kein Trost gewesen. Denn dann wäre er den Chaos-Mächten ungeschützt ausgeliefert gewesen, und hinter seinem Leiden wäre kein Plan gewesen, sondern blindes Schicksal oder das schiere Böse. Nichts wäre schlimmer gewesen als das.

Hiobs Frau

Die kosmische Auseinandersetzung, von der Hiob nichts weiß, geht in die zweite Runde. Satan erscheint erneut vor Gott und behauptet, dass Hiob Gott absagt, sobald er nicht nur seinen Besitz und seine Familie verliert, sondern auch seine Gesundheit. Gott geht auf die Wette ein (Hiob 2,1–6), und Satan macht sich ohne Umschweife an sein böses Werk:

Er schlägt Hiob «mit bösartigem Geschwür von der Fußsohle bis zum Scheitel» (Hiob 2,7), so dass Hiob fast den Verstand verliert.

Hiob juckt es am ganzen Körper (Hiob 2,8). Auf der verätzten Haut bilden sich eiternde Beulen, die aufbrechen (Hiob 7,5). Er ist so entstellt, dass man ihn kaum mehr erkennt (Hiob 2,12). Hiob wird von Schmerzen (Hiob 16,6), Schlaflosigkeit und Albträumen geplagt (Hiob 7,4). Er hat ein beständiges Bohren in seinen Gebeinen (Hiob 30,17), sein Atem stinkt, so dass es seine Frau vor ihm ekelt (Hiob 19,17). Hiob setzt sich in die Asche und schabt sich mit einer Tonscherbe, um nicht dem Wahnsinn zu verfallen.

Hiobs Frau, die namenlos bleibt, muss alles mitansehen. Alles Beten, alle Medizin, alles gute Zureden nützt nichts. Menschen, die einen lieben Angehörigen leiden sehen, tun alles, um das Leid zu mildern. Als alle Hoffnung auf Besserung schwindet, gibt sie ihrem Mann den Rat: «Lästere Gott, und stirb!» (Hiob 2,9).[116] Würde Hiob heute leben, würde seine Frau ihm sagen: «Ich kann nicht mitansehen, wie du am Leben verzweifelst und wünschst, du wärst nie geboren. Ich rufe jetzt die Sterbeorganisation an, um alles in die Wege zu leiten, damit du von deinem Leiden erlöst wirst.»

In der Geschichte der Bibelauslegung hat man Hiobs Frau lange Unrecht getan. Der Kirchenvater Chrysostomos fragte, warum der Teufel dem Hiob «dieses Weib» ließ, und antwortete darauf, dass sie eine Peitsche des Teufels gewesen sei, um Hiob zu plagen. Für Augustin und Calvin war Hiobs Frau eine Helferin Satans, um das Leid ihres Mannes zu vermehren.[117] In diesem weltfremden Urteil wird das Leiden von Hiobs Frau gar nicht wahrgenommen. Ihre Kinder, ihr ganzer Stolz, ihr ganzer Besitz, ihre ganze Freude – alles war dahin. Sie stand da ohne Sicherheit und mit einem Mann, der buchstäblich dahinfaulte.[118]

Es ist bestimmt nicht schwer, sich vorzustellen, dass es Hiobs Frau das Herz brach, wenn ihr Mann unter freiem Himmel nächtigte, sich mit der Scherbe kratzte und den Tag seiner Geburt verfluchte. Ihr Mitleiden ist von ebenso großem Gewicht wie Hiobs Leid. Sie war nicht «ein willenloses Werkzeug des Verführers», wie die alten Ausleger meinten, sondern «ein an Gott verzweifelter Mensch».[119] Sie konnte ganz einfach nicht mitansehen, wie ihr Mann sich von Tag zu

Tag quälte. Wie kann man an Gott festhalten, wenn man so etwas erlebt wie Hiob? Wäre es nicht besser, Gott abzusagen und zu sterben?

Wahrscheinlich will die Frau ihren Angetrauten gar nicht vom Glauben abbringen. Sie möchte, dass dieser verfaulende Haufen Fleisch, der einst ihr Mann war, von seinem Leiden erlöst wird. Der einzige Ausweg scheint der Tod zu sein. Sie denkt so, wie viele Menschen in jenen Zeiten dachten: Wenn Hiob Gott lästern würde, würde Gott ihn mit dem sofortigen Tod bestrafen, und Hiob wäre von seinem Leiden erlöst.[120]

Hiob lehnt das Angebot mit grimmiger Entschlossenheit ab: «Was redest du für dummes Zeug! Das Gute nehmen wir von Gott an, sollten wir da nicht auch das Böse annehmen?» (Hiob 2,10).[121]

Hiobs Freunde

Den größten Teil des Buches machen die Dialoge zwischen Hiob und seinen Freunden aus. Als sie von Hiobs Unglück erfahren, machen sie sich auf, um ihm beizustehen (Hiob 2,11–13). Nach einer jüdischen Legende hatte jeder der drei Freunde eine Krone, auf der die Gesichter der Freunde eingraviert waren. Wenn einer von Unheil getroffen wurde, veränderte sich sein Gesicht auf der Krone. Als sich Hiobs Unglück auf ihren Kronen zeigte, machten sie sich auf den Weg.[122]

Als die Freunde Hiob von ferne erblickten, erkannten sie ihn nicht, weil die Krankheit ihn derart entstellt hatte. Sie zerrissen ihre Kleider und setzten sich zu Hiob auf die Erde. Sie taten das, was im Osten während Jahrtausenden in solchen Situationen üblich war. Wenn jemand an einer schweren Krankheit litt, trugen ihn seine Verwandten vor das Dorf und errichteten ein Schattendach über ihm. Sobald sich die Krankheit herumsprach, kamen Freunde und Verwandte und bildeten einen Kreis um ihn. Sie saßen stumm da und hörten dem Jammern des Kranken zu. Wenn er sie ansprach, antworteten die Älteren und Vornehmeren und beklagten seinen Zustand, während die Jungen und die kleinen Leute zuhörten.[123]

Hiobs Freunde folgten diesem Brauch. Sie setzten sich zu Hiob auf die Erde und schwiegen sieben Tage. Es war das Beste, was sie tun konnten, denn als sie anfingen zu reden, vermehrten sie das Leiden ihres Freundes durch ihre «klugen» Erklärungen. Zuerst aber folgen sie dem Brauch und lassen dem leidgeprüften Hiob das erste Wort:

> *«Versunken und vergessen soll er sein, der Tag, an dem ich einst geboren wurde […] Wär ich doch gleich bei der Geburt gestorben oder, noch besser, schon im Leib der Mutter! Warum hat sie mich auf den Schoß genommen und mich an ihren Brüsten trinken lassen? Ich läge jetzt ganz still in meinem Grab, ich hätte meine Ruhe […] Warum gibt Gott den Menschen Licht und Leben, ein Leben voller Bitterkeit und Mühe? […] Ich habe keinen Frieden, keine Ruhe, nur Plage» (Hiob 3,3–26).*[124]

Hiob wartet vergeblich auf ein Wort des Trostes von seinen Freunden. Sie beginnen, einer nach dem andern, mit möglichst scharfem Sinn Erklärungen vorzutragen. Sie sind so beschäftigt mit ihrer Weisheit, dass sie kein Mitleid für ihren Freund übrig haben.

Den Anfang macht Elifas von Teman, der vermutlich der älteste ist. Seine Rede klingt wie die Vorlesung eines Professors, der über die Köpfe der Studenten hinweg vor sich hin philosophiert. Alles in seiner Rede dreht sich darum, dass jeder im Leben genau das bekommt, was er verdient. Elifas' Hauptargument lautet:

> *«Ging je ein Mensch zugrunde, der treu und ehrlich war und ohne Schuld? Ich kann nur sagen, was ich selber sah: Da pflügen Leute auf dem Feld der Bosheit, sie säen Unheil, und das ernten sie! Die solches tun, erregen Gottes Zorn, der sie hinwegfegt wie ein heißer Sturm» (Hiob 4,7–9).*

Aha, Hiobs Leiden ist also eine göttliche Züchtigung wegen seiner Sünden. So einfach ist das! Eine andere Erklärung für Hiobs elenden Zustand kann es nicht geben. Elifas sagt Hiob im Grunde genommen: «Das Leben ist gerecht, Hiob, und Gott ist gerecht. Der Einzige, an dem hier Ungerechtigkeit klebt, bist du, Hiob. *Du* bist das Problem!» Elifas hat seiner Auffassung gemäß das Theodizee-Problem gelöst.

Offenbar hat Elifas Hiobs Schmerz gar nicht wahrgenommen. Er sieht keinen Menschen vor sich, der Mitleid braucht, sondern ein intellektuelles Problem, das gelöst werden muss. Er weiß nichts Besseres, als Hiob zu erklären, dass er sich im Grunde genommen glücklich schätzen kann: «Wie glücklich ist der Mensch, den Gott zurechtweist! Wenn er dich jetzt erzieht, lehn dich nicht auf! Die Wunden, die er schlägt, verbindet er; denn seine Hand schlägt zu, doch heilt sie auch» (Hiob 5,17–18).

Elifas malt Hiob die Wiederherstellung seines verlorenen Glücks vor Augen, immer unter der Voraussetzung, dass Hiob seine Übertretungen bekennt: «In Hungerzeiten hält er dich am Leben, im Krieg lässt er das Schwert nicht an dich kommen. In Haus und Hof bleibt alles unversehrt, auf deinen Weideplätzen fehlt kein Tier. Du siehst, wie deine Kinderschar sich mehrt, so zahlreich wie die Halme auf der Wiese. In hohem Alter kommst du dann ins Grab, so wie man Korn erst einfährt, wenn es reif ist» (Hiob 5,20–26).

An Hiobs Sünde und an seiner eigenen Weisheit lässt Elifas nicht den geringsten Zweifel aufkommen: Hiob wäre demnach der erste Gerechte, der ohne Schuld zugrunde ginge. Elifas schließt seine Rede mit den Worten: «Das alles, Hiob, haben wir erforscht. Du solltest es dir merken, denn es stimmt!» (Hiob 5,27). Die drei Freunde haben sich also abgesprochen.

Hiobs Freunde bieten in ihren wortreichen Ausführungen alle die gleiche Erklärung: Hiobs Leid ist die Strafe des Allmächtigen für Hiobs Sünden. Wenn Hiob seine Sünden bekennen würde, würde Gott ihm vergeben und ihn wiederherstellen. Ihre philosophisch klingenden Reden sind ein irritierend langes Wiederkäuen dieser Ansicht, die sie für der Weisheit letzten Schluss halten. Die Welt von Hiobs Freunden ist wunderbar eingeteilt in Schwarz und Weiß. Für sie ist über jeden Zweifel klar, dass sie die «good guys» sind, sonst würde es ihnen nicht so gut gehen, und Hiob der «bad guy», sonst würde er doch nicht so leiden.

Bis heute müssen Leidende sich dieses Argument immer wieder anhören, obwohl Gott selbst am Ende des Buches Hiob mit dieser miserablen Art von Theologie aufräumt. Besonders religiöse Menschen bekunden Mühe damit, keine Erklärung für das Leiden bieten zu können. Sie glauben, Gottes Handeln verteidigen zu müssen, und geben dem Leidenden die Schuld, damit es in ihrer Theologie keine offenen Fragen gibt.

Hiobs Unschuld

Aus ihrer Sicht haben die drei Freunde den «Fall Hiob» gelöst. Sie verfahren nach dem alten heidnischen Grundsatz, dass das Opfer immer selbst schuld ist. Erst das Opfer von Jesus Christus wird an dieser Sichtweise etwas ändern und der Welt einen völlig neuen Umgang mit Leidenden eröffnen.

Hiob ist «not amused». «Wahrhaftig, ihr seid besondere Leute, und mit euch stirbt die Weisheit aus» (Hiob 12,2). Hiob ist enttäuscht von seinen Freunden. Kein Erbarmen, kein Wort des Mitleids, nur sterile Ansichten. Sie haben nichts Neues unter der Sonne präsentieren können, nur Altbekanntes aufgewärmt und poetisch angereichert. «Was ihr so redet, hab ich längst gehört, ich hab es selbst gesehn und mir gemerkt. Was ihr da wisst, das weiß ich allemal, darin nehm ich es gerne mit euch auf!» (Hiob 13,1–2).[125]

Hiobs Freunde sind gekommen, um ihn zu trösten, aber sie vermehren sein Leid nur noch, indem sie ihm die Schuld für seinen elenden Zustand zuschieben. «Gott ist gerecht, Hiob, und du bist ein Sünder! Gott straft den, der sündigt! Wenn du das nur einsehen könntest!» Das ist kein Dialog mehr, das ist ein handfester Streit, in welchem Hiob der Angeklagte ist. Hiob fühlt sich angewidert: «Kurpfuscher seid ihr, die nicht heilen können! Es wäre besser, wenn ihr schweigen würdet, dann könnte man euch noch für weise halten!» (Hiob 13,4–5).

Hiob lässt sich vom Dauerreden seiner Freunde nicht umstimmen. Sie dringen auf ihn ein, aber Hiob hält an seiner Unschuld fest. Er ist überzeugt, dass er die geballte Ladung Übel nicht verdient hat, die Gott ihm zumutet. Hiobs Verzweiflung allerdings ist im Laufe des langen Dialogs mit Händen zu greifen. Er redet mit sich selbst, argumentiert mit seinen Freunden und beginnt mit Gott zu rechten. Hiob weiß, dass er gegen den Allmächtigen nicht ankommt. Ihm ist klar, dass er auf tausend Fragen nicht eine einzige Antwort weiß (Hiob 9,2–3). Und ihm ist bewusst, dass keiner mit heiler Haut davonkommt, der es wagt, Gottes Gerechtigkeit anzuzweifeln (Hiob 9,4). All das muss Hiob keiner sagen, er trägt das in sich. Trotzdem beginnt er ganz kühn, mit Gott zu streiten.

Was nun folgt, war nicht geplant, es ist nicht durchdacht, es ist pure Verzweiflung:

> *«Du kannst mich doch nicht einfach schuldig sprechen! Gott, sag mir jetzt, was wirfst du mir denn vor? Was bringt es dir, dass du so grausam bist? Verachtest du, was du geschaffen hast, und lässt gelingen, was Verbrecher planen? Siehst du denn auch nicht mehr, als Menschen sehen, und urteilst so beschränkt, wie wir es tun? Dein Leben ist doch nicht wie unser Leben, du zählst es nicht wie wir nach kurzen Jahren. Was suchst du dann so eilig meine Schuld und spürst voll Eifer meinen Sünden nach, obwohl du weißt, dass ich nicht schuldig bin und niemand mich aus deiner Hand errettet?»* (Hiob 10,2–7).[126]

Hiob ist der Einzige, der mit Gott redet. Er streitet mit Gott und klagt und spricht ihn direkt an. Seine Freunde scheinen das nicht bemerkt zu haben. Zu sehr sind sie mit ihren Vorträgen beschäftigt. Sie möchten ein Problem lösen, Hiob hingegen möchte die Beziehung zu Gott wiederherstellen.

Hiob weiß, dass vor dem Allmächtigen keiner ohne Sünde ist. Trotzdem fühlt er sich von Gott ungerecht behandelt. Er ist überzeugt, dass das gerüttelte Maß an Schmerz und Leid, das Gott ihm abgemessen hat, ein Fehler war. Wegen dieser Ungerechtigkeit, die

Gott ihm antut, ist Hiob von der Quelle allen Glücks auf Erden abgeschnitten. Hiob verlangt von Gott, dass er genau hinsieht und nicht so beschränkt urteilt, wie Menschen es tun.

Das ist ziemlich kühn!

Je länger der Dialog dauert, desto mehr ärgern sich Hiobs Freunde über seine Unverfrorenheit und Sturheit. Zofar von Naama ergreift als letzter das Wort. Er wiederholt, was seine Freunde bereits erklärt haben: Gott ist im Recht, Hiob, und du bist schuldig! Unterwirf dich Gott und er wird dein Schicksal wenden! (Hiob 11,1–20).

Aber Hiob hört nicht auf. Wie ein penetranter Tinnitus in den Ohren seiner Freunde macht er weiter. Er klagt, er lamentiert, er seufzt, er betet, und er hält an seiner Unschuld fest: «Ich denke nicht daran, euch recht zu geben. Bei meiner Unschuld bleib ich, bis ich sterbe!» (Hiob 27,5).[127] Ein ums andere Mal, in immer neuen Anläufen, klagt er, Gott tue ihm Unrecht und gehe nicht einmal auf seine Anliegen ein (Hiob 19,6–8). So geht es über zwei Dutzend Kapitel hinweg, bis Hiobs Freunde frustriert aufgeben, weil Hiob sich für gerecht hält und sie ihn nicht vom Gegenteil überzeugen konnten (Hiob 32,1).

Religion als Tauschgeschäft?

Die Spannung des Buches Hiob ergibt sich aus dem Umstand, dass Hiob von der himmlischen Wette nichts weiß. Während Hiob gegen sein Schicksal ankämpft, hält die unsichtbare Welt den Atem an. Wird Hiob Gott um seiner selbst willen lieben? Oder ist das mit der Religion nur ein Tauschgeschäft? Genau das behauptet ja Satan. Hiob ist doch nur fromm, weil es ihm so gut geht! Satan fordert den Allmächtigen heraus, indem er sagt: «Wenn du Hiob Besitz und Gesundheit nimmst, wird seine Frömmigkeit wie eine Seifenblase platzen.» Der «Altböse» (wie Luther ihn nannte) verwendet die markante Wendung: «Er wird dir ins Angesicht fluchen» (Hiob 2,5)[128], und behauptet damit, dass für Hiob der Glaube nur ein Mittel zum Zweck ist. Religion, so das Argument, ist letztlich eine egoistische Sache.

Exakt dieses Arguments bedient sich Christopher Hitchens, wenn er behauptet, der religiöse Mensch leide an einem «Höchstmaß an Solipsismus».[129] Der Mensch schafft sich seinen Gott, der ihm Sicherheit, Wohlstand und Erfolg gibt. Dafür opfert der gläubige Mensch der Antike und liefert den Zehnten ab. Der Mensch der modernen Welt geht zur Kirche, glaubt die richtigen Dogmen und verhält sich als christlicher Gutmensch. Das alles tut er gern und willig, schließlich erhält er dafür die Verheißung des ewigen Lebens.

Satan durchschaut die religiöse Gestimmtheit der Menschen messerscharf: Enttäusche die religiösen Vorstellungen der Menschen, und sie laufen dir scharenweise davon!

Im Fall von Hiob kann Gott die Behauptung Satans nur entkräften, indem er sich gegen Hiob stellt. Gott entzieht Hiob seinen Schutz und seinen Segen und enteignet ihn radikal von allen äußeren Gründen und Motiven der Liebe.[130] Nur so wird deutlich, dass Hiob nicht fromm ist, weil Gott ihn segnet, sondern weil er Gott um seiner selbst willen liebt.

Jede Theodizee muss in der Lage sein, eine Antwort auf die Frage zu geben, wie sich Gott und das Übel zusammen denken lassen. Ist die Existenz eines liebenden und allmächtigen Gottes angesichts des Leidens denkbar? Würde ein guter und allmächtiger Gott nicht eine von Leiden freie Welt schaffen? Ist es moralisch vertretbar, von der Liebe Gottes zu sprechen, wenn Gott über Hiob Übel um Übel ausgießt?

Zwischen einem liebenden Gott und einer leidenden Welt steht die Willensfreiheit des Menschen. Wenn man eine Erklärung dafür finden will, warum die Schöpfung leidet, muss das Verhältnis von Gottes Liebe, dem Leiden in der Welt und der Willensfreiheit des Menschen geklärt werden.

Als Gott den Menschen schuf, schuf er ihn als ein Gegenüber. Gott hätte Marionetten schaffen können, denen es nie in den Sinn gekommen wäre, Gottes Gebote zu übertreten oder wie Hiob die Faust zum Himmel auszustrecken, aber dann hätte der Schöpfer in seinem Geschöpf kein Gegenüber. Gott schuf den Menschen als eigenständiges

Wesen und stattete ihn mit einer geschöpflichen Freiheit aus. In dieser Eigenständigkeit und Freiheit liegt die besondere Würde des Menschen, und sie begründet auch seine Verantwortlichkeit vor Gott.

Der Mensch ist und bleibt ein Bündel der Bedürftigkeit vor Gott, denn er lebt, denkt und atmet nur, weil Gott es will und weil er die physikalischen Gesetze, die Gott in seiner Schöpfung eingerichtet hat, jeden Augenblick erhält. Die Freiheit des Menschen in seinem Verhältnis zu Gott ist eine verliehene Freiheit. Abhängigkeit einerseits und Freiheit anderseits definieren das Verhältnis der Schöpfung zum Schöpfer. Das Ziel der Schöpfung ist «die freie Zuwendung des Geschöpfs zu seinem Schöpfer» in Dankbarkeit und Anbetung.[131]

Das Salz in der Suppe dieses Freiheitsverhältnisses ist die Liebe. Gott liebt seine Schöpfung (Joh 3,16), und er will von seinem Geschöpf geliebt werden (Mk 12,30–31). Der Gedanke der Liebe zwischen Gott und Mensch war einzigartig in der religiösen Welt der Antike. Es machte keinen Unterschied, ob man nach Babylon, Athen oder Rom blickte – an keinem dieser Orte religiöser Gelehrsamkeit stieß man auf den Gedanken, dass die Götter die Menschen liebten.

Ebenso wenig konnte man sich vorstellen, dass die Götter danach verlangten, von den Menschen geliebt zu werden. Religion war keine Herzenssache, sondern ein kühler Tauschhandel. Die Menschen brachten den Göttern Opfer dar, und der Priester wachte darüber, dass der Kult in der vorgeschriebenen Weise aufrechterhalten wurde. Im Gegenzug garantierten die Götter gute Ernten und verhalfen zum Sieg im Krieg.

Judentum und Christentum haben dieser Weltanschauung von Anfang an widersprochen. Im Zentrum des Verhältnisses zwischen Gott und Mensch steht sowohl im Alten als auch im Neuen Testament die Liebe. Die Bedingung, unter der die Liebe des Menschen zu Gott gedeiht, ist nicht ein paradiesischer Zustand, sondern eine Welt voller Übel. Wahre Liebe und echter Glaube sind nur in einer Welt möglich, die zweideutig ist. Das Übel in der Welt stellt Gottes Existenz und Güte radikal in Frage. Es ermöglicht dadurch eine wirklich freie Bejahung Gottes, die nicht von Vernunftgründen oder Eigennutz angetrieben wird.

Wenn die Welt nicht zweideutig wäre und man Gottes Existenz mit der Vernunft nachweisen könnte, wäre Glaube kein Akt des Vertrauens, sondern eine Frage der Intelligenz.[132] Wenn in Bezug auf Gott alles völlig eindeutig wäre, hätte der Mensch keine geschöpfliche Eigenständigkeit, und es wäre ihm gar nicht möglich, sich durch einen Akt des freien Willens für oder gegen Gott zu entscheiden. Er würde Gott – vereinfachend gesagt – nur lieben, weil es logisch und nützlich ist. Das Übel in der Welt schafft also Bedingungen, die dem Menschen die Möglichkeit eröffnen, Gott wirklich zu lieben und Religion nicht als Tauschgeschäft zu betreiben.

Klaus von Stosch bemerkt: «Wenn die ganze Welt ein einziger Hinweis auf Gottes Liebe wäre, hätte kein Mensch eine realistische Möglichkeit, sich in einem Akt der Freiheit und vertrauender Liebe an Gott hinzugeben.»[133]

Das ist exakt die Situation von Hiob. Er liebt Gott, obwohl alle Zeichen der Liebe und Güte Gottes in seinem Leben abwesend sind. Hiob hält in seiner radikal zweideutigen Situation an seiner Unschuld fest, und indem er mit Gott rechtet, hält er auch an diesem Gott fest. Der Gott, vor dem Hiob sich beugt (Hiob 1,20), ist kein selbst gebastelter Gott, der abtreten muss, wenn die Zeichen seiner Liebe abwesend sind, sondern er ist der Unverfügbare, der alles kann und alles darf und dem man auch alles sagen kann.

Leiden als Preis der Freiheit?

Kein anderes Buch der Weltliteratur stiftet so zum Nachdenken an über das «malum physicum», wie es das Buch Hiob tut. Die Tatsache, dass der Allmächtige mit dem Teufel eine Wette eingeht und dass nach erfolgtem Übel weder Gott noch sein Gegenspieler in das Geschehen eingreifen, stellt die Frage in den Raum, wie frei der Mensch wirklich ist. Wie wird Hiob sich verhalten? Kann er frei entscheiden, wem er Glauben schenken will?

Philosophisch gesprochen ergibt sich die Spannung des Buches Hiob aus der Tatsache, dass Hiobs Schicksal nicht göttlich determiniert ist. Der Begriff «Determinismus» wird vom Lateinischen «determinare» (festlegen) abgeleitet. Er besagt, dass das Weltgeschehen genauso wie das Schicksal eines einzelnen Menschen göttlich festgelegt ist, so dass es auf das Wollen und Handeln des Menschen gar nicht ankommt. Die Idee des Determinismus führt aber schnell zum Fatalismus. Die Dinge werden hingenommen, weil sie sich nun mal nicht ändern lassen.

Es ist offensichtlich, dass sich diese Vorstellung mit der geschöpflichen Freiheit des Menschen und mit dem Hiob-Narrativ nicht verträgt. Die Himmelsszenen aus der Rahmenerzählung setzen die äußeren Bedingungen im Leben Hiobs. Gott gibt Hiob in die Hand des Bösen. Trotzdem ist Hiobs Schicksal nicht göttlich determiniert. Im Gegenteil, der leidende Hiob ist ein radikal freier Mann. Er ist so frei, dass die unsichtbare Welt den Atem anhält, um zu sehen, wie Hiob sich angesichts seiner zweideutigen Situation verhält. Hiob konnte das Übel zwar nicht aussuchen, aber er ist frei, als Mensch so oder anders darauf zu reagieren. Er kann sich angesichts des Leids, das ihm zugemutet wird, für oder gegen Gott entscheiden.

Hiob ist ein erwählter Leidender, aber Hiobs Freiheit ist nicht ausradiert. Er kann das Gute in seinem Leben und das Leiden, das er durchlebt, reflektieren. Obwohl er ein Häufchen Elend ist, ist er immer noch ganz Mensch und für den Schöpfer ein Gegenüber. Er kann an Gott festhalten, oder er kann sich vom Glauben seiner guten Tage distanzieren und sich gegen Gott stellen, weil es ihm schlecht geht.

Das Ergreifende an Hiobs Geschichte ist, dass Hiob trotz des unsäglichen Leids und gegen alle Vernunftgründe an Gott festhält.

Vom Gedanken der Freiheit ausgehend lässt sich erklären, warum es das «malum morale» (das vom Menschen verursachte Leiden) in der Welt gibt. Auf diesen Zusammenhang hat im 18. Jahrhundert schon Leibniz hingewiesen. Das «malum morale» gibt es schlicht deshalb, weil die Freiheit, die Gott uns gibt, missbraucht werden kann. Wenn Gott ein wirkliches Gegenüber will, das in Beziehung zu ihm tritt, muss Gott Bedingungen schaffen, unter denen die Liebe nicht berechenbar wird. Gott respektiert die Freiheit des Menschen, auch wenn diese Freiheit die Möglichkeit des Missbrauchs einschließt.[134] Das «malum morale» ist als «Preis der Freiheit» anzusehen, wie Klaus von Stosch argumentiert.[135]

Denn wenn Gott das Leiden ausschließen wollte, müsste er uns die Freiheit nehmen, so dass wir einander keinen Schaden mehr zufügen könnten. Gott müsste seine Geschöpfe so determinieren, dass sie nur noch das Gute tun. Oder er müsste die Naturgesetze außer Kraft setzen, wenn wir dumme Dinge anstellen. Er müsste das Gesetz der Schwerkraft aussetzen, wenn wir zu schnell in eine Kurve gehen, oder unsere Faust zu Watte machen, wenn sie die Nase unseres Gegenübers trifft. Damit aber wäre uns die Möglichkeit genommen, unser Dasein in Freiheit zu gestalten, und Gott hätte uns als Gegenüber verloren.

Natürlich führt das zur Frage, ob Leiden ein angemessener Preis für Freiheit ist. Klaus von Stosch bietet in diesem Zusammenhang das folgende Gedankenexperiment:

Stellen Sie sich vor, Sie lieben eine wunderschöne und charmante Person und können sich nichts Schöneres vorstellen, als die Liebe dieser Person zu gewinnen. Ein Freund bietet Ihnen eine neu erfundene Liebespille an, die Sie der Person Ihrer Wahl ins Essen mischen könnten, und sie würde sich unsterblich in Sie verlieben. Würden Sie das Angebot annehmen, oder würden Sie versuchen, die Liebe dieses Menschen ohne Manipulation zu gewinnen? – Die meisten Menschen wären der Meinung, dass es vorzuziehen ist, die Liebe der anderen Person aus freien Stücken zu gewinnen. Die manipulativ durch eine Pille hergestellte Zuneigung würde den Namen «Liebe» gar nicht verdienen, weil Liebe an Freiheit gebunden ist.[136]

Das Experiment macht deutlich, dass Freiheit ein Gut darstellt, das so wertvoll ist, dass es selbst dann zu verteidigen ist, wenn Menschen ihre Freiheit zum Schaden ihrer Mitmenschen missbrauchen. Eine von Leiden freie Welt ist denkbar, aber diese Welt wäre von lauter Marionetten bewohnt.

Es wäre eine Welt ohne Freiheit und ohne Liebe.

Gott spricht aus dem Sturm

Nachdem Hiobs Freunde ein Dutzend Mal erklärt haben, dass Hiob leidet, weil er gesündigt hat, und Hiob ebenso oft behauptet hat, dass er zu Unrecht bestraft wird, ist der Streit an einem toten Punkt angelangt (Hiob 32,1).

Auf diesen Augenblick hat Elihu gewartet. Er ist der vierte im Bunde. Er ist jünger als die anderen und hat deshalb bisher geschwiegen. Elihu ist zornig auf Hiob, weil dieser seine Schuld nicht einsehen will, und er ist sauer auf die drei Freunde, weil ihnen die Argumente ausgegangen sind. Elihu unternimmt einen letzten eloquenten Versuch, Hiob zum Einlenken zu bewegen. Er hält vier Reden nacheinander ohne Unterbruch; aber auch bei ihm gibt es nichts Neues unter der Sonne (Hiob 32,6–37,24).

Die Geschichte kommt zu ihrem Höhepunkt, als Gott sein Schweigen bricht. Über Hiob und seinen Freunden zieht Sturm auf (Hiob 38,1). Gott erscheint als der Allmächtige und Herr über seine Schöpfung. Er lässt Blitz und Donner, Regen und Hagel herniedergehen, so dass Hiob und seinen Freunden Hören und Sehen vergehen. Endlich redet Gott. Mitten in Sturm und Hagel vernimmt Hiob die Stimme des Allmächtigen. «Wer bist du, dass du meinen Plan anzweifelst?», fragt Gott Hiob aus dem Sturm (Hiob 38,2).[137] Die erste Gottesrede (Hiob 38,1–39,30) verläuft nach dem Muster: «Hiob, du hältst dich ja für ziemlich klug. Nun gut, wenn du meinst, die Wege Gottes hinterfragen zu können, stelle ich dir mal ein paar Fragen»:

> *«Wo warst du denn, als ich die Erde machte? Wenn du es weißt, dann sage es mir doch! Wer hat bestimmt, wie groß sie werden sollte? Wer hat das mit der Messschnur festgelegt? Du weißt doch alles! Oder*

> *etwa nicht? Auf welchem Sockel stehen ihre Pfeiler? Wer hat den Grundstein ihres Baus gelegt? Kannst du das Siebengestirn zusammenbinden? Löst du den Gürtel des Orions auf? Lässt du die Tierkreisbilder aufmarschieren, dass jedes sichtbar wird zu seiner Zeit? Lenkst du den Großen und den Kleinen Wagen? Kennst du die Ordnung, der der Himmel folgt, und machst sie gültig für die ganze Erde? Gabst du dem Pferd die viel gerühmte Stärke und schmücktest seinen Hals mit einer Mähne? Schickt dein Befehl den Adler hoch hinauf, dort in der Höhe seinen Horst zu bauen?» (Hiob 38,4–6; 38,31–33; 39,19; 39,27).*[138]

So geht es zwei Kapitel lang. Sturm, Regen, Donner und Fragen, nichts als Fragen. Kannst du den Gestirnen befehlen, Hiob (Hiob 38,31)? Weißt du, wo das Licht herkommt (Hiob 38,19)? Befiehlst du den Wolken (Hiob 38,25)? Gibst du den Löwen ihre Beute (Hiob 38,39)? Hast du dem Falken das Fliegen beigebracht (Hiob 39,26)?

Für den modernen Menschen ist die Gottesrede – gelinde gesagt – eine Enttäuschung. Gott scheint sich keine Mühe zu geben, auf die Argumente Hiobs einzugehen. Kein Wort des Trostes, keine Erklärung, keine Rechtfertigung, warum er ihm das Übel zugemutet hat. Kein Hinweis auf die himmlische Wette und kein Lob, dass Hiob Gott nicht abgesagt hat. Kein Versprechen, dass es bald vorüber ist. Es ist, als hätte Hiob seine langen Reden gar nicht gehalten!

Gott hält inne, hält Blitz und Donner zurück und fragt Hiob: Willst du weiter gegen den Allmächtigen streiten, oder gibst du auf (Hiob 40,2)? Hiob erkennt, wie klein er ist. Keine langen Ausführungen mehr, keine Faust, die in den Himmel erhoben wird. Was soll er bloß sagen?

Er verspricht, den Mund nicht wieder so voll zu nehmen: «Ich lege meine Hand auf meinen Mund. Ich habe mehr geredet, als ich sollte, noch einmal tu ich es bestimmt nicht mehr!» (Hiob 40,4–5).

Trotzdem setzt Gott zu einer zweiten Rede an. Er macht mit Hiob einen Ausflug ins Reich der Tiere. Immer noch stellt Gott Fragen. Kommt Hiob vielleicht gegen die Prachtstücke der Schöpfung an, den «Behemot» (Hiob 40,15 ff.) und den «Leviatan» (Hiob 40,25 ff.)? Wer ist Hiob im Vergleich mit den Königen der wilden Tiere, vor denen sich alle fürchten (Hiob 41,26)? Wer im Vergleich mit dem Allmächtigen, der mit ihnen spielt und sie mit einem Panzer ausrüstet, an dem Speere abprallen (Hiob 41,20)?

Hiob ist buchstäblich vom Donner gerührt. Die Rede Gottes aus dem Sturm, die Manifestation seiner Schöpfungskraft, die Stimme des Allmächtigen inmitten von Hagel und Blitzen fahren ihm in die Knochen. Die Lust zum Streiten ist ihm gründlich vergangen. Klarer als je zuvor erkennt Hiob Gott als den Allmächtigen, der alles kann und alles darf. Seine eigenen Reden erscheinen ihm jetzt voller Anmaßung. Er schämt sich für seine Unverfrorenheit und räumt ein, dass er von Dingen geredet hat, die sein Denken übersteigen (Hiob 42,2–6).

Hiob ist wieder an dem Punkt, an dem er am Anfang der Geschichte war, als er auf den Boden fiel und den Allmächtigen Gott sein ließ. Der von Leid Geplagte beugt sich nochmals ganz tief vor Gott – und stellt keine Ansprüche mehr.

In diesem Niederbeugen vor dem Allmächtigen beginnt Hiobs Heilung. Die überragende Schau der Größe Gottes wäscht den Schmerz der Frage «Warum leide ich?» wie Schlacke aus seiner Seele. Hiob erhält keine Antwort auf die Frage, warum er leidet, aber die Frage quält ihn nicht mehr, weil er Gott gesehen hat. In dem Satz «Ich kannte dich ja nur vom Hörensagen. Jetzt aber hat mein Auge dich geschaut» (Hiob 42,5) schwingen Ehrfurcht, Dankbarkeit und Einsicht mit. Hiob ist vom Leidenden zum Sehenden geworden.

Gott ist unverfügbar

Das Buch endet mit einer dicken Überraschung. Obwohl Hiob «im Unverstand geredet» hat (Hiob 42,3), wird am Schluss nicht Hiob getadelt, sondern Elifas und mit ihm seine Freunde. «Mein Zorn ist entbrannt gegen dich und deine beiden Freunde», sagt Gott zu Elifas, «denn ihr habt nicht recht von mir geredet wie mein Knecht Hiob» (Hiob 42,7).

Hiobs Freunde haben während des langen Streits beständig erklärt, Gott strafe den Sünder. Das Problem mit ihrer Ansicht war nicht, dass die Sünde Gottes Strafe nach sich ziehen kann. Tatsächlich sagt Gott in der Bibel selbst, dass er den Schuldigen nicht ungestraft lässt (2Mo 23,7). Das Problem war, dass die Freunde hinter jedem Übel eine Schuld orteten, die Gott verfolgt. Sie hielten sich für Männer von Welt; jetzt aber zeigt sich, dass es sich um drei Kleingeister handelt, die meinten, mit ihren klugen Ansichten über Gott verfügen zu können. Ihr Gott passte in den vorgefertigten Rahmen ihrer philosophisch klingenden Erklärungen und war berechenbar: Gott sitzt im Himmel und verteilt Krankheiten an Sünder!

Doch dieses Gottesbild war falsch.

Es ist richtig, dass Gott der Gerechte ist, der Schuld nicht einfach übersieht. Aber Gott ist auch der Barmherzige, der vergibt. Gott ist der Souveräne, dessen Handeln sich nicht ergründen lässt. Gott ist der ganz Andere, der sich menschlichem Zugriff entzieht. Der Unverfügbare lässt nicht über sich verfügen.

Im Gegensatz zu seinen Freunden hat Hiob «recht von Gott geredet» (Hiob 42,7). Tatsächlich? Hiob hat doch Gottes Plan angezweifelt und von Dingen gesprochen, die zu hoch für ihn waren! Trotzdem nennt Gott ihn jetzt schon fast zärtlich «mein Knecht» (Hiob 42,7–8). Mit dieser Ehrenbezeichnung wird Hiob in die Hall of Fame der biblischen Glaubenshelden aufgenommen, wo Mose (5Mo 34,5), David (1Kö 14,8) und Daniel (Dan 6,21) ihren Platz haben.

Was hat Hiob anders gemacht als seine Freunde? Seine Freunde haben über Gott geredet wie über ein philosophisches Thema; Hiob seinerseits hat mit Gott geredet wie mit einem Gegenüber. Hiob hat nie um Heilung gebeten, stattdessen hat er seine Rechtfertigung eingefordert.

Das ganze lange Streitgespräch war nichts anderes als ein Tribunal. Die drei Freunde klagen Hiob an, er habe gegen Gott gesündigt, und Hiob klagt Gott an, er tue ihm Unrecht.[139] Hiob wünschte, ein «Schiedsmann» würde zwischen ihm und dem Allmächtigen Recht sprechen, weil Gott ihm sein Recht verweigert (Hiob 9,33). Hiob war überzeugt, der Unparteiische würde ihm Recht und Gott Unrecht geben!

Die dicke Überraschung besteht darin, dass der Mann, der die Unverfrorenheit besaß, Gott Uninformiertheit und Ungerechtigkeit vorzuwerfen, am Ende der Geschichte vom Allmächtigen selbst ausgezeichnet wird. Der Unterschied zu seinen Freunden bestand darin, dass Hiob Gott nicht erklärt, sondern gesucht hat. Sein ganzer seelischer Schmerz gründete darin, dass Gott sich von ihm abgewandt hatte. So jedenfalls musste es Hiob erscheinen. Hiob wünschte sich nichts mehr, als dass Gott ihm wieder sein uneingeschränktes Ja gab. Deshalb betete er aus der Tiefe seines Herzens, klagte und hörte nicht auf damit.

Hiobs Unverfrorenheit war ein Schrei nach dem lebendigen Gott. Wer so mit Gott ringt und an ihm hängt, der liebt ihn. Hiob findet also durch die Klage hindurch zur höchsten Form der Liebe, welche die Bibel kennt: Hiob liebt Gott um seiner selbst willen.

Im Vergleich mit diesem herausragenden Akt des Vertrauens erscheint der Glaube der drei Freunde steril, kleinkariert und kalkulierbar. Hiob hat in seiner Klage Gott geliebt, so wie die Dichter der Klagepsalmen Gott liebten und suchten. Diese Such-Bewegung findet Gottes Zustimmung, so dass Hiob am Schluss gerechtfertigt und wiederhergestellt wird (Hiob 42,10–17). Gott gibt Hiob seinen Besitz doppelt zurück. Seine Söhne und Töchter, die ihm nach dem großen Unglück geboren werden, sind eine Quelle des Glücks. Wie sehr Hiob die Freude am Leben wiederfindet, drückt er in den Namen aus, die er seinen drei Töchtern gibt. Die erste nennt er Täubchen (Jemima), die zweite Zimtblüte (Kezia) und die dritte Schminktöpfchen (Keren-Happuch) (Hiob 42,12 ff.).

Die beste Medizin

Das skandalöse Gottesbild vom Anfang des Buches wird am Schluss nicht zurückgenommen. Gott rechtfertigt sein Handeln gegenüber

Hiob nicht. Es gibt kein «Sorry, Hiob, ich musste unbedingt diese Wette gewinnen!»

Dass der moderne Mensch Mühe mit diesem Gottesbild bekundet, ist nicht erstaunlich.[140] Er erwartet, dass Gott dafür sorgt, dass es dem Menschen gut geht. Ein Gott, der über seine Geschöpfe verfügt wie der Töpfer über den Ton (Röm 9,21), ist für viele unannehmbar. Dieser Gott stellt Ansprüche, er ist unberechenbar, und er schränkt unsere Selbstbestimmung ein. All das passt nicht in das Weltbild des modernen Menschen.

Das Buch Hiob stellt uns die Frage, ob wir Gott das Verfügungsrecht über unser Leben zugestehen. Was geschieht mit unserem Glauben, wenn wir leiden? Was, wenn Gott uns alle Zeichen seiner Liebe zu entziehen scheint, so als wären wir verlassen? Darf Gott uns formen, so wie der Töpfer den Ton?

Bei näherem Hinsehen erweist sich das sperrige Gottesbild des Buches Hiob als die beste Medizin gegen das Leiden. Gott das uneingeschränkte Verfügungsrecht über unser Leben zu gewähren, ist das Einzige, das wirklich Trost und Halt gibt, wenn das Leben hart wird. Es wirkt wie eine Wasserscheide, die darüber entscheidet, ob wir im Leiden orientierungslos und bitter werden oder ob wir Halt haben und Frieden finden.

Am Alpenhauptkamm auf 2800 Meter über Meer liegt an der Grenze zwischen dem Berner Oberland und dem Kanton Wallis der Plaine-Morte-Gletscher. Auf dem Gletscher gibt es einen Punkt, an dem das Wasser entweder nach Norden oder nach Süden fließt. Steht man auf der 100 Meter dicken Eisschicht, ist die Wasserscheide nicht feststellbar, aber es gibt sie. Wenn eine Schneeflocke einen Meter nördlich des Wasserscheidepunkts auf den Gletscher fällt, fließt sie viele Zeit später in Form von Wasser durch unterirdische Felsspalten und tritt tausend Meter weiter unten bei den sogenannten «Siebenbrunnen» in sieben Quellen direkt aus dem Felsen. Dort speist das Wasser die Simme, die im Flachland in die Aare fließt und tausend Kilometer später mit dem Rhein in die Nordsee mündet. Fällt eine Schneeflocke einen Meter südlich der Wasserscheide auf den Gletscher, fließt das Wasser in einen Gebirgsfluss, der im Tal unten in die Rhone fließt und schließlich ins Mittelmeer mündet.

Unser Gottesbild ist wie eine Wasserscheide. Wenn wir oben auf dem Berg stehen und die Sonne uns wärmt, scheint es nicht darauf anzukommen, ob wir ein paar Meter nördlicher oder südlicher auf dem Gletscher stehen. Mit einem defekten Gottesbild lässt sich prima leben, wenn es uns gut geht. Wenn aber Sturm aufzieht, kommt es darauf an, wo der Regen fällt und in welche Richtung er fließt.

Wenn Gott als der Allmächtige in unserem Leben alles darf, werden wir ihm in unserem Leiden vertrauen. Von diesem Punkt aus fließt das Wasser in die richtige Richtung. Es bewahrt uns nicht davor, an Gottes Verborgenheit zu leiden wie Hiob, aber wir werden gestärkt aus der Dunkelheit der Seele hervorgehen.

Wenn wir Gott das Verfügungsrecht verweigern, bleibt uns am Ende nur die Bitterkeit. Wenn wir zornig die Faust recken und darauf beharren, dass wir unser Leben selbst bestimmen, fällt der Regen auf die falsche Seite der Wasserscheide. Von diesem Punkt fließt alles Wasser in die falsche Richtung, und der Strom lässt sich nicht mehr umkehren. Wir lehnen uns auf und zweifeln an Gottes Güte. Dieser Strom des Zweifels wird immer stärker, und wir enden im Meer der Bitterkeit, weil wir nicht Ja zu Gottes unergründlichen Wegen sagen können.

Dass Gott im Buch Hiob eine Wette eingeht, ist eine Erinnerung daran, dass sein Handeln unergründlich ist. Wir sind nicht das Zentrum des Universums, dieser Platz gehört dem allmächtigen Gott. Gott kann alles und Gott darf alles. Aber Gott würfelt nicht. Es gibt keine unvorhergesehenen Kapitel, weder in der Geschichte Hiobs noch in unserem Leben. Gott ist nie überrascht, es geschehen keine dummen Zufälle, und Gott verliert nie die Kontrolle. Diesem Gott kann man vertrauen. Hiob hätte Newtons Satz «Es ist Gottes volles Recht, so mit uns zu handeln, wie es ihm beliebt» aus dessen Seelsorgebrief ohne Zögern unterschrieben. Der Glaube an das volle Verfügungsrecht Gottes ist die beste Medizin.

Was das Buch Hiob mit einem machen kann

Aus dem Buch Hiob lassen sich unglaublich viele persönliche Erkenntnisse gewinnen. Man kann sich in so Vielem daran orientieren wie an einem Leuchtturm auf stürmischer See und sich davon zu neuen Lebensentscheidungen bewegen lassen.

Das Buch hat seit vielen Jahren einen tröstenden Einfluss auf mich. Anfangs war mir nicht klar, weshalb. Es ging mir wie einem guten Freund, der sagte, wenn es ihm schlecht gehe, greife er zum Buch Hiob. Warum nur? Es ist ja ein Buch von unsäglichem Leiden, es wirft schwierige Fragen über Gott auf, und am Ende erhält man nicht mal eine Antwort, warum Hiob leiden musste.

Warum spricht mich dieses Buch trotzdem an? Vielleicht deshalb: Das Lesen des Buches übt eine reinigende, poetische Kraft auf den Leser aus. Zuerst sind da die ausufernden Dialoge zwischen Hiob und seinen Freunden. Sie scheinen kein Ende zu nehmen. Je weiter man liest, desto mehr drehen sich die Gedanken im Kreis. Man taucht mit Hiob und den Freunden hinab in die Tiefen der Seele, der Klage, des Nicht-Verstehens. Und dort, in dieser Tiefe, trifft man nicht auf unbändige Wut, sondern auf entwaffnende Ehrlichkeit im Gewand sprachlicher Schönheit. Die bildgewaltigen Dialoge legen der ausufernden Klage poetische Fesseln an. Die Not ist noch nicht vorbei, aber die Poesie beginnt bereits über den Schmerz zu siegen.

Das sagt mir: Selbst tiefstes Leid stürzt dich nicht ins bodenlose Nichts. Es gibt Schönheit und Hoffnung, wo ich sie nicht vermute. Selbst meine dunkelsten Gedanken können zu einem Gedicht werden!

Die Geschichte Hiobs ist die Geschichte so vieler verwundeter Menschen. Sie wird während des Lesens zu *meiner* Geschichte. Ich finde mich in Hiobs Phasen von Auflehnung und Resignation wieder. Ich kenne die Empörung, die in Hiob aufwallt, das Jammern, das Aufgeben und doch Hoffen. Dass all das Platz hat in der Bibel, sagt mir, dass es okay ist, wenn ich nicht souverän durch die Krisen meines Lebens gehe.

Etwas hat mich während des Lesens des Buches mehr ergriffen als alles andere: nämlich das Gottesbild, das dieses außerordentliche Buch von Anfang bis Schluss prägt. Es ist sperrig, wuchtig, anstößig, aber allerbeste Medizin. Es lässt sich für mich auf die Worte reduzieren, dass Gott «unfassbar nah» ist. Unfassbar, dass Gott eine Wette mit dem Satan eingeht und der Allmächtige schweigt, während Hiob verzweifelt nach ihm ruft! Unfassbar, dass Gott am Schluss zu einer Rede ansetzt, ohne Hiob zu erklären, warum das alles geschehen musste!

Die gewaltige Rede streicht Satz für Satz, Frage um Frage heraus, wie groß Gott ist und wie klein der Mensch. Und doch ist Gott in dieser Rede Hiob ganz nah. Gottes Stimme wäscht den Schmerz wie Schutt und Schlacke aus Hiobs Seele. Antworten bekommt Hiob keine, und er braucht sie auch nicht mehr. Der Unfassbare ist Hiob unfassbar nah, so dass Hiob sagen kann, er habe Gott gesehen.

Die Rede erinnert mich daran, dass ich nicht von Antworten lebe, sondern von Gottes Gegenwart. Sie ist wie ein Kommentar zu dem Wort von Jesus: «Der Mensch lebt nicht vom Brot allein, sondern von jedem Wort, das aus Gottes Mund kommt» (Matthäus 4,4).

Nach dem Lesen des Buches Hiob hat sich in meinem Geist der Satz «Gott kann alles, und Gott darf alles» festgesetzt. Ich habe diesen Satz zu meinem persönlichen Bekenntnis gemacht. Das Buch Hiob hat mich davor bewahrt, Gott klein zu denken oder ihm vorzuschreiben, wie er an mir handeln sollte.

Ja, Gott kann alles. Und Gott darf alles.

Er hat das volle Verfügungsrecht über mein Leben.

Dieser Gott, er ist da in meinem Schmerz.

Und das ist mehr, als mir jede Antwort bieten kann.

Kapitel 5
Der mit den Pferden läuft

1990 eroberte der Kinofilm «Der mit dem Wolf tanzt» die Kinos. In dem Film spielt Kevin Costner den Leutnant John Dunbar, der sich während des Amerikanischen Bürgerkriegs auf einen Posten im Grenzland versetzen lässt, wo er Freundschaft mit Indianern schließt. Der Film fasziniert durch das Aufeinandertreffen fremder Welten und durch Costner als eigenwilligen Leutnant, der sich nicht davon abbringen lässt, einer tiefen Überzeugung zu folgen.

Jeremia ist ein ähnlicher Charakter. Sein Leben ist, abgesehen von seiner Kindheit und seiner Jugend, in jeder Hinsicht herausragend. Dass dieser Mann in der heutigen Christenheit praktisch unbekannt ist, ist ein Verlust. Jeremia hat leidenden Menschen unglaublich viel zu sagen. Seine Geschichte macht uns Mut, nicht nach links und rechts zu schauen, sondern den Überzeugungen zu folgen, die Gott in uns einpflanzt. Während Costner als Leutnant Dunbar mit den Wölfen tanzt, ist Jeremia der Prophet, der «mit den Pferden läuft» (Jeremia 12,5).

Jeremia wurde in eine traditionelle Familie im alten Israel hineingeboren und wuchs auf dem Land auf. Unter den Jungen seines Alters fiel er nicht auf, außer vielleicht, dass er scheu und sensibel war. Sechzig Jahre später ging er als außergewöhnliche Persönlichkeit in die Geschichte ein, fest wie eine «eiserne Säule» und eine «eherne Mauer» (Jer 1,18). Dazwischen liegt ein Leben voller Leiden, das mit dem von Hiob vergleichbar ist. Wie Hiob haderte Jeremia mit seinem Schicksal und verfluchte den Tag seiner Geburt. Im Unterschied zu Hiob gab es für Jeremia allerdings kein Happy End. Sein ganzes Leben von seiner Berufung zum Propheten bis zu seinem tragischen Tod war eine einzige Anhäufung von Entbehrungen, Enttäuschungen, Anfeindungen und Einsamkeit.

Das Erstaunliche an Jeremias leidvollem Dasein besteht in der Tatsache, dass am Ende seines Lebens keine Spur von Abnützung oder Bitterkeit auszumachen ist.

Im Grunde genommen war Jeremia nicht geeignet für die harte Tour. Er war sensibler Priestersohn, begabter Poet und leidenschaftlicher Prediger in einer Person. Er litt an seiner Berufung und haderte mit Gott, aber er gab nicht auf. Am Ende seines Lebens war er ein charakterliches Monument, gereift in der Schule des Leidens.

Jeremias außergewöhnliches Leben straft die Ansicht Lügen, dass Gott da ist, um unsere Wünsche zu erfüllen. Jeremia gestand Gott das volle Verfügungsrecht über sein Leben zu. Er trug schwer an seinem rückhaltlosen Ja zu Gottes Wegen, aber er war lebendiger und menschlicher als praktisch alle Mitmenschen seiner Generation. Während die Mittelmäßigkeit das wahre Ich seiner Zeitgenossen zersetzte, wuchs Jeremia durch seine Kompromisslosigkeit zu seiner wahren Größe heran.

Bei keiner anderen Persönlichkeit der Bibel zeigt sich deutlicher, dass der Satz «Wer sein Leben retten will, wird es verlieren; wer aber sein Leben um meinetwillen verliert, wird es gewinnen» (Mt 16,25) wahr ist. Jeremia gewann das wahre Leben, weil er seine Vorstellung vom Leben verlor, um für Gott zu leben. Jeremia hob sich von der «schlurfenden Menge» ab, wie Eugene Peterson es treffend ausdrückt, und lebte rückhaltlos für Gott.[141] Jeremias Leben war ein Abenteuer; voller Leiden, aber auch voller Tiefe, Menschlichkeit und Gründlichkeit. Er starb nicht als netter Kerl von nebenan. Frank Sinatras Lied «I did it my way» wäre an seinem Grab völlig unpassend gewesen.

Jeremias Biografie ist eine Verlockung zu einem leidenschaftlichen Leben. Sie ist eine Inspiration für alle, denen biederes Mittelmaß nicht genügt.

Wie bei keiner anderen biblischen Figur zeigt sein Werdegang, dass im Leiden ein Leben voller Lebendigkeit möglich ist. Jeremia inspiriert uns, Ja zu dem zu sagen, was Gott uns zumutet. Seine Lebendigkeit und seine Menschlichkeit vermitteln uns die Gewissheit, dass dies der Weg ist, um das wahre Leben gewinnen.

Berufen zum Propheten

Jeremia wurde im Jahr 650 v. Chr. in Anatot geboren, einem Bauerndorf im Gebiet des Stammes Benjamin. Wenn man sich beeilte, erreichte man in südlicher Richtung in einer Stunde Fußmarsch Jerusalem. Gegen Osten fiel das Gelände steil zum Toten Meer mit seinen ausgetrockneten Wadis ab, die in der Regenzeit zu reißenden Flüssen anschwollen und unvorsichtigen Wanderern den Tod brachten.

Es waren schlimme Zeiten, als das kleine Anatot um einen Bürger reicher wurde. Juda war ein Rumpfstaat des ehemaligen salomonischen Reiches und ein Vasall des assyrischen Großkönigs Assurbanipal. Die Tributzahlungen lasteten schwer auf den gewöhnlichen Leuten, die für alles und jedes Abgaben leisten mussten.

Der judäische König Manasse, der als der schlimmste der Könige in der Linie Salomos galt und Assurs Untertan war, machte die Sache auch nicht besser (2Kö 21,1 ff.). Politische Intrigen und die Ausbeutung der einfachen Leute waren unter seiner maroden Regierung an der Tagesordnung. Überall im Land standen Heiligtümer, in denen heidnische Götzen angebetet wurden. Zu den festgesetzten Zeiten feierte man rauschende Opferfeste, bei denen unzählige Tempelprostituierte ihre Dienste anboten. Der Menge, die sich vom Zeitgeist treiben ließ, gefiel es.

In dieser Zeit voller Mittelmäßigkeit, Orientierungslosigkeit und Gleichgültigkeit erreichte Jeremia Gottes Ruf. Gott sprach zu Jeremia:

> *«Noch ehe ich dich im Mutterleib formte, habe ich dich ausersehen, noch ehe du aus dem Mutterschoß hervorkamst, habe ich dich geheiligt, zum Propheten für die Völker habe ich dich bestimmt»* (Jer 1,5).

Jeremia scheint nicht im Geringsten auf das Leben eines Propheten vorbereitet gewesen zu sein. Mit seinen fünfundzwanzig Jahren fühlte er sich zu jung, um öffentlich aufzutreten, und hatte damit weiß Gott nicht Unrecht (Jer 1,6). Gottes Ruf durchkreuzte Jeremias Leben, das vorgezeichnet zu sein schien: Jeremia hatte wie alle jungen Männer seines Alters seine Vorstellungen von einem gesegneten Leben. Wenn alles seinen gewohnten Gang genommen hätte, wäre Jeremia seinem Vater Hilkia ins Priesteramt in Anatot gefolgt, hätte eine Familie gegründet und ein anständiges Leben als einer der «Stillen im Lande» geführt. Gott aber hatte andere Pläne:

> *«Sag nicht: Ich bin noch so jung. Wohin ich dich auch sende, dahin sollst du gehen, und was ich dir auftrage, das sollst du verkünden. Fürchte dich nicht vor ihnen; denn ich bin mit dir, um dich zu retten – Spruch des Herrn. Dann streckte der Herr seine Hand aus, berührte meinen Mund und sagte zu mir: Hiermit lege ich meine Worte in deinen Mund. Sieh her! Am heutigen Tag setze ich dich über Völker und Reiche; du sollst ausreißen und niederreißen, vernichten und zerstören, aufbauen und einpflanzen» (Jer 1,7–10).*

Mit seiner Berufung fing für Jeremia ein Leben voller Leiden an. Er musste Unheil verkündigen und machte sich schnell Feinde. Im gleichen Jahr, in dem Jeremia berufen wurde, starb Aussurbanipal, der Großkönig Assurs. Viele hofften, dass Juda das assyrische Joch abschütteln würde und die glücklichen Zeiten des salomonischen Reichs wiederkehren würden. Jeder in jenen düsteren Zeiten dachte mit Wehmut an die Erfolge von damals. Jeremia wusste, dass sich diese Hoffnung nicht erfüllen würde.

In seiner ersten Vision sah Jeremia einen dampfenden Kessel, der sich von Norden her über das Land Juda ergießt (Jer 1,13–16). Von Norden, wo Assyriens Machtzentrum war und später die Babylonier den Nahen Osten beherrschten, würde das Unheil kommen als Strafe für Israels Sünden.

Jeremia hielt während der gesamten Wirkungszeit als Prophet an dieser Vision fest. «Er gehörte nicht zu denen, die an den unmittelbar bevorstehenden Anbruch einer Glückszeit glaubten», schreibt Karl Zimmermann in seiner Studie über das Leben des Propheten. Jeremia war überzeugt, «dass Gott zuerst mit dem Volk ins Gericht gehen werde wegen aller der Verfehlungen, die es sich Tag für Tag zuschulden kommen ließ». Es musste «eine entschiedene Umkehr des Volkes, eine Erneuerung der Seele, eine Umwandlung des Lebens erfolgen, bevor der Herr der Geschichte sich ihm gnädig zuwenden konnte».[142] Während seiner ganzen Zeit als Prophet, auch dann, als er scheinbar widerlegt war, blieb Jeremia bei dieser Überzeugung.

Die Ereignisse gaben ihm schließlich recht, aber mit seiner Botschaft war er ein Außenseiter.

Eine Botschaft, die keiner hören will

In Anatot dürfte es ein kleines Jahwe-Heiligtum gegeben haben, wo die Dorfgemeinschaft am Sabbat zusammenkam, um sich von Hilkia, Jeremias Vater, in der Tora des Mose unterrichten zu lassen. Daneben opferten die Leute unter Bäumen und auf Hügeln dem Baal und der Aschera.

Äußerlich war also alles in bester Ordnung, die Menschen waren religiös. Im Tempel wurden Opfer dargebracht, und die Altäre rauchten im ganzen Land. Man empfand es nicht als stoßend, Jahweglauben und Baalskult nebeneinander zu praktizieren. Die Unterschiede zwischen beiden dürften nicht einmal allen klar gewesen sein.[143] Vierzig Jahre zuvor klagte der Prophet Jesaja: «Der Ochse kennt seinen Besitzer und der Esel die Krippe seines Herrn; Israel aber hat keine Erkenntnis, mein Volk keine Einsicht» (Jes 1,3). Die Verhältnisse waren in der Zwischenzeit nicht besser geworden.

Seine ersten Botschaften dürfte Jeremia in seiner Heimat gehalten haben. Er predigte:

> *«Hast du gesehen, was Israel, die Abtrünnige, getan hat? Sie begab sich auf jeden hohen Berg und unter jeden üppigen Baum und trieb dort Unzucht […] Erkenne deine Schuld! Dem Herrn, deinem Gott, hast du die Treue gebrochen, überallhin bist du zu den fremden Göttern gelaufen, auf meine Stimme aber hast du nicht gehört» (Jer 3,6–13).*

Jeremia musste erfahren, dass ein Prophet in seiner Heimat nichts gilt. Ein Anschlag schlug fehl, weil Gott ihn warnte (Jer 11,21).

Einige Jahre später siedelte Jeremia nach Jerusalem über, um dort Gottes Wort zu predigen. Bevor er öffentlich auftrat, beobachtete er das Leben in der Stadt genau (Jer 5,1). Ernüchtert stellte er fest, dass die vornehmen Städter nicht besser waren als die einfachen Landleute. Die ganze Stadt war voller Lüge, Untreue und Unterdrückung (Jer 5,7 ff.). Trotz der prekären Verhältnisse, die er antraf, wurde sie seine große Liebe.

Kurz nach Jeremias Umzug nach Jerusalem kam es zu einem Ereignis, das seine ganze Aufmerksamkeit geweckt haben musste. Im Tempel wurde eine Abschrift des 5. Buches Mose gefunden (2Kö 22,1 ff.). Die Priester lasen es und gaben es an König Joschia weiter. Tief betroffen von Segen und Fluch, die im Buch angekündigt werden (5Mo 27,1 ff.), setzte Joschia, der auf Manasse gefolgt war und einen besseren Charakter hatte, eine große Reform in Gang. Er ließ den Tempel vom Götzendienst reinigen und zerstörte im ganzen Land die Kultstätten, an denen dem Baal geopfert wurde. Er machte mit dem Volk einen Bund, mit dem sie sich darauf verpflichteten, als ganze Nation Jahwe allein zu dienen (2Kö 23,1 ff.).

So aufrichtig die Reform gemeint war, verfehlte sie doch ihr Ziel. Jeremia begriff als einer der wenigen, dass die beeindruckenden Bemühungen die Herzen nicht erreichten. Der Tempel war gereinigt, die Opfer wurden dargebracht, aber es gab keine Reform der Herzen. Die Leute redeten ständig von Gott, und an traditionellen Festlichkeiten herrschte auf dem Tempelgelände emsiges Treiben. Zwischen Thron und Altar gab es jedoch eine unselige Verbindung. Die eigene religiöse Geschäftigkeit bewirkte Selbstgenügsamkeit und eine falsche Sicherheit.

Die Hofpropheten verkündeten, der Tempel sei für immer Gottes Wohnung und Jerusalem unbesiegbar (Jer 7,4 ff.). Dem Volk juckte die Botschaft angenehm in den Ohren.

In dieser Zeit erhebt Jeremia auf den Straßen Jerusalems und in den Städten Judas Anklage (Jer 11,6). Sie lautet: Die Reform ist tot!

Israel hat den Bund mit Jahwe gebrochen! Die Leute folgen nicht Gottes Weisung, sondern dem Trieb ihres bösen Herzens.

Man lässt den jungen Prediger gewähren. Jerusalem hat in seiner langen Geschichte schon manchen religiösen Spinner kommen und gehen sehen.

Als seine Predigten nichts bewirken, trägt Jeremia die Anklage mitten ins Zentrum der religiösen Betriebsamkeit (Jer 26,1 ff.).[144] Er sucht sich im Vorhof des Tempels einen geeigneten Platz und ruft:

> *«So spricht der Herr: Wenn ihr nicht auf mein Wort hört und meiner Weisung nicht folgt, die ich euch gegeben habe, wenn ihr nicht auf die Worte meiner Knechte, der Propheten, hört, die ich zu euch sende, unermüdlich sende, obwohl ihr nicht hört, dann verfahre ich mit diesem Haus wie mit Schilo und mache diese Stadt zu einem Fluch bei allen Völkern der Erde» (Jer 26,4–6).*

Kaum hat Jeremia ausgeredet, bricht ein Sturm der Entrüstung los. Das ist Nestbeschmutzung! Das ist Blasphemie! Angeführt von den Priestern und Propheten zerrt ihn die aufgebrachte Menge von seinem Platz herunter und will ihn steinigen.

Das Geschrei dringt bis zum Königspalast, wo man stets ein wachsames Auge hat, um Tumulte unter Kontrolle zu halten. Bewaffnete Beamte eilen herbei, um Ordnung zu schaffen. Sie ergreifen Jeremia und führen ihn zum Tempeltor, wo – nach altem israelitischem Brauch – Gericht gehalten wird. Der Aufruhr wird so in ein ordentliches Rechtsverfahren überführt.

Vor den Beamten, die auf Richterstühlen Platz nehmen, stehen zwei ungleiche Parteien: «Auf der einen Seite die Priester und Propheten mit ihrem Anhang, schäumend in religiöser Entrüstung, und auf der anderen Seite der Prophet, ganz allein, wohl mit zerrauftem Haar, mit Wunden und Striemen gezeichnet, Todesblässe auf dem Antlitz, die Kleider zerfetzt und beschmutzt.»[145]

Die Priester bringen ihre Anklage vor: Jeremia verdient den Tod, weil er mit seinen verruchten Äußerungen gegen den Tempel und die heilige Stadt prophezeit hat!

Die Stimmung ist aufgeheizt. Wenn es den Tempelpriestern gelingt, das Volk gegen Jeremia aufzuwiegeln, ist Jeremia in dreißig Minuten ein toter Mann.

Erst als einige Älteste aufstehen und zur Vernunft rufen, lösen die Beamten die Versammlung auf, und die Menge verläuft sich (Jer 26,17–19). Jeremia ist mit dem Leben davongekommen, aber der Streit mit den Tempelpriestern, die ihn von jetzt an als ihren Todfeind betrachten, hat erst begonnen.

Mit den Pferden laufen

In der Anfangszeit seines Prophetenamtes erlebt Jeremia erste Phasen der Entmutigung. Seit seinem Auftritt im Tempel weichen ihm die Leute aus oder drohen ihm offen. Jerusalem erwidert Jeremias Liebe nicht.

Jeremia leidet an seiner Erfolglosigkeit und beginnt sich selbst zu bemitleiden. Den Gottlosen geht es so gut! Gott pflanzt sie ein, sie schlagen Wurzeln und bringen Frucht (Jer 12,2). Jeremias Bemühungen aber laufen ins Leere. Seine Predigten bewirken nichts, und Jeremia fühlt sich einsam. Am liebsten würde er den Bettel hinschmeißen und sich ins Wochenendhaus zurückziehen, wo er am Pool und am Kamin alles hinter sich lassen kann (Jer 9,1). Was soll das, Gott? Warum rede ich mir den Mund fusselig und es passiert nichts? Könntest du nicht einen anderen beauftragen? In dieser entscheidenden Phase vernimmt Jeremia Gottes Stimme:

> *«Wenn schon der Wettlauf mit Fußgängern dich ermüdet, wie willst du mit Pferden um die Wette laufen? Wenn du nur im friedlichen Land dich sicher fühlst, wie wirst du dich verhalten im Dickicht des Jordan?» (Jer 12,5).*[146]

Gottes Unterredung mit Jeremia erinnert an die Gottesreden am Ende des Buches Hiob. Jeremia bekommt keine Antwort auf seine Fragen. Stattdessen stellt Gott Jeremia Fragen. Willst du mit den Fußgängern gehen, die nicht wissen, wohin sie unterwegs sind? Oder willst du mit den Pferden um die Wette laufen? Gott will von seinem Propheten wissen, ob er sich mit dem biederen Mittelmaß begnügen will, so wie die Menschen, die seine Predigten hören und weitermachen, als wäre nichts geschehen. Eugene Peterson fasst Gottes Frage in die Worte:

> *«Das Leben ist schwierig, Jeremia. Wirst du die Sache beim ersten Ansturm von Widerstand hinschmeißen? Wirst du dich zurückziehen, wenn du feststellst, dass es im Leben um mehr geht als um drei warme Mahlzeiten täglich und einen trockenen Platz für die Nacht? Wirst du nach Hause laufen, sobald du feststellst, dass die Mehrzahl der Menschen sich mehr dafür interessieren, ihre Füße warm zu halten, als sich auf ein Leben voller Risiken einzulassen, mit dem Gott verherrlicht wird?»* [147]

Gott fordert Jeremia heraus, sein Ja zu seiner Berufung zu bekräftigen, jetzt wo er im Begriff steht, seine Bestimmung aufzugeben und sich der schlurfenden Menge anzuschließen. Gott macht Jeremia klar, dass der Widerstand, der ihm zu schaffen macht, erst der Anfang ist. Gott möchte, dass Jeremia sich daran erinnert, dass er bei seiner Berufung die Verheißung bekam, dass er zur «eisernen Säule» und zur «ehernen Mauer» wird. Wenn Jeremia sich an Gott hält, ist er zu weit mehr fähig, als er denkt:

> *«Ich habe dich zu einem Leben mit einer Bestimmung berufen, weit jenseits dessen, was du selbst für dich für machbar hältst. Und ich habe dir ausreichend Kraft versprochen, um dein Ziel zu erreichen. Jetzt, beim ersten Anzeichen von Schwierigkeiten, bist du bereit aufzugeben. Wenn dich schon dieses Durchschnittsmenschentum mit seiner teilnahmslosen Mittelmäßigkeit ermüdet, was wirst du tun, wenn*

> *erst das wirkliche Rennen beginnt? Das Rennen mit den pfeilschnellen und entschlossenen Pferden der Erstklassigkeit. Was willst du wirklich, Jeremia? Willst du dich dieser schlurfenden Menge anschließen, oder willst du mit diesen Pferden laufen?»*[148]

Wenn Jeremia seine Vorstellung vom wahren Leben loslässt und in seiner göttlichen Bestimmung läuft, wird er das wahre Leben gewinnen. Gott nimmt Jeremia in die Schule des Leidens auf. Der Lehrplan ist streng. Der Lehrer wird ihm noch viele schwierige Fragen stellen, und er wird ihm so helfen, zu dem zu werden, was er nach Gottes Willen werden kann.

Das Leben Jeremias lehrt uns, auf Fragen zu achten, die Gott uns in der Schule des Leidens stellt. Wenn Schwierigkeiten am Horizont auftauchen und wir denken, dass wir nichts so sehr nötig haben wie eine klare Antwort, kann es sein, dass Gott beginnt, uns Fragen zu stellen. Die Antwort liegt oft verborgen in den Fragen. Sie sind eine Verlockung, der göttlichen Stimme zu folgen und über den Sinn unseres Daseins nachzudenken: Was wollen wir in unserem Leben? Billiges Grillfleisch für das Wochenende? Ansehen bei den Menschen oder Ehre bei Gott? Jagen wir Schnäppchen nach oder der Gerechtigkeit aus Glauben?

Gott lässt uns genauso wie bei Jeremia die Wahl. Wir können den Weg des geringsten Widerstands gehen und klein und unbedeutend werden. Oder wir können den Preis zahlen und zu dem werden, was Gott aus uns machen will. Wir haben die Wahl, den gepflasterten Weg in die Mittelmäßigkeit anzutreten, oder Gottes Lockruf zu einem leidenschaftlichen Leben anzunehmen und das wahre Leben zu gewinnen (Mt 16,25).

Der einsame Prophet

Fortan lebt Jeremia mit der Frage, ob er bereit ist, mit den Pferden zu laufen. Er weiß, dass er eine Antwort auf diese Frage geben muss. Er weiß, dass er sonst in seiner Berufung als Widerstandsprophet zerrieben wird und seine Seele Schaden nimmt.

In den Jahren, die folgen, bestätigt sich, dass der Streit mit der Tempel-Aristokratie nur der Anfang war. Jeremia muss den Untergang Jerusalems ankündigen, wenn Israel nicht zu Gott umkehrt. Das ruft falsche Propheten auf den Plan, die sich gegen Jeremia stellen. Jeremia nennt sie Lügenpropheten: «Der Herr erwiderte mir: Lüge ist, was die Propheten in meinem Namen verkünden. Ich habe sie weder gesandt noch beauftragt, ich habe nicht zu ihnen gesprochen. Erlogene Visionen, leere Wahrsagerei und selbsterdachten Betrug verkündigen sie euch» (Jer 14,14).

Als zwanzig Jahre nach Jeremias Berufung Jojakim König wird und Jeremia sich in die Tagespolitik einmischt, verschärft sich der Widerstand gegen ihn. Jojakim ist ein prunksüchtiger Mann, der keiner erkennbaren Moral folgt. Im religiösen Leben der Jerusalemer Gesellschaft ist so ziemlich alles faul, und der Fisch stinkt vom Kopf her.

Auf Gottes Geheiß stellt sich Jeremia vor dem Königspalast auf und predigt: «König von Juda, der du auf dem Thron Davids sitzt, höre das Wort des Herrn, du selbst, deine Diener und deine Leute, die durch diese Tore kommen. So spricht der Herr: Sorgt für Recht und Gerechtigkeit, und rettet den Ausgeplünderten aus der Hand des Gewalttäters! Fremde, Waisen und Witwen bedrängt und misshandelt nicht; vergießt kein unschuldiges Blut an diesem Ort!» (Jer 22,2–3).

Jeder in Jerusalem weiß, dass der König von Juda ein Despot ist, der auf Kosten der niederen Leute in Saus und Braus lebt. Es gibt zu viele einflussreiche Leute im Dunstkreis der Krone, die von der Situation profitieren. Niemand wagt offen zu protestieren, außer Jeremia. Er droht Jojakim seiner Untaten wegen offen mit Gericht: «Weh dem, der seinen Palast mit Ungerechtigkeit baut, seine Gemächer mit Unrecht, der seinen Nächsten ohne Entgelt arbeiten lässt und ihm seinen Lohn nicht gibt!» (Jer 22,13).

Mit seinem prophetischen «Wehe!» wirft Jeremia dem König den Fehdehandschuh hin. Kein Wunder, hat Jeremia alle gegen sich:

seine eigene Familie, das Volk, die Priester, die Propheten und jetzt auch noch den König.

Jeremia lässt sich nicht mundtot machen.

Er spricht aus, was die niederen Leute nur insgeheim denken, aber nie zum Ausdruck bringen würden, um nicht in den Bannstrahl des Herrscherhauses zu geraten. Jeremia wird so zum Störenfried der Mächtigen, zum Mann, der «mit aller Welt in Zank und Streit liegt» (Jer 15,10).

Je stärker der Widerstand gegen ihn wird, desto mehr leidet er an seiner Berufung.

Jeremia predigt auf Straßen und Plätzen Gericht, er ruft dazu auf, zu Jahwe umzukehren, damit das Unheil abgewendet wird, aber er wird nicht gehört.

Als das Gericht verzieht, wird er zur Zielscheibe des Spotts: «Wo bleibt denn das Wort des Herrn? Soll es doch eintreffen!» (Jer 17,15).

Jeremias Leben wird zu einem endlosen Leiden. Er wird öffentlich gedemütigt, er wird schon bald wegen Hochverrat und Wehrkraftzersetzung angeklagt und verhaftet, und man wird ihn in eine Zisterne stecken, wo er im Schlamm versinkt und fast sein Leben verliert.

In all dem hat Jeremia ein paar Freunde, die zu ihm halten, das immerhin; ansonsten aber ist er allein. Gott untersagt es ihm zu heiraten, an einem Gastmahl teilzunehmen oder jemandem sein Beileid auszusprechen (Jer 16,1–9).

Jeremia wird mit seiner unerwiderten Liebe und seiner Einsamkeit zu einem lebendigen prophetischen Zeichen: Jeremia fühlt mit Gott, dessen Liebe zu seinem Volk unerwidert bleibt. Und an Jeremias Einsamkeit wird das Unheil sichtbar, das über Israel kommen wird.

Jeremia ist ein lebender Protest gegen eine Gesellschaft geworden, die sich daran gewöhnt hat, unmoralisch zu handeln, und dabei keinerlei Scham empfindet. Jeremia fordert das Schäbige, das Falsche, das Gemeine heraus und bekämpft es durch seine Botschaft und seine Aufrichtigkeit.[149]

Jeremias Gebete

Das Buch Jeremia enthält ergreifende Bekenntnisse, in denen Jeremia vor Gott klagt, weil er an seiner Berufung zu zerbrechen droht (Jer 11,18–12,6; 15,10–21; 17,14–18; 18,19–23; 20,7–18). Jeremias Gebete, die stark an Hiobs Klagen erinnern, sind etwas vom Ehrlichsten, was das Alte Testament zu bieten hat. Nach seiner ersten Klage (Jer 11,18–12,6) fragt Gott Jeremia, ob er bereit ist, mit den Pferden zu laufen und seine Berufung zu erfüllen. In den Bekenntnissen ringt Jeremia mit genau dieser Frage.

Jeremias zweite Klage (Jer 15,10–21) zeugt von Phasen der Aggression, der Resignation, die er während der ersten Jahre als Prophet durchmachte. Jeremia befindet sich seit seiner Berufung auf einer Achterbahn der Gefühle. Gottes Worte wurden ihm Glück und Herzensfreude, er verschlang sie und gab sie den Menschen weiter (15,16). Aber sie brachten ihm kein Glück. Die Leute fluchen ihm (Jer 15,10) und verfolgen ihn (Jer 15,15). Sein Leben kommt ihm vor wie eine eiternde Wunde, die nicht verheilt: «Warum dauert mein Leiden ewig und ist meine Wunde so bösartig, dass sie nicht heilen will?» (Jer 15,18).

Jeremia weiß seit seiner Berufung, dass er auf Widerstand stoßen wird, aber derart allein, unverstanden, von allen verkannt und verschmäht – nein, so hat er sich die Sache nicht vorgestellt. Jeremia ist enttäuscht und beginnt Gott Vorwürfe zu machen, genau wie Hiob:

> *«Wie ein versiegender Bach bist du mir geworden, ein unzuverlässiges Wasser» (Jer 15,18).*

«Gott, du bist wie einer dieser Wadis», klagt Jeremia, «von denen man meint, sie hätten Wasser, und dann sind sie, wenn man näherkommt, völlig ausgetrocknet. Ich dachte, ich könnte mich auf dich verlassen, aber du lässt mich ewig leiden!» So betet der zornige, einsame und enttäuschte Prophet und wartet auf Gottes Antwort. Wird er ihn verstehen? Gott antwortet:

> *«Wenn du umkehrst, lasse ich dich umkehren, dann darfst du wieder vor mir stehen. Redest du Edles und nicht Gemeines, dann darfst du mir wieder Mund sein»* (Jer 15,19).

Gott versteht Jeremias Leiden, aber er gibt seinem Selbstmitleid nicht nach. Gott macht Jeremia klar: «Die Angst, die Einsamkeit, die Verletzungen, den Zorn – ich verstehe das, Jeremia, aber ich will nicht, dass du darin aufgehst. Suhle dich nicht darin. Distanziere dich davon. Wende dich ab. Wenn du dich davon distanzierst (von solchem Gerede), dann werde ich dich (wieder) in das Prophetenamt nehmen.»[150]

Gott ist ein strenger, aber liebevoller Lehrer. Er fordert Jeremia auf, nicht im Selbstmitleid aufzugehen, ihm stattdessen zu vertrauen und sich daran zu erinnern, wie er ihm versprach, er werde nicht scheitern, sondern zur ehernen Mauer werden (Jer 15,20).

In der dritten (Jer 17,14–18) und vierten Klage (Jer 18,19–23) lässt Jeremia seinem Zorn über seine Feinde freien Lauf. Jeremia wollte nie Unheil predigen (Jer 17,16). Er versuchte gar, Gott von seinem Zorn abzubringen (Jer 18,20). Er predigte und warb um das Herz seines Volkes, aber vergeblich.

Jetzt, wo das Volk nicht auf Jeremia hört und ihm Schlingen legt (Jer 18,22) und Gruben gräbt (Jer 18,20), bittet Jeremia Gott, er möge seine Feinde am Tag des Unheils strafen: «Gib ihre Kinder dem Hunger preis, und liefere sie der Gewalt des Schwertes aus! Ihre Frauen sollen der Kinder beraubt und zu Witwen werden, ihre Männer töte die Pest, ihre jungen Männer erschlage das Schwert in der Schlacht» (Jer 18,21). Für sich selbst betet Jeremia, dass Gott ihm «am Tag des Unheils» eine Zuflucht ist (Jer 17,17). Der Tag des Unheils ist der besagte Tag, an dem sich der dampfende Kessel aus dem Norden über Jerusalem ergießt und Gott sein Volk heimsucht. Wenn dieser Tag kommt, möchte Jeremia auf Gottes Seite stehen und vor den heranstürmenden Babyloniern aus dem Norden errettet werden.

In Jeremias scharfen Worten schwingt eine gehörige Portion Frust mit. Trotzdem sind Jeremias Gebete um Rache an seinen Feinden nichts anderes als die Bitte, dass Gott Recht schafft.[151] Indem Jeremia Rache über seine Feinde vom Himmel herabfleht, verzichtet er darauf, sein Schicksal selbst in die Hand zu nehmen. Er übergibt Gott das Gericht.

Das ist bei aller Schärfe des Protests ein Akt des Vertrauens. Wenn das Wort des Propheten nichts bewirkt und das Unrecht weiterhin seine hässlichen Triumphe feiert, bleibt Jeremia nichts anderes übrig, als Gott zu bitten, einzugreifen und sein Gericht wahr zu machen. Jeremia weiß, dass Gott ein gerechter Richter ist (Jer 11,10), und er weiß, nachdem er zwanzig Jahre lang Buße gepredigt hat, dass das Böse weiterhin triumphiert, wenn Gott das Unrecht nicht straft. Das Gebet ist der richtige Ort, um Gefühle wie Zorn und Hass vor Gott zu bringen.

Die fünfte Klage (20,7–18) ist die intensivste von allen. In ihr durchlebt Jeremia nochmals Phasen der Aggression und der Resignation, aber auch der Hoffnung. Jeremia hat an Leib und Seele erfahren, was es heißt, mit den Pferden zu laufen. Seine Berufung hat ihm Spott und Hohn eingebracht (Jer 20,8), und er fürchtet um sein Leben (Jer 20,10). Es scheint, dass Jeremia in einer dunklen Stunde doch noch beschloss, sich dem Durchschnittsmenschentum anzugleichen. Er mochte nicht mehr mit den Pferden laufen und wollte jetzt lieber zum Fußgänger werden:

Er wollte Gott vergessen.

Und mit seinen Predigten aufhören.

Aber er konnte nicht.

Es war ihm, «als brenne in meinem Herzen ein Feuer, eingeschlossen in meinem Innern. Ich quälte mich, es auszuhalten, und konnte nicht» (Jer 20,9).

Jeremia ist hin- und hergerissen. Er will das Handtuch werfen, aber Gottes Ruf liegt schwer auf ihm. In diesem Zusammenhang macht Jeremia Gott einen Vorwurf, der einem den Atem stocken lässt:

> *«Du hast mich betört, o Herr, und ich ließ mich betören. Du hast mich gepackt und überwältigt» (Jer 20,7).*

Die Worte, die Jeremia verwendet, sind so beleidigend, dass viele Übersetzungen sie abschwächen. Sie geben sie so wieder, dass Gott Jeremia irgendwie «überzeugte». Denn das Wort «betören» bedeutet eigentlich «verführen». Es wird im Alten Testament unter anderem verwendet, wenn eine unverheiratete Frau verführt und zum Sex gezwungen wird (2Mo 22,15; 1Kö 22,20 ff.). Der Vorwurf «du hast mich gepackt und überwältigt» passt dann noch zusätzlich in das krasse Bild, das Jeremia hier verwendet. Jeremia wirft Gott vor, er habe ihn verführt und vergewaltigt![152]

Darf man so mit Gott reden? Ein Streit ist es ganz sicher, aber ist das noch Glaube? Im Fall von Jeremia ist es ein verzweifelter Glaube. Es ist das Gebet einer jeder Illusion beraubten Seele, ein heftiger Streit mit dem Allmächtigen, von dem Jeremia aber nicht lassen kann und auf diese Weise deutlich macht, dass er trotz allem an ihm hängt.

Es scheint, dass Gott hinter der Beleidigung die Verzweiflung sieht und seinen Propheten, dem er mehr zugemutet hat als den meisten andern, ausreden lässt, bis sein Herz wieder leichter wird.

Nach seinem Zornesausbruch wird Jeremia wieder zuversichtlich, denn er weiß, dass Gott ihm beisteht «wie ein gewaltiger Held» (Jer 20,11). Jeremia bricht in Lobpreis aus (Jer 20,13), dann fällt er wieder in ein Loch und verflucht den Tag seiner Geburt (Jer 20,14–18). Einmal mehr durchlebt Jeremia die Phasen, welche Leidende in ihren Krisen durchmachen, bis sie endlich ihr Los annehmen und Frieden finden können.

Und dann hören Jeremias Klagen einfach auf. Er hat Gott alles gesagt, er ist bis zum Äußersten gegangen, er hat ausgetrauert. Erst jetzt, etwa in der Mitte seines Dienstes im Alter von fünfundvierzig Jahren, kann Jeremia seine Vorstellung von einem gesegneten Leben loslassen und seine Berufung annehmen. Die Enttäuschung über Gott ist überwunden. Jeremia weiß jetzt, dass Gott sein Versprechen hält und ihn durch alles begleitet. Er kann es gebrauchen, denn die härteste Periode seines Dienstes liegt noch vor ihm. In dieser Periode begegnet uns in Jeremia ein Mann wie eine eherne Mauer. Jeremia ist ein lebendiges Monument charakterlicher Stärke geworden, zu dem nachfolgende Generationen voller Achtung aufblicken werden.

Unermüdlich

Das Jahr 605 v. Chr. wird zum Schicksalsjahr. Der babylonische Kronprinz Nebukadnezar besiegt in Karkemisch am Eufrat die Armee des Pharao. Die Vorherrschaft Ägyptens über Palästina endet. Jojakim war von Beginn seiner Regierung an ein Vasall Ägyptens gewesen. Nebukadnezar hat das Krokodil vom Nil gezähmt.

In Jerusalem atmet man hörbar auf. Ist nun Freiheit um die Ecke? Nationalistische Strippenzieher bringen sich in Stellung. Sie wollen einen Alleingang und sich gegen Babel behaupten. Jerusalem ist seit den Tagen Davids, die immerhin schon vierhundert Jahre zurückliegen, nie von einem feindlichen Heer erobert worden. Warum sollte sich das ändern? Warum nicht Freiheit wagen?

Einmal mehr muss Jeremia trügerische Hoffnungen zerstreuen. Er prophezeit, Nebukadnezar werde sich gegen Jerusalem wenden und das Volk für siebzig Jahre ins Exil nach Babel führen (Jer 25,1–14). Die Entwicklungen geben Jeremia recht. Nach seinem Sieg über Ägypten wird Kronprinz Nebukadnezar König. Babylon ist die neue Supermacht im Nahen Osten. Nebukadnezar hat großen politischen Appetit und weitet seine Hegemonie geschickt aus. Karkemisch war nur der Anfang gewesen. Nebukadnezar entreißt Ägypten alle Gebiete bis zur Sinai-Halbinsel (2Kö 24,7). Auf dem Rückweg in den Norden nähert sich seine Armee dem judäischen Bergland. Wird Nebukadnezar zum Nachtisch das kleine Königreich auf dem Zionsberg verspeisen?

In Jerusalem geht die Angst um.

Jeremia hat in dieser Zeit der Krise mit seinem Schreiber Baruch alle Prophetien der letzten zwei Jahrzehnte auf einer Buchrolle festgehalten. Sie ist kaum fertiggestellt, als im Dezember dieses Schicksalsjahrs wegen der beklemmenden politischen Situation ein Fasten vor Jahwe ausgerufen wird. Zu Tausenden versammeln sich die Bürger Jerusalems und der umliegenden Städte im Tempel, um vor dem Gott Israels zu fasten und zu beten (Jer 36,9). Wenn nur das Land auf Gottes Wort hören würde! Jeremia hat seit seiner Predigt im Palast des Königs Redeverbot. Er schickt Baruch mit der Buchrolle zum Tempel, wo er sie öffentlich verliest (Jer 36,8 ff.). Die Gelegenheit ist günstig, die Menschen suchen Gott. Wird sich jetzt etwas ändern?

In der Halle des Staatsschreibers, wo gerade eine Sitzung auf Minister-Ebene stattfindet, hört man von Baruchs Auftritt und lässt ihn holen. Auf Befehl liest er den versammelten Ministern die Rolle nochmals in voller Länge vor. Die Beamten sind tief betroffen. Jeder weiß: Das sind die Worte Jeremias!

Die Beamten raten Baruch, sich zusammen mit Jeremia zu verstecken, während sie dem König die Buchrolle bringen. Jeder kann sich noch an den tragischen Vorfall vor drei Jahren erinnern, als Jojakim in einer Geheimdienstaktion den Propheten Uria aus Ägypten holen und hinrichten ließ (Jer 26,20 ff.).

Während Jeremia und Baruch sich versteckt halten, ereignet sich im Winterhaus, wo der König sich gerade am offenen Feuer wärmt, Seltsames: Ein Beamter liest dem König und seinem Stab, der sich stehend um ihn versammelt hat, die Buchrolle vor. Es könnte ein Durchbruch werden und das Gericht doch noch abgewendet werden, wenn der König sich dem Fasten anschließen und zu Gott umkehren würde! Einige der Beamten werden so gedacht haben …

Doch die Hoffnungen zerschlagen sich. Sobald der Vorleser drei oder vier Spalten gelesen hat, schneidet der König sie mit dem Schreibermesser ab und wirft sie ins Feuer. Nach zwei Stunden ist Jeremias Werk von zwei Jahrzehnten zerstört (Jer 36,21 ff.).

Jeremia klagt nicht, er macht unermüdlich weiter. Er nimmt eine neue Rolle und schreibt mit der Beharrlichkeit, die nur Propheten eigen sein kann, Jahwes Worte nochmals auf (Jer 36,28). Jeremia hat seine Resignation überwunden. Er läuft mit den Pferden, ohne zu ermüden. Nicht einmal ein König, der ihn mundtot machen und hinter

Schloss und Riegel bringen will (Jer 36,26), kann ihn aufhalten. Ein paar Monate zuvor hat Jeremia vor dem ganzen Volk gesagt:

> *«Seit dem dreizehnten Jahr Joschijas, des Sohnes Amons, des Königs von Juda, bis zum heutigen Tag, also dreiundzwanzig Jahre lang, ist an mich das Wort des Herrn ergangen, und ich habe es euch unermüdlich weitergegeben» (Jer 25,3).*

Unermüdlich, beharrlich, ausdauernd, das ist Jeremia in der Mitte seines Lebens. Jeremia hat alle seine Illusionen im Ofen des Leidens verloren, aber er ist nicht zynisch oder bitter, sondern voller Lebendigkeit.

Alles, was wir von Jeremia wissen, «deutet darauf hin, dass nach den dreiundzwanzig Jahren seine Vorstellungskraft noch lebendiger und sein Geist noch unverwüstlicher ist als in seiner Jugend. Jeder Tag war eine neue Episode in dem Abenteuer, ein prophetisches Leben zu leben. Die Tage summierten sich zu einem Leben von unglaublicher Beharrlichkeit.»[153]

Wie wird man ein solcher Mensch? Das Geheimnis Jeremias liegt in seiner Berufung und seinem Beten. Eine Berufung bedeutet, für eine höhere Sache in Beschlag genommen zu sein. Um dieser Berufung willen lohnt es sich, Leiden auf sich zu nehmen. David hatte eine Berufung als König und Paulus als Apostel, so wie Jeremia berufener Prophet war. David hätte seine Wüstenjahre nicht durchgestanden, wenn ihm nicht eine Berufung zugedacht gewesen wäre; Paulus wäre an seiner Krankheit verzweifelt, wenn er nicht gewusst hätte, dass Gott in seiner Schwachheit wirkt; und Jeremia hätte das Handtuch geworfen, wenn nicht ein überwältigendes Berufungserlebnis am Anfang seiner «Karriere» gestanden hätte.

Eine Berufung führt nicht notwendigerweise zu einem glücklichen Leben. Jeremia scheint kein heiterer Mensch gewesen zu sein. Ob er nach unserer modernen Definition glücklich war, muss angezweifelt werden. Jeremia verlor sein Leben an Gott und gewann so sein wahres Leben.

Von der Mitte seines leidvollen Daseins an war Jeremia ein beständiger Mann mit einer unerschütterlichen Überzeugung. Vielleicht umschreibt der Begriff «Zufriedenheit» den inneren Zustand des Propheten am besten. Jeremia erlebte, dass seine Berufung ihn mit einer inneren Zufriedenheit erfüllte, mit der sich das oberflächliche und flüchtige Glück seiner mittelmäßigen Zeitgenossen nie und nimmer messen konnte. Trotz der tiefen Täler, die er durchschreiten musste, hätte er sein herausforderndes Prophetendasein niemals gegen billiges Grillfleisch eingetauscht. Nachdem er dieser Versuchung widerstanden hatte, verlor das flüchtige Glück seine Anziehungskraft – und Jeremia blieb Prophet.

Seine Berufung drohte Jeremia mehr als einmal zu entgleiten. Es waren seine ehrlichen Gebete, die ihn am Leben erhielten. Sie reinigten seine Seele von Zorn und Hass und wuschen die Bitterkeit aus seinem Herzen. Er hörte im Gebet Gottes Fragen, die ihm zum Leitstern seiner Berufung wurden.

Das Leben Jeremias zeigt, dass niemand souverän durch die Krisen seines Lebens gehen muss. Gott erwartet nicht, dass wir der Unbill des Lebens mit stoischer Ruhe begegnen. Wir dürfen klagen, jammern, wütend sein und zugeben, dass wir enttäuscht sind. Wenn wir das vor Gott tun und bereit sind, auf ihn zu hören, werden wir nicht bitter, sondern wachsen zu dem, was wir nach Gottes Willen sein können.

Die große Katastrophe

Nachdem Nebukadnezar das ägyptische Krokodil gezähmt hat, streckt er seine Hand nach dem Juwel auf dem Zionsberg aus. Er verwüstet die Städte Judäas und marschiert 605 v. Chr. in Jerusalem ein. Er nimmt Geräte aus dem Tempel mit, um die Überlegenheit der babylonischen Götter zu demonstrieren, und deportiert die Jerusalemer Oberschicht nach Babel. Unter ihnen ist ein junger Mann namens Daniel, kaum sechzehn Jahre alt, der in Babel zum Propheten und Staatsmann wird (Dan 1,1–3).

Jojakim darf von Nebukadnezars Gnaden sieben weitere Jahre regieren. Dann dreht sich das Rad der Geschichte immer schneller. Der ganze Osten ist in Aufruhr, und das kleine judäische Königreich ist mittendrin. Auf Jojakim folgt 597 v. Chr. der schwache Jojachin, der gerade mal achtzehn Jahre alt ist und nur drei Monate regiert (2Kö 24,8 ff.). Nebukadnezar ist unzufrieden mit seinem jungen Vasallen und zieht erneut gegen Jerusalem. Jojachin weiß, dass die Lage aussichtslos ist. Er ergibt sich Nebukadnezar und wird zusammen mit den gebildeten Leuten, den wehrfähigen Männern und den Handwerkern nach Babel verschleppt. Nebukadnezar setzt den Onkel Jojachins zum Marionettenkönig ein und gibt ihm den Namen Zedekia (2Kö 24,17).

Spätestens jetzt weiß jeder in Jerusalem und seinen Umlanden, dass Jeremia mit seiner Botschaft recht hatte. Der dampfende Kessel aus dem Norden hat sich über Jerusalem ergossen. Jeremia empfindet keine Schadenfreude. Im Gegenteil, er ist besorgt. Er hofft, größeres Unheil von seiner geliebten Stadt abwenden zu können, und predigt: «Nebukadnezar ist Gottes Knecht. Der Gott Israels hat ihm Jerusalem in seine Hand gegeben. Beugt euren Nacken unter sein Joch, damit ihr am Leben bleibt und es euch gut geht» (Jer 27,5 ff.).[154]

Doch Jeremia predigt einmal mehr umsonst. Die nationalistischen Strippenzieher, welche die Katastrophe von 605 und 597 v. Chr. verursachten, gewinnen wieder an Einfluss. Sie drängen den König, von Babel abzufallen und sich wieder mit Ägypten zu verbünden, das sich von der Niederlage in Karkemisch erholt hat. Bald haben selbst ernannte Propheten Oberwasser, die behaupten, Gott werde das Joch Babels in Kürze zerbrechen und Jerusalem befreien (Jer 28,1 ff.). Jeremia warnt öffentlich: «Hört nicht auf sie! Seid dem König von Babel untertan; dann bleibt ihr am Leben. Warum soll diese Stadt ein Trümmerhaufen werden?» (Jer 27,17).

Jeder weiß, dass Jeremia recht hat. Wenn Judäa sich mit Ägypten verbündet und von Babel abfällt, wird Nebukadnezar ein drittes Mal gegen Jerusalem ziehen und die Stadt zum Trümmerfeld machen. Die Strippenzieher verbreiten jedoch die irrige Ansicht, Judäa sei mit

Ägypten an seiner Seite stark genug, um Nebukadnezar standzuhalten. Zedekia wird zum Spielball nationalistischer Interessen. Er gibt dem Druck nach und stellt die Tributzahlungen nach Babel ein.

Nach dem Vertragsbruch herrscht in Jerusalem eine Mischung aus Aufbruchstimmung und Weltuntergangsangst. Die Drahtzieher der neuen Politik, die im Grunde genommen die alte ist, tun alles, um die Moral hochzuhalten. Wenn das Heer von Norden kommt, wird Ägypten von Süden angreifen und gegen die babylonische Armee kämpfen. Jerusalem, das auf einem Felsen liegt und stark befestigt ist, ist doch gar nicht einzunehmen! Und Jahwe ist doch auch noch da! Er wird doch niemals zulassen, dass der Tempel, der seine Wohnstatt ist, von den Heiden zertreten wird![155]

Jeremia weiß, dass es zwecklos ist. Jerusalem geht seinem Untergang entgegen. Was für ein bitterer Moment für den leidenschaftlichen Propheten! «Wasche dein Herz vom Bösen rein, Jerusalem, damit du gerettet wirst», hat Jeremia vierzig Jahre lang gepredigt (Jer 4,14). Jeremia könnte sich jetzt aus dem Staub machen, aber er bleibt in der Stadt, fest entschlossen, ihr Schicksal zu teilen.[156]

Im Jahr 589 v. Chr. steht Nebukadnezars hochgerüstete Armee vor Jerusalem, um seinen ungehorsamen Vasallen zu bestrafen. Eine dreijährige Belagerung beginnt. Die Verhältnisse in der Stadt werden von Monat zu Monat prekärer. In dieser Zeit gerät Jeremia in die Wirren nervöser Tagespolitik. Es kommt zu mehreren heimlichen Unterredungen, in denen der König Jeremias Rat sucht, aber nur, um ihn anschließend doch wieder in den Wind zu schlagen.

Alten Feinden bietet sich die Gelegenheit, den Propheten in ein schlechtes Licht zu rücken. Jeremia wird verhaftet und in ein Gewölbe gesteckt (Jer 37,11 ff.). Um seine Haft zu erleichtern, erlaubt der König seine Versetzung in den Wachhof. Jeremia bleibt bei seiner babylon-freundlichen Haltung, wird wegen Wehrkraftzersetzung angeklagt und in eine Zisterne geworfen. Er versinkt im Schlamm und wäre gestorben, wenn er nicht in einer Nacht-und-Nebel-Aktion von den letzten verbliebenen Vernünftigen in der eingeschlossenen Stadt befreit worden wäre (Jer 38,1 ff.).

Jerusalem, die Stadt des Friedens, wird zur Hölle auf Erden. Die Vorräte sind aufgebraucht. Der Hunger fordert ständig mehr Opfer. Die kräftigen Männer welken dahin, die Haut schrumpft ihnen zusammen. Die Mütter kochen ihre Kinder, die an Hunger gestorben sind, und essen sie, um zu überleben (Klg 4,7–11).

Im dritten Jahr der Belagerung schlagen die Babylonier Breschen in die Mauer und stürmen die Stadt (Jer 39,1 ff.). Die Oberschicht fällt durch das Schwert, der König wird gefangen genommen.

Die Besatzer geben der Bevölkerung, die den Wahnsinn überlebt hat, ein paar Tage Zeit, ihre Habseligkeiten zu packen für den tausend Kilometer langen Marsch in die Verbannung. Am festgesetzten Tag treffen die Leute auf den Sammelplätzen vor der Stadt ein. Dann werden die Mauern geschleift, und die Brandkommandos ziehen durch die Stadt. Ganze Straßenzüge, der Königspalast und der Tempel Salomos gehen in Flammen auf.

Als sich der Zug der Verbannten in Bewegung setzt, steigen schwarze Brandwolken vom Zionsberg in den Himmel.

Jerusalem ist nicht mehr.[157]

Jeremia befindet sich im Zug der Gefangenen, der langsam nach Norden vorankommt, als er nach einer halben Tagesreise gestoppt wird. Der Kommandant der Leibwache, der die Deportation überwacht, ruft nach Jeremia, dem Sohn Hilkias aus Anatot, und löst seine Ketten. Er stellt, zweifellos auf Anordnung von höchster Stelle, Jeremia vor die Wahl: Er kann als freier Mann nach Babel gehen und bekommt vom babylonischen Staat eine lebenslange Rente. Oder er kann in die Stadt zurückkehren, wo Gedalia, ein Freund Jeremias, gerade als Statthalter über die Restbevölkerung eingesetzt worden ist (Jer 40,1 ff.). Jeremia ist unterdessen fünfundsechzig Jahre alt. Was sollte er tun? In Rente gehen?

«Das Leben in Babylon wäre ein gemütlicher Ruhestand: geachtet vom babylonischen Hof, beschützt von einem babylonischen Leibwächter, versorgt durch eine babylonische Rente. Jeremia war reif für den Ruhestand, und er verdiente ihn. Nach einem Leben voller

> *Spott und Ablehnung, an dessen Ende er nach Anerkennung hungerte, bot ihm der mächtigste Mann der Welt einen Ehrentitel an. Dieser Prophet, der von seinen eigenen Landsleuten abwechselnd ignoriert oder verlacht worden war, wurde von den Babyloniern mit Bewunderung und Respekt behandelt. Doch Jeremia war nicht bereit für den Ruhestand. Er war es nicht leid, aus dem Glauben zu leben. Er war daran gewöhnt, aus dem Nichts noch einmal von vorn zu beginnen.»*[158]

Jeremia entschließt sich zu bleiben. Er ist und bleibt Prophet mit Leib und Seele. Jerusalem ist verwüstet, aber es sind noch Menschen da, die ihn brauchen. Gott hat ihn vor vierzig Jahren ja nicht nur zum Ausreißen und Niederreißen berufen, sondern auch zum Aufbauen und Einpflanzen (Jer 1,10).

Jeremia geht zurück in die verwüstete Stadt.
Und schließt sich seinem Freund Gedalia an.
Denn Jerusalem war immer seine große Liebe gewesen.

Jeremias Klagelieder

Zurück in der verwüsteten Stadt, wo die Brände noch tagelang wüten und traumatisierte Menschen umherirren, überkommt Jeremia das ganze Elend, das er längst hatte kommen sehen. In den Klageliedern, einem Buch voll tiefer Trauer und von ergreifender poetischer Schönheit, trägt Jeremia Leid über seine große Liebe und fühlt mit den Leidenden mit.[159] Die Stadt sitzt einsam da wie eine Witwe: einst eine Fürstin über viele Länder, ist sie zur Fronarbeit erniedrigt (Klg 1,1). In seinem Zorn hat Gott an der untreuen Stadt das Gericht vollzogen:

> *«Vernichtet hat er alle Paläste, zerstört seine Burgen. Auf die Tochter Juda hat er gehäuft Jammer über Jammer. Er zertrat wie einen Garten seine Wohnstatt, zerstörte seinen Festort. Vergessen ließ der Herr auf Zion Festtag und Sabbat. In glühendem Zorn verwarf er König*

und Priester. Seinen Altar hat der Herr verschmäht, verworfen sein Heiligtum, ausgeliefert in die Hand des Feindes die Mauern von Zions Palästen» (Klg 2,5–7).

Jeremia durchstreift die Stadt. Der Schrecken der Belagerung, die Stürmung der Stadt, die Wut der Eroberer, die sie an der Bevölkerung auslassen, die Verzweiflung der Halbverhungerten, all das steht Jeremia vor Augen. Die Mauern sind geschleift, die Häuser zerstört, die Tore zerbrochen, die Fürsten gehängt, die Frauen geschändet (Klg 5,11–12). In der verwüsteten Stadt herrscht Hunger. Die Kinder betteln um Brot und verschmachten auf den Straßen (Klg 4,4–5). Wo früher Feste gefeiert wurden, streifen Füchse umher (Klg 5,18). Der weinende Prophet lässt den Tränen freien Lauf. Der Schmerz ist nicht nur in seiner Seele, er spürt ihn in seinen Eingeweiden:

«Meine Augen ermatten vor Tränen, mein Inneres glüht, meine Leber ist zu Boden geschüttet wegen des Zusammenbruches der Tochter, meines Volkes» (Klg 2,11).

Trotz der tiefen Trauer sind die Klagelieder von einzigartiger poetischer Schönheit. Jeremia bringt Ordnung in das Chaos, indem er vier der fünf Lieder, aus denen das Buch besteht, akrostisch anordnet. Jedes der vier Lieder hat 22 Verse, entsprechend den 22 Buchstaben des hebräischen Alphabets. Der erste Vers beginnt mit dem ersten Buchstaben des Alphabets, der zweite mit dem zweiten, der dritte mit dem dritten, bis alle Buchstaben durchgebetet sind.[160] Auf diese Weise wird die Trauer von A bis Z durchlebt, gleichzeitig werden ihr literarische Fesseln angelegt, damit sie nicht grenzenlos wird.

Die Schönheit der Ausdrucksweise versprüht leise Hoffnung inmitten der Trauer. Es ist, als würde jemand Besen und Schaufel nehmen und beginnen, die Scherben zusammenzukehren, und so zeigen, dass es ein Morgen geben wird.

In den Klageliedern verarbeitet Jeremia noch einmal vierzig Jahre seines prophetischen Daseins. Jeremia gibt Gott recht und rechnet mit all den Götzen ab. Jerusalem ist gefallen wegen ihrer Sünden (Klg 1,5–14), Gott selbst stritt gegen die Stadt, um sie heimzusuchen (Klg 1,18; 2,8 ff.). Jerusalem «weint und weint des Nachts, Tränen auf ihren Wangen. Keinen hat sie als Tröster von all ihren Geliebten» (Klg 1,2). Die Götzen, Jerusalems falsche Liebhaber, können die Stadt weder trösten noch ihr helfen. Sie sind wie untreue Freunde, die sich auf und davon gemacht haben. Israel kann nur noch auf Gottes Gnaden-Erweise hoffen:

> *«Die Güte des Herrn ist's, dass wir nicht gar aus sind, seine Barmherzigkeit hat noch kein Ende, sondern sie ist alle Morgen neu, und deine Treue ist groß» (Klg 3,22–23).*[161]

Jeremia weiß, dass Gottes Güte über die Sünde triumphiert, er hat es selbst verkündigen dürfen (Jer 31,31 ff.).

In den Klageliedern zeigt sich, warum Jeremia der «weinende Prophet» genannt wird. Jeremia weint um seine große Liebe, um die er vierzig Jahre geworben hat. Er gibt Gott recht in seinem Richten, und er hält daran fest, dass die Geschichte weitergeht, weil Gott zu seinen Versprechen und zu seinem Volk steht.

Zwischen den Klageliedern Jeremias und den Klagen Hiobs gibt es einen Unterschied, der für Leidende wichtig ist. Wenn wir leiden, möchten wir wissen, warum uns Übel getroffen hat. Wir ringen um Antworten und finden oft keine. Mit der Zeit begreifen wir, dass wir nicht unbedingt eine Antwort auf die Frage brauchen, warum wir denn nun leiden. Eine Antwort garantiert uns nicht, dass wir unser Los besser annehmen können, denn eine Antwort ist immer hinterfragbar. Wäre unser Leiden leichter, wenn Gott uns erklären würde, warum dieses oder jenes Übel in unserem Leben eine Rolle spielt? Würden wir getrost mit dieser Antwort leben? Oder würden wir uns auflehnen, weil der göttliche Grund uns nicht angemessen scheint oder nicht einsichtig ist?

Jeremia, der in den Trümmern seiner geliebten Stadt stand wie Hiob vor den Trümmern seines Hauses, spürte nicht weniger

Schmerz als Hiob, obwohl er genau wusste, warum Jerusalem gefallen war. Viele Passagen in den Klageliedern klingen ähnlich wie Hiobs Klagereden während des langen Streitgesprächs. Es ist die gleiche Tiefe des Schmerzes. Offenbar lindern Erklärungen über die Ursache des Übels den Schmerz nicht automatisch.[162] Jeremia rang mit dem Schicksal Israels und überwand es am Ende, weil er wusste, dass Gott im Recht war (Klg 1,18). Hiob hatte am Ende keine Antwort, aber hatte Frieden – und das vor seiner Wiederherstellung.

Ein überragendes Leben

Nach der großen Katastrophe müssen die Zurückgebliebenen bei null beginnen. Gedalia ist der richtige Mann zur richtigen Zeit. Weil Jerusalem unbewohnbar ist, richtet sich Gedalia in Mizpa ein, einer kleinen Stadt in den Umlanden. Von allen Seiten strömen die Leute aus ihren Verstecken herbei und sprechen ihm das Vertrauen aus. Gedalia hat eine klare politische Linie, die ganz Jeremias Botschaft entspricht: «Fürchtet euch nicht davor, den Chaldäern untertan zu sein. Bleibt im Land, dient dem König von Babel; dann wird es euch gut gehen» (Jer 40,9).

Die Zurückgebliebenen machen sich an die Arbeit. Höfe und Dörfer werden notdürftig aufgebaut und die Äcker bestellt, um durch den nächsten Winter zu kommen. Jeremia ist mittendrin und bestellt seinen Acker in Anatot, den er in einem Glaubensakt während der Belagerung Jerusalems gekauft hat (Jer 32,7 ff.). Es gibt eine außerordentlich gute Ernte (Jer 40,12). Das verwundete Land atmet auf.

Dann geschieht das Ungeheuerliche: Ein politischer Fanatiker richtet in Mizpa ein Blutbad an. Gedalia, seine besten Freunde und die Soldaten der kleinen babylonischen Besatzungstruppe, die stationiert worden war, um für Ordnung zu sorgen, werden massakriert. Der Mörder nimmt den kleinen Rest der Bevölkerung als Geiseln, unter ihnen ist auch Jeremia, und zwingt sie, sich mit ihm nach Osten zu den Ammonitern abzusetzen. Als Johanan, einer von Gedalias engsten Vertrauten, davon hört, trommelt er Leute zusammen, jagt den Flüchtenden nach und befreit die Geiseln (Jer 41,11–15).

Die kleine Schicksalsgemeinschaft wird von Entsetzen gepackt. Wenn man in Babel hört, dass der Statthalter tot und die Besatzungstruppe massakriert ist, dann wehe uns! Am liebsten würden sie dieses verfluchte Land hinter sich lassen und nach Ägypten ziehen. Die verwirrte und erschöpfte Gemeinschaft kommt zu Jeremia und bittet ihn, Gott zu fragen, was sie tun sollen (Jer 42,1 ff.). Endlich, nach vierzig Jahren Ignoranz und Ablehnung, will man nach dem Gott Israels fragen.

Kann das sein?

Die Leute versichern Jeremia: «Der Herr sei ein wahrer und treuer Zeuge gegen uns, wenn wir nicht genau nach dem Wort handeln, mit dem dich der Herr, dein Gott, zu uns sendet. Sei es gut oder schlimm, auf die Stimme des Herrn, unseres Gottes, zu dem wir dich senden, werden wir hören» (Jer 42,5–6).

Jeremia ist skeptisch, aber er ist bereit, auf Gott zu hören; vielleicht ist dies ja das Ende vom Ende und ein neuer Anfang. Nach zehn Tagen des Wartens und Hörens empfängt Jeremia von Gott eine Botschaft: «Wenn ihr in diesem Land wohnen bleibt, so werde ich euch einpflanzen und nicht ausreißen. Fürchtet euch nicht vor dem König von Babel, denn ich bin mit euch, um euch zu retten» (Jer 42,10–11).[163]

Was für eine Ermutigung nach der Katastrophe! Israel ist immer noch das Land der Verheißung. Die Güte Gottes ist tatsächlich jeden Morgen neu. Der kleine Rest muss nur tun, was Jeremia vierzig Jahre lang predigte. Sie müssen Gott vertrauen, nicht den Götzen. Darin liegt ihre Rettung.

Doch dann wiederholt sich die Geschichte der letzten vierzig Jahre. Die Anführer der kleinen Gemeinschaft hören nicht auf Jeremia und bezichtigen ihn der Lüge! Sie schlagen seine Warnung in den Wind und brechen mit dem Haufen der Elenden nach Ägypten auf. Jeremia und Baruch zwingen sie, mit ihnen zu gehen (Jer 43,11 ff.).

Das Erstaunliche an Jeremias Lebensende ist, dass er ohne Widerrede in ein Land geht, in dem er nicht sein will, mit Menschen, die ihn immer noch nicht akzeptieren.[164] Trotzdem ist Jeremia bereit, weiterhin Prophet zu sein. Keine Spur von Abnützung. Kein Zynismus. Kein Hass. Diesen hat Jeremia vor vielen Jahren in seinen Bekenntnissen hinter sich gelassen. Jeremia ist nicht im Ruhestand!

In Ägypten muss der ergraute Prophet erleben, wie der Götzendienst seines Volkes weitergeht, als wäre nichts geschehen (Jer 44,1 ff.). Niemand scheint aus der großen Katastrophe etwas gelernt zu haben. Inmitten blanken Unglaubens wirbt Jeremia noch einmal um das Herz seines Volkes und warnt, so wie er es vierzig Jahre lang gemacht hat.

Er erntet schroffe Ablehnung.

Noch einmal zeigt sich Jeremias charakterliche Größe. Jeremia ist nicht verbittert, er «macht weiter, mit entschlossener Treue, außerordentlichem Mut und unter erbarmungsloser Ablehnung». Jeremia geht in der Liebe zu seinem Volk aufs Äußerste, so wie Gottes Liebe aufs Äußerste geht. Der sensible Priestersohn, der eher scheu war, ist gereift in der Schule des Leidens. Er verkörpert Gottes beharrliche Liebe, er hat seine Berufung bis zum Ende gelebt und fürchtet Menschen nicht mehr, denn er fürchtet nur einen: Gott. Jeremias Leben ist «ein überragendes Leben, das in unvergleichlicher Weise gelebt wurde».[165]

Jeremias Leben hat kein Happy End. Nach jüdischer Überlieferung wurde Jeremia nicht lange nach diesen Ereignissen in Ägypten von seinen eigenen Leuten gesteinigt.

Erst nach seinem Tod erkennt man seine wahre Größe. Jeremias Buchrolle findet den Weg zur jüdischen Exilgemeinde in Babel. Mit ihr war Jeremia verbunden, seit er ein Jahrzehnt vor der großen Katastrophe den Verbannten einen ermutigenden Brief geschrieben hatte (Jer 29,1 ff.). In Babel liest man Jeremias Buchrolle mit zunehmendem Eifer und erkennt, dass man es mit einem wahren Propheten zu tun hat. Der Botschaft Jeremias wird endlich Glauben geschenkt.

Im Lichte der Katastrophe wird klar, dass Jeremia mit seiner Gerichtsbotschaft, die er während vierzig Jahren unermüdlich vortrug, recht hatte. Das Studium seiner Predigten führt zu einer Reform der Herzen. Jeremia wollte nie etwas anderes, als Israel zum Bund mit Gott zurückzuführen (Jeremia 11,1; 31,31–34).[166] Das erreicht er erst nach seinem Tod. Siebzig Jahre nach der großen Katastrophe wird Jeremias sehnlichster Wunsch Realität. Eine geistlich erneuerte Schar tritt den Weg in die Heimat an und beginnt damit, Jerusalem, die große Liebe Jeremias, wiederaufzubauen (Esra 1,1 ff.).

Jeremia heute

Der Mann, der mit den Pferden läuft, begleitet mich, seit ich vor einigen Jahren sein Leben zu studieren begann. Jeremia ist eine herausragende Figur: unverstanden, unerwünscht, unermüdlich, unverwüstlich. Früh in seinem Dienst als Prophet wird die Frage, ob er mit den Pferden laufen will, zur Frage seines Lebens (Jer 12,5).

Offenbar vermochte Jeremia damals noch keine Antwort zu geben. Denn seine Klagen gehen nach dieser Frage noch während Jahren weiter. Er ringt mit Gott und mit seiner Berufung. Irgendwann in der Mitte seines Lebens hören seine Klagen auf. Er kann seine eigene Vorstellung vom Leben loslassen und sich ganz Gottes Willen überlassen. Der sensible Priestersohn bewältigt Ablehnung und lässt sich von unglaublichem seelischem Schmerz nicht kaputtmachen. Je größer die Herausforderungen werden, die sich ihm stellen, desto mehr Kraft entdeckt er in sich. Er wird zum Mann, der mit den Pferden läuft. Am Ende ist er nicht bitter, sondern ein lebendiges Monument wahrer Menschlichkeit.

Je tiefer ich in meiner zweiten Lebenshälfte stehe, desto klarer wird mir, dass man gegen Bitterkeit ankämpfen muss. Im Laufe eines Lebens kommt einiges zusammen, was einen enttäuscht: Freunde, die sich nicht um einen kümmern; berufliche Erfolge, die sich nicht einstellen; Menschen, die uns verletzen; Gebete um Gesundheit, die nicht erhört werden; Träume, die keine Verwirklichung finden.

Wie entgeht man der Falle der Bitterkeit? Man muss alles abladen bei Gott, wie Jeremia, der wie Hiob geklagt und gejammert hat. Und der wie Hiob keine Antwort erhielt, sondern von Gott Fragen gestellt bekam. Vor allem die schicksalhafte Frage: «Willst du mit den Pferden laufen?» Nachdem Jeremia Gott alles geklagt hat, kann er sich in sein Schicksal fügen. Nicht resigniert, sondern in der Überzeugung, dass wahres Leben nicht von Umständen abhängig ist, sondern von der Übereinstimmung mit dem Willen Gottes.

Mit Jeremia steht mir eine biblische Figur vor Augen, die mir die Gewissheit gibt, dass ich mit Gottes Hilfe die Herausforderungen des Lebens meistern kann. Wenn Jeremia, der feinfühlige, scheue Priestersohn, es konnte, kann ich es auch. Denn sein Gott ist auch mein Gott. Ich darf klagen, wenn Gott mir Schweres zumutet, ja, aber ich will dem Selbstmitleid keinen Raum geben.

Vieles in meinem Leben ist anders gekommen, seit meine gesundheitlichen Schwierigkeiten mich aus der Bahn warfen. Vieles war jahrelang eine schwärende Wunde, die nicht heilen wollte. Ich fühlte mich wie Jeremia, der klagte: «Warum dauert mein Leiden ewig, und ist meine Wunde so bösartig, dass sie nicht heilen will?» (Jer 15,18).

Ich habe zwei Jahrzehnte gebraucht, um mein neues Leben zu lieben. Möglicherweise war das die Zeit, die Jeremia brauchte, um den Entschluss zu fassen, definitiv mit den Pferden zu laufen.

Es tröstet mich, dass man nicht von heute auf morgen ein reifer Charakter werden muss. Ich habe aufgehört, am Universum herumzuflicken und mir andauernd ein anderes Leben zu wünschen. Das Leben, das ich habe, ist das Leben, das Gott mir gegeben hat. Je mehr ich mich auf dieses Leben einlasse, desto klarer beginne ich die schönen Seiten zu sehen.

Kapitel 6
Wüstenerfahrungen

Fast alle Glaubenshelden der Bibel wurden im Leiden geformt. Abraham wurde versucht, Josef wurde verkauft, Mose wurde vergessen, Jeremia wurde verlacht, Daniel wurde verschleppt. Alle diese großen Figuren gingen durch das, was der Kirchenvater Irenäus seinerzeit «die Schule der Seele» nannte.

Eine der bekanntesten Figuren der Bibel ist David, der Mann nach Gottes Herzen. David verbrachte zehn Jahre seines Lebens in der Wüste, bevor er für die Königswürde bereit war. Es gab keinen Ort im Leben Davids, der ihn mehr prägte als die Wüste.

Die Wüste ist in der Bibel der Ort der Zubereitung. Sie ist ein Ort scheinbaren Stillstands, ein Ort, an dem man sich im Kreis bewegt und nicht vorwärtskommt. Sie ist ein Ort der Versuchung und Prüfung, der Verwirrung und Zweifel auslöst, der aber auch Sehnsucht nach Gott weckt. Sie ist ein Ort, wo charakterliche Stärke aufgrund bestandener Prüfungen fast unerträglich langsam, aber kräftig gedeiht.

In der Bibel sehen wir, dass Gott Leute, mit denen er etwas vorhatte, in die Wüste schickte. Mose verbrachte vierzig Jahre in der Wüste Midian, von Gott und der Welt scheinbar vergessen, ehe er brauchbar wurde. Elia begegnete Gott in der Wüste, um Kraft für die Fortsetzung seines Prophetenamts zu bekommen. Paulus verbrachte drei Jahre in der Wüste Arabiens, bevor er zum erfolgreichen Apostel wurde. Jesus wurde für seinen messianischen Auftrag in der Wüste vorbereitet.[167]

Die Wüste ist das schwierigste Fach in der Schule des Leidens und vermutlich das Fach, in dem wir am meisten lernen. Das Leben Davids zeigt uns, wie Gott uns in der Wüste formt, damit wir zu Frauen und Männern nach seinem Herzen werden.

Goliat

David machte früh in seinem Leben Bekanntschaft mit der Wüste. Sie spielt das erste Mal eine Rolle bei seinem Sieg über Goliat, als die Israeliten im Krieg gegen die Philister waren (1Sam 17,1 ff.).

Vierzig Tage lang stehen sich die Philister und die Israeliten im Tal der Eichen gegenüber (1Sam 17,2). Die Philister haben eine gut gerüstete Elite-Armee, Sauls Hauptharst besteht aus einer bäuerlichen Miliz. Keiner wagt anzugreifen. Jeden Tag tritt aus den Reihen der Philister Goliat vor und verhöhnt Israel und seinen Gott. Unter den starken Männern Israels geht die Angst um. Beim Anblick des Feindes vergessen sie, woran sie glauben. Sie glauben an den Gott, der ihre Väter aus Ägypten führte und die Mauern von Jericho einstürzen ließ. Doch das ist Schnee von gestern. Die Wirklichkeit, das ist dieser Goliat, der Angst und Schrecken verbreitet. Wie eine Grippe im Winter fegt die Angst durch die Reihen der Israeliten und macht sie kampfunfähig.

Es gibt Situation in unserem Leben, da begegnen wir unserem Goliat. Wir erstarren vor Schreck wegen der niederschmetternden Diagnose, wir fühlen uns wie gelähmt wegen der großen beruflichen Herausforderung. Wir machen uns Sorgen und können nicht mehr ruhig schlafen. Auf einmal ist das, was wir glauben, in weite Ferne gerückt. Die Wirklichkeit ist die Not, in der wir stecken. Wir wissen um die biblische Zusage «Ich bin bei euch alle Tage bis zum Ende der Welt», wir kennen den tröstenden Satz «Der Herr ist mein Hirte», aber er tröstet nicht mehr, und die Zusage «Ich bin bei euch» trägt auch nicht mehr.

Es ist einfach, der Bibel zu glauben, wenn es uns gut geht. Es ist keine große Sache, einem Lehrsatz zuzustimmen, wenn das Leben rund läuft. Aber es ist schwierig, Gott wie ein Kind zu vertrauen, wenn Goliat vor uns steht.

Als David, der noch keine zwanzig Jahre alt ist, auf dem Schlachtfeld erscheint, um nach seinen Brüdern zu sehen, wird er Zeuge des täglichen Aufmarschs der Armeen. Er sieht Goliat und hört seine

Schmährede. Er fragt: «Was wird man für den Mann tun, der diesen Philister erschlägt?» (1Sam 17,26). David wird vor Saul gebracht, wo er scheinbar unbekümmert sagt: «Dein Knecht wird hingehen und mit diesem Philister kämpfen» (1Sam 17,32).

Saul will David zur Vernunft bringen: «Du kannst nicht zu diesem Philister hingehen, um mit ihm zu kämpfen; du bist zu jung, er aber ist ein Krieger seit seiner Jugend» (1Sam 17,33). Saul ist vernünftig, vermutlich hätte jeder von uns zu David etwa dasselbe gesagt. Aber es ist mit Kleinglauben vermischte Vernunft. Im Grunde genommen sagt Saul: «So einfach ist das also, David? Du spazierst auf das Schlachtfeld, packst den Wüstling beim Bart und erledigst ihn? Vergiss es! Da draußen wartet eine Kampfmaschine auf dich, während du noch grün hinter den Ohren bist!»

David lässt sich nicht abhalten. Ist es jugendlicher Leichtsinn? Ist es rückhaltloser Glaube? Saul und seine Truppenführer wissen es nicht, aber sie lassen David gewähren. Am nächsten Tag stellen sich die Schlachtreihen in der gewohnten Ordnung auf. David sucht sich im Bach flache Steine. Dann löst er sich aus der Reihe der Soldaten.

Die Philister werden nicht schlecht gestaunt haben. Ein Hirtenjunge als Gegner? Haben die Israeliten den Verstand verloren?

Die ungleichen Gegner gehen aufeinander zu. Goliat trägt einen Helm und einen Schuppenpanzer und ist mit Schwert und Speer bewaffnet. David trägt die traditionelle Hirtenkleidung, in einer Hand den Hirtenstab, in der anderen die Schleuder.

Nach einem heftigen Wortwechsel geht plötzlich alles sehr schnell. David läuft flink wie ein Wiesel auf Goliat zu (1Sam 17,48), im Laufen schwingt er die Schleuder, lässt den Lederriemen los, und Sekundenbruchteile später bohrt sich der Stein in Goliats Stirn. Goliat fällt wie ein mächtiger Baumstamm vornüber. David eilt herbei und zieht Goliats Schwert. Er besiegt ihn, und Israel feiert einen großen Sieg.

Wie kann man einen solchen Glauben haben, wie David ihn hatte? Was braucht es, damit wir Goliat besiegen können? Das Geheimnis Davids ist so einfach, wie es bedeutsam ist: David kam von der Schafweide. Der Glaube, um im Tal der Eichen zu siegen, war auf den Hügeln von Betlehem und in der Wüste gewachsen.

Betlehem war ein kleines unbedeutendes Nest, wie es in Israel viele gab. Die meisten Leute waren Bauern und Hirten. Wenn man sich von Betlehem nach Osten wandte, fiel das Gelände steil gegen das Tote Meer ab. Um seine Schafe zu den stillen Wassern zu bringen (Ps 23,2), musste David seine Herde durch finstere Schluchten führen (Ps 23,4) und mit seinem Stab sicher leiten (Ps 23,4).

Hier in der Einsamkeit machte David seine ersten Erfahrungen mit Gott. Beim Schafehüten war David allein. Es gab nicht viel, was ihn ablenken konnte. Die Schafe, sein Stecken, seine Schleuder, seine Harfe, sein Schöpfer, das war alles, was es auf den Weiden von Betlehem und seinen Umlanden gab. Hier erlebte David Gott als die alles überragende Wirklichkeit, bevor er zum ersten Mal in seinem Leben ein Schlachtfeld betrat.

Vielleicht fällt es uns schwer, wie David Gott zu vertrauen, weil sich unsere Welt so stark von der Welt Davids unterscheidet. Wir leben in einer ganz anderen Welt, die wir uns größtenteils selbst geschaffen haben. Wir sind umgeben von Autos, von Lichtsignalen, von Beton und Plastik und Werbung. Wir arbeiten mit Computern, die wir konstruiert haben, und lassen uns von Banalitäten berieseln, die wir mit unseren Gebühren ermöglichen. Wir sind ständig von Dingen umgeben, von Technik und Bauten und Lärm, die wir gemacht haben. Wir, wir, wir! Das ist die Wirklichkeit, die uns täglich umgibt. An uns selbst zu glauben, an unsere Möglichkeiten und unsere Wichtigkeit, fällt in dieser Umgebung einfacher, als an Gott zu glauben.

Ich ziehe mich regelmäßig in die Berge zurück, um auf Gott zu hören. An ein Erlebnis erinnere ich mich sehr gut. Im Engadin fand ich ein unscheinbares Hotel in einem verschlafenen Dorf. Ein einfaches Bett, ein Tisch aus Arvenholz, eine Lampe an der Decke, ein bescheidenes Frühstück. Da war ich nun, allein. Bei mir hatte ich die Bibel, einige Bücher und meine Wanderausrüstung. Mehr war da nicht.

Ich wanderte dem Inn entlang talaufwärts, dessen Wasser zuerst in die Donau und über tausend Kilometer weiter unten schließlich in das Schwarze Meer mündet. Es lag bereits der erste Schnee. Am Morgen blies ein kalter Wind das Tal hinunter. Ich zog mich warm an, ließ das Dorf hinter mir und kämpfte mich gegen Wind und Kälte vorwärts.

Es dauerte nicht lange, und ich war völlig allein. Alles, was ich jetzt höre, ist mein eigener Atem und das Knirschen des Schnees unter meinen Füßen. Ansonsten – Stille. Es ist, als stünde die Welt tatsächlich still. Unter mir der Fluss, über mir die Berge, vor mir Wiesen und Wälder, so weit das Auge reicht. Ich bin ein Punkt in der Landschaft. Ich bin klein. Ich bin fast ein Nichts.

Es braucht die richtige Umgebung, um zu spüren, wie klein wir sind. Es ist heilsam und wichtig, dies zu erkennen, denn es ist die Wirklichkeit. Wir brauchen Zeiten und Orte, in denen unsere Wirklichkeit immer wieder auf die wesentlichen und einfachen Dinge reduziert wird. An solchen Orten wächst der Glaube, der einem Goliat standhält, wenn er in unserem Leben auftaucht und uns in Angst und Schrecken versetzen will.

Bären töten

David war vorbereitet auf den Tag des Kampfes. Sein Treffer war kein Lucky Punch, sondern die logische Folge seiner Hirtenarbeit. David traf mit der Schleuder haargenau. Wenn Goliat der Erste gewesen wäre, auf den David jemals mit der Schleuder gezielt hätte, hätte David den Tag nicht überlebt.

David nahm die Herausforderung der Hirtenarbeit an. Das bedeutete, täglich mit der Schleuder zu üben. Hirtenarbeit bedeutete, ein Leben in der Einfachheit zu führen; es bedeutete aber auch, Mut zu entwickeln. Als David vor Saul stand und dieser ihn von seinem Vorhaben abbringen wollte, sagte David: «Dein Knecht hat für seinen Vater die Schafe gehütet. Wenn ein Löwe oder ein Bär kam und ein

Lamm aus der Herde wegschleppte, lief ich hinter ihm her, schlug auf ihn ein und riss das Tier aus seinem Maul. Und wenn er sich dann gegen mich aufrichtete, packte ich ihn an der Mähne und schlug ihn tot. Dein Knecht hat den Löwen und den Bären erschlagen, und diesem unbeschnittenen Philister soll es genauso ergehen wie ihnen» (1Sam 17,34–35).

David lebte nicht in einer Wunschwelt, sondern in der Wirklichkeit, die er so hinnahm, wie sie war. Wenn ein wildes Tier die Herde angriff, bekam es Davids gezielt geschleuderte Steine zu spüren. Wenn er es verwundet hatte, setzte er ihm nach und brachte es zur Strecke.

Die Einfachheit des Lebens, das Alleinsein auf der Weide und in der Wüste, die Gefahr durch wilde Tiere, das war Davids tägliche Herausforderung. Sein Sieg über Goliat war die logische Folge, dass David diese Herausforderung annahm. Mit jeder Schwierigkeit, die er meisterte, wuchs sein Mut. Mit jeder Erfahrung, die er mit Gott machte, wuchs sein Glaube. Und eines Tages war sein Glaube so stark, dass er Goliat gegenübertreten und ihn besiegen konnte.

Ein Hürdenläufer schafft es nie an eine Weltmeisterschaft, wenn er nicht regelmäßig trainiert. Seine tägliche Herausforderung besteht darin, aufzustehen, sich richtig zu ernähren, den Körper zu pflegen, auf den Trainingsplatz zu gehen und Kraft, Technik und Schnelligkeit zu trainieren. Jeder Erfolg – im Sport, im Beruf, in der Familie – beginnt im Kleinen. Dieser Grundsatz gilt auch, wenn es darum geht, die Hürde des Leidens zu meistern. Am besten beginnen wir mit den wirklich kleinen Herausforderungen.

Der amerikanische Admiral William McRaven hielt 2014 an der Universität Texas eine viel beachtete Rede anlässlich der Absolvierungsfeier. Er sagte den Studierenden, er habe in der Armee gelernt, was es brauche, um die Welt zu verändern. Der erste seiner zehn praktischen Tipps in seiner Ansprache lautete: «Machen Sie am Morgen Ihr Bett!» Er habe es anfangs nicht sehr toll gefunden, dass sein Bett in der Ausbildung jeden Tag kontrolliert worden sei. Aber er habe gelernt, dass das wichtig sei. Der Admiral sagte wörtlich:

> *«Wenn du dein Bett jeden Morgen machst, hast du die erste Aufgabe deines Tages gemeistert. Es wird dich ein bisschen stolz machen und dich dazu ermutigen, eine andere Aufgabe anzupacken, und eine andere, und noch eine, und am Ende des Tages hat die eine erledigte Aufgabe dazu geführt, dass du viele weitere erledigt hast. Dass du dein Bett machst, wird dir auch in Erinnerung rufen, dass es die kleinen Dinge im Leben sind, die wichtig sind. Wenn du die kleinen Dinge nicht richtig erledigen kannst, wirst du nie in der Lage sein, die großen Dinge richtig zu machen. Wenn du mal einen schlechten Tag hattest, wirst du nach Hause kommen, und das Bett ist gemacht! Und ein gemachtes Bett wird dich dazu ermutigen, dass es morgen besser ist. Also, wenn du die Welt verändern willst: Fange an, dein Bett zu machen!»* [168]

Davids Bett war in diesem Sinne jeden Morgen gemacht. Jeden Tag nahm er die kleinen Herausforderungen an. Er lernte, mit Schakalen und Füchsen fertig zu werden. Als er stärker war als sie, wagte er sich an die Löwen und Bären, und eines Tages war er reif für Goliat. Sein Glaube und seine Vorstellung, was mit Gott zusammen möglich ist, wuchsen von Tag zu Tag. Eugene Peterson schreibt über diesen Teil von Davids Leben:

> *«In den Hügeln und Wiesen bei Betlehem, wo er seines Vaters Schafe hütete, war David von der Größe und Unmittelbarkeit Gottes umgeben. Er hatte Gottes Stärke in seinen Kämpfen mit Löwen und Bären erfahren, in denen er die Schafe verteidigte. Die Gegenwart Gottes war ihm so durch und durch vertraut geworden, dass ihm Gottes Wort, das er nicht direkt hören konnte, weitaus wirklicher schien als das Brüllen eines Löwen, das er hören konnte. Er hatte die Majestät Gottes so kontinuierlich verehrt, dass ihm Gottes Liebe, die er nicht sehen konnte, weitaus wirklicher schien als die Bösartigkeit des Bären, den er sehen konnte. Sein Beten und Singen, seine Meditation und Anbetung haben eine Vorstellungskraft in ihm geformt, die jedes Schaf und jedes Lamm, jeden Bären und Löwen in etwas Großes, Weites und Starkes einordnete: in Gott.»* [169]

Es gibt keinen besseren Weg, um für die wirklich harten Zeiten im Leben gewappnet zu sein, als im Kleinen zu beginnen. Davids Beispiel zeigt uns, wie wir uns für die harten Zeiten des Lebens wappnen können. Denn wie wir mit Leid umgehen, liegt nicht nur an unserer unmittelbaren Reaktion, wenn das Übel uns trifft, sondern ebenso an unserer täglichen Gestaltung des Lebens, bevor es so weit ist.

Betrachten Sie die kleinen Herausforderungen Ihres Lebens nicht als Störfaktor. Sie gehören einfach dazu. Wenn Sie es lernen, mit Löwen und Bären zu kämpfen, werden Sie stärker. Betrachten Sie die Herausforderungen Ihrer Lebenssituation als Gelegenheit zu wachsen. Wenn Sie eine Herausforderung bestanden haben, sind Sie mutiger als vorher und bereit für die nächste. Sie sind an Erfahrung gewachsen, und Ihr Glaube wird stärker, mit jedem Mal ein wenig mehr, das ist entscheidend. Wenn Sie heute Bären töten, schlagen Sie morgen Goliat!

Wenn Gott für uns ist

Durch seinen Sieg über Goliat wird David zum Volkshelden. Die Frauen tanzen in den Straßen und skandieren seinen Namen (1Sam 18,6–7). Zu diesem Zeitpunkt rollt die Kugel für David. Er spürt noch nichts von der Verantwortung, die auf einem Helden lastet; es gibt noch keine Neider, die ihm das Leben schwer machen. Davids Beliebtheit steigert sich noch, als er von Saul für weitere Feldzüge gegen die Philister aufgeboten wird und jedes Mal Erfolg hat (1Sam 18,14).

Doch dann erwächst ihm ein Gegner, der nicht weniger gefährlich ist als Goliat. Saul fühlt sich durch die Erfolge Davids bedroht und misstraut ihm. Der Neid beginnt in seiner Seele wie ein Geschwür zu wuchern und wird zu abgrundtiefer Feindschaft. Saul beschließt, David loszuwerden.

Als Sauls Waffenträger und Hofmusiker ist David ständig in der Nähe des Königs, so dass sich Saul viele Gelegenheiten bieten, sein

Vorhaben in die Tat umzusetzen. Die erste Gelegenheit ist bald da. Während David vor Saul Harfe spielt, um das Gemüt Sauls zu beruhigen, schleudert Saul seinen Speer gegen David, aber der kann zweimal ausweichen.

Wenig später bietet sich Saul eine perfide weitere Gelegenheit. Der Hoftratsch dringt an sein Ohr, der besagt, dass sich Sauls jüngere Tochter Michal in David verliebt hat (1Sam 18,20). Saul setzt das Gerücht in Umlauf, David könne in zwei Jahren sein Schwiegersohn werden. Er lässt die Verliebten zappeln und verbessert wenig später sein Angebot, indem er David durch seine Diener wissen lässt, die Hochzeit könnte unter Umständen schon sehr bald stattfinden. Alle in der Königsburg reden davon, schließlich gibt es nicht viele Traumhochzeiten aus nächster Nähe mitzuerleben.

Natürlich hat die Sache einen Haken. Saul fordert von seinem potenziellen Schwiegersohn die Kleinigkeit von hundert Vorhäuten der Philister als Brautpreis (1Sam 18,25). Saul trieft vor Freundlichkeit, in Wahrheit sitzt er in seiner Burg und leckt Blut. Er hofft, dass David beim Versuch, den grotesken Brautpreis aufzutreiben, von den Philistern getötet wird.

David erlebt zum ersten Mal, wie es ist, wenn jemand zum Gegner wird. Saul beginnt, David von ganzem Herzen zu hassen, und lässt nichts unversucht, um ihn aus dem Weg zu schaffen. Das ist die Wirklichkeit, mit der David es täglich zu tun hat. Als Harfenspieler vor Saul und als Truppenführer gegen den Feind ist er ständiger Gefahr ausgesetzt.

Doch es gab noch eine andere Wirklichkeit. Drei Mal heißt es in dem Kapitel, in dem erstmals davon die Rede ist, dass Saul David beseitigen will, dass Gott mit David ist: «Der Herr war mit David» (1Sam 18,12.14.28). David hat Gott auf seiner Seite. Gott ist für ihn. Das ist die größere, alles entscheidende Wirklichkeit in seinem Leben und keine wirklich neue Situation. Auf der Schafweide hat David diese Erfahrung hundert Mal gemacht. Gott ist für ihn, und deshalb bedeutet der Speer in Sauls Hand nicht den Tod, Feindschaft bedeutet nicht Ausgeliefertsein, Demütigung nicht Verzweiflung.

David erlebt das, was der Apostel Paulus später in so wuchtigen und tröstenden Worten im Römerbrief schreibt: «Ist Gott für uns, wer ist dann gegen uns?» (Röm 8,31).

Soeben noch ein Hirtenjunge, lernt er nun das Leben abseits der Schafweiden kennen, und dieses Leben gleicht zuweilen einem Verwirrspiel. Es gibt Zeiten, da fühlen wir uns geborgen bei Gott, wir sind zufrieden mit uns und der Welt, wir erleben Gebetserhörungen. Dann wieder beten wir und bekommen keine Antwort. Manchmal schweigt Gott, und zuweilen fühlen wir uns ihm fern. So muss es David vorgekommen sein. Er besiegt Goliat und wird zum Helden. Das ganze Land mag ihn, außer dem König. Er ist erfolgreich und bringt den Brautpreis mit Leichtigkeit zusammen. David heiratet Michal und erlebt das Glück der Liebe. Trotzdem ist er in ständiger Gefahr auf seinen Kriegszügen und in der Gegenwart Sauls, der immer unberechenbarer wird.

Es scheint, dass David mit dem Sieg über Goliat zwei Schritte vorwärts gemacht hat, und nun, da er Saul gegen sich hat, wieder zwei zurückmachen muss. Er befindet sich in einem ständigen Auf und Ab. Zwischen Volksheld und Staatsfeind ist alles möglich. Erfolge, Beliebtheit, Feindschaft, Stillstand, Rückschritt. Das Leben wird für David zum Verwirrspiel.

Was wie Stillstand aussah, war eine Zeit der Vorbereitung. Gott wirkte in dieser Phase seines Lebens in verborgener Weise an ihm, um ihn auf seine zukünftige Aufgabe als König vorzubereiten. David ahnt nicht, dass dies alles erst der Anfang ist. Die beginnende Feindschaft mit Saul ist die Aufnahmeprüfung in die Schule des Leidens, in der David lange die Schulbank drücken wird.

Von all dem weiß David aber noch nichts.

Er hofft, dass das Verhältnis mit Saul wieder ins Lot kommt.

Immerhin ist er jetzt sein Schwiegersohn.

Und damit Teil der königlichen Familie.

Aber dann überstürzen sich die Ereignisse …

Auf der Flucht

Als David wie gewohnt vor Saul auf der Harfe spielt, um ihn zu beruhigen, nimmt Saul den Speer und schleudert ihn ein drittes Mal gegen David (1Sam 19,10). David flieht aus der Königsburg und bringt sich in seinem Haus in Sicherheit.

Ob sich die bösartige Laune von Saul auch dieses Mal wieder legt? Ob Michal ein gutes Wort bei ihrem Vater einlegen kann? Die Hoffnungen zerschlagen sich schnell. Dieses Mal ist es Saul bitterernst: «Noch in derselben Nacht schickte Saul Boten zum Haus Davids, die ihm auflauern und ihn am nächsten Morgen töten sollten» (1Sam 19,11). Als David sieht, wie die Söldner des Königs sein Haus umstellen, weiß er, was die Stunde geschlagen hat. Gestern noch war David der Held gewesen, alle führten seinen Namen im Mund. Jetzt sitzt er in seinem Haus wie ein Vogel im Käfig. David hatte Erfolg, wohin er auch ging. Jetzt ist seine Bewegungsfreiheit auf ein paar Quadratmeter zusammengeschrumpft.

Was tut man in einer solchen Situation? Was kann man machen, wenn einem alle Krücken weggeschlagen werden und es scheint, dass sich das Schicksal gegen einen verschworen hat?

David nimmt seine Harfe und singt. Es ist seine Art zu beten, die ihm von seiner Hirtenzeit vertraut ist. Aus dem Singen wird ein Psalm, der später seinen Weg in das Buch der Psalmen findet. Psalm 59 trägt die Überschrift «Ein Lied Davids, als Saul hinschickte und man das Haus bewachte, um ihn zu töten.» David betet:

> *«Entreiß mich meinen Feinden, mein Gott, beschütze mich vor meinen Gegnern! Sie lauerten mir auf, Mächtige greifen mich an. Sie stürmen vor und stellen sich auf. Abend für Abend kommen sie wieder, sie kläffen wie Hunde, durchstreifen die Stadt. Ich aber will deine Stärke besingen, über deine Huld jubeln am Morgen, denn du wurdest mir zur schützenden Burg, eine Zuflucht am Tag meiner Bedrängnis. Meine Stärke, dir will ich singen und spielen, denn Gott ist meine schützende Burg, er, mein huldreicher Gott» (Ps 59,1–18).*[170]

Der Psalm vermittelt ein lebendiges Bild von Davids Situation. David lugt aus dem Fenster und sieht, wie Sauls Söldner um das Haus Stellung beziehen. Am Tag sieht man ihre blitzenden Waffen, in der Nacht verwandeln sich die Soldaten in graue Gestalten. Die Nachbarn schließen ängstlich die Tür, niemand will in die Sache hineingezogen werden. Eine angespannte Stille breitet sich über der Stadt aus.

Es ist noch nicht Morgen (Ps 59,17), als der sanfte Klang einer Harfe zu hören ist. Er kommt aus dem Haus, wo sich David versteckt hält. Der Klang der Harfe will nicht so recht zu dieser Nacht passen, aber er ist klar und deutlich zu hören. Und dann ist Davids Stimme zu vernehmen. Er singt! David singt und spielt und betet im Angesicht seiner Feinde!

Die Söldner, die Davids Haus umstellt haben, werden sich gesagt haben, dass der Schwiegersohn des Königs verrückt geworden ist. Sie werden gespottet und zueinander gesagt haben, dass dem Burschen das Singen schon noch vergehen wird! Da sitzt David isoliert und rundum eingeschlossen in seinem belagerten Haus, und es entsteht ein Psalm in der Nacht. Dieser Mann ist nicht verrückt, dieser Mann ist geistlich kerngesund.

Es ist das Singen, das David in dieser schlimmen Situation bei Verstand hält. Er singt seine Angst hinaus ins Angesicht Gottes. Er bittet Gott, ihn vor seinen Feinden zu retten: «Entreiß mich meinen Feinden, mein Gott, beschütze mich vor meinen Gegnern!» (Ps 59,2). Der Psalm lebt von Davids ehrlichem und ungekünsteltem Beten. David sitzt nicht in seinem Gefängnis und reißt sich scheinbar heldenhaft zusammen. Nein, er versucht nicht einmal, ein schönes Gebet zu formulieren. Er sagt Gott einfach, wie es um ihn steht.

Er tut das einzig Richtige: Er ist ehrlich zu sich selbst und ehrlich zu Gott. Mit der Zeit weicht die Angst einer noch etwas brüchigen Zuversicht, die im Laufe des Psalms immer stärker wird, so dass David am Ende des Psalms singen kann: «Ich aber will deine Macht besingen, will über deine Huld jubeln am Morgen» (Ps 59,17).

Je länger der Psalm dauert, desto zuversichtlicher wird David. Die

Krücken sind weg, und er hält sich an Gott. Aus dem Verfolgten wird ein Anbeter, aus einem Käfig wird ein Heiligtum. Es ist diese Art zu beten, die David in der Wüstenzeit, die ihm bevorsteht, am Leben erhalten wird.

Als die Situation immer beklemmender wird, spricht Michal aus, was offensichtlich ist: «Wenn du dich nicht noch in dieser Nacht in Sicherheit bringst, wirst du morgen früh umgebracht» (1Sam 19,11). David weiß, dass seine Frau recht hat, und so bereiten sie seine Flucht vor.

David erlebt einen seiner schwersten Momente. Eben noch haben die beiden Hochzeit gefeiert. Das Leben war so schön! Wie alle anderen Paare werden sie Pläne geschmiedet und sich gegenseitig Zukunftsträume erzählt haben. Daraus wird nichts. Das junge Ehepaar weiß, dass eine Trennung unvermeidlich ist, um Davids Leben zu retten.

Das Haus ist umstellt. Der einzige Ausweg ist die Flucht durch das Fenster in der Stadtmauer. Der Plan muss gelingen! Sie dürfen keine Zeit verlieren.

Ein letzter Kuss, ein letztes «Ich liebe dich», das letzte Mal die Beteuerung: «Ich warte auf dich», dann verschwindet David in der Dunkelheit.

Die beiden wissen nicht, dass sie sich zehn Jahre lang nicht mehr sehen werden. Ein neuer Abschnitt in Davids Leben hat begonnen. Von jetzt an ist David auf der Flucht.

Showdown in der Wüste

David flieht in die Wüste und lebt das Leben eines Ausgestoßenen. Zunächst ist er ganz allein, mit der Zeit tauchen immer mehr Leute vom Rand der Gesellschaft in der Einöde auf und schließen sich David an. In dieser Zeit stirbt der Prophet Samuel, der David einige Jahre zuvor zum König gesalbt hatte (1Sam 25,1). Er war in das Haus seines Vaters gekommen und hatte David die künftige Königswürde zugesagt (1Sam 16,1 ff.).

Gilt das noch? Steht Gott zu seiner Verheißung?

David ist ein König ohne Thron, der mit nichts als einer nackten Verheißung lebt. Für David beginnt ein Leben im Widerspruch zwischen Verheißung und Wirklichkeit – und damit ein Leben im Glauben. Sie wird zur schwierigsten Zeit seines Lebens, aber auch zu einer der fruchtbarsten. David hat die Verheißung, König zu werden. Die Wirklichkeit ist, dass er ein Verfolgter in der Wüste ist. In diesem Widerspruch wächst Glaube, denn Glauben ist ein Feststehen in dem, was man noch nicht hat (Hebr 11,1). Abraham machte diese Erfahrung, als er fünfundzwanzig Jahre lang trotz Verheißung ohne Nachkommen blieb und zum Vater des Glaubens wurde.

Im Leiden kommt unweigerlich die Frage nach dem Warum auf. Wenn Gott uns Übel zumutet, fragen wir: «Warum passiert mir das?» Wenn wir uns in der Wüste wiederfinden, kommt unser Tun zu einem Stillstand. Wir geraten in einen Zustand der geistlichen Trockenheit und beginnen, uns nach größerer Intimität mit Gott zu sehnen. Wir lernen Zweifel kennen, wir lernen uns selbst kennen und entdecken dabei Dinge, die uns nicht immer gefallen. In der Frage «Warum passiert mir das?» klingt nicht selten das Gefühl mit, unser Leid könnte eine Strafe sein für Dinge, die wir nicht gut gemacht haben. Wir blicken zurück und durchforsten unser Gewissen.

Aber dann lernen wir, nicht zurück, sondern vorwärts zu blicken. Mit der Zeit merken wir, dass Gott uns nicht straft, sondern vorbereitet. Die Antwort auf die Frage, warum uns dies oder jenes passiert, ist oft die:

> *«Es ist keine Züchtigung oder Korrektur für die moralischen Verfehlungen von Gestern. Es hat überhaupt nichts mit der Vergangenheit zu tun. Es hat nur damit zu tun, wie Gott dich nach seinem Plan Morgen gebrauchen möchte, und es ist nötig, dass du darauf vorbereitet bist.»* [171]

Es ist eine große Entlastung, wenn man als Leidender lernt, dass Prüfungen nicht Strafe für gestern, sondern Vorbereitung für morgen sind.

Wenn Gott uns vorbereitet, nimmt er uns in die Schule des Leidens. Insbesondere Menschen, die Gott in Verantwortung stellt, formt Gott durch Leiden. Es scheint ein Gesetz zu sein, dem wir nicht entrinnen können. J.I. Packer stellt in seinem Buch über «Heiligkeit» fest:

> *«Ehe es irgendwo einen Segen gibt, wird irgendwo zuerst Leid sein. Die Bibel erklärt es nicht, sondern stellt es einfach als eine Tatsache vor uns hin. Jesus verkündete dieses Gesetz zuerst, als er sagte: ‹Wenn das Weizenkorn nicht in die Erde fällt und stirbt, bleibt es allein; wenn es aber stirbt, bringt es viel Frucht› (Joh 12,24).»*[172]

Von jetzt an ist David in der Wüstenakademie. Der Lehrplan verlangt ihm alles ab. Von bohrendem Zweifel über wunderbare Intimität mit Gott bis zu erschreckenden Einsichten über sich, erlebt David in dieser Phase seines Lebens so ziemlich alles und reift daran.

Saul genügt es nicht, dass David von der Bildfläche verschwunden ist. Er zieht eine Truppe von dreitausend Soldaten zusammen, stellt sie unter das Kommando von Abner, einem schlauen Fuchs, und beginnt David zu jagen.

Je länger die Hatz dauert, desto häufiger muss David sein Versteck wechseln. Als die Luft immer dünner wird, verkriecht sich David mit seinen Leuten in den schwer zugänglichen Bergen von En-Gedi, einer kleinen Oase am Toten Meer (1Sam 24,1). Hinter der Oase erheben sich schroffe Berge. Es ist ein schwer zugängliches Gebiet von Schluchten und Höhlen, wo Schlangen, Schakale und Geier hausen. Am Tag brennt die Sonne erbarmungslos nieder, in der Nacht wird es bitter kalt. Hier ist man nur, wenn man Schmuggelware verstecken will oder sonst nirgendwo hinkann.

Hier kommt es zum Showdown zwischen Saul und David.

Saul hat überall im Land Leute, die auf seiner Seite stehen. Als ihm berichtet wird, dass David sich in der Nähe der Oase versteckt hält, rückt er unverzüglich an. Während Saul mit seinen Leuten jeden Winkel von En-Gedi absucht, überkommt ihn das menschlichste aller Bedürfnisse. Saul muss mal. Die Truppe wird angehalten, und Saul geht in eine Höhle, um seine Notdurft zu verrichten (24,4). Saul weiß nicht, dass David und seine Männer sich in ebendieser Höhle versteckt halten. Saul ist David dichter auf den Fersen, als er ahnt.

Nun scheint sich das Blatt zu wenden. Auf einmal ist nicht mehr David verwundbar, sondern Saul. Davids Männer sind raue Burschen, sie flüstern David zu: «Das ist der Tag, von dem der Herr zu dir gesagt hat: Sieh her, ich gebe deinen Feind in deine Gewalt, und du kannst mit ihm machen, was dir richtig erscheint» (1Sam 24,5). Für Davids Männer ist klar, dass dies die Gelegenheit ist, um Saul das Schwert in den Rücken zu bohren. Einmal kräftig zustoßen, und der Spuk ist vorbei! Der Weg zum Thron ist frei!

David nimmt sein Schwert und löst sich von seinen Männern, aber er stößt nicht zu, sondern schneidet einen Zipfel von Sauls Mantel ab (24,5). Dann schleicht er sich zu seinen Männern zurück und sagt: «Der Herr bewahre mich davor, meinem Gebieter, dem Gesalbten des Herrn, so etwas anzutun und Hand an ihn zu legen; denn er ist der Gesalbte des Herrn» (24,7). Davids Leute wollen die Sache nun selbst in die Hand nehmen, aber «David fuhr seine Leute mit scharfen Worten an und ließ nicht zu, dass sie sich an Saul vergriffen» (24,8).

Nachdem Saul die Höhle verlassen hat, treten David und seine Männer ans Tageslicht. David ruft Saul hinterher und spricht ihn als «mein Herr und König» an, während er sich bis zur Erde verneigt (1Sam 24,9). Saul sieht den Zipfel in Davids Hand. In diesem Moment erkennt er, wie hässlich er ist. Beschämt zieht er mit seinen Soldaten ab, aber nur, um sich bald wieder auf die Suche nach David zu machen.

Schönheit in der Steppe

Mitten in der Wüstenzeit schreibt Gott ein spezielles Kapitel in Davids Leben, das uns Einsichten in die Abgründe des menschlichen Herzens, aber auch in die Schönheit wahrer Menschlichkeit erlaubt.

Nach dem Showdown in der Höhle siedelt David in die Steppe Paran über, ganz in der Nähe von Karmel. Das Gebiet um Karmel bietet mit seinen vielen Höhlen einen idealen Aufenthaltsort für die wachsende Gruppe von Outcasts (1Sam 25,1).[173] Die Gegend ist fruchtbar, sie hat schöne Olivenhaine und Weinberge und bietet ideale Weidegebiete für die Schafzucht. Ihr Nachteil ist, dass es in der Nähe drei befestigte Philister-Städte gibt. Von dort unternehmen Verbände der Philister regelmäßig Raubzüge, verwüsten die Ernte und treiben das Vieh weg. David und seine Leute kommen da wie gerufen. Sie werden zu einer lokalen Schutzmacht, welche die Philister fernhält.

Zur Zeit der Schafschur, als alle in Festlaune sind und die Arbeiter ihren Lohn erhalten, schickt David einige seiner Männer zu Nabal, einem reichen Großgrundbesitzer in Karmel, dessen Herden er beschützt hat. Er will nach einem alten Gewohnheitsrecht seinen Anteil an dem Ertrag eintreiben.[174] Davids Bitte ist in jener Kultur das Natürlichste der Welt. Nabal aber, dessen Name «Tor» oder «Dummkopf» bedeutet, besitzt die für jene Kultur unverzeihliche Dummheit, Davids Männer mit Schimpf und Schande und ohne Lohn davonzujagen.[175] Als sie zu David zurückkehren und berichten, wie sie behandelt worden sind, nimmt das Unheil seinen Lauf.

David handelt unverzüglich. Er nimmt seine besten Leute, «und sie zogen mit David hinauf, etwa vierhundert Mann, während zweihundert beim Gepäck blieben» (1Sam 25,13). David lässt keinen Zweifel daran, was er im Schilde führt. Nabal hat Schande über ihn gebracht, er hat ihn verletzt, er hat sein Ego gekränkt. David ist auf dem Weg, um Rache an Nabal zu nehmen. Er wird dem Dummkopf den Kopf abschlagen, sich seinen Anteil an der Ernte nehmen und so sein gekränktes Ego rächen!

Was ist bloß in David gefahren? Er ist auf dem besten Weg, ein zweiter Saul zu werden! Saul ist gekränkt, weil David beliebt ist und ihm den Thron streitig macht. Saul hetzt hinter David her. Nur ein toter David ist ein guter David! Doch hier und jetzt unterscheidet sich David von Saul in keiner Weise. Nur ein toter Nabal ist ein guter Nabal! Eben noch hatte David die Gelegenheit, Saul zu töten. Er hatte großen Respekt vor Saul, dem gesalbten König Israels. Davids Gottesfurcht war so groß, dass er es nicht wagte, sein Schicksal selbst in die Hand zu nehmen. In der Höhle bei En-Gedi begegnet uns ein demütiger, ehrfurchtsvoller David. Eugene Peterson stellt fest, dass David wenig später in Karmel wie verwandelt ist:

> *«Der David, der fähig gewesen war, den wahnsinnigen König Saul als Tempel des Heiligen Geistes zu betrachten, konnte Nabal nur als hässliche Ladung Unrat sehen, der in seinem Leben Gestank verbreitete. David war kurz davor, ein zweiter Saul zu werden, darauf aus, jeden loszuwerden, der seinen Status und seine Rolle in Frage stellte.»* [176]

Als Nabals Frau Abigail hört, wie ihr Mann Davids Leute behandelt hat, weiß sie, dass sie etwas unternehmen muss. Sie bereitet in aller Eile ein Festmahl zu, lädt es auf Esel und reitet dem Feind ihres Mannes entgegen, ohne dass dieser etwas davon weiß.

Irgendwo in der Steppe kommt es zu einer schicksalhaften Begegnung voller Schönheit und wahrer Menschlichkeit. David schreitet an der Spitze seiner Männer und stößt gekränkt hervor: «Gott möge mir dies und das antun, wenn ich von allem, was ihm [Nabal] gehört, bis zum Morgen auch nur einen Mann übrig lasse!» (1Sam 25,22). David schmiedet in seinem Herzen Mordpläne. Er sieht Köpfe rollen und seine Ehre wiederhergestellt. Das Böse in seinem Innern kommt als stinkende Brühe zum Vorschein, als ihm unerwartet Schönheit entgegentritt.

Auf einmal ist da eine Frau auf einem Esel in seinem Blickfeld, und im nächsten Moment steht sie vor ihm und verneigt sich anmutig vor ihm (1Sam 25,23). Die Frau ist schön! Aber nicht nur das, sie ist auch klug. Sie beginnt eine der eindrucksvollsten Reden, die je eine Frau in der Bibel gehalten hat. Sie nimmt die Schuld für den unglücklichen Vorfall auf sich und bittet David, davon abzusehen, Blutschuld auf sich zu laden. Abigail macht David klar, dass die Rache nicht seine, sondern Gottes Sache ist: «Wenn der Herr [Gott] meinem Herrn [David] all das Gute erweist, das er dir versprochen hat, und dich zum Fürsten [König] über Israel macht, dann sollst du nicht darüber stolpern, und dein Gewissen soll meinem Herrn nicht vorwerfen können, dass du ohne Grund Blut vergossen hast und dass sich mein Herr selbst geholfen hat» (1Sam 25,30–31).[177]

Vierhundert Augenpaare sind auf die Frau gerichtet. Niemand unterbricht sie. Sie muss damit rechnen, als lästiges Weib zur Seite geschoben zu werden.

Aber dazu kommt es nicht.

David ist durch die innere und äußere Schönheit Abigails so berührt, dass er mit einem Schlag erkennt, wie hässlich er im Augenblick ist. «Gepriesen sei der Herr, der Gott Israels, der dich mir heute entgegengeschickt hat. Gepriesen sei deine Klugheit, und gepriesen seist du, weil du mich heute daran gehindert hast, Blutschuld auf mich zu laden und mir selbst zu helfen», entgegnet David sichtlich beeindruckt. «Wärest du mir nicht so schnell entgegengekommen, dann wäre von Nabals Männern am anderen Morgen keiner mehr übrig gewesen» (1Sam 25,32–33).

Die Begegnung endet damit, dass David Gott für Abigails Mut und ihre Predigt dankt und sie in Frieden zu ihrem Mann zurückkehren lässt (1Sam 25,32 ff.).

David hat sich durch Schönheit aufhalten lassen und sich als belehrbar erwiesen. Hier reift ein Mann nach Gottes Herzen heran. Er ist nicht vollkommen, bei Weitem nicht. Er hat gerade festgestellt, was in ihm steckt, und er kann darüber nur erschrecken. Aber David hat ein nachgiebiges Herz. Er hat kein Problem damit, vor vierhundert Männern zuzugeben, dass eine Frau recht hat. Er begegnet Abigail auf Augenhöhe, was in jener Kultur unüblich war; er hört auf sie und hört damit auf Gott.

Prüfung wiederholen!

In der Geschichte mit Nabal wird klar, dass David noch viel zu lernen hat, wenn er als König nach Gottes Herzen Verantwortung übernehmen soll. Sein Marsch des Zorns, der von Abigail im letzten Moment aufgehalten wurde, hat gezeigt, dass David die Lektion der Rache noch nicht gründlich genug gelernt hat. Also wird die Prüfung wiederholt.

Saul verfolgt David noch immer mit Mann und Maus (1Sam 26,1 ff.). Als David erfährt, wo sich Saul befindet, schleicht er sich in der Nacht an. Von einem hohen Felsen kann er das Lager erspähen, wo Saul inmitten seiner Leute schläft. David begibt sich mit Abischai, einem Heißsporn, der später sein Heerführer wird, mitten ins Lager und nimmt Sauls Speer und seinen Wasserkrug mit. Abischai raunt David zu: «Heute hat Gott deinen Feind in deine Hand gegeben. Jetzt werde ich ihn mit einem einzigen Speerstoß auf den Boden spießen» (1Sam 26,8).

Für Abischai ist klar, wie man eine ungeliebte Person loswird: Man spießt sie wie ein Brathähnchen auf, wenn sich die Gelegenheit dazu bietet. Abischai sieht in Saul ein Hindernis für Davids Zukunft (und für seine natürlich). Es wäre für Abischai kein Problem gewesen, sich Sauls Autorität als König zu unterordnen, wenn Sauls Entscheidungen richtig gewesen wären. Aber Saul war kein Mann Gottes. Er war getrieben von Neid und Angst und missbrauchte seine Macht.

Abischai will die Sache auf seine Weise in Ordnung bringen.

David leidet unter derselben zerstörerischen Macht wie Abischai, aber er anerkannt Sauls von Gott verliehene Autorität. Er erwidert: «Bring ihn nicht um! Denn wer hat je seine Hand gegen den Gesalbten des Herrn erhoben und ist ungestraft geblieben? Der Herr möge ihn schlagen, ob nun der Tag kommt, an dem er sterben muss, oder ob er in den Krieg zieht und dort umkommt. Mich aber bewahre der Herr davor, dass ich meine Hand gegen den Gesalbten des Herrn erhebe» (1Sam 26,9–11).[178]

Nachdem die beiden wieder auf dem Felsen oben sind, rufen sie nach Abner, dem Heerführer, und wecken das ganze Lager auf. Saul erkennt, dass David ihn zum zweiten Mal verschont hat, und verspricht, dass er ihm nichts mehr zuleide tun werde. David weiß, wie wankelmütig Saul ist, und verschwindet mit seinen Männern in der Dunkelheit.

David lernt in der Schule des Leidens eine wichtige Lektion: Gott gebraucht Menschen, um uns vorzubereiten, und zwar auch solche, die uns zu schaffen machen. David akzeptiert diese Regel und gewinnt dadurch an charakterlicher Stärke. Seine Unterordnung unter Saul macht deutlich, dass er sich Gott unterordnet, denn Gott hatte Saul eingesetzt. David gewinnt die wichtige Einsicht, dass der Umgang mit unseren Feinden zu den entscheidenden Erfahrungen unseres geistlichen Lebens gehört. Es ist nicht entscheidend, ob es sich um Dummköpfe wie Nabal handelt, um Neider wie Saul oder Leute, die uns einfach nicht mögen. Es gibt sie nun mal in unserem Leben, und Gott gebraucht sie, um uns zu formen. Wie wir auf sie reagieren, entscheidet darüber, ob wir in der Schule des Leidens Fortschritte machen.

Dieses Mal hat David die Prüfung bestanden. In der Geschichte mit Nabal ist David glatt durchgefallen, als er sich selbst rächen wollte. Nabal ist unterdessen gestorben, weil «der Herr ihn schlug» (1Sam 25,38). Exakt diese Worte verwendet David gegenüber Abischai, als dieser Saul aufspießen will: «Der Herr möge ihn schlagen» (1Sam 26,10). Es ist offensichtlich, dass David die Lektion gelernt hat.

Wiederholungen sind eine der besten Methoden des Lernens. Gott ist ein liebevoller, aber hartnäckiger Lehrer. Gott benutzt Wiederholungen, um uns zu formen. Die meisten von uns lieben diese Zeiten nicht. Wir werden ungeduldig. Wir kommen uns vor wie der Hamster im Rad. Insbesondere Leiterpersönlichkeiten tun sich schwer mit Wiederholungen. Sie sind frustriert, wenn es nicht vorwärtsgeht. Sie messen ihren Wert daran, dass sie etwas bewirken. Gott aber ist an unserem Charakter interessiert, denn nur wenn unser Charakter geformt wird, sind wir wirklich brauchbar.

Wenn wir Ja zu dieser Regel sagen, sagen wir Ja zu Wiederholungen, Ja dazu, Dinge durchzubuchstabieren. Wenn wir bestimmte Dinge durchbuchstabieren, wird eine Gewohnheit daraus, aus der Gewohnheit wächst Charakter, aus Charakter wird Persönlichkeit. Und Persönlichkeit ist das, was Gott gebraucht.

Ein dunkles Kapitel

Obwohl Saul David zusichert, ihm künftig nichts mehr zuleide zu tun, ändert sich nichts. David gerät in einen Zustand der geistlichen Trockenheit. Er hat die Verheißung, dass er König wird. Gott hat ihm eine blühende Zukunft in Aussicht gestellt, aber in Davids Herzen blüht es nicht mehr. Die Jahre in der Wüste fordern ihren Tribut. 1Sam 27 beginnt mit den Worten: «David überlegte: Eines Tages werde ich doch noch durch Saul umgebracht. Es bleibt mir nichts anderes übrig, als mich im Land der Philister in Sicherheit zu bringen. Dann wird Saul mich in Ruhe lassen und aufhören, mich weiter im ganzen Gebiet Israels zu suchen, und ich bin seiner Hand entkommen» (1Sam 27,1–2). David lässt die Hoffnung fahren, eines Tages doch noch König zu werden.

David war nicht immer mutlos gewesen. Im Gegenteil, er erlebte Phasen der Zuversicht und der geistlichen Lebendigkeit. Kapitel 26 endet jedenfalls mit einem hoffnungsvollen Ausblick. Nachdem David Saul Krug und Speer gestohlen hatte, sagte er zu ihm: «Der Herr wird jedem seine Gerechtigkeit und Treue vergelten. Denk daran: Wie dein Leben heute in meinen Augen wertvoll war, so wird auch mein Leben in den Augen des Herrn wertvoll sein; er wird mich aus aller Bedrängnis erretten» (1Sam 26,22–24).[179] David war da noch voller Zuversicht gewesen. Er vertraute Gott, dass er seine Verheißung einlösen und ihn zum König machen würde. Wenig später ist Davids Zuversicht vom Wüstenstaub verweht.

Weshalb? Was geschah zwischen Kapitel 26 und 27, dass David nicht mehr hoffen mag?

Vermutlich geschah gar nichts. Genau das ist Davids Problem. Die Erfüllung der Verheißung, König zu werden, zögert sich hinaus, und Davids Glaube an seine königliche Zukunft entschwindet ihm. Der Beginn des Kapitels zeigt, wo das Problem liegt: «David dachte in seinem Herzen» (1Sam 27,1).[180] David geht mit sich selbst zu Rate und kommt zum Schluss, dass es das Beste ist, das Land der Verheißung zu verlassen. Kein einziges Mal heißt es in den Kapiteln 27 bis 29, dass David betet oder Gottes Willen sucht.

Davids Seele ist ausgetrocknet, er kann nicht mehr beten. Von dieser Phase in Davids Wüstenzeit ist uns kein Psalm überliefert. Während David in anderen schwierigen Situationen betet und dabei sein Herz zu Gott emporgehoben wird, entstehen keine Psalmen mehr. In Davids Herzen ist nichts als schmerzende Leere. Er redet nicht mehr mit Gott, nur noch mit sich selbst.

David tut, was er als unausweichlich ansieht. Er läuft zum Feind über, um von Saul in Ruhe gelassen zu werden. Er wendet sich an einen der fünf Könige der Philister, Achisch von Gat, und gibt vor, er sei von Saul abgefallen (1Sam 27,2 ff.). David lügt, was das Zeug hält, und hat Erfolg damit. Es gelingt ihm, das Vertrauen des Königs zu erschleichen. Er bekommt Ziklag zugewiesen, eine Philister-Stadt in der Nähe zum judäischen Bergland, wo er mit seinen Kriegern und ihren Familien leben kann. Von dort aus unternimmt David mit seinen Kriegern Raubzüge. Er baut seine Existenz auf den Sand der Lüge, indem er Achisch vorgibt, jeweils in das judäische Südland einzufallen. Er muss ja beweisen, dass er endgültig Sauls Feind geworden ist. Stattdessen geht er auf Raubzüge in östliche Richtung und metzelt alles nieder, was ihm in die Quere kommt. Niemand soll erfahren, wo David ist und was er tut: «Weder Männer noch Frauen ließ er am Leben. Denn er sagte sich: Niemand soll etwas über uns berichten und sagen können: Das und das hat David gemacht» (1Sam 27,11).[181]

David schreibt ein ganz dunkles Kapitel in seiner Lebensgeschichte. Dieses dunkle Kapitel stellt uns als Leser vor die Frage, zu was *wir* fähig wären, wenn uns das Gesetz der Wüste aufgezwungen würde. Würden wir uns anpassen? Würden wir standhalten?

Martin Luther schrieb in seinem großen Kommentar zum Galaterbrief: «Es gibt keine von einem Menschen begangene Sünde, die nicht auch ein anderer Mensch tun könnte, wenn Gott von ihm weicht.»[182] Das Wissen, dass wir zum Schlimmsten fähig sind, bewahrt uns davor, dieses Schlimmste zu tun. Wenn wir erkennen, wozu wir fähig sind, fliehen wir mit unseren bösen Neigungen zu Gott und bitten ihn, nicht von uns zu weichen.

So gesehen verstehen wir die Bitte im Vaterunser besser: «Führe uns nicht in Versuchung, sondern erlöse uns von dem Bösen» (Mt 6,13). Es ist die Bitte, uns nicht in Umstände zu führen, in denen wir der Versuchung nicht mehr widerstehen können. Wir bitten unseren himmlischen Vater, uns vor dem Bösen in der Welt und in uns selbst zu retten, weil wir es selbst nicht können.

Flügel wachsen

Was braucht es, damit wir in Wüstenzeiten die Hoffnung nicht fahren lassen und Gottes Weg gehen? In solchen Zeiten brauchen wir nichts so sehr wie Geduld. Die Bibel redet häufig davon, dass wir in der Bedrängnis Geduld brauchen (Röm 5,3–5). Geduld und Vertrauen waren die Währung, die den Christen früherer Generationen die Gewissheit gab, dass Gott mitten in ihrem Leiden wirkt. Ihre Stärke lag im schlichten Ausharren und im Glauben, dass ihre Zeit in Gottes Händen stand. In unserer Gesellschaft, in der ich heute per Mausklick bestellen kann und am nächsten Tag beliefert werde, wissen wir fast nicht mehr, was Geduld ist.

Ein alter Pfarrer, der von Insekten fasziniert war, erzählte einmal, wie er die Puppe eines Falters während längerer Zeit beobachtete. Als der Zeitpunkt des Ausschlüpfens gekommen war, konnte er die Anstrengungen sehen, die der Falter unternahm, um aus seinem Gefängnis herauszukommen. Während eines ganzen Vormittags kämpfte er, um die Hülle zu durchbrechen, doch er schien bei einem gewissen Punkt einfach nicht durchzukommen.

Schließlich verlor der Pfarrer die Geduld und beschloss, dem Falter zu helfen. Mit einer Scherenspitze beseitigte er vorsichtig die Fäden des Gewebes, um den Ausgang zu erleichtern. Sofort kam der Schmetterling mit Leichtigkeit heraus. Aber er sah sehr eigentümlich aus. An seinem aufgedunsenen Körper hingen kleine zusammengeschrumpfte Flügel. Der Pfarrer wartete nun darauf, die wundersame Entwicklung zu sehen, durch die sich die Flügel entfalten, aber er wartete vergebens. Seine Ungeduld hatte das Verderben des Tiers verursacht. Der Druck, den der Körper beim Herausschlüpfen hätte erleiden müssen, hätte die Lebenssäfte gezwungen, bis in die Flügelgefäße einzudringen. Durch seine Ungeduld hatte der Pfarrer verhindert, dass dem Schmetterling Flügel wachsen konnten. Das Insekt blieb eine elende Missgeburt.[183]

Es gibt Zeiten, in denen Gott uns Druck zumutet, und wenn wir ihn aushalten, wachsen uns Flügel. David erkannte im Rückblick, dass sein Ausflug ins Land der Philister ein Fehler war. In Psalm 37, den David als alter Mann schrieb, reflektiert er diese Zeit. David erinnert sich daran, wie er als junger Mann aus Verzweiflung das verheißene Land verließ und zu den Philistern flüchtete. Am Anfang des Psalms steht die Aufforderung: «Errege dich nicht über die Bösen, wegen der Übeltäter ereifere dich nicht! Denn sie verwelken schnell wie das Gras, wie grünes Kraut verdorren sie. Vertrau auf den Herrn und tu das Gute, bleib wohnen im Land und bewahre Treue!» (Ps 37,1–3).

Es ist offensichtlich, dass David in diesen Worten auf seine eigene Erfahrung Bezug nimmt. Wenn David sagt: «Bleib wohnen im Land und bewahre Treue», dann bringt er damit zum Ausdruck, dass er damals, als in seinem Herzen nichts mehr blühte und er das Land der Verheißung verließ, Gott gegenüber untreu geworden war. Er hatte Gottes Verheißung nicht mehr geglaubt und nach eigenem Gutdünken gehandelt.

Später sah er seinen Fehler ein. Er will nicht, dass die, die nach ihm kommen, denselben Fehler begehen wie er. Deshalb schreibt er: «Vertrau auf den Herrn und tu das Gute, bleib wohnen im Land und bewahre Treue!» Und er fügt als Ermutigung hinzu: «Freu dich innig am Herrn! Dann gibt er dir, was dein Herz begehrt. Befiehl dem Herrn deinen Weg und vertrau ihm; er wird es fügen» (Ps 37,4–5).

Genau das erlebte David am Ende seiner Wüstenzeit. Saul fällt im Krieg gegen die Philister (1Sam 31,1 ff.), und David wird zum König, ohne sein Schicksal selbst in die Hand nehmen zu müssen (2Sam 2,1 ff.). Ein langes Jahrzehnt voller Leiden geht zu Ende, und die Verheißung wird Wirklichkeit.

David war kein vollkommener Mensch, aber er wurde ein guter König, der nah an Gottes Herzen lebte und für Recht und Gerechtigkeit sorgte. Im Alten Testament gilt David mit Recht als Urbild der Könige Israels, die an seinem Maßstab gemessen werden. Sein geistliches, musikalisches und literarisches Erbe ist immens. Der 23. Psalm über das Vertrauen auf Gott als den guten Hirten fasst die Erfahrung eines reichen Lebens schlicht und eindrucksvoll zusammen. Der 51. Psalm, in welchem David Buße über seine Sünde mit Batseba tut, gehört zum ehrlichsten Stück Weltliteratur. Der 139. Psalm über die Allgegenwart Gottes zeugt von einem mit Gott gelebten authentischen Leben, das dazu anstiftet, den Himmel zu suchen und die Erde zu lieben, wie es das Buch von Eugene Peterson über das Leben Davids ausdrückt.[184]

David gehört zu den großen biblischen Figuren der Bibel, die bis heute Menschen, die mit Gott leben wollen, zu einem leidenschaftlichen Leben inspirieren. Sein leidvolles Leben voller Wüstenerfahrungen spornt dazu an, uns von Gott formen zu lassen. Sein authentisches Leben und der Segen, den Gott ihm inmitten beständiger Herausforderungen gab, ermutigt uns, darauf zu vertrauen, dass der Herr wirklich ein Hirte ist.

Meine persönliche Wüstenzeit

David und seine abenteuerliche Geschichte haben mich mehr geprägt als alle anderen Figuren der Bibel. Als Kind haben meine Eltern mir und meinen Geschwistern vor dem Zubettgehen biblische Geschichten erzählt. Die Geschichte von David gehörte zusammen mit den Abenteuern von Simson und Daniel zu meinen Lieblingsgeschichten. Wenn ich einschlief, wusste ich, dass der Gott, der David den Sieg über Goliat gab, auch bei mir war.

Am Anfang meiner Leidenszeit bin ich David dann nochmals auf sehr tiefe Art begegnet. Ich verbrachte damals einige Tage in der Südschweiz in einem Tessiner Albergo zur Erholung. In der Bibliothek entdeckte ich ein Buch über David und verschlang es. David mit seinen Wüstenerfahrungen sprach direkt in meine Situation. Seine Geschichte hat mich seither nicht losgelassen.

Davids Geschichte ist *meine* Geschichte und die von so vielen von uns, die durch die Wüste oder dunkle Täler gehen, also durch jene Erfahrungen, die David in seinem berühmtesten Psalm literarisch verewigt hat.

Wie David geraten wir in die Wüste, wenn der Schmerz uns überfällt oder Verluste uns zu schaffen machen. David verbrachte zehn Jahre in der Wüste, bevor er König wurde. In dieser Zeit schrieb er seine ersten Psalmen. Er konnte damals nicht wissen, dass noch viele folgen würden und wir sie heute noch lieben, singen und beten. In der Wüste wuchs David zu einem Mann nach Gottes Gedanken heran.

Die ersten zehn Jahre meines Leidens waren die schlimmsten. Ich habe wie David Phasen der Ungewissheit und der Angst erlebt und wie David gebetet: «Wie lange noch, Herr, vergisst du mich?» (Psalm 13,2). Als ich sah, wie David durch die Wüste zum König heranreifen konnte, ist mir bewusst geworden, dass Leidenszeiten nicht Strafe für gestern, sondern Vorbereitung für morgen sind.

Heute weiß ich, dass Gott mich in der schlimmsten Zeit geformt hat. Ich weiß nicht, was ich heute wäre ohne meine Wüstenzeit. Ich weiß nur, dass ich das, was ich bin, durch diese Zeit und dank dieser Zeit bin.

In Psalm 31,16 singt David: «Meine Zeit steht in deinen Händen.»[185] Es erfüllt mich mit Dankbarkeit, dass ich in dieses Lied mit einstimmen kann.

Kapitel 7
Durch Schwachheit zur Stärke

Der Apostel Paulus ist als starke Persönlichkeit bekannt. Er fegte wie ein Wirbelwind durch das Imperium Romanum und verbreitete das Evangelium in so bedeutenden Städten wie Korinth, Athen und Rom. Ohne Paulus wäre das Christentum nicht das geworden, was es heute ist. Doch stimmt das Bild vom *starken* Apostel?

Paulus war ein Mann von Welt und einer der einflussreichsten Denker seiner Zeit. Er besaß das begehrte römische Bürgerrecht, er sprach Griechisch und Aramäisch, er beherrschte das alte Hebräisch und vermutlich auch Latein. Er kannte große Teile des Alten Testaments auswendig, und er vermochte mühelos griechische Philosophen zu zitieren. Seine Ausbildung zum jüdischen Rechtsgelehrten erhielt Paulus bei einem der angesehensten Rabbiner seiner Zeit (Apg 22,3).

Paulus war schon vor seiner Hinwendung zum christlichen Glauben ein Mann mit ausgeprägten Überzeugungen. Als Pharisäer der strengen Richtung erschienen ihm die Christen als Verräter am jüdischen Erbe. Er machte Karriere als Aufspürer von jüdischen Jesusnachfolgern und verfolgte sie über die Grenzen Palästinas hinaus.

Als er im Begriff war, in Damaskus eine große Verfolgungsaktion zu leiten, offenbarte sich ihm der auferstandene Christus in einer dramatischen Vision (Apg 9,1 ff.). Saulus wurde zum Paulus. Mit demselben Eifer, mit dem er die Kirche verfolgt hatte, lebte er von nun an seine Berufung als Apostel und trug das Evangelium in die Zentren der griechischen Zivilisation.

Paulus ist bekannt als Mann voller Visionen mit einem ausgeprägten Tatendrang. Es ist wenig bekannt, dass Paulus ein Mann voller Leiden war und dass er sich selbst als «schwach» bezeichnete. Seine Briefe reflektieren an vielen Stellen, dass er mit dem «malum physicum» bestens vertraut war. An einer Stelle schreibt er, dass er und seine Mitarbeiter «über die Maßen beschwert» waren und die ganze Sache über ihre Kraft ging, so sehr, dass sie «am Leben verzagten» (2Kor 1,8).[186]

Seinen Alltag beschreibt er im selben Brief so: «Von allen Seiten werden wir in die Enge getrieben und finden doch noch Raum; wir wissen weder aus noch ein und verzweifeln dennoch nicht; wir werden gehetzt und sind doch nicht verlassen; wir werden niedergestreckt und doch nicht vernichtet» (2Kor 4,8).

Ein erfolgsverwöhnter Apostel, dem alles ein wenig leichter fällt als anderen, klingt anders …

Seinen eigenen Körper bezeichnete Paulus als «zerbrechliches Gefäß» (2Kor 4,7). Paulus war während seiner ganzen Zeit als reisender Apostel physischen Einschränkungen unterworfen. Sein Körper war gekennzeichnet von Folter (Gal 6,17), und er lebte mit ständigen Schmerzen (2Kor 12,7). Wenn man sein Leben mit den großen Figuren des Alten Testaments vergleicht, wird man an Jeremia erinnert. Beide hatten eine Berufung, die ihnen alles abverlangte, die sie aber als Vorrecht empfanden. Bei beiden findet sich nach einem anforderungsreichen Leben nicht die geringste Spur von Abnützung. Nach dreißig Jahren härtester Arbeit, fünf Synagogenstrafen von vierzig Hieben weniger einen, vier Gefängnisaufenthalten, zwei Mordanschlägen und einer Steinigung war Paulus physisch gezeichnet, ja, aber in seinem Geist so lebendig wie am Tag seiner Berufung.[187]

Warum streckte Paulus die Waffen nicht, als es hart wurde? Was machte diesen Mann so stark?

Paulus lebte mit einem faszinierenden Paradox. Er sagte von sich selbst, dass er «stark» sei, weil er «schwach» sei (2Kor 12,10). Das griechische Wort, das Paulus an dieser und an anderer Stelle verwendet, bedeutet «Schwachheit» oder «Krankheit». Es wird im Neuen Testament hauptsächlich verwendet, um ernsthafte körperliche Krankheiten zu beschreiben.[188] Der starke Apostel, der im Segen Gottes wirkte und bis heute Spuren hinterlassen hat, war in Wirklichkeit ein kranker Mann.

Die Feststellung von James Packer, dass dort, wo es Segen gibt, zuerst Leid ist, trifft auf das Leben des Paulus in auffälliger Weise zu.[189] Sein Leben ist eine Ermutigung für alle, die denken, sie seien zu schwach oder zu krank, um von Gott gebraucht zu werden.

Das Paradox

Im zweiten Korintherbrief spricht Paulus ausführlich über das Paradox, aus dem er seine fast unverwüstliche Zuversicht bezog. Paulus spricht davon, dass Gott ihm eine harte Prüfung zumutete:

> *«Damit ich mich wegen der einzigartigen Offenbarungen nicht überhebe, wurde mir ein Stachel ins Fleisch gestoßen: ein Bote Satans, der mich mit Fäusten schlagen soll, damit ich mich nicht überhebe» (2Kor 12,7).*

Der Stachel machte Paulus schwer zu schaffen, so dass er Gott dreimal anflehte, ihn davon zu befreien:

> *«Dreimal habe ich den Herrn angefleht, dass dieser Bote Satans von mir ablasse» (2Kor 12,8).*

Der Umstand, dass Paulus Gott dreimal anflehte, ihm den Stachel zu nehmen, lässt darauf schließen, dass er über eine längere Zeit, möglicherweise während Wochen oder Monaten, mit seiner Einschränkung rang. Dann gab Gott ihm die Antwort:

> *«Meine Gnade genügt dir; denn sie erweist ihre Kraft in der Schwachheit» (2Kor 12,9).*

Gottes Antwort ermöglichte ihm eine völlig andere Sicht auf seine vielfältigen Leiden. Fortan lernte Paulus mit dem Paradox zu leben, dass seine Schwachheit seine eigentliche Stärke ist:

«Viel lieber also will ich mich meiner Schwachheit rühmen, damit die Kraft Christi auf mich herabkommt. Deswegen bejahe ich meine Ohnmacht, alle Misshandlungen und Nöte, Verfolgungen und Ängste, die ich für Christus ertrage; denn wenn ich schwach bin, dann bin ich stark» (2Kor 12,9–10).

Paulus sagt, dass der Stachel dazu diente, dass er sich «wegen der einzigartigen Offenbarungen nicht überhebe» (2Kor 12,7). Als Apostel hatte Paulus eine besondere Nähe zu Gott und seinem Reden. Eigentlich wollte Paulus gar nicht über seine Offenbarungen reden, die er von Gott empfing, aber die Korinther zwangen ihn dazu. Am Anfang des Kapitels schreibt Paulus: «Ich muss mich ja rühmen; zwar nützt es nichts, trotzdem will ich jetzt von Erscheinungen und Offenbarungen sprechen, die mir der Herr geschenkt hat» (2Kor 12,1).

In Korinth gab es Leute, welche das Apostelamt des Paulus in Frage stellten. Sie gaben sich als Superapostel aus und sagten, sie seien klüger und redegewandter als Paulus. Je mehr diese Leute prahlend in Korinth herumliefen, desto mehr ließen sich die Korinther beeindrucken. Weil die Korinther so gut auf Prahlereien ansprachen, sah sich Paulus gezwungen, auch ein wenig zu prahlen. Deshalb zählt er im zweiten Korintherbrief auf, was er alles geleistet hat. Er hat mehr gearbeitet, mehr gelitten, mehr erreicht und höhere Offenbarungen gehabt als die selbst ernannten Superapostel (2Kor 11,16 ff.).

Über seine Offenbarungen schreibt Paulus Folgendes: «Ich kenne jemand, einen Diener Christi, der vor vierzehn Jahren bis in den dritten Himmel entrückt wurde. Er hörte unsagbare Worte, die ein Mensch nicht aussprechen kann» (2Kor 12,2–4).[190] Es ist offensichtlich, dass Paulus von sich selbst spricht. Es geht um ein Erlebnis, das er hatte, bevor er seiner Berufung als Apostel der Völker folgte. Paulus wurde in den Himmel entrückt und war in der Gegenwart Gottes. Gott offenbarte sich ihm, und diese Offenbarung war so wunderbar, dass Paulus, der sonst nie um Worte verlegen war, sie gar nicht beschreiben konnte. Paulus war buchstäblich in eine himmlische Dimension eingetaucht, die über jeder Erfahrung stand, die man auf Erden machen kann.

Durch diese und weitere Offenbarungen, die Paulus empfing (Eph 3,3), stand er in der Gefahr, überheblich zu werden. Aus seinem Leben als Pharisäer kannte er die Dynamik des menschlichen Stolzes gut. Er war mächtig stolz darauf gewesen, der strengsten jüdischen Richtung zu folgen und minutiös nach dem Gesetz zu leben. Paulus war klar, dass er diesen Hang zum Stolz immer noch hatte.

Es war nicht so, dass Gott zu Paulus sagte: «Du kriegst jetzt mal einen Stachel, weil du stolz bist!» Der Stachel war nicht Strafe, sondern Bewahrung. Wie Paulus bald lernte, war dieser Stachel im Grunde genommen Gnade, weil er ihn vor sich selbst bewahrte. Die Art und Weise, wie Paulus über seinen Stachel spricht, rückt ihn in die Nähe von Hiob und Jeremia. Sie alle trugen schwer am Übel, das Gott ihnen zumutete, gestanden Gott aber das volle Verfügungsrecht über ihr Leben zu. So unterschiedlich ihr Leiden war, so sehr lernten sie, es in einen Bezug zu Gott zu setzen und damit zu leben.

Schwach und krank

Paulus beschreibt sein Leiden als «Stachel im Fleisch» (2Kor 12,7). «Stachel» kann man auch mit «Dorn» oder «Pfahl» übersetzen. Wenn Paulus im zweiten Korintherbrief den Begriff «Fleisch» verwendet, bezieht er sich auf den menschlichen Körper (2Kor 4,11; 7,5; 10,3). Paulus redet also von einem körperlichen Leiden. Der Beschreibung nach handelt es sich um einen stechenden Schmerz wie von einem Dorn, der in das Fleisch eindringt. Hinter diesem Dorn sieht Paulus einen Boten Satans, der ihn mit Fäusten schlägt. Das Wort, das Paulus verwendet, heißt «mit der Faust schlagen» oder «ohrfeigen». Schon früh in der Christenheit hat man das Leiden des Paulus darum auf den Kopf bezogen und gesagt, Paulus habe unter Kopfschmerzen, Ohrenweh oder anderem Übel gelitten.[191]

Wenn man die Aussagen des Paulus im zweiten Korintherbrief mit dem Galaterbrief vergleicht, liegt der Schluss nahe, dass Paulus an einer schmerzhaften Augenkrankheit litt. Den Christen in Galatien schrieb er:

> *«Ihr wisst, dass ich krank und schwach war, als ich euch zum ersten Mal das Evangelium verkündigte; ihr aber habt auf meine Schwäche, die für euch eine Versuchung war, nicht mit Verachtung und Abscheu geantwortet, sondern mich wie einen Engel Gottes aufgenommen, wie Christus Jesus. Wo ist eure Begeisterung geblieben? Ich kann euch bezeugen: Wäre es möglich gewesen, ihr hättet euch die Augen ausgerissen, um sie mir zu geben»* (Gal 4,13–15).

Paulus war schwach und krank, als er nach Galatien kam. Er verwendet dasselbe Wort für «Krankheit» oder «Schwachheit», das er im zweiten Korintherbrief verwendet, wenn er über seinen Stachel schreibt. Die Galater hätten, wenn es möglich gewesen wäre, ihre «Augen ausgerissen» und Paulus gegeben. Das weist darauf hin, dass die Krankheit des Paulus ein schmerzhaftes Augenleiden war. Dass mit seinen Augen etwas nicht stimmte, kommt am Schluss des Galaterbriefes zum Ausdruck, wo Paulus sagt: «Seht ihr, mit was für großen Buchstaben ich den Brief jetzt eigenhändig zu Ende schreibe?» (Gal 6,11).[192]

Paulus folgte, wie an diesem persönlichen Schluss deutlich wird, der antiken Gepflogenheit und diktierte seine Briefe einem professionellen Schreiber.[193] Es war seine Gewohnheit, als Erkennungszeichen den abschließenden Gruß seiner Briefe eigenhändig zu schreiben. Weil der Galaterbrief ihn so viel Mühe kostete, schrieb Paulus nicht nur den Gruß, sondern den gesamten letzten Abschnitt eigenhändig, und zwar «mit großen Buchstaben» (Gal 6,11). Dass Paulus große Buchstaben benutzte, könnte ein Hinweis darauf sein, dass Paulus extrem kurzsichtig war. Das war in einer Zeit, als es noch keine Brillen gab, nicht nur mühsam, sondern auch gefährlich, wenn man viel reiste.

Aus der Apostelgeschichte wissen wir, dass Paulus auf seinen Reisen oft verfolgt wurde. Juden, die so dachten, wie Paulus früher gedacht hatte, verfolgten ihn von Stadt zu Stadt und zettelten Aufruhr um Aufruhr an (Apg 17,13). Man kann sich das lebhaft vorstellen: Paulus ist meistens zu Fuß unterwegs und wird verfolgt. Er muss abschätzen können, wenn ihm jemand entgegenkommt, ob das ein Freund oder ein Feind oder einfach ein Reisender ist. Aber das kann er nicht. Er sieht Freund oder Feind erst scharf, wenn er direkt vor ihm steht. Wenn es sich um Feinde handelt, dann ist es zu spät; dann schlagen sie dich zusammen und lassen dich halb tot liegen. So könnte es gewesen sein. Auf jeden Fall berichtet Paulus davon, dass er oft in Todesgefahr war und verfolgt, geschlagen, ausgepeitscht und gesteinigt wurde (2Kor 11,23 ff.). Klar ist jedenfalls, dass Paulus körperliche Leiden hatte und dass sie ihm zu schaffen machten.

Ich bereite dich vor

Paulus sagt, sein Leiden bestehe darin, dass ihn ein Bote Satans mit Fäusten schlägt. Trotzdem war sein Leiden nicht teuflisch, sondern göttlichen Ursprungs. Dass Gott die Ursache eines Leidens sein kann, ist für den modernen Menschen nur schwer denkbar. Der Gedanke kollidiert mit unserer Vorstellung von Liebe, die doch das Gegenteil von Leid sein muss.

Für Paulus und die überwiegende Mehrheit der Alten Kirche bestand dieser Konflikt aber nicht. Hinter dem Leiden und im Leiden sah Paulus Gott selbst am Werk. Paulus sagt wörtlich, dass ihm ein Dorn ins Fleisch «gegeben wurde» (2Kor 12,7).[194] Die passive Form «gegeben» war eine im Judentum verbreitete Ausdrucksweise, um zu sagen, dass Gott gegeben hat. Wenn Jesus sagt, dass ihm alle Macht im Himmel und auf Erden «gegeben» wurde, dann ist es Gott, der sie ihm gegeben hat, denn er allein hat die Macht (Mt 28,18). Wenn Jesus sagt: «Bittet, dann wird euch gegeben», dann bitten wir niemand anderen darum als Gott, weil er allein Gebete beantworten kann (Mt 7,7).

Für die Juden war der Name Gottes so heilig, dass sie es vermieden, ihn auszusprechen, und ihn lieber mit der passiven Form umschrieben. Paulus, der durch und durch Jude war, bedient sich also ganz selbstverständlich dieser Ausdrucksweise. Paulus wusste, dass Gott selbst ihm den Stachel gegeben hatte. Für Paulus war es keine Frage, dass Gott das darf. Es kollidierte nicht mit seiner Vorstellung von Liebe, und es stand der Güte Gottes nicht entgegen. Im Gegenteil, es erwies sich für ihn als tröstlich, weil es ihm alle Gewissheit gab, dass sein Leiden von Gott abgemessen war und aus seiner Hand kam.

Paulus sagt, dass sein körperliches Leiden vierzehn Jahre vor der Abfassung des zweiten Korintherbriefs anfing (2Kor 12,2). Damals befand sich Paulus in Kilikien, wo er aufgewachsen war. Die ersten Jahre nach seiner Berufung zum Apostel verbrachte Paulus als noch weitgehend unbeschriebenes Blatt in seiner Heimat Kilikien und verkündigte dort das Evangelium (Gal 1,21). In dieser Zeit, die sich an eine Zeit in der arabischen Wüste anschloss (Gal 1,17), bereitete Gott Paulus auf seine Aufgabe als Völkerapostel vor. Zu dieser Vorbereitung gehörte, dass Paulus in der Verkündigung des Evangeliums in den Synagogen Kilikiens Erfahrungen sammeln konnte.

Die Zeit in der Wüste und die «stillen» Jahre in Kilikien ermöglichten es ihm außerdem, das Alte Testament zu studieren und auf Christus hin zu lesen. Seine Briefe, die voll von Bezügen zum Alten Testament sind, zeigen, dass Paulus diese Aufgabe gründlich anging. Schließlich gehörte zu seiner Vorbereitung, dass Gott ihm in dieser Zeit einen Stachel gab.

Der Stachel des Paulus war nicht Pech und nicht Zufall, sondern Vorbereitung auf eine große Aufgabe. Er war kein Triumph Satans, der sich ein Leiden für Paulus ausdachte, das von Gott dann auch noch zugelassen wurde, obwohl es nicht seinem Plan entsprach. All das wäre für Paulus ja völlig niederschmetternd gewesen, denn es hätte bedeutet, dass Paulus seine Berufung in nur sehr eingeschränkter Weise hätte leben können. Paulus aber wusste, dass Gott selbst den Stachel gesetzt hatte. Im Vertrauen, dass der Töpfer weiß, was er mit dem Ton macht (Röm 9,21), lebte Paulus mit seinem Stachel, als Gott ihn auf die große Bühne holte und er mit seinen Missionsreisen begann (Apg 11,25 ff.). Die Zusage, die Paulus in diesem Zusammenhang bekam, lautete:

> *«Meine Gnade genügt dir; denn sie erweist ihre Kraft in der Schwachheit» (2Kor 12,9).*

Das Wort «Gnade», hinter dem der griechische Begriff «charis» steckt, wird im Neuen Testament häufig und in vielfältiger Weise verwendet. Wir sind durch Gnade erlöst und gerecht (Röm 3,24). Gnade bedeutet, dass Gott uns gerecht macht, obwohl wir das nicht verdient haben. Wir werden vor Gott nicht durch unser Gutsein gerecht, sondern durch den Glauben an Jesus Christus. Wir sind buchstäblich «Begnadigte».

Doch die Bedeutung des Wortes geht über den juristischen Bereich hinaus. Charis hat einen warmen, weichen Klang und ist einer der bedeutendsten Beziehungsbegriffe im Neuen Testament. Das Wort bedeutet «Gnade», «Wohlwollen», «Gunst» und steht für liebevolle Zuwendung. Wenn Gott Paulus sagt: «Meine Gnade genügt dir», dann bedeutet das: «Paulus, dein Leiden bedeutet nicht, dass mit dir etwas nicht stimmt. Ich strafe dich nicht, ich bereite dich vor. Du hast mein ganzes Wohlwollen.»

Paulus fehlte einiges. Es fehlte ihm an einer guten Gesundheit, zeitweise fühlte er sich komplett niedergestreckt. Gleichzeitig hatte er etwas, das ihm niemand nehmen konnte, etwas, das unglaublich wertvoll ist, gerade für Menschen, die durch Leid gehen: Er hatte Gottes Gnade, Gottes Wohlwollen, Gottes uneingeschränktes Ja. In diesem Wissen konnte er ganz kategorisch sagen, dass Gott «für uns» ist und dass uns niemand von seiner Liebe trennen kann (Röm 8,31 ff.).

Paulus wünschte, Gott würde ihm seinen Stachel wieder nehmen, aber Gott wies ihn auf seine Gnade hin. Die Antwort, die Paulus auf sein Flehen bekam, war also etwa so: «Paulus, ich bin für dich. Ich weiß, dass ich dir Leiden zumute. Dein Stachel ist nicht Strafe, nicht Pech, nicht Zufall. Er ist meine maßgeschneiderte Vorbereitung für dich. Er ist nötig, damit du in deiner hohen Berufung nicht an dir selbst scheiterst. Du wirst sehen, dass meine Gnade eine gewaltige Kraft ist, die in deiner Schwachheit richtig zur Entfaltung kommt.»

Kraft in der Schwachheit

Mit dieser Antwort musste Paulus leben, und nach allem, was wir wissen, tat er es auf eindrückliche Weise. Als Paulus auf seine Missionsreisen ging, auf denen er buchstäblich Zehntausende von Kilometern zu Fuß, mit dem Schiff und auf Eselskarren zurücklegte, zeigte sich, dass dieser leidende Mann, dem man nachsagt, er sei klein gewesen, eine besondere Stärke hatte.

Paulus lernte, dass nicht *trotz* seiner Schwachheit, sondern gerade *wegen* ihr eine besondere Kraft von ihm ausging. Das erste Mal erlebte Paulus dieses göttliche Paradox, als er in Galatien das Evangelium verkündigte. Der Weg dahin war beschwerlich. Um in das anatolische Hochland zu gelangen, musste er das Taurusgebirge mit seinen schneebedeckten Gipfeln durchqueren oder umgehen. Als er in Galatien ankam, war er schwach und krank (Gal 4,13). Paulus war offenbar so entstellt, dass es das Natürlichste gewesen wäre, wenn die Galater mit «Verachtung und Abscheu» reagiert hätten (Gal 4,14). Auf jeden Fall rechnete es Paulus ihnen noch Jahre danach hoch an, dass sie ihn nicht zurückgewiesen, sondern aufgenommen und vermutlich auch gepflegt hatten.

In Galatien begann die Dynamik der göttlichen Kraft in der menschlichen Schwachheit zu spielen, so dass Paulus nur noch staunend beobachten konnte, was mit ihm und den Galatern geschah. Die Galater sahen einen kranken Menschen in einem offenbar schlimmen Zustand, als sie Paulus kennenlernten. Aber die Galater sahen nicht nur einen schwachen Menschen, sondern gleichzeitig einen von Gott gehaltenen und gestärkten Menschen! Sie lernten Paulus kennen und stellten fest, dass trotz seines Zustandes Gottes Charis und seine Kraft in besonderer Weise auf ihm lag. Denn ohne Gottes Kraft hätte Paulus in seinem Zustand das Evangelium in Galatien gar nicht verkündigen können.

Paulus muss ähnliche Erfahrungen immer wieder gemacht haben, so dass er getrost mit seinen Einschränkungen leben lernte. In seinem zweiten Brief an die Korinther reflektiert er diese Erfahrung, wenn er schreibt:

> *«Gepriesen sei der Gott und Vater Jesu Christi, unseres Herrn, der Vater des Erbarmens und der Gott allen Trostes. Er tröstet uns in all unserer Not, damit auch wir die Kraft haben, alle zu trösten, die in Not sind, durch den Trost, mit dem auch wir von Gott getröstet werden» (2Kor 1,3–4).*

Paulus steckte auf seinen Reisen fast beständig in Nöten. Anfeindungen, Verfolgung, Verfahren in Synagogen, Folter, körperliche Schwächen, Schiffbruch, durchwachte Nächte, Hunger, Durst, Kälte und Blöße. Die Liste von Paulus' Nöten ist lang (2Kor 11,23 ff.). In diesen Nöten erlebte Paulus Gott als Tröster. Gottes Gegenwart war das Wertvollste, das ihm niemand nehmen konnte. Sie machte sein Leiden erträglich und erfüllte ihn mit Zuversicht, ob er allein unterwegs und müde war oder in einer Gefängniszelle saß.

Der Trost, den Paulus täglich nötig hatte, wurde zu einer Quelle des Trostes für Menschen, die wie Paulus von Übel betroffen waren.

Paulus schreibt nicht, dass er trösten könne, weil er von Gott getröstet wurde, sondern dass er gerade jetzt getröstet wird und er darum gerade jetzt die Menschen trösten kann, die Trost nötig haben. Der Trost, den Paulus nötig hatte, floss beständig durch ihn, das zerbrechliche Gefäß, zu den Menschen, denen er mit dem Evangelium diente. Seine Schwäche erwies sich so als entscheidende Stärke in seinem Dienst.

Paulus war kein Superapostel, der ein abgehobenes Leben führte oder in intellektuellen Sphären schwebte, die seinen Zuhörern nicht zugänglich waren, obwohl er das hätte bewerkstelligen können. Trotz seiner hohen Offenbarungen, seinem anspruchsvollen Denken und seinem scharfen Verstand war er nahe bei den Leuten, denen er diente. Seine Schwachheit brachte ihn auf Augenhöhe mit den Menschen und machte seine Botschaft glaubwürdig. In der leidvollen Geschichte des zähen Apostels erblickten sie ihre eigene Geschichte und wurden daran erinnert, dass Gott auch in ihrem Leben am Werk war. Wenn sie den Glauben des Apostels sahen, der sich darin übte, in allem dankbar zu sein, und sich weigerte, angesichts seiner Leiden die Waffen zu strecken, sahen sie in ihm den lebendigen Gott am Werk und wurden ermutigt, Gott ebenso zu vertrauen.

Im Lichte solcher Erfahrungen konnte Paulus schon fast euphorisch sagen: «Viel lieber also [als mich meiner Offenbarungen zu rühmen] will ich mich meiner Schwachheit rühmen, damit die Kraft Christi auf mich herabkommt. Deswegen bejahe ich meine Ohnmacht, alle Misshandlungen und Nöte, Verfolgungen und Ängste, die ich für Christus ertrage» (2Kor 12,9–10).[195] Im täglichen Lebensvollzug lernte Paulus, wie Gottes Uhren ticken. Er sah, welche Quelle des Trostes sein Glaube angesichts seines kläglichen physischen Daseins für viele Menschen war. Aus diesen Erfahrungen lernte er, fröhlich mit dem Paradox zu leben, dass seine Stärke in seiner Schwachheit liegt.

Die leidvolle Existenz des Paulus ist eine Ermutigung für alle, die denken, sie müssten wegen ihrer Einschränkungen das wahre Leben verpassen oder ihrer Berufung hinterherhinken. Es wäre nicht erstaunlich, wenn Paulus abschließend gesagt hätte: «Meine Schwäche hat mich in meinem Dienst nicht gehindert.» Ganz offensichtlich hat sich seine Schwachheit im praktischen Lebensvollzug immer wieder als einschränkend erwiesen. Trotzdem sagt Paulus etwas viel Ermutigenderes, etwas viel Stärkeres, nämlich dass seine Schwachheit förderlich war. Sein Dorn hat ihn in seinem Dienst nicht nur nicht gehindert, sondern erwies sich als nützlich, so dass Paulus mit voller Überzeugung sagen konnte: «Wenn ich schwach bin, dann bin ich stark» (2Kor 12,10).

Alles dient zum Besten

Die Erfahrung mit seiner Schwachheit lehrte Paulus, dass Gott im Leben derer, die ihn lieben, alles zum Guten führt. Im Römerbrief bringt Paulus diese Überzeugung in den Worten zum Ausdruck:

> *«Wir wissen aber, dass denen, die Gott lieben, alle Dinge zum Besten dienen» (Röm 8,28).*[196]

Die kategorische Ausdrucksweise des Apostels ist eine Einladung, über die Bedeutung dieses schlichten Satzes nachzudenken. Wir wissen, dass Gott unser Leben so lenkt, dass uns alles zum Besten dient. Wir hoffen es nicht, wir fühlen es nicht notwendigerweise, wir wissen es. Das «wir» ist bewusst gewählt. Paulus hätte sagen können «Ich bin gewiss», wie später im selben Kapitel, wo er sagt, dass er gewiss ist, dass weder Tod noch Leben uns von der Liebe Gottes trennen können (Röm 8,38). Wenn Paulus nicht sagt: «Ich bin gewiss», sondern: «Wir wissen», spricht er von einer Wirklichkeit, die für alle Christen gilt. «Wir Christen», sagt Paulus als Ermutigung, «wissen etwas ganz Starkes, ganz Ermutigendes. Wir wissen, dass Gott in unserem Leben alles zum Guten führt.»

Die Verheißung, dass uns alles zum Besten dient, bedeutet nicht, dass alles bei allen gut ausgeht. Der Satz hat nichts mit Wunschdenken oder Schönfärberei zu tun. Es gibt Dinge im Leben, die uns zu schaffen machen. Eine Beziehung, die in die Brüche geht, eine Arbeitsstelle, die verloren geht, eine schwere Krankheit, die uns aus der Bahn wirft – all das ist nichts Schönes für die Seele. Die Bibel bezeichnet solche Dinge an keiner Stelle als gut, aber Gott macht Gutes daraus. Darin besteht diese Verheißung.

Wörtlich heißt es, dass alles zu unserem Guten «zusammenwirkt». Das griechische Wort, das Paulus verwendet, ist das Wort «synergeo». Die Vorsilbe «syn» bedeutet «zusammen». Davon leitet sich unser Wort «Synergie» ab. Wenn man in einem Wörterbuch unter «Synergismus» nachschlägt, steht da: «Zusammenwirken von

Faktoren, die sich gegenseitig fördern.» Das beschreibt Gottes Wirken treffend. In seiner Macht bringt Gott alle positiven und alle negativen Faktoren unseres Lebens so zusammen, dass uns alles zum Besten dient.

Dass alles, aber auch wirklich alles, in das Gute eingeschlossen ist, das Gott wirkt, ist in einer Welt voller Übel von unendlichem Trost. Wenn Paulus recht hat, ist das dreifache «malum», von dem im Leidensdiskurs im Anschluss an Gottfried Wilhelm Leibniz die Rede ist, in die Verheißung von Römer 8,28 eingeschlossen. Wenn es nicht so wäre, müssten wir in einer Welt der Nichtigkeit und Ungerechtigkeit und angesichts unseres Leids den Verstand verlieren.

Paulus spricht davon, dass Gott das «malum metaphysicum» (die geschöpfliche Unvollkommenheit) überwinden wird, wenn er im selben Kapitel sagt: «Ich bin überzeugt, dass die Leiden der gegenwärtigen Zeit nichts bedeuten im Vergleich zu der Herrlichkeit, die an uns offenbar werden soll. Denn wir wissen, dass die gesamte Schöpfung bis zum heutigen Tag seufzt und in Geburtswehen liegt» (Röm 8,18 und 22).

Das ultimative Gute, das Gott zu unseren Gunsten wirkt, ist also in der neuen Schöpfung zu suchen. Das «malum physicum» (das in der Natur vorhandene Übel, zu dem auch Krankheiten gehören) erlebte Paulus an sich selbst durch das göttliche Paradox als im Prinzip überwunden. Das natürliche Malum hinderte ihn nicht daran, dass sein Leben nach Gottes Vorsehung verlief und er in seiner Schwäche zur Ehre Gottes leben konnte.

Die Auferstehung des Leibes, die Paulus an vielen Stellen in seinen Briefen beschäftigt, wird die vollständige Überwindung dieses Malums sein und stellt eine Hoffnung dar, die uns in unserem Leiden stärkt. Das «malum morale» (das vom Menschen verursachte Böse) kannte Paulus von seinem Dienst als Apostel nur zu gut. Ständig verflucht und verfolgt zu werden, war keine Kleinigkeit. Paulus erlebte, dass dieses Malum ihn nicht hinderte, seine Berufung zu leben.

Gottes Vorsehung

Es ist auffallend und für Leidende von großer Bedeutung, dass Paulus in Römer 8,28 so zuversichtlich und so umfassend von Gottes Wirken sprechen kann. Grund dafür ist der Glaube an einen guten Plan Gottes mit der Welt und mit jedem einzelnen Menschen. In der Theologie spricht man in diesem Zusammenhang von der «Vorsehung» Gottes. Der Gedanke der Vorsehung vereint in sich die Vorstellung von einem weisen und gütigen Vorauswissen und Vorausplanen Gottes.

Paulus beschreibt einen Christen vom menschlichen Standpunkt aus als jemanden, der Gott liebt (Röm 8,28a), und von Gott aus gesehen als eine Person, die nach seinem ewigen Plan berufen ist (Röm 8,28b). Was unter diesem Plan zu verstehen ist, entfaltet Paulus in den folgenden Versen:

> *«Wir wissen, dass Gott bei denen, die ihn lieben, alles zum Guten führt, bei denen, die nach seinem ewigen Plan berufen sind; denn alle, die er im Voraus erkannt hat, hat er auch im Voraus dazu bestimmt, an Wesen und Gestalt seines Sohnes teilzuhaben [...] Die aber, die er vorausbestimmt hat, hat er auch berufen, und die er berufen hat, hat er auch gerecht gemacht; die er aber gerecht gemacht hat, die hat er auch verherrlicht» (Röm 8,28–30).*

Der zentrale Gedanke, um den sich in diesen Versen alles dreht, ist der Gedanke der Vorsehung. Paulus macht klar, dass das Beste, das Gott für uns im Sinn hat, weit über unser vergängliches Leben hinausgeht. Das Beste, das Gott für uns will, plante Gott, als wir noch gar nicht da waren, und es wird dann volle Wirklichkeit sein, wenn wir jenseits dieser Welt in der verherrlichten neuen Schöpfung leben werden.

Paulus sagt, dass wir «im Voraus erkannt» sind (Röm 8,28). Vor Gott ist unser Leben wie ein offenes Buch, und Gott liest jederzeit darin. Wenn es in der Bibel heißt, dass Gott uns «erkannt» hat, ist darin nicht nur der Gedanke des Vorauswissens enthalten, sondern auch der Liebe und der Zuneigung. Erkannt sein ist in der Bibel ein intimer Ausdruck, der bedeutet, dass Gott uns in sein Herz geschlossen und aus Liebe einen Plan für unser Leben hat (5Mo 7,7–8). Paulus sagt, dass dieser Plan darin besteht, dass wir «an Wesen und Gestalt seines Sohnes teilhaben» (Röm 8,29). Es ist Gottes Plan, dass wir Christus, dem wir folgen, ähnlich werden.

Dieses Ähnlichwerden begann an dem Tag, als Gottes Geist in uns Wohnung nahm. Seit diesem Tag nimmt Gott alles Gute und alles Schöne, aber auch alles Leid und alles Schwierige und formt damit unseren Charakter. Das «Gute» oder das «Beste», das uns in Römer 8,28 versprochen ist, ist also nicht irgendetwas, das wir nach unserem Gutdünken festlegen könnten. Wenn «zum Besten dienen» bedeutet, dass wir reich, glücklich und gesund sind, dann ist Römer 8,28 nicht wahr. Wenn es aber bedeutet, dass Gott in uns eine Wesenseinheit mit seinem Sohn bewirkt, damit wir zu der Persönlichkeit werden, die wir nach Gottes Willen sein können, dann ist dieser Text wahr.

Paulus sagt weiter, dass Gott uns «berufen», «gerecht gemacht» und «verherrlicht» hat (Röm 8,30). Das Gute, das Gott mit uns im Sinn hat, wird erst jenseits dieser Welt völlige Wirklichkeit sein. Interessanterweise sagt Paulus, dass Gott uns verherrlicht «hat», obwohl unsere Verherrlichung noch kommt. Es ist seine Art, um zum Ausdruck zu bringen, dass es die unerschütterliche Gewissheit eines Christen ist, dass das Beste tatsächlich noch kommt. Es ist so gewiss, als wäre es schon da. Dieser Gedanke gipfelt am Ende des Kapitels darin, dass kein Leid auf dieser Erde und keine Macht im Himmel uns von der Liebe Gottes trennen können (Röm 8,38–39).

Gott lässt alles in unserem Leben «zum Guten mitwirken», wenn wir uns das nochmals wörtlich vor Augen führen. Dieses Gute fließt aus der Liebe Gottes zu uns, die unverdient ist, weil sie da war, als es uns erst in den Gedanken Gottes gab. Ohne die Vorsehung Gottes wäre der Glaube, dass uns alles zum Besten dient, ein frommer Wunsch. Der Gedanke der Vorsehung besagt, dass Gott im Buch unseres Lebens las, lange bevor es uns gab. Gott hat einen Plan und einen Weg für unser Leben, und er besitzt den Willen und die Kraft, diesen Plan Wirklichkeit werden zu lassen, ohne unsere Persönlichkeit zu zerstören.

Der Gedanke der Vorsehung setzt voraus, dass Gott in keinerlei Hinsicht eingeschränkt ist. Paulus hätte der Modifikation der Eigenschaften Gottes niemals zugestimmt. Jegliche Einschränkung hinsichtlich der Allmacht und Allwissenheit Gottes hätte schärfsten Protest ausgelöst. Er hätte die Idee verworfen, weil sie nicht im Einklang mit dem Wesen Gottes ist, wie es uns im gesamten Alten und Neuen Testament vor Augen gestellt wird. Wenn Gott nicht allwissend wäre, gäbe es keinen Plan für unser Leben, und wenn Gott einen Plan hätte, aber nicht allmächtig wäre, könnte er ihn nicht ausführen. Wir müssten dann mit einem gütigen, aber schwachen Gott leben. Nichts ist schlimmer für Menschen, die leiden und fragen, ob ihre Geschichte gut ausgehen wird.

Römer 8,28–30 ist einer der ermutigendsten Texte der Bibel und einer der wichtigsten, wenn es um die Frage geht, wie unser Leiden und Gottes gute Absichten mit uns zusammenpassen. Der Gedanke der Vorsehung bringt Gottes ewigen Plan und seinen Willen, uns alles zum Besten dienen zu lassen, wirkungsvoll zusammen. Wenn Gott uns erkannt, vorherbestimmt, berufen, gerecht gemacht und verherrlicht hat, haben wir es mit einem Gott zu tun, der in keiner Weise eingeschränkt, aber ständig am Werk ist. Wir haben dann die Gewissheit, dass nichts Gott hindern kann, uns alles zum Besten dienen zu lassen, weil Gott das Wissen, den Willen und die Kraft hat, sein Vorhaben auszuführen.[197]

Freunde

Wer leidet, braucht Freunde. David hatte Jonathan, Jeremia hatte Baruch, Paulus hatte Freunde, die ihn auf seinen Reisen begleiteten, Jesus war mit Petrus, Jakobus und Johannes zusammen. Was wäre

David in der Wüste ohne Jonathan gewesen? Was Jeremia in der Zisterne ohne Baruch? Was Paulus ohne seine Mitarbeiter auf seinen Reisen und im Gefängnis?

Menschen mit Weitblick und geistlichem Tiefgang wissen Freundschaften von jeher zu schätzen und pflegen sie. Für den Schriftsteller C.S. Lewis gehörte die Freundschaft zu den Dingen, die das Leben lebenswert machen.[198] Der geistliche Leiter Gordon MacDonald schreibt in einem Buch über geistliche Ausdauer: «Je älter wir werden, umso besser verstehen wir den unschätzbaren Wert eines Kreises enger Freunde, die auch dann noch da sind, wenn die Lichter der schnellen, oberflächlichen Welt längst erloschen sind. Dieser enge Freundeskreis kann der wertvollste Schatz sein, den man auf dieser Welt besitzt.»[199]

In meinen gesundheitlich schwierigsten Zeiten waren mir meine Familie und meine Freunde das Wichtigste auf der Welt. Meine Frau war für mich da, hoffte mit mir und betete mit mir. Meine Familie nahm Anteil an unserem Leiden und unterstützte uns, wo immer es ging. Unsere Freunde beteten für uns und versorgten uns. Wir hatten mindestens ein halbes Dutzend Leute, die wir nachts um zwei Uhr hätten anrufen können, und sie wären sofort da gewesen. Freunde sind für uns da, ohne große Worte zu machen.

Aus unserem erweiterten Bekanntenkreis bekamen wir von den Telefonnummern etwas «spezieller» Therapeuten bis hin zu chinesischen Kräutern so ziemlich alles empfohlen, was man sich vorstellen kann. Wenn wir auf alle gut gemeinten Ratschläge eingegangen wären, hätten wir viel Geld ausgegeben und wären vermutlich verrückt geworden. Unsere Freunde hingegen waren einfach für uns da. Etwas vom Besten, das sie für uns taten, war, uns nicht mit Ratschlägen zu überhäufen. Sie ließen uns in Ruhe und hörten zu, wenn wir das Bedürfnis hatten, über die Situation zu sprechen.

Während einem meiner Klinikaufenthalte hatte ich die Gelegenheit, Patienten zu beobachten, wenn sie Besuch bekamen. Wenn Besuch eintraf und sich die Leute auf der Terrasse hinsetzten, um Kaffee zu trinken, wurde ein ums andere Mal deutlich, wie wichtig Freunde sind. Menschen, die übel zugerichtet waren, die kaum sprechen konnten oder Mühe hatten, sich fortzubewegen, blühten förmlich auf, wenn sie jemand besuchte.

Wenn ein Unfall oder eine Krankheit einem das Leben auf den Kopf stellt, man den eigenen Körper nicht mehr bewegen oder sich kaum noch mitteilen kann, braucht man Freunde. In den Begegnungen, die sich bei Kaffee und Kuchen ereigneten, gab es viel zu lachen, viel zu erzählen und auch viele Umarmungen. Freunde kamen mit Blumen oder kleinen Geschenken, und Enkel brachten ihrer Großmutter ihre Lieblingsbeeren aus dem Garten mit. In solchen Momenten war die Welt der Leidenden eine andere. Sie waren aufgehoben im Kreis von Familie und Freunden und bekamen Kraft für den nächsten Tag, die nächste Therapie, die nächste Herausforderung.

Freunde können der wertvollste Schatz auf Erden sein. Freunde begleiten uns auf einer oder mehreren Etappen unserer Lebensreise und machen den Weg zum Ziel. Sie leben mit uns nicht in einer besseren Zukunft, die sich möglicherweise nie einstellt, sondern sind Teil unserer Gegenwart. Sie verschwinden nicht aus unserem Leben, wenn die Rolle, die sie spielen, unangenehm wird oder länger dauert als gedacht. Sie sind da, wenn es hart wird, sie bringen Beeren aus dem Garten, sie schicken uns unsere Lieblingskekse oder rufen uns an und fragen, wie unser Tag war. Sie beten für uns, sie hören zu, sie tragen unsere Lasten mit. Durch all das geben sie uns das Gefühl, dass wir für jemanden auf dieser Welt wichtig sind.

Vielleicht gibt es so wenig tiefe Freundschaften, weil sie ambivalent sind. Freundschaften können uns zum Guten oder zum Schlechten beeinflussen. Sie machen, wie C.S. Lewis in seinem Buch über Liebe bemerkt, die Guten besser und die Schlechten schlimmer.[200] Freundschaften können verletzen, weil wir uns öffnen und dadurch verwundbar werden. Wir sind wie Stachelschweine, die versuchen, miteinander zu kuscheln, aber wir werden auseinandergetrieben aus Angst, wir könnten uns mit unseren Stacheln Schmerzen zufügen.[201]

Für Paulus hatte die Freundschaft, die in der Antike sehr geschätzt war, einen hohen Stellenwert. Aber auch er machte schmerzhafte Erfahrungen mit Freundschaften und trug auch seinen Teil dazu bei. Er teilte mit vielen Menschen sein Leben, seine Vision, seine Leiden. Er erlebte, wie unerlässlich Freundschaften sein können, aber auch, dass Leute, denen er sein Vertrauen schenkte, ihn verrieten (2Kor 11,26) oder im Stich ließen (2Tim 4,10). Trotzdem hatte Paulus buchstäblich Dutzende von Männern und Frauen, die ihn auf seiner Lebensreise begleiteten.[202]

Paulus und ein Dream-Team

Paulus hatte einen engen Kreis von Freunden, mit denen er zum Teil über Jahre verbunden war. Mit ihnen teilte er sein Leben, seine Vision und seine Leiden. Es scheint undenkbar, dass Paulus ohne sie zu dem Apostel hätte werden können, als der er in die Geschichte einging.

C. S. Lewis beschreibt Liebende als zwei, die sich gegenüberstehen und ineinander versunken sind, während Freunde Seite an Seite stehen und in ein gemeinsames Anliegen versunken sind.[203] Den Wert dieser Art von Freundschaft, bei der man gemeinsam in eine Richtung blickt, lernte Paulus durch Barnabas kennen. Als Paulus seine stillen Jahre in Kilikien verbrachte, suchte ihn Barnabas auf und überzeugte ihn, mit ihm im syrischen Antiochien zu wirken, einer der Megastädte des Römischen Reiches, wo eine dynamische Kirche entstanden war (Apg 11,26 ff.). Paulus scheint diesem Ruf ohne Zögern gefolgt zu sein. Die beiden wirkten als Hirten und Lehrer in Antiochien und wuchsen schnell zu einem Dream-Team zusammen.

Von Antiochien wurden sie ausgesandt, um in Zypern und dem Gebiet der heutigen Türkei das Evangelium zu verkünden (Apg 13,4 ff.). Die Reise, die erste ihrer Art im Christentum, wurde ein voller Erfolg. Paulus war der Visionär und Stratege, Barnabas der Mann, der die Menschen mit ihren Bedürfnissen und ihrem Potenzial sah. In dieser Unterschiedlichkeit erlebten die beiden Missionare nicht nur, wie wertvoll Ergänzung sein kann, sondern auch die Ambivalenz von Freundschaften. Als sie gemeinsam zu einer zweiten Reise aufbrechen wollten, gerieten sie wegen der Frage, ob Strategien oder Menschen im Vordergrund stehen, so heftig aneinander, dass sie ihre Tätigkeiten getrennt fortsetzten (Apg 15,36 ff.).

Paulus fand in Silas einen neuen Verbündeten, der ihn auf seiner nächsten Reise begleitete und mit dem sich bald eine tiefe Freundschaft ergab. Sie reisten mehrere Jahre miteinander, teilten das Leben, versunken in eine gemeinsame Vision. Mit Silas reiste Paulus Tausende von Kilometern und erlebte, wie Menschen zum Glauben an Christus fanden, und mit ebendiesem Silas sang er Loblieder im Gefängnis (Apg 16,19 ff.). Silas teilte das Denken von Paulus so sehr, dass er im Eingangsgruß einzelner Briefe als Mitverfasser erscheint (1Thess 1,1). Obwohl die Briefe des Paulus eindeutig von der Denkart des Apostels geprägt sind, sind sie nicht das Werk eines einsamen Denkers. Paulus entwickelte seine Theologie nicht in der Abgeschiedenheit des Elfenbeinturms, sondern zusammen mit seinen besten Freunden, zu denen nebst Silas auch Timotheus zählte (2Thess 1,1).

Paulus und Silas nahmen Timotheus, der jünger als die beiden gewesen sein dürfte, während ihrer ersten Reise ins Team auf. Paulus wurde zum Mentor für Timotheus, den er als seinen «geliebten Sohn» bezeichnete (2Tim 1,2). Timotheus verstärkte das Dream-Team in seiner neuen Zusammensetzung durch seine zurückhaltende Art und seine Loyalität. Je mehr Timotheus lernte und je länger sie zusammen unterwegs waren, desto mehr wurde Timotheus zum engsten Vertrauten des Apostels. Paulus setzte ihn als Gemeindeleiter in Ephesus ein und blieb mit ihm in brieflichem Kontakt, als die Umstände sie auseinanderrissen.

Wie viel Paulus die Freundschaft mit Timotheus bedeutete, zeigt sich daran, dass Paulus ihm kurz vor seinem Tod einen langen Abschiedsbrief schrieb, in welchem er seine Wertschätzung für ihre Freundschaft zum Ausdruck brachte und ihn ermutigte, die Fackel weiterzutragen (2Tim 1,1 ff.).

Das Dream-Team wurde durch Lukas, einen griechischen Arzt, komplettiert (Kol 4,14). Lukas begleitete das Team etappenweise, was wegen der gut ausgebauten römischen Handelsrouten und Schiffswege problemlos möglich war.[204] Einen Leibarzt konnte Paulus auf seinen Reisen mehr als gebrauchen. Wenn Paulus wieder einmal verprügelt, mit Steinen beworfen oder gefoltert wurde, flickte ihn Lukas zusammen und verband seine Wunden. Kein Wunder, nannte Paulus Lukas einen «lieben Freund» (Kol 4,14).

Wie wichtig für Paulus Freunde waren, zeigt ein Ereignis auf der zweiten Reise. Vom Erfolg der ersten Reise mit Barnabas beflügelt, wollte Paulus zusammen mit Silas und Timotheus das Evangelium weiter nach Westen tragen (Apg 16,6 ff.). Sie begannen ihre Reise im Süden der heutigen Türkei, wollten in westlicher Richtung weitere Städte erreichen, aber der Heilige Geist «verwehrte» es ihnen (Apg 16,6). Also wandten sie sich in nördliche Richtung. Sie durchzogen die gesamte Türkei, bis sie im Norden das Schwarze Meer erreichten. Dort wollten sie sich nach Osten wenden, «doch auch das erlaubte ihnen der Geist Jesu nicht» (Apg 16,7). Es blieb ihnen nichts anderes übrig, als sich erneut nach Westen zu wenden, bis sie in der Hafenstadt Troas ankamen, die damals griechisches Gebiet war.

Die drei hatten einen Umweg von tausend Kilometern in den Knochen und waren voller Fragen. Was sollte dieser Umweg? Wo wollte Gott sie hinführen?

Als sie in Troas ankamen, stieß Lukas zum Team. In dieser Nacht hatte Paulus eine Vision. Er sah einen Mann aus Mazedonien, der sagte: «Komm herüber nach Mazedonien und hilft uns!» (Apg 16,9). Am nächsten Morgen besprach das Team die Vision. Das Wort, das an dieser Stelle verwendet wird, besagt, dass das Team aus den besonderen Umständen und der nächtlichen Vision schloss, dass sie nach Mazedonien aufbrechen sollten (Apg 16,10).[205] Dass Paulus die Interpretation der Vision zur Team-Sache machte und sie gemeinsam entschieden, wohin die Reise geht, zeigt den Stellenwert echter Freundschaft im Leben des Apostels.

Starker Apostel

Paulus war mit auffallend vielen Leuten verbunden. Nebst seinem Dream-Team konnte Paulus auf unabhängige Mitarbeiter zählen, die ihn zeitweise unterstützten. Zu ihnen gehörten Johannes Markus, der das Markus-Evangelium schrieb, das Ehepaar Priscilla und Aquila, die mit Paulus zusammen in Korinth arbeiteten (Röm 16,3–4), und Titus, der in Kreta Gemeinden gründete und dem Paulus einen ermutigenden Brief schrieb (Tit 1,1 ff.). Ein Teil der Leute, mit denen Paulus verbunden war, waren Gesandte von lokalen Kirchen, die den Auftrag bekamen, Paulus in bestimmten Situationen zu unterstützen. Zu ihnen gehörten Leute wie Stephanas (1Kor 16,15) oder Sosthenes (1Kor 1,1), die Paulus als seine «Gefährten» bezeichnete. Ganz wie die Gefährten im Epos «Herr der Ringe» bildeten sie eine verschworene Gemeinschaft.

Über diese Leute hinaus hatte Paulus einen Kreis von Supportern. Sie dienten als Gastgeber, begleiteten Paulus ein Stück auf seinen Reisen oder führten Aufträge aus. Zu ihnen gehörten Tertius, ein professioneller Schreiber, dem Paulus den Römerbrief diktierte (Röm 16,22), der begüterte Gaius in Korinth, der für Paulus und einen Teil der lokalen Kirche sein Haus zur Verfügung stellte (Röm 16,23), und Jason, der Paulus in Thessalonich unterstützte und vor den Behörden für Paulus bürgte (Apg 17,5ff).

Auffallend ist, dass Paulus viele Frauen zum Kreis seiner Unterstützer zählte und mit ihnen zusammenarbeitete. Er sprach mit Hochachtung von ihnen und war damit seiner Zeit weit voraus. Am Ende des Römerbriefs empfiehlt Paulus Phöbe, die Überbringerin des Römerbriefs, der Kirche in Rom. Paulus spricht von ihr als einer besonders geachteten Person und erwähnt, dass sie sich für viele, auch für Paulus, prominent eingesetzt hatte.[206]

Andronikus und seine Frau Junia, die mit ihm im Gefängnis waren, bezeichnet Paulus einige Verse später hochachtungsvoll als «angesehene Apostel» (Röm 16,7).[207] Im Philipperbrief erwähnt Paulus Evodia und Syntyche, die mit ihm zusammen «für das Evangelium gekämpft» haben (Phil 4,3).

Das Bild vom Apostel, der ganz allein stark war, ist falsch. Auf seinen Reisen war Paulus nur dann allein, wenn die Umstände ihn dazu zwangen. Das Paradox, mit dem Paulus lebte, und seine physischen Einschränkungen lehrten ihn früh, dass er nur mit anderen zusammen seine Berufung leben konnte. Das machte Paulus, den gebildeten und weltgewandten Denker, nahbar. Seine Briefe sind voller Dankbarkeit und Wertschätzung für die vielen Menschen, die Gott ihm zur Seite stellte. Eine klare Berufung, eine eklatante Schwäche und ein Kreis von Freunden machten aus dem zerbrechlichen Gefäß «Paulus» den starken Apostel, als der er in die Geschichte eingegangen ist.

Hoffnungstexte ermutigen mich

Biblische Texte vermitteln mitten im Schmerz Trost. Von manchen Texten geht eine Kraft aus, die weit über unser Verstehen hinausgeht. Wir können in ihnen ankern, obwohl unser Schiff sich mitten im Sturm eigentlich losreißen und unkontrolliert auf den Wellen hin und her schlingern müsste. Ein solcher Text ist für mich der Folgende von Paulus:

> *«Bedrängnis bewirkt Geduld, Geduld aber Bewährung, Bewährung Hoffnung. Die Hoffnung aber lässt nicht zugrunde gehen; denn die Liebe Gottes ist ausgegossen in unsere Herzen durch den Heiligen Geist, der uns gegeben ist» (Römer 5,3–5).*

Der englische Baptistenpastor Charles Spurgeon (1834–1892) schrieb dazu, dass die normale Reaktion aus Bedrängnis Empörung und Ungeduld sei. Nur Gottes Gnade bewirke in Bedrängnis oder Schmerz das Ausharren. Das ist möglich, weil ich weiß, dass ich in der Bedrängnis in Gottes Hand bin und er die Bedrängnis zu einem Ziel führt, welches ich noch nicht kenne. Ich harre auf Gottes Eingreifen im Glauben, dass er am Werk ist.

Ohne Gott bewirkt die Ungeduld, dass ich mich aus der Bedrängnis herauszuwinden suche. Ich lerne nichts, ich habe möglicherweise nur etwas Unangenehmes abgeschüttelt. Wenn das nicht gelingt und die Bedrängnis anhält, sind Enttäuschungen und Bitterkeit die Folge.

Mit Gottes Gnade aber führt Geduld zur Bewährung. Ich werde stärker in meinem Glauben und reife als Persönlichkeit. Ich erdulde nicht umsonst. Die Situation verändert sich unter Umständen nicht, aber ich selbst verändere mich. Ich mache die Erfahrung, dass ich nicht schwächer, sondern stärker werde. Daraus ergibt sich die Gewissheit, dass ich für weitere Herausforderungen gerüstet bin. Durch diese Erfahrung wächst aus der Bewährung Hoffnung. Ich blicke hoffnungsvoll in die Zukunft und kann von Gott alles erwarten.

Der Text zeigt mir, wie Paulus durch Schwachheit zur Stärke gelangte. Paulus klingt in diesem Text ja schon fast euphorisch. Davon bin ich noch weit entfernt. Aber ich glaube und ich erfahre, dass dieser Text wahr ist. Wenn ich ihn lese und auf mich wirken lasse, kann ich in meinem Glauben ankern.

In all den Jahren des Schmerzes sind viele Texte zusammengekommen, die ich auswendig kenne. Nebst Psalm 23 gehören Römer 8,28, Römer 8,31–39, 2Korinther 4,7–8 und 2Korinther 12,9 dazu. Dass sie gerade von Paulus stammen, dem kranken Apostel, empfinde ich als enorme Ermutigung. Sie zeigen mir auch in den dunklen Stunden: Ich bin mehr als mein Schmerz, mehr als meine Krankheit, mehr als meine verzweifelten Gebete. Ich bin wie Paulus durch Gottes Gnade, was ich bin. Ich bin gehalten und geliebt von Gott. Seine Gnade, sein Wohlwollen ist auch auf mir, denn es ist seine Art, durch Schwachheit Starkes zu wirken.

Kapitel 8
Von Gott verlassen

Kein Mensch weiß, wie es ist, von Gott verlassen zu sein. Gott erhält seine Schöpfung, und obwohl wir ihn nicht sehen können, ist er in unserer Welt gegenwärtig. Wir leben und atmen, weil Gott es gerade jetzt will. Wenn Gott uns seine Gegenwart entziehen würde, würde jeder Gedanke des Friedens, jeder Strahl der Hoffnung, jeder Strohhalm der Gewissheit sich in Nichts auflösen. Wir würden vergehen wie eine Blume ohne Wasser. Wir würden fallen und nirgendwo Halt finden. Von Gott verlassen zu sein, hieße uns selbst und den Mächten der Hölle ausgeliefert zu sein.

Am Kreuz hat Jesus diesen schrecklichen Zustand erduldet, als er mit dem Aufschrei der Gottverlassenheit starb. Zu seinen letzten Worten gehörte das verzweifelte Gebet: «Mein Gott, mein Gott, warum hast du mich verlassen?» (Mt 27,46). Jesus ist, wie der bekannte deutsche Theologe Jürgen Moltmann treffend formuliert, «mit allen Ausdrücken tiefsten Erschreckens gestorben».[208]

Der Tod von Jesus ist aus christlicher Sicht kostbar. Er bedeutet Rettung, Vergebung der Sünden und Versöhnung mit Gott. Wenn man Gott und Jesu Leid zusammen denken will, wirft er aber auch eine ganze Reihe schwieriger Fragen auf. Es ist, als würde man den ersten Domino Stein umstoßen und dann die Kaskade von Fragen nicht mehr aufhalten können, die sich daraus ergeben.

Der Tod von Jesus wirft Fragen auf, weil es kein schöner Tod war. Der griechische Philosoph Sokrates starb einen schönen Tod, als er im Kreis seiner Freunde heiter und gelassen den Giftbecher trank, nachdem man ihn zum Tode verurteilt hatte. Die stoischen Weisen ließen sich von wilden Tieren in der Arena zerfleischen und bewahrten ihre innere Ruhe. Viele christliche Märtyrer gingen in der Arena gefasst in den Tod, das ewige Leben vor Augen.

Weshalb ist von all dem im Sterben Jesu wenig zu spüren? Jesus war in seinem Leben mit seinem himmlischen Vater innig verbunden. Warum nicht in seinem Tod? Wenn man Domino-Steine umstoßen will, muss man die Frage stellen, wie Gott seinen Sohn in seiner schlimmsten Stunde verlassen konnte und gleichzeitig Liebe sein kann? Welcher irdische Vater würde seinem Sohn so etwas antun?

Es handelt sich bei diesen Fragen nicht um theoretische Gedankenspielereien. Zumindest für Leidende haben sie existenzielle Bedeutung. Was bedeutet es für uns als Leidende, an einen Gott zu glauben, der seinen Sohn verlässt, wenn dieser ihn am nötigsten hat? Ist mit der Gottverlassenheit Jesu am Kreuz die Eigenschaft der Güte Gottes nicht nachhaltig beschädigt? Kann ich einem solchen Gott vertrauen?

Ein Hinrichtungsinstrument

Das Kreuz ist das Symbol und das Zentrum des christlichen Glaubens. Das ganze Neue Testament dreht sich um den Tod und die Auferstehung von Jesus. Um den christlichen Glauben zu verstehen, muss man das Kreuz verstehen, und um das Kreuz zu verstehen, darf man sich von seinem Schrecken nicht abstoßen lassen. Von der Betrachtung des Gekreuzigten geht seit Jahrhunderten lebensverändernde Kraft aus. Wenn wir uns von der geballten Ladung an Leid, Schmerz und Verachtung treffen lassen, die mit der Kreuzigung Jesu verbunden ist, verstehen wir in einer sehr tiefen Weise, wer wir sind und wer Gott ist.

So schrecklich die Kreuzigung war, so weit verbreitet war sie im Imperium Romanum. Gekreuzigt wurden politische Aufständische, Kapitalverbrecher und entlaufene Sklaven. Im Römischen Reich kam es periodisch zu Sklavenaufständen, die mit furchtbaren Massenkreuzigungen endeten. Der bekannteste Aufstand fand 73 v. Chr. in Italien unter der Führung des berühmten Spartacus statt.[209] Unter seinem Kommando setzten sich siebzig ausgebrochene Gladiatoren am Vesuv fest und erhielten massiven Zulauf. Ihre Zahl stieg auf mehrere Zehntausend. Unter der Führung der kampferprobten Gladiatoren besiegten sie nacheinander zwei römische Heere. Schließlich wurden sie nach hartem Kampf aufgerieben. Sechstausend Überlebende wurden entlang der Via Appia, der berühmten Handelsstraße, die von Rom nach Süden führte, an Holzkreuzen aufgehängt. Wer nach Rom wollte, musste sich seinen Weg vorbei an dahinsiechenden Gekreuzigten bahnen und durfte den Gestank von Fäkalien und verfaulenden Körperteilen nicht beachten. Alle Welt sollte sehen, welches Ende Aufrührer gegen das Imperium erwartete. Südlich von Rom kann man heute noch Reste der alten Straße besichtigen.

Eine Kreuzigung begann mit der Geißelung, die sich unmittelbar an die Urteilsverkündigung anschloss. Matthäus berichtet, dass Pilatus nach der Verhandlung den Befehl erteilte, Jesus zu geißeln und zu kreuzigen (Mt 27,26). Die Geißelung selbst beschreibt keiner der Evangelisten, hingegen die Verhöhnung, die aller Wahrscheinlichkeit nach Teil der Geißelung war:

> *«Da nahmen die Soldaten des Statthalters Jesus, führten ihn in das Prätorium, das Amtsgebäude des Statthalters, und versammelten die ganze Kohorte um ihn. Sie zogen ihn aus und legten ihm einen purpurroten Mantel um. Dann flochten sie einen Kranz aus Dornen; den setzten sie ihm auf und gaben ihm einen Stock in die rechte Hand. Sie fielen vor ihm auf die Knie und verhöhnten ihn, indem sie riefen: Heil dir, König der Juden! Und sie spuckten ihn an, nahmen ihm den Stock wieder weg und schlugen ihm damit auf den Kopf» (Matthäus 27,27–30).*

Die Geißelung fand vor der Kohorte statt, die aus fünfhundert Mann bestand. Das Spektakel wollte sich keiner entgehen lassen. Die römischen Besatzungstruppen in Judäa waren keine Legionäre und keine römischen Bürger, sondern Hilfstruppen. Sie wurden aus der heidnischen Stadtbevölkerung Palästinas rekrutiert, welche von einem tiefen Hass gegen die Juden geprägt war.[210] Das erklärt, warum Jesus nicht nur gegeißelt, sondern auch verhöhnt wurde.

Gelegenheiten, sich über die Juden lustig zu machen, gab es im Dienst viele. Mit einem schroffen «He, du da!» durfte ein Soldat einen Mann von der Straße zwingen, ihm sein militärisches Gepäck eine Meile weit zu tragen.[211] Aber das hier war etwas Besonderes, eine perfide Unterhaltung, die es nicht alle Tage gab.

Die Soldaten legten Jesus einen purpurroten Mantel an, wie ihn Könige zu tragen pflegten. Die Dornenkrone – ein Kranz aus Disteln oder Stechpflanzen – und der Stock in der rechten Hand symbolisierten die königlichen Insignien. Das Bild, das sich bot, glich einem schlecht inszenierten Schülertheater und war als Erniedrigung gedacht. Können Sie sich vorstellen, wie der Kasernenhof vom Gebrüll der Soldaten erfüllt war, als einige sich vor Jesus niederwarfen und ihn, den armseligen Judenkönig, verhöhnten, ihn bespuckten und auf ihn einschlugen?

Um die Geißelung vornehmen zu können, wurde das Opfer nackt ausgezogen und vor einem niederen Holzpflock auf die Knie gezwungen. Man band ihm die Hände am Pflock fest, so dass es seinen Rücken seinen Peinigern darbieten musste. Nun standen zwei Soldaten mit der gefürchteten Geißel bereit, welche die Römer «flagrum» nannten. Sie bestand aus mehreren Lederriemen, an deren Spitze Bleikugeln und Knochenstücke befestigt waren.

Die Soldaten stellten sich so auf, dass sie abwechslungsweise zuschlagen konnten. Die Hiebe rissen tiefe Wunden in den Rücken des Opfers, zerfetzten Muskeln und Sehnen und zerschlugen Rippen und Wirbel. Nach jüdischem Gesetz durften maximal vierzig Hiebe weniger einen verabreicht werden. Für die Soldaten, die Heiden waren, galt diese Regel nicht. Sie konnten auf das Opfer einschlagen, so oft sie wollten. Sie hatten einzig darauf zu achten, dass es in der Lage war, sein Kreuz zum Hinrichtungsplatz zu tragen.

Bald lag Jesus am Boden, sein Rücken eine einzige blutverkrustete Masse.

Der Sinn der Geißelung lag nicht in erster Linie in der perfiden Unterhaltung der Soldaten. Es ging um die physische und psychische Vernichtung des Verurteilten. Dass die Geißelung nackt erfolgte, trug zur Erniedrigung des Opfers bei. Durch die gezielten Schläge, die zu vorübergehender Bewusstlosigkeit und manchmal zum Tod führten, brach man den Willen des Opfers, damit es sich widerstandslos ans Kreuz nageln ließ.

Die Kreuzigung

Nach der Geißelung stellte man den Verurteilten auf die Füße und zog ihm seine Kleider an (Matthäus 27,31).[212] Nun legte man ihm den Querbalken, das «patibulum», auf die Schultern, das bis zu fünfzig Kilogramm wog. Diesen hatte er unter den Augen der gaffenden Menge bis zum Hinrichtungsplatz zu tragen. Geschwächt durch die Geißelung, fiel er immer wieder hin, wie die Evangelisten auch im Fall von Jesus vermerken, so dass die offenen Wunden bald mit Dreck bedeckt waren und zusätzliche Schmerzen verursachten.

An der Hinrichtungsstätte außerhalb der Stadtmauer wurde der Verurteilte ein weiteres Mal nackt ausgezogen. Die Evangelisten vermerken diesen Umstand indirekt, indem sie erwähnen, dass die Soldaten nach der Kreuzigung um das Kleid von Jesus spielten. Die Henker nahmen dem Opfer den Querbalken ab und warfen ihn zu Boden. Jetzt musste sich das Opfer mit dem Rücken darauflegen. Man trieb ihm fünfzehn Zentimeter lange Nägel durch die Handgelenke, um den Körper am Balken zu befestigen. Die Nervenstränge, die man dabei durchschlug, schickten Schockwellen bis ins Genick.

Der Kreuzesstamm, «stipes» genannt, war schon vorher senkrecht in den Boden gerammt und bereits für frühere Hinrichtungen verwendet worden.[213] Nun wurde das Opfer an Seilen mitsamt dem Querbalken am Stamm hochgezogen und das Ganze sicher verankert. Spätestens jetzt nagelte man die Füße des Opfers fest auf das Holz des senkrechten Stammes. In der Mitte des Stammes war eine kleine Sitzstütze montiert, das «sedile», so dass der am Kreuz Hängende seine Arme entlasten konnte. Das erleichterte das Atmen, verlängerte aber die Qualen.[214]

Der so am Kreuz Hängende war nun dem Spott der Schaulustigen, der sengenden Hitze und den unaufhörlichen Schmerzen überlassen. Er litt an Blutverlust, schweren Krämpfen und Zuckungen. Vor allem aber begann er langsam zu ersticken. Um seine Lungen zu füllen, richtete er sich ein ums andere Mal an der Sitzstütze auf, aber nur um nach ein paar Augenblicken wieder in die alte Position zurückzufallen.

Mit der Zeit verlor das Opfer die Kontrolle über seinen Körper und wand sich in Agonie. Es konnte nicht verhindern, dass es mit seinem Urin und Kot das Kreuz beschmutzte, was einer völligen Entwürdigung gleichkam. Am Hinrichtungsplatz roch es nach Schweiß und einem Gemisch von Myrrhe und Wein, das man den Gehängten zur Betäubung verabreichte. Der Gestank von Blut und Fäkalien lag in der Luft.

Schließlich unterlag das Opfer völlig entkräftet, weil es sich nicht mehr aufrichten konnte. Die Lungen füllten sich mit Flüssigkeit, so dass das Opfer erstickte oder wegen Sauerstoffmangel an Herzversagen starb. Wenn man das Leiden verkürzen wollte, brach man den Gekreuzigten die Beine, so dass sie sich nicht mehr aufrichten konnten und schneller erstickten.

Nach unsäglichen Qualen, die er bei vollem Bewusstsein erlitt, starb Jesus mit dem Aufschrei der Gottverlassenheit. Für seine Anhänger brach eine Welt zusammen.[215]

Nach jüdischem Brauch wurde der Leichnam vom Kreuz genommen, in Leinen gewickelt und in einer Steingruft beigesetzt. Um Grabraub zuvorzukommen, versiegelte man den Eingang zur Höhle. Dieser Brauch lässt sich auf die jüdische Tora zurückführen, wo es heißt, dass die Leiche eines Aufgehängten nicht über Nacht am Holz bleiben soll (5Mo 21,23).

Es kam oft vor, dass am Kreuz Hängende sich zwei oder drei Tage im Todeskampf wanden, ehe sie ihren Qualen erlagen. Die Römer ließen ihre Opfer tagelang hängen, um eine abschreckende Wirkung zu erzielen. Ihr Ende war schrecklich: Geier rissen den Sterbenden Fleischstücke aus den Armen und verschlimmerten die Qualen. Das

Schlimmste waren die wilden Hunde. Vom Hunger getrieben, fraßen sie den Dahinsiechenden, die oft nur wenige Zentimeter über der Erde hingen, Füße und Beine weg.

Die Darstellung der Kreuzigung, wie sie in Mel Gibsons bekanntem Film «The Passion of the Christ» dargestellt wird, ist realistisch und zeigt das ganze Ausmaß der Tragödie. Was phasenweise übertrieben scheint, dürfte in Wirklichkeit noch schlimmer gewesen sein. Am Kreuz zu sterben, war der schlimmste und schändlichste Tod, den man sich vorstellen konnte. Kein Wunder, galt es für einen Römer als unschicklich, in Gegenwart gebildeter Menschen vom Kreuz nur schon zu sprechen.[216]

Apathischer Gott?

Das schreckliche Sterben Jesu wirft die Frage nach Gott auf. Im Leidensdiskurs wagt man erst seit relativ kurzer Zeit die Frage zu stellen, wo Gott war, als Jesus starb. Gott scheint der große Abwesende am Kreuz zu sein. Die Soldaten tun ihre Arbeit, die jüdische Geistlichkeit verspottet Jesus, die Passanten schütteln den Kopf, Jesus ringt nach Luft. Wo ist Gott?

Kann man an einen Gott glauben, der seinen Sohn Qualen leiden lässt? Saß Gott im Himmel und schaute zu, wie sein Sohn verblutete? Empfand er, der Allmächtige, Erhabene, Vollkommene, dabei irgend etwas?

In der christlichen Theologie ging man lange Zeit von der Leidenslosigkeit Gottes aus. Die damit verbundene Vorstellung wird mit dem Begriff der «Apathie» wiedergegeben, von dem sich unser Verb «apathisch» ableitet. Wir benutzen es, wenn wir jemanden beschreiben wollen, der sich zu seiner Umgebung teilnahmslos verhält. Die Wurzeln der apathischen Gottesvorstellung liegen in der griechischen Philosophie. Ursprünglich hatte der Begriff der Apathie ein weites Bedeutungsspektrum und war überwiegend positiv gefüllt. Die «apatheia», wie sie griechisch heißt, galt als ethisches Ideal im Gegensatz zum Pathos. Wenn die Griechen den Begriff der Apathie verwendeten, bezeichneten sie damit Dinge wie physische Unveränderlichkeit, seelische Unempfindlichkeit und moralische Freiheit. Im Gegensatz dazu wurde der Begriff des Pathos verwendet, um Dinge wie Abhängigkeit, Bedürftigkeit und niedere Leidenschaften zu bezeichnen.[217]

Angeregt durch die Philosophen Platon und Aristoteles stellten sich die Griechen Gott als vollkommenen Ausdruck der Apathie vor.[218] Was für uns durch den Bedeutungswandel des Begriffs der Apathie einen negativen Beigeschmack hat, war ursprünglich anerkennend gemeint. Gott sei vollkommen und frei von jeder Bedürftigkeit, wie der Mensch sie kennt. Er sei unveränderlich, denn jede Veränderung würde bedeuten, dass Gott einen Mangel habe, der ausgeglichen werden müsse. Als der Vollkommene sei Gott ohne Affekte. Gott könne nichts widerfahren, das er erleiden müsste, und er kenne als der Allererhabenste kein Mitleiden und kein Erbarmen.

Teile des Christentums übernahmen diese Gottesvorstellung und vermischten sie mit biblischen Gedanken. Bis in die Neuzeit hinein stellten viele Kirchenväter und Kirchenlehrer Gott in dieser Weise als vollkommenes und unveränderliches Wesen dar, dass daraus auf die Leidenslosigkeit Gottes geschlossen wurde.[219]

Wenn die Vorstellung vom erhabenen, apathischen Gott zutreffend ist, thront Gott in ewiger Seligkeit über der Welt und ist von ihrem Leiden unberührt. Seine vollkommene Göttlichkeit würde menschliche Affekte wie Leid und Schmerz ausschließen. Es würde bedeuten, dass Gott seinen Sohn in einem Akt des Willens hingab, aber nicht an seinem Schmerz teilnahm, als er am Kreuz hing. Es würde in Konsequenz bedeuten, dass die rauchenden Öfen von Auschwitz Gott unberührt ließen. Wir würden mit einem Gott leben, der das Übel in der Welt und unser persönliches Leid kennt, daran aber nicht teilnimmt.

Ein solcher Gottesbegriff ist unerträglich und abzulehnen. Er ist mehr von den philosophischen Vorstellungen vergangener Zeiten geprägt als von der Bibel. Entscheidend in diesem Zusammenhang ist der biblische Begriff der Liebe.

Die Vorstellung eines apathischen Gottes zerschellt wie ein kleines Schifflein am mächtigen Felsen der Liebe. «Gott ist Liebe» lautet eine der grundlegenden Aussagen der Bibel (1Joh 4,16). Wenn Gott Liebe ist, ist Gott seiner Schöpfung nicht entrückt, nicht unbewegt vom Leid, denn Liebesfähigkeit bedeutet Leidensfähigkeit.[220] Liebe ohne Leidenschaft oder ohne Leidensfähigkeit verdient den Namen Liebe nicht.

Die ganze Bibel ist voll von der Liebe Gottes und von Gottes Leiden, wenn seine Geschöpfe seine Liebe nicht erwidern. Besonders erhellend in diesem Zusammenhang ist die Art und Weise, wie die Propheten des Alten Testaments von Gott reden. Sie stellen Gott in seinem Verhältnis zu Israel als betrogenen Liebhaber dar, der von seiner Geliebten enttäuscht wird und an der verschmähten Liebe leidet (Jer 2,1 ff.). Israels Untreue weckt Gottes gerechten Zorn, es bricht ihm das Herz, wenn er daran denkt, Israel zu strafen (Hos 11,8). Das Alte Testament spricht in diesen und anderen Zusammenhängen davon, dass Gott das Herz wehtut (1Mo 6,6 ff) und ihm die Sünden der Menschen zu schaffen machen (Jes 43,24f).

Gott ist im Alten Testament zwar der Allmächtige und Heilige. Trotzdem findet sich keine Spur einer apathischen Gottesvorstellung. Das gilt auch für das Neue Testament, das die alttestamentliche Vorstellung übernimmt und mit dem Begriff der Liebe überbietet. Der Satz «Gott hat die Welt so sehr geliebt, dass er seinen einzigen Sohn hingab, damit jeder, der an ihn glaubt, nicht zugrunde geht, sondern das ewige Leben hat» (Joh 3,16) handelt von Gottes leidenschaftlicher Liebe und verbindet sie mit dem Kreuz.[221] Gottes Liebe zu seiner Schöpfung ist der Grund für das Kreuz. Gott liebt so sehr, dass er in einem dramatischen Akt seinen Sohn am Kreuz für uns hingibt.

Der Schmerz des Vaters

Wenn es je einen Menschen auf Erden gab, der sein Leiden nicht verdiente, war es Jesus. Der Aufschrei der Gottverlassenheit wirft die

Frage auf, wo Gott war, als Jesus starb. Wenn Gott am Kreuz der große Abwesende ist, ist Gottes Eigenschaft der Güte nachhaltig beschädigt. Können wir uns in unserem Leiden auf einen Gott verlassen, der seinen Sohn in seinem Leiden verlassen hat? Gibt es einen Weg, die Gottverlassenheit des Sohnes und die Gegenwart Gottes am Kreuz zusammen zu denken?

Jürgen Moltmann gibt den entscheidenden Hinweis, wenn er sagt, dass man vom Kreuz «trinitarisch» reden muss.[222] Im Christentum wird Gott als Dreiheit von Vater, Sohn und Geist verstanden und dafür der Begriff der «Trinität» verwendet. Vater, Sohn und Heiliger Geist bilden eine Einheit und haben Gemeinschaft unter sich: Der Vater kennt den Sohn, und der Sohn kennt den Vater. Der Vater freut sich mit dem Sohn, und der Geist freut sich mit dem Vater.

So abstrakt solche Sätze klingen, so wichtig sind sie, wenn man das Kreuz verstehen will, denn sie bedeuten, dass der Vater leidet, wenn der Sohn leidet. Durch das Geheimnis der Trinität wird deutlich, dass Gott, der Vater, nicht unbeteiligt war, als Jesus starb. Entscheidend ist die Erkenntnis, dass das Kreuz ebenso ein Leiden des Vaters war. Als Jesus starb, erlitt Gott den Tod seines geliebten Sohnes, mit dem er stets innig verbunden war.

Am Kreuz ist Gott nicht der große Abwesende.

Sondern der unendlich Mitleidende.

In «The Passion of the Christ» wird Gottes Schmerz mit einem liebevollen Detail zum Ausdruck gebracht. Die Kamera ist frontal auf das Kreuz gerichtet, als Jesus stirbt. In der nächsten Szene schaut man vom Himmel hinunter auf Golgata, so als würde das Kreuz direkt vor einem Wolkenkratzer stehen und wir blickten auf das Geschehen hinab, das tief unter uns stattfindet.

Die Szene wird für einen Augenblick unscharf …

Dann nimmt man wahr, dass sich eine Träne aus dem Himmel löst und zur Erde fällt. Sie schlägt vor dem Kreuz auf und löst ein Erdbeben aus.

Natürlich steht das so nicht in der Bibel, aber Mel Gibson hat damit sehr einfühlsam den Schmerz des Vaters über den Tod seines Sohnes zum Ausdruck gebracht.

Das Geheimnis der Trinität besagt: Als der Sohn die Trennung von seinem Vater erleidet, erleidet der Vater den Tod des Sohnes. Was Jesus in den Worten «Ich und der Vater sind eins» (Joh 10,30) zum Ausdruck brachte, gilt nicht nur für das Leben Jesu, sondern auch für sein Sterben. Der Vater und der Sohn sind von Ewigkeit her auf das Engste miteinander verbunden. Das gilt trotz der Verlassenheit Jesu auch im Tod des Sohnes.

Seltsamerweise beschränkt sich der Bericht der Evangelien auf die historische Tatsache, dass Jesus am Kreuz rief: «Mein Gott, mein Gott, warum hast du mich verlassen?» Eine theologische Deutung dieses Verlassenwerdens sucht man im Neuen Testament vergebens. Wir können nur Vermutungen anstellen, warum der Vater den Sohn verließ: Gott und Sünde, das geht nicht zusammen, denn Gott ist heilig. Weil der Sohn für uns zur Sünde wurde, verbarg sich der Vater in der schlimmsten Stunde vor ihm. Was für ein Schmerz nicht nur für den Sohn, sondern auch für den Vater! Niemand hat das besser in Worte gefasst als Jürgen Moltmann:

> *«In der Hingabe des Sohnes gibt auch der Vater sich hin […] der Vater aber, der ihn verlässt und hingibt, erleidet den Tod des Sohnes im unendlichen Schmerz der Liebe […] Im Kreuz sind Vater und Sohn in der Verlassenheit aufs tiefste getrennt und zugleich in der Hingabe aufs innigste eins.»*[223]

Es bleibt ein Geheimnis, wie sich die Verbundenheit zwischen Jesus und seinem himmlischen Vater zusammen mit seiner Gottverlassenheit am Kreuz denken lässt. Wir können in dieses Geheimnis nicht eindringen, weil Gott der ganz Andere ist, der sich unseren Erklärungsversuchen entzieht.

Wenn es um die Leidensfähigkeit Gottes geht, tappen wir hingegen nicht im Dunkeln. Im Lichte der kategorischen Aussagen des Alten und Neuen Testaments über Gott als die Liebe ist klar: Der gewaltsame Tod von Jesus hat nichts mit einem apathischen Gott zu tun. Das Kreuz bedeutet, dass Gott selbst kommt und die Strafe für unsere Sünden auf sich nimmt. Wenn wir vom Kreuz reden, reicht es nicht, zu sagen, dass Gott seinen Sohn hingab und der Sohn für uns sühnte. Der Vater und der Sohn sind eins, das gilt auch für das Kreuz. Deshalb kann es im Neuen Testament heißen, dass wir durch Gottes eigenes Blut gerettet sind (Apg 20,28). In seinem Sohn gibt sich Gott selbst für uns. Er verbleibt nicht in unzugänglicher himmlischer Seligkeit, sondern kommt zu uns.

Das Kreuz ist ein dramatischer Akt der Hingabe, nicht eines Menschen, um Gott gnädig zu stimmen, sondern von Gott selbst, um uns seine Gnade zu erweisen. Dieser Gott ist weder abwesend noch apathisch, sondern voller Liebe.

Wenn man das Geheimnis der Trinität zu Hilfe nimmt, um das Kreuz zu verstehen, schwindet die Vorstellung von einem Gott der Apathie schnell dahin. Wir erkennen im Kreuz einen Akt der leidenschaftlichen Liebe Gottes.

Das Kreuz ist die große Umkehr der Verhältnisse:
Der Mensch will Gott sein.
Und Gott ist bereit, Mensch zu sein.
Der Mensch erhöht sich, und Gott erniedrigt sich.
Der Mensch will den Platz, der Gott gehört.
Und Gott nimmt den Platz ein, an den der Mensch gehört.

Die grundlegende Aussage der Bibel über den Tod Jesu am Kreuz besteht darin, dass Jesus den gerechten Zorn des heiligen Gottes über die Sünde der Menschen auf sich nahm, um uns Vergebung anzubieten.

Das Kreuz verbindet auf einzigartige Weise Gottes Heiligkeit und Gottes Liebe. Gottes Heiligkeit verlangt danach, dass das Gute belohnt und das Böse bestraft wird. Seine Liebe drängt ihn dazu, uns zu segnen und unser Leben zum Blühen zu bringen. Wenn Gott nur heilig wäre, wäre die ganze Welt ein Totenfeld, denn unsere Sünden verdienen den Tod (Röm 6,23). Wenn Gott nur Liebe wäre, würde die Welt im Chaos versinken, weil das Böse keine Schranken hätte.

Wie kann Gott gleichzeitig heilig und voller Liebe sein? Gott kann es, indem er den Sünder verurteilt (dadurch erweist er sich als heilig) und die Strafe für die Verurteilung selbst auf sich nimmt (dadurch erweist er seine Liebe). Der Tod Jesu wegen unseren Sünden unterstreicht Gottes Heiligkeit, und die Tatsache, dass er ihn zu unseren Gunsten erlitt, ist ein Erweis seiner Liebe.

Mit dem Kreuz ist es wie mit einem Richter, der einen Angeklagten nach der Strenge des Gesetzes verurteilt. Dann steigt er vom Richterstuhl herunter und begleicht die Schuld des Verurteilten gleich selbst. Gott ist Richter und Retter in einer Person. Gott ist am Kreuz nicht der große Abwesende, sondern der verborgene Anwesende. In der Person seines Sohnes kommt er zu uns und lebt unser Leben. Er leidet mit uns, so dass er unsere Schmerzen verstehen kann, und er stirbt für uns, damit wir leben können.

Das Kreuz ermöglicht uns eine Neudefinition des Begriffs «Liebe». In unserer Gesellschaft ist das Wort «Liebe» zu einer Worthülse verkommen. Liebe ist ein vorübergehendes Abenteuer, das uns so lange begleitet, wie unser Gehirn die entsprechenden Hormone ausschüttet. Wir empfinden flüchtige Zuneigung oder sexuelle Begierde, und schon sprechen wir von Liebe.

Gottes Liebe hat nichts mit flüchtiger Zuneigung zu tun. Vielleicht drückt das Wortpaar «heilige Liebe» am besten aus, wie Gott ist. Gott ist nicht nur heilig, denn dann wären wir alle Verurteilte. Wir würden bekommen, was wir verdienen, und an dieser nackten Gerechtigkeit würden wir zugrunde gehen.

Umgekehrt ist Gott nicht nur Liebe. Er ist nicht sentimental und drückt nicht einfach ein Auge zu. Gott ist heilige Liebe. In ihrer reinsten Form zeigt sie sich nirgends besser als am Kreuz. Gott ist heilig und gerecht (er richtet die Sünde, indem Christus wegen ihr stirbt), und er ist voller Liebe und Gnade (er vergibt uns, weil Christus an unserer Stelle gerichtet wurde). Im Kreuz begegnen sich Gottes Heiligkeit und Gottes Liebe.

Einem solchen Gott, der vergibt und zum Äußersten geht und unseren Schmerz teilt, können wir als Leidende vertrauen.

Kapitel 9
Ein Opfer verändert die Welt

Nichts hat die Welt so sehr verändert wie das Sterben von Jesus Christus am Kreuz. Das Kreuz ist nach christlichem Verständnis der Ort, an dem Gott den Menschen ihre Schuld vergibt und Rettung schafft. Dieser Aspekt des Sterbens Jesu stellt den Kern des christlichen Verständnisses von Erlösung dar.

Ein anderer, ebenfalls gewichtiger Aspekt kommt im Allgemeinen wenig ins Bewusstsein: Das Kreuz führte überall dort, wo das Evangelium Teil der menschlichen Kultur wurde, zu einer völlig veränderten Einstellung gegenüber den Leidenden. Das Sterben von Jesus revolutionierte insbesondere die Einstellung der Menschen zu den Opfern von Gewalt und Unterdrückung. Es führte zu einer Umwandlung der Werte und ermöglichte den Aufbau eines Gesellschaftsverständnisses, in dem Leidende Platz haben.

Diese Tatsache ist umso erstaunlicher, weil das Evangelium im Grunde genommen «barer Unsinn» ist. Dieser Satz steht nicht in einem Bestseller des neuen Atheismus, auch nicht auf der Titelseite eines Nachrichtenmagazins, sondern im Neuen Testament, wie wir noch sehen werden. Im Zentrum dieses Unsinns steht das «Wort vom Kreuz», wie die Verfasser des Neuen Testaments das Evangelium nannten (1Kor 1,18).

Das Wort vom Kreuz hat die Welt verändert. Zuerst die Welt der Römer und Griechen in den ersten drei Jahrhunderten unserer Zeitrechnung – und auf diesem Weg unsere Welt, in der wir heute leben. Das Evangelium, in dessen Zentrum das Wort vom Kreuz steht, hat das christliche Abendland geschaffen mit seinen Werten wie Solidarität, Mitmenschlichkeit und Freiheit. Angefangen hat alles mit einem galiläischen Wanderprediger, seiner Botschaft von der Liebe Gottes und einer Handvoll zunächst verschreckter Nachfolger. In weniger als drei Jahrhunderten durchsäuerte das Wort vom Kreuz das Römische Reich und stellte es auf den Kopf.

Wie war das möglich?

Man könnte verschiedene äußere Faktoren anführen, welche die Ausbreitung des christlichen Glaubens begünstigt haben. Etwa den einheitlichen Kulturraum, den dreihundert Jahre zuvor Alexander der Große rund um das Mittelmeer geschaffen hatte, in dem man Griechisch sprach und dachte. Oder die «Pax Romana», den römischen Frieden im Innern des Reiches, der es ermöglichte, ausgedehnte Reisen zu unternehmen. All das ist jedoch nur der äußere Rahmen. Wären dies die einzigen Faktoren gewesen, wäre das Evangelium von der Bildfläche verschwunden, als sich die äußeren Umstände zu Ungunsten der Christen entwickelten.

Es gab etwas, das im Evangelium selbst angelegt war, das sich imstande zeigte, alle Widerwärtigkeiten zu überdauern und ein neues Verständnis vom Zusammenleben der Menschen zu schaffen. Dieses «Etwas» unterschied den christlichen Glauben fundamental von sämtlichen antiken Kulten und unterscheidet ihn bis heute von den großen Religionen, welche die Geschichte hervorgebracht hat.

Das Neue Testament bezeichnet dieses Etwas als «Torheit». Die Gute Nachricht Bibel übersetzt es treffend mit «Unsinn».

Der Apostel Paulus fasste den «Unsinn» des Evangeliums in folgende Worte:

> *«Für die, die verlorengehen, muss die Botschaft vom Kreuzestod als barer Unsinn erscheinen. Wir aber, die gerettet werden, erfahren darin Gottes Macht. Gott hat gesagt: ‹Ich will die Weisheit der Weisen zunichte machen und die Klugheit der Klugen verwerfen.› Was für diese Welt als göttliche Weisheit gilt, das hat Gott als reinen Unsinn erwiesen. Denn obwohl Gottes Weisheit sich in der ganzen Schöpfung zeigt, haben die Menschen mit ihrer eigenen Weisheit Gott nicht erkannt.»*

Paulus beschreibt in den weiteren Versen das Kreuz als Gottes «unsinnige» Antwort auf die selbsterdachte Weisheit der Menschen. Am Kreuz zeigt sich Gottes Weisheit und Macht:

> *«Darum beschloss Gott, durch die Botschaft vom Kreuzestod, die der menschlichen Weisheit als Unsinn erscheint, alle zu retten, die diese Botschaft annehmen. Die Juden verlangen Wunder, die Griechen Erkenntnis. Wir aber verkünden, dass Christus, der Gekreuzigte, der Retter ist. Für die Juden ist das eine Gotteslästerung, für die Griechen barer Unsinn. Aber alle, die berufen sind, Juden wie Nichtjuden, erfahren in Christus Gottes Macht und erkennen in ihm Gottes Weisheit» (1. Korinther 1,18–25).*[224]

Eine der großen Stärken der christlichen Weltanschauung liegt darin, dass sie Leidenden Trost bietet. Gott ist in unserem Leiden gegenwärtig, er trägt unseren Schmerz, und er lässt uns das Übel zum Besten dienen.

Trotzdem würde man dem christlichen Glauben Unrecht tun, wenn man ihn auf eine Botschaft des individuellen Trostes beschränken würde. Das Wort vom Kreuz ist nicht nur Trost für Leidende, sondern auch eine mächtige Waffe gegen gesellschaftliches Übel. Leid gibt es nicht nur als persönlich erfahrenen Schmerz wie eine Krebserkrankung, sondern auch in Form von gesellschaftlichem Übel wie Ungleichbehandlung und Ausbeutung. Im Gegensatz zu den östlichen Religionen, wo Leid als unveränderbar gilt, gehen von der christlichen Weltanschauung Kräfte aus, die auf die Überwindung dieser Übel zielen. Dieser Prozess ist seit zweitausend Jahren im Gang. An seinem Anfang hängt ein erbärmliches Opfer an einem römischen Verbrecherpfahl.

Gleichheit und Menschenwürde

Wenn man die westliche Kultur, die durch das Christentum geprägt worden ist, mit Kulturen vergleicht, die von der christlichen Weltanschauung unberührt blieben, fällt auf, dass die Haltung gegenüber Leidenden eine grundsätzlich andere ist. Zu den größten Errungenschaften unserer westlichen Kultur gehört der Umstand, dass wir eine solidarische Gesellschaft sind:

Menschenwürde, Solidarität und Mitmenschlichkeit sind Grundpfeiler des westlichen Gesellschaftsverständnisses geworden. Kranke haben ein Anrecht auf eine Behandlung im Krankenhaus. Behinderte werden in den Arbeitsmarkt integriert. Sozialämter richten jedes Jahr mehr Geld an Bedürftige aus. Hilfsorganisationen und staatliche Stellen kümmern sich um die Opfer von Katastrophen. Es ist Konsens, dass jeder Mensch eine unantastbare Würde besitzt und entsprechend behandelt werden soll.

Was wir als selbstverständlich erachten, ist es keineswegs. In vielen Kulturen sind die Ausbeutung von Arbeitskräften, das Verweigern von politischen Mitsprachemöglichkeiten und die Unterdrückung freier Religionsausübung an der Tagesordnung. In der westlichen Welt ist es selbstverständlich geworden, dass sich die Mitglieder der Gesellschaft politisch einbringen und ihren Glauben frei ausüben dürfen. In vielen Kulturen außerhalb der westlichen Welt existieren diese Freiheiten nicht, obwohl eine wachsende Zahl von Menschen genau nach diesen Freiheiten verlangt.

Woher stammen die Werte, die den Westen stark gemacht haben? Der Gedanke der Menschenwürde wird im Allgemeinen auf den Einfluss der Humanisten aus der Zeit der Renaissance zurückgeführt. Die Humanisten im Spätmittelalter beschäftigten sich mit den Idealen des antiken Griechenlands sowie den Naturwissenschaften und traten als Kritiker der Kirche auf. Weil der Mensch im Mittelpunkt ihres Denkens stand, bekam ihre Haltung den Namen «Humanismus» (Menschlichkeit).

Die Humanisten haben, so die gängige Meinung, den Gedanken der Menschenwürde bei den griechischen Philosophen entdeckt und ihn in die abendländische Geistesgeschichte eingeführt. Vishal Mangalwadi hat nachgewiesen, dass dies ein Mythos ist.[225] Die Humanisten waren zwar mit den antiken Philosophen vertraut und schätzten sie. Trotzdem leiteten sie ihre Sicht von der Würde des Menschen nicht in erster Linie von ihnen her, sondern aus der Bibel ab.[226] Sie glaubten, dass der Mensch als Abbild eines freien Gottes frei ist; und dass in der Menschwerdung von Jesus der Wert des Menschen zum Ausdruck kommt.[227] Obwohl sie traditionellen christlichen Positionen mitunter kritisch gegenüberstanden, gründeten wesentliche Teile ihres humanistischen Verständnisses auf der Bibel.

Die Bedeutung der antiken Philosophie für die Entwicklung der Menschenrechte wird gerne überschätzt. Sie war in Sachen Menschenrechte gar nicht in der Lage, eine Vorreiterrolle zu übernehmen, denn die sozialen Beziehungen in der Antike beruhten auf dem Grundsatz der Ungleichheit. Das bekamen insbesondere die Sklaven zu spüren. Aristoteles vertrat in seinem Werk «Politik» die Auffassung, manche Menschen seien von Natur aus Sklaven.[228] Der römische Schriftsteller Cicero erklärte die Sklaverei für unabdingbar, da die Verrichtung bestimmter Arbeiten eines freien Bürgers unwürdig sei.[229]

Vom Problem der Ungleichheit waren Frauen direkt betroffen. Obwohl es Beispiele für die Emanzipation der Frau gab, galten Frauen grundsätzlich als minderwertig.

Aristoteles begründete die Vorrangstellung des Mannes damit, dass dieser eine höhere Intelligenz habe. Nach seiner Auffassung war nur der Mann vollständig Mensch.

Der etwas ältere Plato glaubte, im Gegensatz zu den Frauen seien die Männer direkt von den Göttern erschaffen, und nur sie hätten eine Seele.

Die Unterschiede zwischen Männern und Frauen, Sklaven und Freien, Armen und Reichen waren in der antiken Gesellschaft unüberbrückbar. Das wirkte sich im praktischen Leben hemmend aus. Bei den Römern durften Frauen keine Opfer bringen, und sie waren nicht wahlberechtigt. Sie besaßen kaum individuelle Rechte und standen lebenslang unter männlicher Vormundschaft. Die Entwicklung individueller Menschenrechte, wie wir sie heute kennen, war in der Antike weder beabsichtigt noch möglich.

Im Gegensatz zur Antike gilt in der Bibel der Grundsatz der

Gleichheit aller Menschen. Darauf weist Walter Dietz in seinem Beitrag über den Einfluss des Christentums auf die westliche Kultur hin:

> *«In der griechisch-römischen Antike wurde […] der Gedanke der prinzipiellen Ungleichheit der Menschen festgehalten – im Unterschied zur biblischen These einer Gleichheit aller aufgrund ihres Geschaffenseins von Gott als dessen Ebenbild […] Wenn wir den Gedanken der Würde als etwas verstehen, was dem Einzelnen sozialunabhängig und jenseits aller Leistungsfähigkeit […] zukommt, dann zeigt sich die spezifisch christliche Kontur jenes Gedankens. Aufgrund der These einer wesensmäßigen, durch Anlage, Charakter und Bildung bedingten Ungleichheit der Menschen konnte und wollte das griechisch-römische Denken die prinzipiell gleiche Würde aller Menschen nicht zum Ausdruck bringen.»*[230]

Das Evangelium mit seiner These von der Gleichheit aller Menschen bewirkte eine Umwertung der antiken Werte und brachte das christliche Abendland hervor. Menschenwürde, Solidarität und Mitmenschlichkeit, die in unserem Gesellschaftsverständnis eine so zentrale Rolle spielen, sind christlichen Ursprungs:

> *«Der Gedanke der Menschenwürde und der elementaren Gleichheit aller Menschen vor Gott, die Idee einer unveräußerlichen Personenwürde und der Gottebenbildlichkeit des Menschen sind erst durch das Christentum in die abendländische Geistes- und Kulturgeschichte eingedrungen.»*[231]

Die christliche Auffassung von der Gleichheit der Menschen eröffnete neue Möglichkeiten sozialer Beziehungen. Die von den Christen verkündete Botschaft transportierte Werte, die in ihrer Eindeutigkeit neu waren: Der Mensch ist Abbild Gottes und besitzt eine unantastbare Würde, sei er Mann oder Frau, Sklave oder Freier (1Mo 2,27–28). Er ist Gottes geliebtes Geschöpf, für das er seinen Sohn in die Welt sandte (Joh 3,16).

Die Gleichnisse Jesu bringen diese Werte auf den Punkt. Der barmherzige Samariter tat recht, als er dem unter die Räuber Gefallenen Barmherzigkeit erwies (Lk 10,25 ff.), der verlorene Sohn erhielt eine zweite Chance (Lk 15,11 ff.), selbst ein Becher kalten Wassers fällt unter die lobenswerten Taten und wird am Jüngsten Tag nicht unbelohnt bleiben (Mt 10,42).

Hier liegen die Wurzeln so entscheidender gesellschaftlicher Werte wie Gleichheit, Mitmenschlichkeit und Solidarität. Diese Werte haben den Westen stark gemacht und Raum für Leidende geschaffen.

Eine soziale Revolution

Das Kreuz war der Beginn einer Revolution der sozialen Beziehungen. Die antike Gesellschaft war stark geschichtet: Oben die Götter, der Kaiser, die Magistraten und Priester, unten die Bauern, Tagelöhner und Habenichtse. Diese Schichtung wurde als gegeben hingenommen und galt als unveränderbar.

Doch dann kamen die Christen mit ihrer «unsinnigen» Botschaft vom Kreuz und der radikalen Liebe Gottes. Die Botschaft vom Kreuz veränderte die soziale Schichtung mit ihren zahlreichen Ungerechtigkeiten. Im Lichte des Kreuzes erschienen ihnen alle Menschen gleich. Magistraten und Priester waren keine besseren Menschen als Bauern oder Tagelöhner. Das wird in dem viel zitierten Satz des Apostels Paulus im Galaterbrief deutlich:

> *«Es gibt nicht mehr Juden und Griechen, nicht Sklaven und Freie, nicht Mann und Frau; denn ihr alle seid ‹einer› in Christus Jesus» (Gal 3,28).*

Die kategorische Erkenntnis, dass alle Menschen gleich sind, trug den Keim einer sozialen Revolution in sich. Alle, Kleine und Große, Arme und Reiche, Priester und Habenichtse, stehen in schmutzigen Kleidern vor Gott und sind doch allesamt geliebt. Alle haben gesündigt, und alle werden in derselben Weise vor Gott gerecht, nämlich durch den Glauben und den Glauben allein.

Die ersten Christen begriffen: Wenn vor Gott alle gleich sind, müssen auch wir untereinander gleich sein. Wenn Gott uns vergibt, müssen wir einander auch vergeben. Wenn Gott sich mit uns versöhnt hat, als wir noch seine Feinde waren, müssen wir unsere Feinde lieben!

In den urchristlichen Hauskirchen, die sich im Römischen Reich rasch ausbreiteten, reifte unbemerkt eine neue Weltanschauung heran. Dreihundert Jahre später hatte sie sich durchgesetzt und das Römische Reich auf den Kopf gestellt. Diese neue Weltanschauung bestand in der schlichten Erkenntnis, dass alle Menschen gleich sind. Bis zu ihrer gesellschaftlichen Verwirklichung sollte es noch Jahrhunderte dauern, nicht zuletzt, weil die Kirche sich gegen entsprechende Veränderungen sperrte. Trotzdem war es diese Sicht, welche das christliche Abendland mit seiner Betonung der Gleichheit aller Menschen und ihrer Würde erst möglich machte.

Die ersten Christen operierten mit einem von antiken Vorstellungen losgelösten Menschenbild und trugen den Keim einer sozialen Revolution in das Imperium Romanum. Es gab in der Welt des ersten Jahrhunderts nur einen Ort, nämlich die christlichen Hauskirchen, wo die Gleichheit aller Menschen praktisch erprobt werden konnte. Die christlichen Vordenker forderten zwar nicht die Abschaffung der Sklaverei, aber sie brachten eine Sicht vom Menschen ein, welche eine Atmosphäre schuf, in welcher die Sklaverei nur welken konnte und schließlich verschwinden musste.

Die Hauskirchen waren das Labor einer neuen Menschheit. In ihnen war es möglich, dass ein Sklave eine leitende Funktion einnahm, während sein Herr ein gewöhnliches Gemeindeglied war. Damit war die Sklaverei im Ansatz schon überwunden.

Ähnliches gilt für das Verhältnis der Geschlechter. Während im Judentum Frauen theologisch als unmündig galten, konnten sie sich in den christlichen Gemeinden dadurch einbringen, dass sie am Gebet teilnahmen, diakonische Ämter übernahmen, andere im Glauben unterwiesen und die Gottesdienste mitgestalteten.[232]

Die ersten Christen waren ihrer Zeit voraus. Sie entwarfen kein politisches Programm, und sie hatten auch nicht die Absicht, «die Welt zu verändern». Dennoch taten sie genau das. Was war ihr Geheimnis? Sie lebten ganz einfach als Menschen des Kreuzes. Sie glaubten an einen Gott, der seine Liebe zu den Menschen dadurch zeigte, dass er ihre Schuld auf sich nahm und sich mit ihnen versöhnte. Sie glaubten an einen Gott, der alle Schranken überwand und seinen Feinden die Hand zur Versöhnung entgegenstreckte. Für sie war das Kreuz nicht ein Ereignis der Vergangenheit, sondern ein Lebensprinzip, dem sie sich verpflichtet wussten.

Die ersten Christen verstanden sich als eine Gemeinschaft von versöhnten Menschen. Das Verbindende war nicht eine gemeinsame Sprache oder Kultur oder die Zugehörigkeit zu einer bestimmten Rasse oder ein sozialer Status. Das Verbindende war das Bewusstsein der Sündhaftigkeit aller und das Wissen um die am Kreuz gewirkte Versöhnung, die jeder Mensch ausnahmslos ohne eigenen Verdienst empfangen kann. Dieser Glaube ermöglichte es ihnen, ein neues Verhältnis zwischen Sklaven und Freien und Männern und Frauen zu schaffen und ihre Feinde zu lieben.

Es ist offensichtlich, dass die ersten Christen mehr als eine Botschaft des Trostes in die Welt hinaustrugen. Sie packten durch ihren auf das Kreuz ausgerichteten Glauben gesellschaftliche Übel an der Wurzel. Sie halfen Leidenden ganz praktisch aus ihrer Not und behandelten sie nicht wie Versager, sondern als Menschen mit Würde. Das ermöglichte den Aufbau eines Gesellschaftsverständnisses mit Werten wie Solidarität und Mitmenschlichkeit.

Zweitausend Jahre später gipfelte dieser Prozess in der Allgemeinen Erklärung der Menschenrechte, die mit dem Satz beginnt: «Alle Menschen sind frei und gleich an Würde und Rechten geboren.»[233]

Helden und Opfer

Das Wort vom Kreuz wurde in der Welt der Antike und darüber hinaus zu einer mächtigen Waffe gegen gesellschaftliche Übel, weil es die Einstellung der Menschen zu den Opfern der Gesellschaft veränderte. Um zu verstehen, wie dieser Prozess vor sich ging, muss man das Gesellschaftsgefüge der antiken Welt kennen.

Die Antike feierte Eroberer als Helden. Die Schwachen wurden verachtet und ihrem Schicksal überlassen. Griechenlands berühmtester Sohn, Alexander der Große, gründete das griechische Weltreich in einem rasenden Ausbruch von Gewalt. Um die Opfer seiner Feldzüge, die ihn bis nach Indien brachten, kümmerte sich kein Mensch.

Es gab keinen Henry Dunant, der von der Not auf den Schlachtfeldern bewegt wurde und das Rote Kreuz gründete. Als Dunant 1859 auf einer Geschäftsreise war, machte er eine erschütternde Erfahrung. In der Nähe der italienischen Stadt Solferino begegnete er am Abend einer blutigen Auseinandersetzung den auf dem Schlachtfeld Zurückgelassenen, um die sich niemand kümmerte. Dunant handelte. Seine Schrift «Eine Erinnerung an Solferino» rüttelte Europa auf. Die Gründung des Roten Kreuzes 1864 war eine Frucht dieses Bemühens. 1901 wurde Dunant für sein humanitäres Engagement der erste Friedensnobelpreis der Geschichte verliehen.

Einen von Mitmenschlichkeit bewegten Geschäftsmann wie Henry Dunant kannte das Altertum nicht, und es wäre auch nicht in der Lage gewesen, einen solchen hervorzubringen. Die antike Welt war die Welt der Ungleichen, es galt das Recht des Stärkeren. Die Schwachen, die verwundeten Soldaten, behinderten Kinder, politisch Unterlegenen – sie wurden sich selbst überlassen.

Kulturen, die nicht von der christlichen Denkweise geprägt sind, bekunden bis heute größte Mühe, sich der Opfer der Gesellschaft anzunehmen. Der Religionswissenschaftler René Girard, der mit seinen bahnbrechenden Studien über die Rolle von Gewalt und Opfer bekannt wurde, stellt fest:

> *«Weder das China der Mandarine noch das Japan der Samurai, weder Indien noch die präkolumbianischen Gesellschaften, weder Griechenland noch das Rom der Republik oder des Römischen Reiches kümmerten sich auch nur im geringsten um die Opfer, die sie, ohne zu zählen, ihren Göttern, dem Vaterland zu Ehren oder dem Unternehmergeist bedeutender und unbedeutender Eroberer darbrachten.»*[234]

Die Frage, wie eine Gesellschaft die Schwächsten behandelt, ist eine Frage der Weltanschauung und damit eine religiöse Frage. Das Bild, das wir uns vom Menschen machen, ist abhängig vom Bild, das wir uns von Gott machen. Dass der christliche Glaube in der Lage war, eine Umwertung der antiken Werte herbeizuführen, wird nachvollziehbar, wenn man die Gottesvorstellungen der antiken Religionen mit dem Christentum vergleicht.

Im jüdischen und im christlichen Glauben existiert die Welt, weil Gott es will. Gott ist der Schöpfer von allem und über allem und hat Freude an seinen Werken. Er liebt seine Geschöpfe und kümmert sich um sie. Er ist heilig, gut und verlässlich. Wer diesem Gott ähnlich ist, ist ein Vorbild und ein Held. Die Helden der Bibel sind Menschen, die ihr Vertrauen auf Gott setzen (wie David, als er Goliat schlug), die Gott und den Menschen mit ihren Fähigkeiten dienen (wie Daniel in Babylon) und aufstehen, wenn sie versagt haben (wie Petrus, nachdem er Jesus verleugnet hatte).

Die Vorstellung eines liebenden und barmherzigen Gottes war den Menschen der Antike völlig fremd. Die griechische und die römische Mythologie waren voll von launischen Göttern, die sich nicht um die Menschen kümmerten. In der kollektiven Vorstellung des antiken Menschen fochten die Götter im Himmel beständig Kriege aus. Die Siegreichen unter ihnen stiegen zu besonderen Ehren auf. Diese Gottesvorstellung prägte das Bild vom idealen Menschen. Wer seine Feinde besiegte, galt als Held und konnte zum Gott aufsteigen, wie Julius Cäsar, der vom römischen Senat zum «Divus» (Gott) erklärt wurde.

Umgekehrt galt, dass in der antiken Welt ein Opfer kein Vorbild, kein Held und kein Gott sein konnte. Damit wurde eine Gesellschaftsform zementiert, welche die Opfer in den Staub trat und sie für alle Ewigkeit dort lassen wollte.

Pontius Pilatus und Jimmy Carter

Die antike Gottesvorstellung wirft ein Licht auf die Rolle des Pilatus im Prozess gegen Jesus. Die Evangelien berichten, dass die Frau des Pilatus ihm während des Prozesses ausrichten ließ: «Lass die Hände von diesem Mann, er ist unschuldig. Ich hatte seinetwegen heute Nacht einen schrecklichen Traum» (Mt 27,19). Der Historiker Paul Maier gießt diesen Satz in seinem Roman «Pontius Pilatus» in einen fiktiven Dialog zwischen Pilatus und seiner Frau um (der er den Namen Procula gibt). Procula fragt ihren Mann: «Und was ist, wenn es wahr wäre, Pilatus – was ist, wenn er Gottes Sohn wäre?» Pilatus antwortet:

> *«Du wirst es mir nicht glauben, aber ich habe sogar einen Augenblick daran gedacht, dass das möglich sein könnte, als ich nach einem Ausweg suchte, um ihn freilassen zu können. Ich sagte mir dann aber, dass, wenn ich wirklich über einen Gott zu Gericht säße, ich dabei nicht weit kommen würde. Jesus hätte auf mein Urteil gewartet, hätte dann mich und den schreienden Mob ausgelacht und uns entweder alle erschlagen oder wäre einfach davongegangen. Und keiner von uns hätte etwas daran ändern können. Doch die Tatsache, dass er seine Bestrafung nicht verhindern konnte, beweist, dass er nicht das war, was er zu sein vorgab. Ein wahrer ‹Sohn Gottes›, wenn es so etwas gibt, würde sich nicht schlagen, verhöhnen, beleidigen lassen. Darum wusste ich, als er gegeißelt wurde und der erste Tropfen Blut seinen Rücken rötete, dass wir es mit einem gewöhnlichen Sterbenden zu tun hatten und dass, wenn man ihn kreuzigte, er wirklich sterben würde. Ein Gott, Procula, könnte nicht sterben.»*[235]

Maier bringt mit dem Monolog des Pilatus die antike Logik auf den Punkt: Wenn Jesus Gottes Sohn gewesen wäre, wäre die Sache anders verlaufen. Jesus wäre nicht gestorben, denn wer unterliegt, ist kein Gott, sondern ein gewöhnlicher Sterblicher.

Jesus war nach antiker Lesart kein Held und kein Gott, sondern ein von den Göttern Verlassener. Dass einer, der so kläglich scheiterte, den Verlauf der Geschichte verändern könnte, lag völlig außerhalb des Denkbaren. Einem derart erbärmlichen Opfer widmete Rom höchstens eine Fußnote in seinen Geschichtsbüchern.

Die Menschen der Antike – hier in der Gestalt des Pilatus – durchschauten ihre eigene Gewalt nicht. Sie glaubten, recht zu handeln, wenn sie um höherer Interessen willen töteten. Dreimal bekräftigte Pilatus, dass er keine Schuld an Jesus fand. Dennoch verurteilte er ihn. Pilatus wollte den Titel «Freund des Kaisers» nicht verlieren und dachte bei seinem Urteil an seine eigene Karriere (Joh 19,12).

Pilatus dachte durch und durch politisch. Er war nicht als Statthalter eingesetzt, um gerechte Urteile zu sprechen, so wie wir das heute verstehen. Er war eingesetzt, um die Interessen des Imperiums zu vertreten. Er mag Jesus für unschuldig gehalten haben. Dennoch stellte er fest, dass dieser Mann Unruhen erzeugte, und das durfte nicht sein.

Pilatus konnte seine Hände in Unschuld waschen, weil er mit der Beseitigung des Unruhestifters für Ordnung in der unruhigsten Provinz des Imperiums sorgte. In seinen Augen war recht, was diesem Zweck diente. Jesus war, um es mit René Girard zu sagen, ein Opfer, das Pilatus dem Vaterland zu Ehren darbrachte. Das schreiende Übel der Ungerechtigkeit wurde so gerechtfertigt.

Vishal Mangalwadi schreibt in seinem Werk «Das Buch der Mitte», dass die Griechen und die Römer Jimmy Carter niemals einen Friedensnobelpreis verliehen hätten, und er liegt damit völlig richtig.[236] Der demokratische Carter war von 1977–1981 Präsident der Vereinigten Staaten. Als er zur Wiederwahl antrat, erlitt er eine verheerende Niederlage. Er erhielt lediglich in sechs Staaten eine Mehrheit, alle anderen gingen an seinen Herausforderer Ronald Reagan. Nach seiner Abwahl engagierte sich Carter mit seinem «Carter Center» für die Menschenrechte, für Gesundheitsprojekte in Entwicklungsländern und für internationale Vermittlung. Für sein Engagement wurde ihm 2002 der Friedensnobelpreis verliehen.

Carters Niederlage gegen Reagan war in der westlichen Kultur ein normaler demokratischer Vorgang. Der Umstand, dass Donald Trumps Weigerung, seine Wahlniederlage von 2020 einzugestehen, in der westlichen Welt Kopfschütteln verursachte, bestätigt diese Regel.

Seine Niederlage gegen Reagan tat Carters Ruf als Mann des Friedens in keiner Weise Abbruch. In der Welt der Griechen und Römer war das anders: Einer, der so kläglich scheitert, war kein Vorbild, sondern ein Versager. Solchen Menschen wurden keine Preise verliehen und keine Denkmäler errichtet. Das vom römischen Heldenideal geprägte Denken ließ es nicht zu, in einem Unterlegenen einen Helden zu erblicken. Philip Yancey bemerkt:

> *«Mit Ausnahme der Bibel findet sich in keiner anderen antiken Quelle die Geschichte eines unschuldigen und doch heroischen Opfers, das zu Tode gebracht wird. Für die Menschen des Altertums waren Helden heroisch und Opfer bedauernswert.»*[237]

Ein fundamentaler Unterschied

René Girard forscht seit vielen Jahren über die Gewalt in den antiken Religionen und vergleicht sie mit den Erzählungen der Bibel. Girard fand heraus, dass die Bibel sich fundamental von den Religionen des Altertums unterscheidet. Im Gegensatz zu den antiken Mythen verteidigt die Bibel unschuldige Opfer und kritisiert die Gewalt, die ihnen angetan wird. Im Jahr 2005 gab Girard der «Zeit» ein ausführliches Interview über die Frage, was der christliche Glaube über menschliche Gewalt lehrt.[238] Die erste Frage lautete:

Die Zeit: «Herr Girard, wie kaum ein Zweiter haben Sie in Ihren Büchern erklärt, worin das Haupterbe der christlich-jüdischen Religion besteht: nämlich in der Kritik und in der Überwindung der Gewalt. Heute aber, nach einer zweitausendjährigen Wirkungsgeschichte der Religion, erleben wir genau das Gegenteil, nämlich eine Explosion der Gewalt. Muss das einen Religionsforscher nicht zutiefst irritieren?»

Girard: «Nein, es ist keineswegs so überraschend, wie es scheint. Wie Sie wissen, unterscheide ich zwischen zwei Formen der Religion. Zwischen einer archaischen Religion, die grundsätzlich auf dem Blutopfer beruht, also auf Gewalt und gewalttätigem Handeln. Dagegen steht das Christentum. Es delegitimiert die heilige Gewalt der archaischen Religion. Es prangert sie an und nimmt uns das Opfer. Am entschiedensten natürlich in der Passionsgeschichte, aber auch an vielen anderen Stellen der Bibel.»

Die Zeit: «Dennoch steht auch im Christentum das Opfer im Mittelpunkt.»

Girard: «Ja, aber ganz anders. Der entscheidende Unterschied ist, dass der biblische Text die Unschuld des Opfers erkennt. In den archaischen Religionen ist das Opfer immer schuldig. Nach Christus können wir unschuldige Opfer nicht mehr töten wie zu Zeiten der archaischen Religion, jedenfalls einige von uns können das nicht. Ich würde sogar sagen: Der gesamte Geist unserer religiösen Kultur opponiert gegen das gewaltsame Opfer und eine vermeintlich heilige Gewalt.»

Für Girard ist die Rolle der Gewalt der entscheidende Unterschied zwischen den archaischen Religionen und dem christlichen Glauben.[239] Archaische Religionen benutzten die Gewalt für ihre Zwecke, während der christliche Glaube sie in Frage stellt. Girard kam im Lauf des Interviews auf den Umstand zu sprechen, dass die Antike die eigene Gewalt nicht durchschaute:

Girard: «Das Besondere an der Bibel ist allerdings, dass sie diese Gewalt offen und ehrlich beschreibt. Sie schildert, wie feindliche Städte zerstört und ganze Bevölkerungen ausgelöscht werden. Als Text ist die Bibel viel gewalttätiger als die antike Mythologie.»

Die Zeit: «Und worin unterschieden sich dann die Gewaltdarstellungen?»

Girard: «Die antike Mythologie durchschaut ihre eigene Gewalt nicht, das ist der entscheidende Unterschied […] Diejenigen, die in mythologischen Erzählungen Gewalt ausüben, begreifen ihre eigene Gewalt nicht, an keiner Stelle. Sie behaupten sogar, sie würden Gerechtigkeit üben. Erst die Bibel, und das bewundere ich an ihr, durchschaut die archaische Gewalt und unseren Anteil daran.»

Die Zeit: «Trotzdem gibt es durchaus prominente Stimmen, die behaupten, erst das Juden- und das Christentum hätten uns aus dem Paradies der Antike vertrieben. Bis zur Erfindung des Monotheismus hätten die Menschen friedlich unter der Sonne Griechenlands oder Ägyptens gelebt.»

Girard: «Wenn Sie griechische Tragödien lesen, dann war die Antike nicht unbedingt ein Vergnügen. Es war eine Welt, die nur in einer Hinsicht besser war als unsere: Die Menschen besaßen lediglich Schwerter, aber keine Atombomben. Wenn man damals die Atombombe gehabt hätte, dann wäre die antike Welt genauso gewesen wie unsere: eine Welt voller Gewalt, in der sich niemand freiwillig ergeben will.»

Girard macht den fundamentalen Unterschied zwischen den archaischen Religionen und dem christlichen Glauben klar: Die archaischen Religionen heiligten die Gewalt für ihre Zwecke, der christliche Glaube sagte ihr ab. Der Umstand, dass sich durch die Geschichte des Christentums eine Blutspur zieht, sagt nichts über den christlichen Glauben an sich aus, sondern über seine groteske Entfernung von seinem Gründer. Wahres Christentum besteht darin, einem erbärmlichen Opfer zu folgen, das sein Leben an unserer Stelle gab, und in dieser Nachfolge auf Gewalt zu verzichten.

Nach antiker Lesart war ein Opfer prinzipiell ein Versager. Wer unterlag, galt als schwach, von den Göttern verlassen und schuldig. Das

Kreuz stellt diese Logik auf den Kopf: Jesu vermeintliche Schwäche entpuppte sich als Stärke. Er überwand Hass mit Liebe und trug als Unschuldiger die Schuld aller. Jesus ist der biblische Held schlechthin. Durch sein Leben und Sterben schuf er eine neue Möglichkeit sozialer Beziehungen – die Möglichkeit der Mitmenschlichkeit.

Jesus hat mit seinem Leben und Sterben den Lauf der Welt verändert. Er hat heute mehr Nachahmer als irgendeine andere Lichtgestalt der Geschichte. Unzählige Menschen sind Jesus auf dem Weg der Mitmenschlichkeit gefolgt, Menschen wie Henry Dunant, Mutter Teresa und zahllose andere, deren Namen wir nicht einmal kennen. Am Ursprung dieser neuen Möglichkeit steht kein griechischer Held, der seine Feinde in den Staub tritt, sondern ein Kreuz, an dem ein blutverschmiertes Opfer hängt.

Jesus hat das auf Stärke und Gewalt beruhende Heldenideal der Antike überwunden, indem er das erste Opfer war, das zum Helden wurde. Überall dort, wo die Botschaft vom Kreuz gepredigt wurde, wandelte sich das alte Heldentum zum Ideal der Mitmenschlichkeit.

Das Kreuz hat uns gelehrt, dass echtes Heldentum in der Überwindung der Gewalt und in der Sorge um die Opfer besteht. Wir betrachten nicht länger Eroberer als Helden, sondern Kämpfer für Frieden und Gerechtigkeit. Dafür stehen Persönlichkeiten wie Südafrikas Nelson Mandela (1918–2013). Durch seinen duldsamen Kampf für Frieden und Gerechtigkeit gelang es Mandela, die Rassentrennung in Südafrika zu überwinden. Er verzichtete auf Rache und lebte Versöhnung. Das US-Magazin «Times» kürte ihn zum «Mann des Jahrhunderts».

Welche Werte prägten Mandela? In seiner Biografie «Der lange Weg zur Freiheit» beschreibt er, wie seine Mutter Christin wurde und wie er seine christliche Taufe erhielt. Bis zum Alter von zwanzig Jahren durchlief er eine westliche Ausbildung auf zwei verschiedenen methodistischen Missionsschulen. Mandela machte aus seiner christlichen Gesinnung nie ein Hehl. Er bekannte sich zum christlichen Glauben und sagte, er «sei Christ und immer Christ gewesen».[240]

Mandela verkörpert das christliche Heldenideal, das sich direkt auf das Kreuz zurückführen lässt. Siebenundzwanzig Jahre politische Haft vermochten Mandelas Willen nicht zu brechen und sein Herz nicht zu verbittern.

Auf die Frage, warum er nach dieser langen Zeit der Erniedrigung weder Bitterkeit noch Rachegelüste empfunden habe, antwortete er seinem Freund Bill Clinton: «Sie hatten mir alles genommen: die besten Jahre meines Lebens, meine Frau und meine Kinder. Das Einzige, was sie mir nicht nehmen konnten, war mein Verstand und mein Herz. Hätte ich ihnen nicht vergeben, dann hätten sie auch das bekommen.»

Sein Freund Desmond Tutu sagte, dass Leiden bei einem Menschen zwei Dinge auslösen können: «Es kann einen verbittern, oder es brennt die verhärtete Schlacke ab. Es kann einen Menschen stark und gleichzeitig sanft und einfühlsam machen: Letzteres ist mit Nelson geschehen.»[241]

Ein Held und ein Halunke

Die Sage des Brüderpaars Romulus und Remus, die von einer Wölfin gesäugt wurden, ist weltbekannt. Die säugende Wölfin mit dem Brüderpaar ist eines der Wahrzeichen Roms. Eine entsprechende Bronzefigur aus der Antike ist in den kapitolinischen Museen Roms ausgestellt.

Wenig bekannt ist, dass in dieser Sage, bei der es um die Gründung Roms geht, Gewalt eine entscheidende Rolle spielt. Wie groß der Unterschied zwischen der antiken Mythologie und der Bibel ist, zeigt sich, wenn man die Sage von Romulus und Remus mit der Erzählung vom ersten Brüderpaar in der Bibel, Kain und Abel, vergleicht.

In der antiken Mythologie spielt die Vergewaltigung als Motiv von Lust und Macht eine scheußliche Rolle. Die Mythen handeln von unzähligen Vergewaltigungen, etwa der Priesterin Rhea Silvia durch den

Kriegsgott Mars. Aus der Verbindung gingen Romulus und Remus hervor. Nach ihrer Geburt wurden die Zwillinge in einem Weidenkorb auf dem Tiber ausgesetzt. Eine Wölfin wurde vom Schreien der Kinder angelockt, brachte sie in ihre Höhle und säugte sie.

Als die Zwillinge später eine Stadt gründen wollten, gerieten sie in Streit. Mit Hilfe eines Orakels suchten sie zu bestimmen, wer Bauherr und Namensgeber der Stadt sein darf.

Romulus beanspruchte das Orakel zu seinen Gunsten, begann unverzüglich eine Furche zu ziehen, welche die Größe der Stadt anzeigte, und legte Stadtgraben und Mauer an.

Remus verspottete ihn und sprang über die noch niedrige Mauer in die «Stadt» hinein. Das war ein schwerer Verstoß, denn Stadtmauern galten im Altertum als heilig.

Romulus geriet in Zorn und erschlug seinen Bruder mit den Worten: «So möge es jedem ergehen, der über meine Mauern springt!» Romulus gründete dann das nach ihm benannte Rom und wurde sein erster Herrscher.

Verblüffend ähnlich erzählt das erste Buch Mose den Mord Kains an seinem Bruder Abel. Beide brachten Gott Opfer dar, aber nur das Opfer Abels wurde angenommen. Als Kain mit seinem Bruder auf dem Feld war, erschlug er ihn im Zorn. Er verließ die Gegend und ließ sich östlich von Eden nieder. Dort wurde ihm sein Sohn Henoch geboren, der Namensgeber für die Stadt wurde, die Kain gründete (1Mo 4,1 ff.).

So ähnlich die beiden Erzählungen klingen, so unterschiedliche Werte transportieren sie. In der Gründungssage Roms ist Romulus sowohl Mörder als auch Held. Die Götter belohnten seine abscheuliche Tat dadurch, dass er siebenunddreißig Jahre über Rom herrschte. Zu guter Letzt beschert ihm die Mythologie ein heldenhaftes Ende: Während einer Heerschau auf dem Marsfeld kam es zu einer Sonnenfinsternis. Romulus entschwand vor den Augen der Anwesenden in einer Wolke. Mars nahm seinen Sohn in den Kreis der Himmlischen auf, und Romulus wurde zum Gott erhoben.

Die Werte, welche diese Sage verkörpert, liegen auf der Hand. Der

Stärkere behält recht. Romulus wird für seine «Heldentat» belohnt und zum Gott erhoben. Die Legende ist ein Spiegelbild der antiken Gesellschaft: Der Stärkere ist der Held. Auf diese Weise wird Gewalt geheiligt, und das bedeutet, dass sie sich ungehindert fortpflanzen kann.

Der Unterschied zur Erzählung von Kain und Abel ist offensichtlich, wenn man im ersten Buch Mose liest, zu welchem Ende Gott die Geschichte brachte. Auch Kain wird Erbauer einer Stadt und sein Sohn ihr Namensgeber. Aber Kain ist kein Held, sondern ein Halunke. Gott ergreift Partei für den unschuldig ermordeten Bruder und zieht Kain für sein Vergehen zur Rechenschaft:

> *«Der Herr sprach: Was hast du getan? Das Blut deines Bruders schreit zu mir vom Ackerboden. So bist du verflucht, verbannt vom Ackerboden, der seinen Mund aufgesperrt hat, um aus deiner Hand das Blut deines Bruders aufzunehmen. Wenn du den Ackerboden bestellst, wird er dir keinen Ertrag mehr bringen. Rastlos und ruhelos wirst du auf der Erde sein» (1Mo 4,10–12).*

Im Gegensatz zum römischen Gründungsmythos wird in der Erzählung von Kain und Abel zwischen Recht und Unrecht unterschieden. Das Opfer ist nicht schuldig wie in der antiken Mythologie, wo der Stärkere automatisch zum Helden wird. In der biblischen Erzählung ist es gerade umgekehrt: Der Stärkere wird verurteilt, und das Opfer wird zum Helden.[242]

Das erste Buch Mose entstand in einer Zeit, als der Stärkere immer als Sieger galt. Umso heller leuchtet die Moral dieser Geschichte auf: Gott anerkennt das unschuldige Opfer und verwehrt dem Sieger den Heldenstatus. Kain wird nicht mit Ehren in den Himmel aufgenommen wie Romulus, sondern aus der Gegenwart Gottes verjagt.

Die hebräische Bibel kannte die Sorge um die Opfer, die uns heute so selbstverständlich erscheint, schon vor der Erschaffung der griechischen und römischen Mythen. Zweifellos liegen hier die Wurzeln der Mitmenschlichkeit und der Rechtsstaatlichkeit, die uns in der westlichen Kultur, gerade in ihrer säkularisierten Form, so selbstverständlich erscheinen.

Die Umwälzung aller Werte

Die Erzählung von Kain und Abel ist die erste der Bibel, in der das Opfer anerkannt und der Täter zur Rechenschaft gezogen wird, aber nicht die letzte dieser Art. Die hebräische Bibel kennt zahllose Geschichten von Propheten, die für die Opfer der Gesellschaft eintraten. Sie waren sich nicht zu schade, für eine bessere Welt einzutreten, und wurden selbst zu Opfern:

Amos, der mit seiner messerscharfen Sozialkritik den Unwillen der Mächtigen hervorrief, wurde aus dem Land gejagt.

Jeremia wurde in eine Zisterne geworfen, wo er im Schlamm sein Ende gefunden hätte, wenn er nicht heimlich befreit worden wäre. Am Ende wurde er von seinen eigenen Landsleuten in Ägypten gesteinigt.

Nicht besser erging es dem Prophetenfürsten Jesaja, der für die Witwen und Waisen eintrat (Jes 1,1–20). Die jüdische Tradition besagt, dass er in einem hohlen Baumstamm lebendigen Leibes zersägt wurde (vgl. Hebräer 11,37).

Alle diese Geschichten gipfeln in der Passion Jesu, in der das Opfer zum Helden und Erlöser wird. Für den oberflächlichen Betrachter ist das alles eine Tragödie: Die religiöse und die politische Macht vereinen sich, um dem galiläischen Propheten den Garaus zu machen. Wie in den antiken Mythen wird das Opfer zum Schuldigen gestempelt. Sein Tod wird als eine Notwendigkeit dargestellt, um sich selbst reinzuwaschen.

Das gilt nicht nur für Pilatus, sondern auch für den Hohen Rat, der beschloss, Jesus zu töten. Die dahinterstehende Logik: «Wenn wir ihn gewähren lassen, werden alle an ihn glauben. Dann werden die Römer kommen und uns die heilige Stätte und das Volk nehmen» (Joh 11,48). Der Hohe Rat fürchtete, es könnte zu Unruhen kommen, wenn Jesus weiter an Einfluss gewänne. Und einen Krieg gegen Rom konnten die Juden nie und nimmer gewinnen.

Der Hohepriester Kaiphas schließlich sagte: «Ihr bedenkt nicht, dass es besser für euch ist, wenn ein einziger Mensch für das Volk stirbt, als wenn das ganze Volk zugrunde geht» (Joh 11,50). Mit dieser Logik wurde die Beseitigung des Unschuldigen als löbliche Tat getarnt. Der Hohe Rat durchschaute, wie René Girard es im Interview ausdrückt, die eigene Gewalt nicht.

Mit der Kreuzigung Jesu schien das Problem gelöst. Aber die Sache lief aus dem Ruder, als seine Nachfolger Jerusalem mit der Botschaft erfüllten, Jesus sei auferstanden. Die Tragödie wurde buchstäblich über Nacht zum Triumph.

Der Auferstandene führte jetzt eine Bewegung an, die das Böse in Liebe angriff. Jesus überwand Hass mit Liebe und Schuld mit Vergebung. Er holte nicht zum Schlag aus, um sich zu rächen. Er durchbrach das Schuld-Rache-Schema, das für so viel Leid auf der Welt verantwortlich ist, und seine Nachfolger taten es ihm gleich. Wo diese Haltung im Namen Christi geübt wird, ist wahres Christentum.

Es ist für uns heute selbstverständlich, dass es richtig ist, sich der Opfer der Gesellschaft anzunehmen und Leidenden beizustehen. Wir wissen, dass Vergebung der Königsweg und der Rache vorzuziehen ist (auch wenn wir oft dagegen handeln). Wir finden es richtig, wenn Sozialämter sich um die kümmern, die es wirklich nötig haben. Wir glauben, dass Barmherzigkeit eine Tugend ist, und finden es gut, wenn sich Hilfsorganisationen um Hungernde in Afrika und Opfer von Menschenhandel in Berlin kümmern.

Wir nehmen jedoch kaum wahr, dass wir so denken, weil Jesus seinen Fuß auf die Erde setzte. Seit zweitausend Jahren wird Jesus als der Gekreuzigte gepredigt. Wir sehen ein Opfer vor uns, das im Angesicht von Leid und Tod nicht zur Rache aufruft, sondern vergibt. Wir betrachten das Kreuz in Darstellungen großer Künstler und in Glasmalereien von Kirchenfenstern. An Weihnachten erinnern wir uns daran, dass Jesus in einer Krippe lag und uns gezeigt hat, was wahre Stärke ist. Dass dem Hass mit Liebe zu begegnen ist und es besser ist, Versöhnung zu suchen statt Vergeltung zu üben, ist in unser Denken eingeflossen, in unsere Vorstellungen von gelingenden Beziehungen und in unser Rechtssystem. Das Kreuz hat eine «Umwertung aller Werte» bewirkt, wie Philip Yancey mit Blick auf die Arbeiten von René Girard es ausdrückt:

> *«Das Evangelium, in dessen Mittelpunkt das Kreuz steht, leitete eine verblüffende Umwertung aller Werte ein, die nach und nach die ganze Welt beeinflusst hat. Heute besetzt das Opfer den moralisch hohen Standpunkt: Davon zeugt die Vergabe des Friedensnobelpreises an einen farbigen südafrikanischen Geistlichen, einen polnischen Gewerkschaftsführer, einen Holocaust-Überlebenden, eine Bäuerin aus Guatemala und einen Bischof der verfolgten Einwohner von Ost-Timor. Dass die Welt Ehre und Beachtung für die an den Rand Gedrängten und um ihre Bürgerrechte Betrogenen übrig hat, schloss Girard, ist ganz direkt dem Kreuz von Jesus Christus zu verdanken. Frauen, Arme, Minderheiten, Behinderte, Fürsprecher der Umwelt und der Menschenrechte – sie alle entlehnen ihre moralische Autorität der Macht des Evangeliums, die am Kreuz entfesselt wurde, als Gott für das Opfer Partei ergriff.»*[243]

Das Kreuz ist ein Triumph über die Sünde und die Mächte der Unmenschlichkeit. Jesu Leben und Sterben hat neue Möglichkeiten sozialer Beziehungen eröffnet. Jesus hat Hass mit Liebe besiegt und Werte geschaffen, welche die Welt verändert haben. Sein außerordentliches Leben und sein Sieg über die Mächte der Unmenschlichkeit haben uns gelehrt, eine Welt zu bauen, die sich gegenüber den Schwachen und Leidenden nicht apathisch verhält, sondern sich ihrer annimmt.

Teil III
Tanzen mit dem Wind

Die Bibel ermutigt uns, das Leiden nicht nur anzunehmen, sondern unser Leben durch das Leiden zu gestalten. Statt uns zu ducken, bis der Sturm vorüber ist, lassen wir unseren Drachen steigen und tanzen mit dem Wind. In jeder gemeisterten Herausforderung liegt etwas Schönes. Was uns im tiefsten Leiden hält, ist das ehrliche Beten, das verwegene Vertrauen und eine Hoffnung, die nicht enttäuscht.

Kapitel 10
Beten aus der Tiefe des Herzens

Ein altes Sprichwort sagt, dass Not beten lehrt. Dieser Satz ist in einem noch tieferen Sinne wahr, als viele annehmen. Not lehrt uns nicht nur beten an sich (in dem Sinn, dass wir öfter beten, wenn wir in Not sind, als wenn es uns gut geht), sie lehrt uns auch eine Art des Gebets, die ich das Beten aus der Tiefe des Herzens nennen möchte.

C. S. Lewis schreibt, dass Gottes Liebe zu uns schenkende Liebe ist, während unsere Liebe zu ihm fast ausschließlich bedürftige Liebe ist. Unsere Bedürftigkeit «ist offensichtlich, wenn wir um Vergebung unserer Sünden oder um Beistand in unseren Nöten bitten. Noch deutlicher wird es in unserem Bewusstsein, dass unser ganzes Wesen von Natur aus eine einzige große Bedürftigkeit ist: unvollständig, vorläufig, leer und doch vollgestopft, ein einziger Notschrei zu dem, der die verwirrten Fäden lösen kann und wieder ordnet, was uns entglitten ist.»[244]

Unsere Bedürftigkeit, vor allem wenn wir uns in Nöten befinden, lehrt uns, aus der Tiefe unseres Herzens zu beten. Das Gebet aus der Tiefe erhält in der Bibel erstaunlich viel Aufmerksamkeit. Die Bibel, hauptsächlich das Alte Testament, ist eine einzige Ermutigung, es zu entdecken und freimütig zu praktizieren:

Hiob betete aus der Tiefe seines verwundeten Herzens und wurde für seine Ehrlichkeit belohnt. Jeremia schüttete in seinen Bekenntnissen sein Herz vor Gott aus und fand in ihm einen geduldigen Zuhörer. In vielen Psalmen wird mit einer Mischung aus Gottesfurcht und Unverfrorenheit gebetet, bis ein Hoffnungsschimmer am Horizont auftaucht.

Viele dieser Gebete sind im Grunde genommen nicht druckreif. Sie klingen verzweifelt, ungehobelt, sprunghaft, trotzdem sind sie voller Glauben und Ehrfurcht. Sie sind vor allem eines: ehrlich. In dieser Art des Betens liegt eine große Kraft. Es ist die Kraft, die uns am Leben erhält, wenn wir durch das Tal der Todesschatten gehen.

Gott beim Wort nehmen

Keine Religion räumt dem Gebet aus der Tiefe des Herzens so viel Raum ein wie das Judentum und das Christentum. Wenn man die Klagen von Hiob und Jeremia liest, kann einem ganz anders werden. Jeremia ist bitter enttäuscht und wirft Gott vor, ihn zu seinem Prophetenamt überredet und sogar vergewaltigt zu haben (Jer 20,7). Hiob klagt, Gott behandle ihn ungerecht (Hiob 9,22). In seinen langen Reden sagt er im Grunde genommen stets dasselbe: «Gott, du bist doch gerecht! Es kann doch nicht sein, dass du mir mein Recht verweigerst und mich grundlos leiden lässt!»

Im Islam ist solches Beten undenkbar. Vom Moslem wird erwartet, dass er das Schicksal, das ihm Allah auferlegt, im Glauben daran, dass er ihn recht leitet, geduldig erträgt. Der Islam kennt darum auch den rebellierenden und anklagenden Hiob nicht. Der Hiob des Islam ist eine Figur, die im Leiden widerspruchslos ausharrt und erduldet, was Allah ihm auferlegt. Ein Aufbegehren Hiobs «ist für den islamischen Glauben ebenso undenkbar wie die Forderung, Gott müsse sich für das Leid auf der Welt rechtfertigen.»[245]

Im Gegensatz dazu wird im jüdischen und im christlichen Glauben das Leid nicht widerspruchslos hingenommen. Der Widerspruch im Leid hängt zusammen mit Gottes Gerechtigkeit und seiner Verheißung, seinem Volk sein Schalom (Frieden, Sicherheit, Wohlergehen) zu geben. Gott selbst fordert im Alten Testament Israel dazu auf, ihn zu prüfen (Mal 3,10) und mit ihm zu rechten (Jes 1,18; 41,1; 43,26), damit er sich als der erweisen kann, der seine Verheißungen einlöst.

Gott will keinen Fatalismus und keinen Kadavergehorsam. Gott will, dass sein Volk ihn beim Wort nimmt! Genau das tat Hiob. In einer Mischung aus Verzweiflung und Glauben packt er Gott ganz kühn bei seinem eigenen Willen und fordert ihn auf, seine Gerechtigkeit unter Beweis zu stellen und ihn von seinem Leiden zu befreien.

Am Beispiel von Hiob zeigt sich, dass Gott den Leidenden das Recht gibt, seine Verheißungen vor ihm einzuklagen. Die Leidenden dürfen Gott beim Wort nehmen und klagen, wenn das göttliche Schalom sie übergeht. Sie dürfen wie in einem Tribunal ihren Fall vorbringen und Gott auffordern, seine Verheißungen einzulösen.

Das Beten aus der Tiefe des Herzens ergibt sich aus dieser Erlaubnis. Im Grunde genommen ist dieses ungehobelte Beten, das sich bis zur Anklage steigern kann, ein Akt des Glaubens. Wer in tiefster Verzweiflung Gott beim Wort nimmt und die Erfüllung seiner Verheißungen einklagt, hat Glauben und findet Gottes Anerkennung. Für dieses Beten aus der Tiefe des Herzens wird Hiob am Schluss von Gott gelobt.

Psalmen der Klage

Abgesehen von den Klagen von Hiob und Jeremia wird das ehrliche Gebet nirgends freimütiger praktiziert als in den Psalmen. Die Israeliten sangen fast ständig Psalmen: auf Pilgerfahrt nach Jerusalem, im Tempelgottesdienst während der großen Jahresfeste, zu Hause am Herd und bei der Arbeit auf dem Feld.

Rund die Hälfte der Psalmen gehören der Kategorie der Klagepsalmen an. Es handelt sich um Lieder, die in Zeiten der Not entstanden oder darauf zurückblicken. Die Psalmisten richten sich an Gott, sie klagen und sie bitten um Hilfe in ihren Nöten. Immer wieder findet sich in diesen meist schlichten Liedern eine faszinierende Mischung aus Gottesfurcht und Unverfrorenheit. Da wird gejammert und geklagt, was das Zeug hält, und erst damit aufgehört, wenn ein Hoffnungsschimmer am Horizont auftaucht.

Die Menschen, die diese Lieder schrieben, gingen nicht souverän durch die Krisen ihres Lebens. Sie schrieben sie in akuten Phasen der Aggression und der Resignation, und sie hingen so lange an Gott, bis sie ihr Los annehmen und zu neuer Zuversicht aufbrechen konnten. Manche von ihnen waren ein Häufchen Elend, als sie zur Feder griffen, aber ein auf Gott harrendes Häufchen, und deshalb sind sie Vorbilder für uns.

Das Buch der Psalmen trägt in der hebräischen Bibel den Titel «Tehillim», was «Lobpreisungen» bedeutet. Das ist erstaunlich für ein Buch, das zur Hälfte aus Klagepsalmen besteht. Trotzdem ist der Titel passend, denn auch in den Klagepsalmen spielt das Lob eine wichtige Rolle. Die Beter lassen in der tiefsten Verzweiflung nicht von Gott und geben ihm dadurch die Ehre. Das im Leiden errungene Lob, das in manchen dieser Psalmen zum Himmel aufsteigt, ist sogar besonders kostbar.

Je weiter man in den Psalmen liest, desto stärker nehmen die Psalmen zu, die zum Gotteslob aufrufen. Das Buch der Psalmen endet in einem gewaltigen Finale mit fünf Lobpsalmen (Ps 146–150), das in seiner Intensität an Händels «Halleluja» in seinem Werk «Messias» erinnert.[246]

Die Klagepsalmen sind die beste Anleitung zum Beten aus der Tiefe des Herzens. Diese ungehobelten und sprunghaften Gebete voller Ehrfurcht sind eine Einladung, ehrlich vor Gott zu sein. In ihnen stehen die Glaubenshelden von damals in ihren Alltagskleidern vor uns. Einige von ihnen waren verzweifelt und haben geweint, als sie ihre Psalmen schrieben. Andere waren enttäuscht und haben Gott Vorwürfe gemacht. Vor allem aber haben sie auf Gott gehofft, wo andere alle Hoffnung fahren ließen. Sie haben im Glauben auf ihn ausgeharrt und wurden erhört.

Ihre ungekünstelten Gebete stiften zur ehrlichen Kommunikation mit Gott an. Vielleicht werden die Psalmen darum von jeher geschätzt. Martin Luther schrieb in seiner Vorrede über die Psalmen:

> *«Wo findet man feinere Worte der Freude, als die Lobpsalmen und Dankpsalmen haben? Da siehst du allen Heiligen ins Herz, wie in schöne, lustige Gärten. Wo findest du tiefere, kläglichere, jämmerlichere Worte der Traurigkeit, als sie die Klagepsalmen haben? Da siehst du abermals allen Heiligen ins Herz wie in den Tod, ja wie in die Hölle.»*[247]

Es ist nicht erstaunlich, dass besonders Leidende gerne zu den Psalmen greifen. Als Dietrich Bonhoeffer in Berlin-Tegel in Haft war, schrieb er an seinen Freund Eberhard Bethge, dass ihm die Lieder von Paul Gerhard und das Lesen der Psalmen sowie das Buch der Offenbarung geholfen hätten.[248] Der Seelsorger Henri Nouwen schrieb den Psalmen Trost und Kraft zu und bezeichnete sie als revolutionäre Waffe:

«Schon oft habe ich gedacht: Wenn ich je ins Gefängnis kommen, wenn ich je Hunger, Schmerz, Folter oder Demütigung erleiden sollte, dann hoffe und bete ich, dass man mir die Psalmen lässt. Die Psalmen werden meinen Geist lebendig halten, die Psalmen werden mir die Kraft geben, andere zu trösten, die Psalmen werden sich als die stärkste, ja revolutionärste Waffe gegen die Bedrücker und Peiniger erweisen. Wie glücklich sind jene, die keine Bücher mehr brauchen, sondern die Psalmen im Herzen tragen, wo immer sie gehen und stehen. Vielleicht sollte ich anfangen, die Psalmen auswendig zu lernen, damit sie mir niemand mehr wegnehmen kann.»[249]

Das Tor zum Beten

Das Buch der Psalmen besteht aus einer Sammlung von fünf Büchern und ist sorgfältig strukturiert.[250] Psalm 1 und 2 bilden zusammen das Eingangsportal. Psalm 1 ist ein Lehrpsalm, der in der Tradition der alttestamentlichen Weisheit zum Glauben anleitet. Psalm 2 ist ein Königspsalm, der zur Amtseinsetzung des Königs gesungen worden sein dürfte.

Mit Psalm 3 erfolgt das erste Gebet. Es handelt sich um einen Klagepsalm von David, den er schrieb, als er vor seinem Sohn Absalom floh. Die Zeit der Flucht muss ihn an seine Wüstenjahre erinnert haben, als er von Saul verfolgt worden war. In Psalm 3 findet sich dieselbe geistliche Lebendigkeit, die in den Psalmen zu finden sind, die David vierzig Jahre früher während seiner Flucht vor Saul schrieb. In Psalm 3, wie auch in den weiteren Klagepsalmen, erweist sich die Klage als Tor zum Beten. David betet:

«Ein Psalm. Von David. Als er vor seinem Sohn Absalom floh. Herr! Wie zahlreich sind meine Bedränger! Viele erheben sich gegen mich; viele sagen von mir: Es gibt keine Rettung für ihn bei Gott! Du aber, Herr, bist ein Schild um mich her, meine Ehre, und der mein Haupt emporhebt. Mit meiner Stimme rufe ich zum Herrn, und er antwortet mir von seinem heiligen Berg. Ich legte mich nieder und schlief; ich erwachte, denn der Herr stützt mich. Ich fürchte nicht Zehntausende Kriegsvolks, die ringsum mich belagern. Steh auf, Herr! Rette mich, mein Gott! Denn du hast alle meine Feinde auf die Backe geschlagen; die Zähne der Gottlosen hast du zerschmettert. Bei dem Herrn ist die Rettung. Dein Segen komme auf dein Volk» (Ps 3,1–9).[251]

Psalm 3 ist der erste Psalm, der sich direkt an Gott richtet. Es ist ein Psalm aus der Tiefe, in welchem David sich seiner Bedürftigkeit bewusst ist. Das erste Wort ist ein Seufzer:

«Herr! Wie zahlreich sind meine Bedränger!» (Ps 3,2).

Das ist ein erstaunlicher Beginn für ein Lehrbuch über das Beten. Das erste Wort, das wir aus dem Mund eines der größten Beter des Alten Testaments vernehmen, ist nicht ein Wort des Lobes oder der Weisheit, sondern der Klage. David platzt mit seiner Not förmlich heraus. Er ist in diesem Augenblick eine «einzige große Bedürftigkeit», wie C.S. Lewis es ausdrückte.

Dass dieser ungehobelte Psalm als erstes Gebet des Psalters ausgewählt wurde, zeigt uns, dass wir nicht warten müssen mit Beten, bis wir die richtigen Worte finden. Wir müssen uns nicht schöne Worte zurechtlegen, damit ein Dialog mit Gott entsteht. All das ist nicht nötig, ja es kann für das Beten sogar hinderlich sein. Wir müssen nur das Herz sprechen lassen. Gott liebt nichts so sehr wie ein ehrliches Gebet.

Auf die Klage folgt in den meisten Klagepsalmen die Bitte um Gottes Hilfe, bis der Beter zur Zuversicht durchbricht, dass Gott ihn erhört hat. Die Klage wird so zum Tor zum Beten. Diesem Schema folgen fast alle Klagepsalmen. Von der Klage geht es zum Bitten und von dort zur Zuversicht. Dieses Schema kann sich in längeren Psalmen mehr spontan als strukturiert wiederholen.

Die Klagepsalmen sind kein literarisches Kunstprodukt. Sie sind nicht durchredigiert, bis alle holprigen Stellen ausgemerzt sind. Sie sind unlektorierte Protokolle von Glaubenskämpfen, die sich mitten in der Arena des Lebens ereignet haben. Sie spiegeln auf ganz natürliche Weise das Ringen des Beters mit seiner Not und sein ständiges Auf und Ab wider.

Diese schlichten und natürlichen Vorgänge sind von immenser Bedeutung für das Beten. Beten ist keine Kunst, die man erlernen kann, Beten ist das Atmen der Seele. Wir können in einen Dialog mit Gott eintreten und unsere Klagen ungekünstelt vor ihn bringen. Die Klage ist kein Geleise mit einem toten Ende, sondern der Beginn eines Dialogs mit unserem Gott und so das Tor zum Beten überhaupt. Der beste Weg, ein Beter zu werden, besteht darin, auf Formalitäten zu verzichten und das Herz sprechen zu lassen.

Gottes Gegenwart

Psalm 3 ist trotz seiner schlichten Art, oder vielleicht gerade deswegen, vom Geheimnis des Gebets durchdrungen. David klagt über seine Bedränger und lässt sein Herz sprechen, wie damals in der Wüste. Der Aufstand von Absalom ereignete sich in einer Zeit, in der David seine Leidenschaft im Glauben verloren hatte. Seine Familie, ja das ganze Königshaus, war erschüttert worden, als David Ehebruch beging, den betrogenen Ehemann auch noch beseitigen ließ und das Schwert in seiner Familie zu wüten begann (2Sam 11,1 ff.). Außer einem eindrücklichen Bußpsalm scheint David in dieser Zeit der persönlichen Niederlage keine Lieder geschrieben zu haben (Ps 51).

Auf der Flucht erwacht er dann aus seiner Lethargie und findet zurück zu seiner geistlichen Lebendigkeit. David weiß, dass Gott allein die verwirrten Fäden seines Lebens lösen und das ordnen kann, was ihm entglitten ist. Während er klagt, kommt Zuversicht auf:

> *«Du aber, Herr, bist ein Schild um mich her, meine Ehre, und der mein Haupt emporhebt» (Ps 3,4).*

Während David klagt, wird die Luft um ihn herum von einer Note der Zuversicht erfüllt. Sie ist nicht das Resultat von positivem Denken. Sie ist nicht einmal herbeigebetet. Sie ist einfach da.

Menschen des Glaubens haben dieses Geheimnis des Gebets durch die Jahrhunderte hindurch in unzähligen Situationen stets erfahren. Wir beten, und während unser Gebet zu Gott aufsteigt, stellt sich in unseren Herzen der Friede Gottes ein. Zuerst ganz zögerlich, noch etwas brüchig, dann immer deutlicher breitet sich der Friede Gottes aus und mit ihm eine Note der Zuversicht.

Im Neuen Testament wird dieses Geheimnis in den Worten auf den Punkt gebracht: «Sorgt euch um nichts, sondern bringt in jeder Lage betend und flehend eure Bitten mit Dank vor Gott! Und der Friede Gottes, der alles Verstehen übersteigt, wird eure Herzen und eure Gedanken in der Gemeinschaft mit Christus Jesus bewahren» (Phil 4,6–7).

David wird erfüllt von Gottes Frieden. Gott ist sein Schild und hebt sein Haupt empor. Er wird von der Zuversicht erfüllt, dass der Allmächtige gegenwärtig ist. Das göttliche Schalom, das nicht erklärt, sondern nur erfahren werden kann, verfestigt sich zur Gewissheit, dass Gott ihn nie verlassen hat, weder in seiner Zeit der Erschütterung noch jetzt, wo er abermals auf der Flucht ist. David musste Gott nicht suchen, er brauchte nur auf seine Gegenwart zu reagieren.

Eines der größten Missverständnisse in Bezug auf das Beten besteht darin, zu meinen, wir müssten durch das Gebet Kontakt zu Gott herstellen, so als würden wir eine Nummer wählen und Gott anrufen. So eingängig dieses Bild ist, kann es doch nur in sehr unzureichender Weise zum Ausdruck bringen, was sich im Gebet ereignet.

Es berücksichtigt nicht, dass Gott in seiner Schöpfung jederzeit gegenwärtig ist. Wir könnten, wie es David in Psalm 139 sagt, uns in der Unterwelt betten oder die Flügel des Morgenrots nehmen und zum äußersten Meer fliegen, so wäre Gott auch dort gegenwärtig. Beten heißt nicht, Kontakt zu Gott herzustellen, sondern auf Gottes Gegenwart zu reagieren. Gott umgibt uns jederzeit. Er ist in uns, in unserem Leben, um uns herum und in seiner ganzen Schöpfung ständig am Werk. Wenn wir beten, reagieren wir auf diese Tatsache.

Einer meiner Lieblingsfilme ist das Musical «Anatevka», das im zaristischen Russland spielt.[252] Hauptperson ist der jüdische Milchhändler Tevje. Er redet jederzeit und überall mit Gott. Er dankt ihm für alles, und er macht ihm Vorwürfe, wenn es nicht gut läuft.

In einer Szene sitzt Tevje am Wegrand neben seinem lahmen Ross und weiß nicht, was er als Nächstes tun soll. Er blickt zum Himmel und sagt: «Ich verstehe dich, wenn du mich bestrafst, wenn ich böse bin, oder meine Frau, wenn sie zu viel redet, oder meine Tochter, wenn sie einen Heiden heiratet; aber was hat dir mein Ross getan?»

Tevjes einfaches und hartes Leben ist erfüllt von der Gegenwart des Allmächtigen. Tevje reagiert auf Gottes Gegenwart in sehr natürlicher Weise. Wenn wir im Bewusstsein der göttlichen Gegenwart leben, können wir mit Gott über alles reden, seien es lahme Pferde, platte Reifen, abgestürzte Computer, eine gelungene Prüfung oder die Diagnose des Arztes.

Dialog mit Gott

Das Gebet aus der Tiefe des Herzens kann der Anfang eines Dialogs mit Gott sein. Ein Dialog mit Gott findet in unseren Herzen statt und macht das Beten zu einer lebendigen Erfahrung. Psalm 3 reflektiert diese Erfahrung auf so natürliche Weise, dass man sie leicht übersieht. Wenn man den Psalm in einer wörtlichen Übersetzung liest, fällt auf, dass David in der Mitte des Psalms in die Vergangenheitsform wechselt. Er betet:

«Mit meiner Stimme rufe ich zum Herrn, und er antwortet mir von seinem heiligen Berg. Ich legte mich nieder und schlief; ich erwachte, denn der Herr stützt mich» (Ps 3,5–6).

Ich stelle mir vor, dass David in seinem Zelt, das Könige auf Reisen mitzunehmen pflegten, auf und ab geht und betet. Die Flucht vor seinem Sohn ist ein finsteres Tal, das er durchschreiten muss, und ob es Licht am Ende des Tunnels gibt, weiß David nicht. Vielleicht fällt er auf die Knie und ringt mit Gott wegen seiner Königswürde und seines Sohnes Absalom. Während er betet, erinnert er sich an eine Situation in der Vergangenheit, als er zu Gott rief und er ihm von seinem heiligen Berg antwortete. David schiebt die Erinnerung nicht als etwas Störendes beiseite. Er beginnt darüber nachzudenken, wie es damals war, als er zu Gott rief und Gott ihm antwortete.

Eigentlich ist David jetzt abgelenkt vom Beten. Er hat ja ein Problem wegen Absalom, das er mit Gott besprechen will. Die Klage sprudelt nur so aus ihm heraus. In seinen alten Tagen seine müden Knochen aufzulesen und nochmals in die Wildnis zu gehen, ist keine leichte Sache. Vor allem weiß er nicht, wie die Sache ausgeht. Vielleicht ist das hier sein unrühmliches Ende, wenn er von seinem Sohn entmachtet wird.

Beim Beten erleben wir immer wieder Ablenkung. Wir beten, und es kommen uns tausend Dinge in den Sinn. Wir konzentrierten uns auf das Gebet, und schon wieder wandern unsere Gedanken irgendwo hin. Unsere natürliche Reaktion ist, unseren Gedanken Einhalt zu gebieten und uns auf das Gebet zu konzentrieren. Vielleicht ist das gar nicht das Beste, was wir tun können. Was wie Ablenkung aussieht, kann der Beginn eines Dialogs mit Gott sein. Bei David sah das so aus:

Er betet und ist ganz in der Gegenwart. Die Sorge um seinen Sohn Absalom und die Frage nach seinem eigenen Abgang erfüllen ihn. Während des Betens kommt ihm eine Gebetserfahrung aus der Vergangenheit in den Sinn. Vielleicht ist es eine Erfahrung, die er in der Wüste machte, damals, als er von Saul gejagt wurde. Plötzlich steht sie ganz deutlich vor seinem inneren Auge. Er erinnert sich, wie er zu Gott rief und wie Gott ihm antwortete. Auf einmal, ganz leise, liegt eine Note der Zuversicht in der Luft, so dass David, nun wieder ganz in der Gegenwart, zu sich sagt:

> *«Ich fürchte nicht Zehntausende Kriegsvolks, die ringsum mich belagern» (Ps 3,7).*

Streng genommen betet David in diesem Moment nicht, sondern redet mit sich selbst. Beides hat, wie wir aus den Psalmen lernen, nebeneinander Platz (Ps 103,1; 104,1). Absalom hat ein riesiges Heer aufgeboten, um seinem alternden Vater den Garaus zu machen. Er wird den Putsch durchziehen und David im besten Fall ein ruhiges Lebensende in einem Seitenflügel des Palastes ermöglichen. Im schlechtesten Fall ist David morgen um diese Zeit tot.

David hat Gottes Hilfe in vergleichbaren Situationen schon mehr als einmal erfahren. Die Erinnerung daran nimmt ihm die Angst. David ist auf einmal erfüllt von der Zuversicht, dass der Allmächtige ihn nicht fallen lässt, so dass er ganz kühn bittet:

> *«Steh auf, Herr! Rette mich, mein Gott! Denn du hast alle meine Feinde auf die Backe geschlagen; die Zähne der Gottlosen hast du zerschmettert» (Ps 3,8).*

Davids Beten ist zum Dialog geworden. Es war keine Ablenkung, als er mit seinen Gedanken in die Vergangenheit schweifte. Es war Gott, der ihn an eine vergleichbare Situation erinnerte, um ihm zu zeigen, dass er auch jetzt da ist. Am Schluss des Psalms kann David mit voller Zuversicht sagen: «Bei dem Herrn ist die Rettung» (Ps 3,9).

Im Tal der Todesschatten brauchen wir nichts so sehr wie die Gewissheit, dass unsere Gebete nicht von der Zimmerdecke zurückgeworfen werden. Wir möchten wie David Gottes leise Stimme in unseren Herzen vernehmen. Vielleicht sollten wir Ablenkung nicht als etwas Störendes erachten. Sie kann der Beginn eines Dialogs mit unserem himmlischen Vater sein.

Gebete aus der Höhle

Das Beten aus der Tiefe des Herzens ist keine Technik, die man erlernen kann. Es ist weniger etwas, das man einübt, sondern mehr etwas, dem wir Raum geben, wenn es aus uns herausbricht. Diese Art des Betens ist unauflöslich mit der Person von David verbunden, von dem die meisten Klagepsalmen stammen. Man hatte in Israel schon vor David Psalmen gesungen, aber kaum in der persönlichen Art des Klagegebets, wie David es freimütig praktizierte.[253]

Die meisten Psalmen vor Davids Zeit wurden im Bewusstsein geschrieben, dass Gott hoch erhaben und heilig ist, so dass man ihm nur in Ehrfurcht richtig begegnen kann. Es waren weniger Gebete einer einzelnen Person – sie reflektierten mehr die Erfahrung einer ganzen Nation (2Mo 15,1 ff.; Ri 5,1.ff.). David war einer der ersten, der in einer sehr persönlichen Weise mit Gott als einem Gegenüber redete. Mit seiner ehrlichen Art des Gebets hat David das Beten in Israel und unser Verständnis vom Beten revolutioniert.

David entdeckte das Gebet aus der Tiefe des Herzens, als er auf der Flucht vor Saul war. Als Sauls Schlinge sich immer enger um David legte, tauchte er in Gat unter, einer der Philister-Städte in unmittelbarer Nähe zu Israel. David wurde aufgegriffen und kam nur durch eine List mit dem Leben davon (1Sam 21,11 ff.). Wohin sollte David sich jetzt wenden? Viele Möglichkeiten blieben ihm nicht mehr. Von Saul verfolgt, dem Schwert der Philister knapp entronnen, brachte sich David «in der Höhle von Adullam in Sicherheit» (1Sam 22,1).

Adullam war Niemandsland zwischen Philistäa und Israel und so etwas wie das Ende der Welt. Einst eine blühende Stadt (1Mo 38,1), war Adullam aufgegeben worden und zur Zeit Davids ein Ruinenfeld mit einer oder zwei Höhlen. Der alte kanaanäische Ortsname «Adullam» bedeutet Schlupfwinkel. Nichts außer Steinen, Sträuchern, Schakalen und Eulen.

David ist verzweifelt, als er in Adullam Unterschlupf sucht. Die Angst schüttelt ihn durch. Seine Möglichkeiten sind allmählich aufgebraucht. Sein Glaube wankt. Das Schlimmste ist: Er ist allein. Es ist niemand da, der ihn ermutigt, niemand, der ihn korrigiert, niemand, der ihm die Hand auf die Schulter legt und für ihn betet. Seine innere Welt gerät mächtig in Aufruhr. Von überschäumender Freude bis zur tiefsten Verzweiflung macht er alles durch. Das wird an den Psalmen ersichtlich, die David in Adullam schrieb.

Wir können davon ausgehen, dass Psalm 56 der erste Psalm war, den David in der Höhle dichtete. Er trägt den Titel: «Ein Lied Davids. Aus der Zeit, als die Philister ihn in Gat ergriffen.» David sitzt der Schrecken der Ereignisse von Gat noch in den Knochen. Er war aufgegriffen und vor den König gebracht worden. Man hatte ihn als den erkannt, der Goliat erschlagen hatte, und frohlockte, den Feind endlich in Händen zu haben. David hatte sich wahnsinnig gestellt, als er vor den König gebracht worden war, und dieser hatte ihn aus der Stadt gejagt. Er brauchte nicht noch mehr Verrückte um sich (1Sam 21,11–16).

David fühlte sich nirgends mehr sicher. Das spürt man, wenn man den Anfang des Psalms liest: «Sei mir gnädig, Gott, denn Menschen stellen mir nach; meine Feinde bedrängen mich Tag für Tag» (Ps 56,2). David weiß, dass die Gefahr noch nicht vorüber ist. Er kann jederzeit entdeckt und verraten werden.

Dann aber bricht die Freude darüber durch, dass Gott ihn gerettet hat. Das prägende Motiv des Psalms ist das Lob Gottes und das Vertrauen auf ihn. Zweimal singt David: «Ich preise Gottes Wort. Ich vertraue auf Gott und fürchte mich nicht. Was können Menschen mir antun?» (Ps 56,5.11–12). Da sitzt David allein in seiner Höhle, und nach der Angst in Gat überkommt ihn nun überschäumende Freude. David ist sich sicher: Es geht weiter! Gott hat einen Weg mit mir! Ich habe zwar viele Feinde, aber ich werde nicht umkommen!

Am Schluss des Psalms singt er voller Vertrauen: «Ich schulde dir die Erfüllung meiner Gelübde, o Gott; ich will dir Dankopfer weihen. Denn du hast mein Leben dem Tod entrissen, meine Füße bewahrt vor dem Fall. So gehe ich vor Gott meinen Weg im Licht der Lebenden» (Ps 56,13–14). David fühlt sich, als hätte er ein zweites Leben bekommen.

Ein Hilfeschrei in der Einsamkeit

Davids Hochstimmung hält nicht lange an. Die Tage vergehen. In der Höhle ist es kalt, der Boden zum Schlafen ist hart, die Mahlzeiten sind karg. David gerät ins Grübeln und verliert seine Zuversicht. Es dauert nicht lange, und er steckt in einer der tiefsten Krisen seines Lebens. Das wird in Psalm 142 deutlich, den er wahrscheinlich als zweiten Psalm in der Höhle verfasste. Der Psalm trägt den Titel: «Ein Weisheitslied Davids, als er in der Höhle war.»

Der Psalm ist ein einziger Hilfeschrei. Das Vertrauen, das ihn eben noch getragen hat, ist weg. Die nackte Verzweiflung regiert. In dem Psalm heißt es:

> *«Mit lauter Stimme schrei ich zum Herrn, laut flehe ich zum Herrn um Gnade […] Vernimm doch mein Flehen; denn ich bin arm und elend» (Psalm 142,2 ff.).*

David sitzt in der Höhle und schreit zu Gott. Er nimmt seine Harfe, die er seit seinen Hirtentagen immer bei sich hat, und will singen – aber er kann nicht mehr. Er kann nur noch schreien und flehen: «Mit lauter Stimme schrei ich zum Herrn.» Doch da ist keine Antwort. Der kalte Stein wirft Davids Klage unbarmherzig zurück.

David fühlt sich klein; ohnmächtig und ausgeliefert, verlassen und gefangen. Er bettelt: «Führe mich heraus aus dem Kerker, damit ich deinen Namen preise» (Ps 142,8).

David möchte Gott preisen, aber er kann nicht. Er kann nur rufen, flehen und schreien. Es ist niemand da, der ihm die Hand auf die Schulter legt, niemand, der ihm die Sterne am Himmel zeigt. Er sitzt in seiner Höhle und ist tief unten.

Vielleicht ist es nicht nur die schwierige Situation, die ihm zu schaffen macht. Vielleicht zweifelt er an sich selbst. Hätte er sein Heimatland gar nicht verlassen sollen? Hätte er Gat nie betreten dürfen? Straft Gott ihn, weil er den Priester Ahimelech angelogen hat (1Sam 21,1 ff.)? Sitzt er deshalb nun an diesem Ort, der ihm so gottverlassen vorkommt?

In Krisenzeiten wankt unser Glaube wie Davids Glaube in der Höhle. Wir zweifeln an uns selbst, und wir leiden am eigenen Versagen. Wir möchten im Glauben stark sein, aber wir sind es nicht. Christen sind keine Erfolgsmenschen. Sie sind Menschen, die ihre Schwächen kennen und auf Gottes Gnade bauen. Philip Yancey schreibt:

> *«Wir Christen haben der Welt Demut und Reue zu bieten, kein Erfolgsrezept. Fast als Einzige in unserer erfolgsorientierten Gesellschaft geben wir zu, dass wir versagt haben, gegenwärtig versagen und immer wieder versagen werden. Eben aus diesem Grund wenden wir uns so verzweifelt an Gott.»*[254]

David wendet sich komplett verzagt und zerrüttet an Gott und fällt einen Entscheid. Er entscheidet sich, Gott zu vertrauen, auch wenn er Gottes Gegenwart nicht spürt. In jener schrecklichen Einsamkeit ist der Glaube für David ein Kampf und eine Willensentscheidung. Mit seinem Psalm kämpft David gegen die finsteren Mächte an, die sich seiner Seele bemächtigen wollen. Sein Psalm ist ein Kraftakt, ein Entscheid des Willens.

Yancey erinnert daran, dass nicht nur David solche Krisenzeiten durchmachte, in denen der Glaube zu einer Willensentscheidung wurde:

> *«Abraham, der mit seinem Sohn den Berg Morija bestieg, Ijob, der unter der heißen Sonne seine Eiterbeulen aufschabte, David, der sich in einer Höhle versteckte, Elia, der sich deprimiert in der Wüste verkroch, Mose, der um eine neue Lebensaufgabe bat – alle diese Helden erlebten Krisenzeiten, die sie dazu verführen wollten, Gott als gleichgültig, machtlos oder ihnen gar feindlich eingestellt abzutun. Im Dunkel ihrer Verwirrung standen sie dann vor dem Wendepunkt: Entweder sie wandten sich verbittert ab, oder sie gingen im Glauben weiter. Letzten Endes entschieden sie alle sich für den Weg des Vertrauens, und deshalb sind sie heute für uns Glaubensriesen.»*[255]

David ist ein Glaubensheld, weil er sich für den Weg des Vertrauens entschied. In der Höhle stand er vor der Entscheidung, Gott anzuklagen und verbittert zu werden oder ihm gegen allen Schein zu vertrauen. David entschied sich für den Weg des Vertrauens. Als er nichts spürte als Angst, Beklemmung und Ohnmacht, klammerte er sich an Gott. Er entschied sich, vertrauen zu wollen, und aus dem Entscheid *wurde* Vertrauen!

Neues Vertrauen

Nach seinem Hilfeschrei beginnt Davids Vertrauen wieder zu wachsen. Das zeigt Psalm 57, den David als dritten in der Höhle verfasst haben dürfte. Der Psalm trägt den Titel: «Ein Lied Davids, als er vor Saul in die Höhle floh.» Der Anfang des Psalms zeugt davon, dass David aus seiner tiefen Krise herausfand und neu vertrauen konnte:

> *«Sei mir gnädig, o Gott, sei mir gnädig; denn ich flüchte mich zu dir. Im Schatten deiner Flügel finde ich Zuflucht, bis das Unheil vorübergeht. Ich rufe zu Gott, dem Höchsten, zu Gott, der mir beisteht» (Ps 57,2–3).*

David sitzt immer noch in der Höhle von Adullam. Er ist immer noch alleine. Aber er redet jetzt nicht mehr vom Kerker, in dem er sitzt, sondern die Höhle ist ihm eine Zuflucht. Davids Gebete werden nicht mehr vom Felsen zurückgeworfen. David dringt wieder durch zu Gott. Er hat sich entschieden, Gott zu vertrauen, und nun ist dieses Vertrauen, dieses Wissen, dass Gott da ist, neu erfahrbar. David singt und spielt:

> *«Mein Herz ist bereit, o Gott, mein Herz ist bereit, ich will dir singen und spielen. Wach auf, meine Seele! Wacht auf, Harfe und Saitenspiel! Ich will das Morgenrot wecken» (Ps 57,8–9).*

Wenn ich diese Verse lese, kann ich David geradezu vor mir sehen, wie er vor Tagesanbruch aus der Höhle kommt. Er hat den Schlaf noch in den Augen, und sein Rücken schmerzt. Er nimmt seine Harfe und setzt sich in den Eingang. Er singt und spielt. Das ist seine Art zu beten. Er weckt seine Seele mit Gesang auf. Er verkündet sich selbst, dass Gott da ist an diesem Ort der Eulen und Schakale. David feiert in einem Akt des Glaubens die Gegenwart Gottes. Er singt davon, dass er das Morgenrot wecken will.

Während er in der Morgendämmerung sein Lied singt, färbt sich der Himmel rot. David sieht, wie die Wolken dahinziehen. Zuerst sind sie grau und dunkel, dann geht die Sonne auf und die anbrechende Helle verwandelt die Wolken in große, rote Schiffe, die am Himmel dahinziehen

Und während David so dasitzt und zum Himmel blickt und singt, weitet sich sein Horizont. Er wird herausgerissen aus seiner Nabelschau und entdeckt neu Gottes Größe. Er singt: «Erheb dich über die Himmel, o Gott! Deine Herrlichkeit erscheine über der ganzen Erde» (Ps 57,6). Im Lobpreis verändert sich Davids Seele. Indem er Gott lobt, dringt die Wahrheit in sein Herz, und diese Wahrheit lautet, dass Gottes Gnade so weit ist wie der Himmel. Allmählich wird sein Geist von der Gewissheit erfüllt, dass dieser einsame Ort nicht sein Ende ist, sondern dass Gott einen Weg mit ihm hat. Er singt:

> *«Ich will dich vor den Völkern preisen, Herr, dir vor den Nationen lobsingen. Denn deine Güte reicht, so weit der Himmel ist, deine Treue, so weit die Wolken ziehn»* (Ps 57,10–11).

Denkt David an seine königliche Zukunft? Sieht er sich, wie er als König Gott vor den Völkern preisen wird? Auf jeden Fall weiß er, dass er eine Zukunft hat und Gott mit ihm zum Ziel kommen wird.

David hat gegen die Verzweiflung angesungen. Er hat das Vertrauen auf Gott wiedergewonnen. Er hat das Tal des Zweifels durchschritten. Als kurze Zeit später seine Familie zu ihm kommt und sich ihm Männer anschließen, die wie er Outcasts sind, kann David Adullam hinter sich lassen (1Sam 22,1–5).

David hat in Adullam fast alle Phasen durchgemacht, die Leidenden in der Regel nicht erspart bleiben. Zuerst bemächtigt ihn die Gewissheit, dass er nirgends mehr sicher ist. Spätestens jetzt wird ihm klar, dass er ein König ohne Thron ist – und dass die Sache noch lange nicht ausgestanden ist, falls er sie denn überlebt. Er resigniert und sinkt in sich zusammen, ohne zu wissen, was als Nächstes geschehen wird.

Dann steht er, völlig allein, gegen sein Schicksal auf und singt gegen die Verzweiflung an. Seine Lieder werden zu Gebeten, die aus dem Niemandsland in den Himmel hochsteigen. Er kommt mit seiner ganzen Bedürftigkeit vor Gott und gibt seiner Verzweiflung Raum. Daraus entsteht das Beten aus der Tiefe des Herzens. David ruft, schreit, jammert, klagt. Ehrlicher geht es nicht mehr, es kann ihn ja auch niemand hören außer Eulen und Schakalen.

David schüttet sein Herz aus. Das Singen, das Schreien, die Klagen, sie waschen die Angst wie Schlacke aus seiner Seele. Der Friede Gottes, der höher ist als alle Vernunft, findet ihn schließlich und erfüllt ihn mit Zuversicht, so dass er im Glauben zu seiner verheißenen Zukunft aufbrechen kann.

Das Gebet aus der Tiefe des Herzens hat David buchstäblich am Leben erhalten. Er hat zwar noch eine lange Wüstenzeit vor sich, aber er trägt jetzt etwas in seinem Innersten , das ihm im Leiden Kraft gibt und ihn über sich hinauswachsen lässt: Er hat das Gebet aus der Tiefe des Herzens entdeckt. Er ist seinem Herrn so nahe wie noch nie.

Meine Tage im Kloster

Ich habe das Gebet aus der Tiefe des Herzens am Anfang meiner Leidenszeit entdeckt und es seither freimütig praktiziert. Alles begann, als ich mich im Herbst 2009 unter dem Eindruck meiner wachsenden gesundheitlichen Probleme entschied, für eine Woche ins Kloster zu gehen. Ich musste allein sein mit Gott. Die Ereignisse dieser Woche haben sich mir tief eingeprägt.

Der Tag meiner Anreise ist ein warmer Herbsttag. Am späten Nachmittag erreiche ich den Ofenpass. Eine wunderbare Fahrt durch Arvenwälder liegt vor mir. Ich tauche langsam in die Stille ein. Auf der Passhöhe mache ich Rast. Gegen Süden tut sich das Val Müstair auf. Der Piz Minschuns und das kleine Dorf Lü räkeln sich in der Abendsonne. Die Wälder auf der anderen Talseite liegen bereits im Schatten. Wenn man die Berge liebt, fängt hier das Paradies an.

Keine halbe Stunde später komme ich in Müstair an. Das Kloster liegt am Nordrand des Dorfes. Bis zur italienischen Grenze sind es nur noch ein paar Hundert Meter. Ich lenke mein Auto durch die enge Hauptstraße, die wie zufällig zwischen den wuchtigen Häusern Platz gefunden hat. Ich fahre durch den großen Torbogen, der in das Landwirtschaftsgehöft des Klosters führt.

Die Stille schließt mich noch ein wenig mehr ein.

Die Verantwortliche der Herberge zeigt mir mein Zimmer. Am Ende des Korridors liegt die ehemalige Abtei. Sie ist zu einem Gästezimmer umfunktioniert worden. Links steht ein ausgedienter Zimmerofen aus blau-weißen Kacheln. Rechts ein altes Sofa. Am Fenster ein Bett. In der Mitte ein alter Tisch. Darüber hängt von der dunklen Holzdecke eine Lampe, die fahles Licht spendet. Es gibt nicht viel, was mich in den nächsten Tagen ablenken könnte.

Nach dem Abendessen ziehe ich mich in die Abtei zurück. Mein Tagebuch wird in dieser Woche mein bester Verbündeter sein. Ich erwarte, dass mein Herr mit mir einen Dialog führt, während ich schreibe. Es rumort in meiner Seele.

Ich setze mich an den Tisch und frage mich, wie es mir jetzt gerade geht. Zwingt mich meine Gesundheit, meinen Dienst als Pastor aufzugeben? Der Gedanke beunruhigt mich. Ich möchte ihn am liebsten von mir stoßen. Aber ich will ehrlich mit mir selbst und mit Gott sein.

Wie fühle ich mich? Stellt mir der Heilige Geist diese Frage, oder ist es meine eigene Anfrage? Macht das einen Unterschied? Ich fühle mich wie am Ende eines langen Kampfes, bei dem mir die Kräfte ausgehen und ich von einem unsichtbaren Gegner niedergerungen werde.

Wenn ich Tagebuch schreibe, pendle ich zwischen verschiedenen Kommunikations-Stilen hin und her. Einmal rede ich mit mir selbst. Dann beschreibe ich einfach. Und dann rede ich direkt mit Gott und schreibe meine Gebete auf. Die Psalmen haben mich ermutigt, dieser Art des Gebets Raum zu geben.

Ich weiß nicht, ob ich mir vorgenommen habe, schonungslos ehrlich zu sein, oder ob es jetzt einfach aus mir hervorbricht. Auf jeden Fall strömen an diesem Abend meine ganze Not, meine Verzweiflung und meine Verwirrung aus mir heraus, während ich schreibe:

> *«Gott, warum hast du mich verlockt, dir verwegenes Vertrauen entgegenzubringen? Warum hast du mich nicht zurückgehalten, als ich meinen Fuß auf das Wasser setzte? Warum habe ich dir vertraut und bin dennoch untergegangen? Ich bin nicht besser dran als ein Atheist. Obendrein trage ich noch die Last, deinen Willen erkennen zu wollen, der mir aber verborgen ist. Warum lässt du mich schmoren?»*

Ich komme mir wie ein tragischer Held in einem durchschnittlichen Stück vor. War ich einfach dumm, dass ich mich über meine Kräfte hinaus für Gottes Sache eingesetzt habe? Hat man das davon, wenn man zuerst nach Gottes Reich trachtet?

> *«Gott, ich habe keine Kraft mehr. Ich habe im Glauben gearbeitet. Ich war da, wenn mich jemand brauchte. Und jetzt bist du nicht da, wenn ich rufe! Warum tust du nichts? Warum nur tust du nichts?»*

Ich habe das Gefühl für die Zeit verloren. Die Sonne ist längst hinter der Bergflanke untergegangen. Ich öffne das Fenster und erblicke über dem Kloster den Sternenhimmel. Ich fühle mich ausgelaugt und gehe schlafen.

Nach dem Frühstück setze ich mich wieder an den alten Holztisch. Ich frage mich, wo mein Weg mich hinführt. Ich will Gottes Willen tun, aber ich brauche ein Wort von ihm! Ich bete kühn wie David in der Höhle und schreibe das Gebet auf, damit ich es nicht vergesse:

> *«Ich werde mit dir ringen, Gott, und dich bei deinem Willen packen, damit ich deinen Weg mit mir klar sehe. Ich werde dir heute deine Versprechen vorhalten und dich bedrängen, bis ich Antwort erhalte. Ich werde nicht von hier weggehen – es sei denn, du segnest mich!»*

Am Nachmittag unternehme ich eine Wanderung dem Fluss entlang, der durch das Tal fließt. Immer wieder mache ich Halt, hole mein Notizbuch hervor und trage Versprechen aus der Bibel zusammen. Ich bin entschlossen, sie am Abend im Glauben bei Gott einzufordern.

Nach dem Abendessen setze ich mich erneut an den Holztisch und ordne meine Gedanken. Ich stelle fest, dass ich ohne Unterbrechung am Beten bin, beim Wandern, beim Duschen, beim Schreiben. Ich bin andauernd mit Gott im Gespräch. Bitte ihn, hadere mit ihm, lobe ihn, seufze in seiner Gegenwart.

Das Tagebuch ist aufgeschlagen.

Der Füllfederhalter liegt bereit.

Ich weiß nicht, was jetzt kommt.

Ich vertraue darauf, dass Gott mich führt, wenn ich zu schreiben beginne. Mit den ersten Worten kommt das Thema: die Übergabe meines Willens an Gottes Willen. Eine ganze Stunde lang schreibe ich Seite um Seite in mein Tagebuch und sage Gott, dass ich nichts als seinen Willen tun und nirgends sein will, wo er mich nicht haben möchte.

Ich fühle mich wie der Prophet Elia. Er kämpfte für Gott, aber schließlich rannte er um sein Leben. Als er auf dem Berg Horeb ankam, hatte er eine Begegnung mit Gott. Gott fragte ihn, was er hier mache. Es ist mir, als stellte mir Gott diese Frage ebenfalls. Was tue ich hier im Kloster?

«Ich bin hier, mein Gott, weil ich krank und müde bin. Ich habe alle meine Kräfte für dich aufgebraucht. Ich habe gegen meine Krankheit gekämpft und bin am Verlieren. Für die Kranken und Bedürftigen bin ich ein Hirte gewesen. Ich habe die Kranken besucht, den ans Bett Gefesselten aus der Bibel vorgelesen, mit ihnen gebetet und ihnen Lieder gesungen. Ich habe mein Büro aus eigenen Mitteln bezahlt, Streit geschlichtet, den Kopf hingehalten und die Kirche geputzt. Ich habe alles gegeben. Ich kann nicht mehr!»

Nachdem ich Gott mein Herz ausgeschüttet habe, geht es mir besser. Ich habe ihm meinen Fall vorgetragen und alles gesagt, was mir auf der Seele lag. Jetzt will ich hören, was er mir sagt. Gott hat Elia eine Antwort gegeben. Ich will das leise Säuseln des Windes hören, wie es bei Elia der Fall war.

Und wenn ich nichts vernehme?

Ich fürchte mich davor, dass Gott schweigen könnte.

An diesem Abend habe ich Gott seine Versprechen vorgehalten, die ich am Nachmittag in meinem Tagebuch festgehalten hatte. Ich habe mitten in meinem Zimmer die Bibel Gott entgegenstreckt und ihm gesagt: «Das hast du alles versprochen! Löse es ein! Du musst mir helfen, du musst mir einfach helfen! Wie soll ich je wieder predigen und den Leuten sagen, dass sie sich auf dein Wort verlassen können, wenn ich nicht erlebe, dass es zutrifft?»

So habe ich dagestanden, die Bibel in Richtung Zimmerdecke gestreckt, und habe mit Gott gerechtet.

Es war keine Gebetstechnik, die mich zum «authentischen Beten» geführt hat.

Nichts davon!

Es war pure Verzweiflung.

Drei Tage lang habe ich damals meine Seele vor Gott ausgeleert. Ich habe nichts zurückgehalten. So wie ich dachte und empfand, so habe ich geredet. Ich habe das höfliche Beten hinter mir gelassen und ehrlich gebetet. Wie auf einem Basar habe ich mit Gott gefeilscht.

Tal der Entscheidung

Am vierten Tag nach dem Frühstück habe ich einen einigermaßen klaren Kopf. Ich habe Gott in den vergangenen drei Tagen alles mitgeteilt und habe nichts mehr zu sagen.

Ich mache mich auf eine Wanderung der italienischen Grenze entlang Richtung S-charl. Der Weg steigt etwa zwei Stunden lang gleichmäßig an. Unterhalb des S-charl-Passes liegt auf zweitausend Metern Höhe eine Alp. Dort will ich meine Brote essen und Pause machen. Wenn die Kräfte reichen, überwinde ich die letzten zweihundert Hohenmeter und bin oben auf dem Pass. Dann wende ich mich nach Westen und durchwandere die Hochebene in Richtung Lü. Danach steige ich wieder runter nach Müstair. So das Gedankenspiel. Wenn ich den Pass schaffe, brauche ich etwa weitere fünf Stunden, bis ich wieder im Kloster bin. Vielleicht bin ich aber zu müde und kehre auf der Alp wieder um.

Hinter dem Kloster steigen die Wiesen sanft an. Ich wandere das gleichmäßig ansteigende Tal hinauf und atme die unverbrauchte Bergluft ein. Schweigen. Zwischen mir und Gott ist in den letzten drei Tagen alles gesagt worden.

Ich bin leer und bereit, neu gefüllt zu werden. Ich höre nichts außer meinem Atem und dem Knirschen der Steine unter meinen Schuhen. Wenn ich ein kleiner Punkt in einer großartigen Landschaft bin und die Zivilisation Meter um Meter hinter mir lasse, dann komme ich Gott näher. Das Störende fällt weg. Es ist, als käme ich mit jedem Höhenmeter dem Himmel näher.

Gegen Mittag komme ich auf der Alp an. Wie eine Arena tut sich vor mir die kreisförmige Ebene auf. Links und rechts geht das wenige Grün mit ansteigender Höhe in schroffe Felsen über. Die Sonne scheint vom blauen Herbsthimmel. Ein Wind weht talaufwärts weiße, flaumige Blüten über die Ebene dem Pass zu. Das Dunkelgrün der kleinwüchsigen Föhren, vor denen die weißen Blüten vorbeitanzen, wirkt wie eine Leinwand der Unversehrtheit.

Ich bin allein. Ich habe keine Ahnung, wie Gott reden wird – und ob er es überhaupt tun wird. Ich habe die vergangenen drei Tage so heftig mit Gott gerungen, dass ich mir gar nicht vorstellen kann, in einen leeren Himmel geredet zu haben.

Ich setze mich auf einen Stein, packe meine Brote aus und studiere die Wanderkarte. Der Pass ist in Reichweite. In weniger als einer halben Stunde bin ich oben.

Ich merke, wie müde ich bin. Ich habe Kopfweh wie meistens beim Wandern. Während ich esse, studiere ich ununterbrochen die Karte. In mir entbrennt ein heftiger Kampf. Die Wanderung über den Pass und die Hochebene Richtung Lü führt an der Grenze des Nationalparks entlang. Es ist eine an karger Schönheit reiche Landschaft. Ich möchte den Ausblick und die Ruhe genießen, dort oben, wo die Adler fliegen. Aber schaffe ich das?

Das Kopfweh geht nicht weg. Ist es besser, wenn ich umkehre? Es verwirrt mich, dass ich so heftig mit dieser Entscheidung ringe. Was ist los mit mir? Warum fällt es mir so schwer, umzukehren?

Plötzlich ist da ein Gedanke, der wie ein Blitz aus dem blauen Herbsthimmel einschlägt. In einem einzigen Augenblick formen sich sehr klare Überlegungen in meinem Kopf:

Ich kann den Weg über den Pass nicht machen. Ich muss meine körperlichen Grenzen akzeptieren und den Weg zurückgehen.

Und dann geschieht das, was ich erhofft, erbeten und erstritten habe. Das leise Säuseln kommt zu mir wie zu Elia. In diesem Moment wird mir klar, was das alles zu bedeuten hat und warum ich so heftig damit gerungen habe. Der Entschluss ist Sinnbild für das Ringen mit meiner Berufung. Ich muss die Grenzen meiner Kräfte akzeptieren und kann den Pass nicht in Angriff nehmen. Genauso muss ich auch meine gesundheitlichen Grenzen akzeptieren und kann nicht mehr Pastor sein.

Das ist die göttliche Antwort.

Auf meinen Wanderungen bin ich regelmäßig an meine Grenzen oder darüber hinaus gegangen. Genauso habe ich gelebt und gearbeitet. Immer hart an der Grenze und oft darüber hinaus. Heute muss ich mir eingestehen, dass der Pass zu viel ist, und genauso muss ab heute Schluss sein mit dem Überschreiten meiner Grenzen.

Mit diesen Gedanken, die mir in wenigen Sekunden durch den Kopf gehen, stellt sich die Gewissheit ein, dass ich meine Aufgabe abgeben muss. Leise, aber klar und deutlich kommt diese Gewissheit zu mir. Sie bemächtigt sich meines Geistes und ist jetzt einfach Tatsache.

Ich packe meinen Rucksack und mache mich auf den Weg zurück. Langsam und sehr nachdenklich steige ich ins Tal hinab. In der Einsamkeit der Berge nehme ich Abschied von meinem Dienst, den ich seit meinem dreißigsten Lebensjahr ausgeübt habe. Ich werde nach Hause fahren und meinen Rücktritt einreichen, ohne zu wissen, was nachher kommt.

Es ist, als würde ein großes Stück aus meiner Seele herausgerissen.

Jetzt merke ich, wie ausgepumpt ich bin. Das Kopfweh nimmt zu. Mit jedem Schritt pocht es heftig hinter meinen Schläfen.

Der Weg wird lang für meinen müden Körper.

Noch eine Stunde.

Noch eine halbe.

Endlich bin ich wieder im Kloster.

Vor dem Abendessen ziehe ich mich in die Kapelle zurück und halte die Ereignisse des Tages in meinem Tagebuch fest. Wie David in der Höhle finde ich zu Dank und Zuversicht und bete:

«Ich werde dich noch loben, mein Vater, dass du zu mir gesprochen hast. Ich bin dir dankbar, dass du mein Flehen gehört und mir geantwortet hast. Ich habe erlebt, dass du deine Versprechen wahrgemacht hast, die ich dir im Glauben und in großer Verzweiflung vorgehalten habe. Ich habe dich gesucht und habe dich gefunden. Ich habe mit dir gerungen, dich bei deinem heiligen Willen gepackt, und du hast mir geantwortet. Ich danke dir!»

Der nächste Tag ist strahlend schön. Ich fühle mich besser und beschließe, eine Passfahrt nach Italien zu machen. Bei offenem Sonnendach höre ich Lobpreislieder und singe kräftig mit. Ich kann Gott wieder loben! Ich fühle mich irgendwie leicht. Fühlt es sich so an, wenn man Wimbledon gewonnen hat? Oder wenn nach einer schwierigen Schwangerschaft die Geburt des ersten Kindes gut gegangen ist?

Meine Woche im Kloster ist mir in lebendiger Erinnerung geblieben. Ich habe nie einen Zweifel daran gehabt, dass meine Entscheidung richtig war. Meine Not lehrte mich das Gebet aus der Tiefe des Herzens. Dass ich erhört wurde, fühlte sich an wie eine Initiation. Es ist mir, als habe Gott mich damals aufgenommen in den Kreis derer, die zu ihm geschrien haben und die er «aus der Grube» gezogen hat (Ps 40,3).

Kapitel 11
Dem verborgenen Gott vertrauen

Im Leiden zeigt sich unsere ganze Bedürftigkeit. Es braucht nicht viel, und es wird uns bewusst, wie sehr wir auf gute Freunde angewiesen sind, wie unerlässlich es ist, beten zu können, wie gut es tut, wenn jemand nach uns fragt, und wie entscheidend es ist, Hoffnung zu haben. Alle diese Dinge sind wichtig, damit wir nicht den Verstand verlieren, wenn der Sturm über uns hereinbricht, aber sie sind nicht das Wichtigste. Was wir im Leiden am meisten brauchen ist Vertrauen.

Die Begriffe «Glauben» und «Vertrauen» sind sich sehr ähnlich. Als Christen glauben wir gewisse Dinge über Gott, die Welt und uns selbst. Wir glauben, dass Gott die Welt geschaffen hat, dass Jesus auferstanden ist und die Bibel die Richtschnur für unser Leben ist. Diese Dinge sind grundlegend wichtig, sie machen unseren Glauben aber nicht automatisch zu einer lebendigen Angelegenheit.

Brennan Manning, ein ehemaliger Franziskaner, hat recht, wenn er sagt, dass der Glaube dem Leiden nicht standhalten kann, das in unser Leben einbricht, wenn das Christentum nicht mehr ist als eine richtige Ansicht oder ein Moralkodex.[256] Wir können beispielsweise für wahr halten, dass Gott alle Macht hat, und uns trotzdem vor lauter Sorgen quälen. In einem solchen Fall haben wir Glauben, aber es fehlt uns das Vertrauen.

Wenn wir das Wort «glauben» verwenden, kann das ganz unterschiedliche Bedeutungen annehmen. Wenn ich sage: «Ich glaube, dass Peter bald kommt», habe ich eine Vermutung zum Ausdruck gebracht. Wenn ich sage: «Ich glaube an Gott», habe ich einem Lehrsatz zugestimmt. Wenn ich sage: «Ich glaube, dass Gott mich durch das Tal der Todesschatten führt», habe ich Vertrauen.

C.S. Lewis vergleicht in seinem Essay «Starrköpfiger Glaube» unsere Situation als Glaubende mit einem Hund, den man aus einer Falle befreien will.[257] Es gibt Zeiten, sagt Lewis, in denen wir alles tun können, um jemandem zu helfen, wenn dieser andere uns nur vertraut. Dies ist der Fall, wenn wir einen Hund aus einer Falle befreien, einen Splitter aus dem Finger eines Kindes ziehen, einem Jungen das Schwimmen beibringen oder jemandem über eine schwierige Felswand helfen. «Bei all diesen Beispielen kann das Misstrauen der Hilfsbedürftigen das entscheidende, verhängnisvolle Hindernis sein. Wir bitten sie, uns gegen ihren Verstand, gegen ihre Fantasie und Intelligenz zu vertrauen. Wir bitten sie, uns zu glauben, dass das, was schmerzt, ihren Schmerz lindern wird, und dass das, was gefährlich aussieht, ihre einzige Sicherheit ist.»[258]

In Situationen wie diesen ist Vertrauen unabdingbar, weil die einzige Möglichkeit, die Pfote aus der Falle zu bekommen, darin besteht, sie weiter hineinzuschieben, und weil der Finger erst dann nicht mehr wehtun wird, wenn man ihm zuvor größeren Schmerz zugefügt hat.

Wir sind tatsächlich nicht viel besser dran als der Hund in der Falle oder das Kind mit dem Splitter im Finger. Wir glauben an Gott, an seine Güte und Allmacht, aber wir verstehen ihn nicht, wenn das Leben schmerzhaft wird. In solchen Situationen sind wir zurückgeworfen auf das nackte Vertrauen. Lewis drückt es so aus:

> *«Wenn das menschliche Leben von einem wohlmeinenden Wesen geordnet wird, dessen Wissen um unsere tatsächlichen Bedürfnisse und die Art, wie sie befriedigt werden können, das unsere unendlich übersteigt, dann müssen wir von vornherein damit rechnen, dass sein Handeln uns häufig alles andere als wohlmeinend und weise erscheinen wird, und es wird unser höchster Verdienst sein, ihm dennoch unser Vertrauen zu schenken.»*[259]

Das Leben als Christ ist im Grunde genommen ein beständiger Akt des Vertrauens. Wir glauben, dass Gott existiert, wir vertrauen, dass er uns versorgt, und halten an ihm fest, wenn die Dunkelheit der Seele uns befällt. Das Vertrauen in den verborgenen Gott, der zu unserem Besten am Werk ist, auch wenn wir sein Handeln nicht verstehen, ist das Wertvollste, das wir im Leiden besitzen.

Zum Warten fähig sein

Der Akt des Vertrauens ist eng verbunden mit einer Fähigkeit, die der Menschheit in den letzten fünfzig Jahren völlig abhandengekommen ist: dem Warten. Unsere Großväter und Urgroßmütter waren geübt im Warten. Es blieb ihnen in vielen Fällen gar nichts anderes übrig, als geduldig zu sein. Man wartete auf das Licht bei Tagesanbruch, auf neue Schuhe an Weihnachten, auf das Abklingen der Grippe oder auf die Ankunft des Zuges.

Der Journalist Mathias Plüss vergleicht in seinem lesenswerten Artikel «Warten» die Pest im England des 17. Jahrhunderts mit unserer sich schnell drehenden Zeit.[260] Im Sommer 1665 brach in England die Pest aus, die Universität Cambridge schloss für zwei Jahre ihre Tore. Dem damaligen Studenten und später weltberühmten Wissenschaftler Isaac Newton blieb nichts anderes übrig, als in seinen Geburtsort Woolsthorpe zurückzugehen, einem kleinen Nest in der ostenglischen Provinz. Während in den Städten die Pest wütete, setzte er in seiner Heimat seine naturwissenschaftlichen Studien fort, ganz auf sich allein gestellt.

Die Zeit des Wartens wurde zur kreativsten Zeit seines Lebens. Der Anblick eines fallenden Apfels im Garten seiner Eltern brachte ihn auf den Gedanken der universalen Schwerkraft. Warum fällt der Apfel zu Boden? Warum nicht aufwärts oder seitwärts? Newton erkannte in seinem Garten sitzend und wartend, dass Körper einander anziehen. Es ist ein und dieselbe Kraft, die den Apfel fallen und die Planeten kreisen lässt. Newtons Einsichten wurden bahnbrechend für die Naturwissenschaften und die Mathematik.

Heute haben wir keine Zeit mehr, fallenden Äpfeln zuzusehen. Die Welt dreht sich in atemberaubender Geschwindigkeit. Wir können per Mausklick bestellen, und schon morgen wird die Ware ins Haus geliefert. Die durchschnittliche Verweildauer auf Internetseiten beträgt weniger als fünfzehn Sekunden. Wenn ich in der Straßenbahn durch Zürich fahre zu einem Termin beim Arzt und nicht ständig auf mein Handy blicke, bin ich ein Sonderling.

Wie schwer uns das Warten fällt, zeigt ein Experiment, das der österreichische Neurobiologe Bernd Hufnagl seit mehr als fünfzehn Jahren durchführt. Er lässt Arbeitnehmerinnen und Arbeitnehmer für fünf Minuten allein und weist sie an, in dieser Zeit nichts zu tun, als aus dem Fenster zu schauen. Während dieser Zeit misst er ihre körperlichen Reaktionen.

Hufnagl fand heraus, dass die meisten Leute diese fünf Minuten nicht als Pause, sondern als Stress empfanden.

Als Hufnagl im Jahr 2004 mit seinen Versuchen begann, konnten sich 30 Prozent seiner Probanden während diesen fünf Minuten entspannen, fünfzehn Jahre später war die Zahl auf 5 Prozent geschrumpft. 95 Prozent der Leute empfanden die simple Aufforderung, kurze fünf Minuten zu warten, offenbar als bedrohliche Langeweile.

Warten ist eine Zumutung für den mobilen Menschen. Der Flughafen Houston sah sich in den 1980er-Jahren mit Klagen konfrontiert, die Gepäckausgabe dauere zu lange. Das Management versuchte das Problem mit zusätzlichen Angestellten zu bekämpfen. Sie schafften es, die Ausgabezeit auf acht Minuten zu senken, aber die Klagen verstummten nicht. Ein unkonventioneller Schritt brachte schließlich den gewünschten Erfolg. Die Gepäckausgabe wurde an einen weiter entfernten Ort verlegt. Die Ausgabezeit blieb die gleiche, aber die Fluggäste mussten nun sechs Minuten gehen und nur noch zwei Minuten warten. Von nun an blieben die Klagen aus.

Wer warten kann, dem fällt es leichter, Gott zu vertrauen. Die Bibel ist voll von Ratschlägen, die um das Warten kreisen. Wir werden angehalten, stille zu sein, dem Herrn unseren Weg zu befehlen, in der Ruhe auf ihn zu hoffen und darauf zu vertrauen, dass in der Ruhe unsere Kraft liegt (Ps 27,14; Ps 37,5).

Wer warten kann, kann Leid besser ertragen. Im Leiden warten wir ja die ganze Zeit. Wir warten auf das Ergebnis des ärztlichen Befunds oder auf einen Termin im Krankenhaus, wir warten, bis das Medikament wirkt und die Schmerzen nachlassen, oder wir warten auf einen Anruf von Freunden, um die Gewissheit zu haben, dass wir nicht vergessen sind. Es erstaunt also nicht, dass die Bibel im Zusammenhang mit dem Vertrauen auf Gott oft von Geduld, vom Warten und vom Ausharren spricht. Einer der ermutigendsten Texte in dieser Hinsicht ist das wunderbare Versprechen im Buch des Propheten Jesaja, dass denen, die auf Gott harren, Flügel wachsen.

Mit Flügeln wie Adler

Jesaja richtete sich mit seinem Buch an Menschen, die auf bessere Zeiten warteten. Die Assyrer waren ins Land eingefallen, hatten die befestigten Städte geschleift, die Ernte zerstört und einen Teil der Bevölkerung nach Assur verschleppt (Jes 1,7–8). In dieser bedrückenden Situation sprach Jesaja den Israeliten Mut zu:

> *«Er gibt dem Müden Kraft und Stärke genug dem Unvermögenden. Jünglinge werden müde und matt, und Männer straucheln und fallen; aber die auf den Herrn harren, kriegen neue Kraft, dass sie auffahren mit Flügeln wie Adler, dass sie laufen und nicht matt werden, dass sie wandeln und nicht müde werden» (Jes 40,29–31).*[261]

Wenn ein Adler einen Sturm kommen sieht, fliegt er auf einen hohen Punkt und wartet, bis der Wind kommt. Wenn er auf ihn trifft, breitet er seine Flügel aus und lässt sich hinauftreiben. Während der Sturm tobt, gleitet der Adler auf den Winden. Er weicht dem Sturm nicht aus, er nutzt ihn, um mit seinen Flügeln aufzufahren. Mit diesem inspirierenden Bild verheißt Jesaja dem leidenden Volk, dass es am Leid nicht zerbrechen, sondern mit Flügeln auffahren wird.

Das Versprechen, Kraft zu kriegen, die über unsere Möglichkeiten hinausgeht, gilt denen, die auf Gott «harren» (Jes 40,31). Das hebräische Wort, das an dieser Stelle verwendet wird, bedeutet sowohl «hoffen» als auch «warten». Luther übersetzte es treffend mit «harren». Harren heißt vertrauen, auch wenn sich in unserem Leben nichts ändert. Harren ist ein andauerndes Vertrauen auf Gottes Zusagen gegen allen Schein und in manchen Situationen auch gegen alle Vernunftgründe.

Vertrauen ist ein Glaubensakt, manchmal ein Kraftakt, und es ist nie einfach. Vielleicht werden wir deshalb in der Bibel so oft aufgefordert, auszuharren und zu vertrauen.

Manches im Leben wäre viel einfacher, wenn wir Klarheit hätten. In Krisenzeiten ist unsere Sehnsucht nach Klarheit besonders groß. Wir möchten wissen, woran wir leiden, wenn die ärztlichen Untersuchungen keine klaren Ergebnisse liefern. Wenn es uns dämmert, dass unser Leben nicht mehr so sein wird wie vorher, möchten wir Klarheit darüber, was Gott mit uns vorhat. Wir wünschen uns klare Sicht auf einen neuen Lebensabschnitt und denken manchmal, dass alles besser wäre, wenn wir nur Klarheit hätten.

Der Philosophieprofessor John Kavanaugh ging als junger Mann für einige Monate nach Kalkutta, um mit Mutter Teresa den Armen zu dienen. Er erhoffte sich in dieser Zeit Klarheit, wie sein weiteres Leben aussehen sollte. Am ersten Morgen begegnete er Mutter Teresa. Sie fragte ihn, was sie für ihn tun könne. John bat sie, für ihn zu beten.

«Was soll ich für dich beten?», fragte sie den jungen Mann. Er sagte: «Beten Sie, dass ich Klarheit bekomme.»

Mutter Teresa sagte, dass sie das nicht tun werde. John fragte sie nach dem Grund, und Mutter Teresa antwortete: «Klarheit ist das, woran du dich bis zum Schluss klammerst, und es ist genau das, was du loslassen musst.» John meinte, sie habe doch immer über Klarheit verfügt, nach der er sich so sehne. Mutter Teresa lachte und sagte: «Klarheit habe ich nie gehabt. Aber ich hatte immer Vertrauen. Ich werde beten, dass du Gott vertrauen kannst!»[262]

Brennan Manning, der von dieser Begegnung in seinem lesenswerten Buch «Verwegenes Vertrauen» berichtet, kam zur radikalen Einsicht, dass die Sehnsucht nach Klarheit den Versuch darstellt, das Risiko zu umgehen, Gott zu vertrauen. Der Kern des biblischen Glaubens ist schlichtes Vertrauen auf Gott.[263]

Wenn das Übel uns trifft, kann uns alles genommen werden. Wir verlieren unsere Sicherheit, wir fragen uns, welche Bedeutung wir in der Gesellschaft noch haben werden, wenn wir so entstellt oder abhängig von Fürsorge sind. Vielleicht verlieren wir Freunde, die es nicht aushalten, mit leidenden Leuten zusammen zu sein. Vielleicht verlieren wir unsere Arbeitsstelle, und wir fragen uns, was mit unserer Rente geschieht. Wie bei Hiob kann uns alles genommen werden. Aber etwas kann uns niemand nehmen: das Vertrauen auf Gott.

Wenn wir Vertrauen haben, haben wir etwas sehr, sehr Wertvolles. Es gibt uns Halt, wenn wir durchs dunkle Tal gehen, und kann uns buchstäblich am Leben erhalten.

Großer Gott!

Wie groß unser Vertrauen ist, hängt davon ab, wie groß wir von Gott denken. Wenn wir klein von Gott denken, wird unser Vertrauen klein sein. Wenn wir groß von Gott denken, wird unser Vertrauen wachsen.

Das Versprechen, dass denen Flügel wachsen, die auf Gott harren, ist in einen längeren Abschnitt eingebettet, in dem sich alles um die Größe Gottes dreht (Jes 40,12–31). Jesaja erinnert die Israeliten am Anfang des Abschnitts an Gottes überragende Größe, die alle physikalischen Gesetze sprengt:

> *«Wer misst die Wasser mit der hohlen Hand, und wer bestimmt des Himmels Weite mit der Spanne und fasst den Staub der Erde mit dem Maß und wiegt die Berge mit einem Gewicht und die Hügel mit einer Waage?» (Jes 40,12).*[264]

Jesaja denkt vom Allmächtigen als dem wirklich Allmächtigen. Gott kann das Wasser des Meeres mit der hohlen Hand fassen. Er bestimmt des Himmels Weite mit der Spanne. Die Spanne ist die Distanz der ausgestreckten Hand zwischen dem Daumen und dem kleinen Finger. Bei einem ausgewachsenen Mann sind das gerade mal fünfundzwanzig Zentimeter. Gott misst mit der Spanne das ganze All! Der Abschnitt erinnert an die Gottesreden im Buch Hiob, wo die überragende Schau des Allmächtigen das Leiden Hiobs in ein völlig neues Licht stellt.

> *«Siehe, die Völker sind geachtet wie ein Tropfen am Eimer und wie ein Sandkorn auf der Waage. Siehe, die Inseln sind wie ein Stäublein [...] Alle Völker sind vor ihm wie nichts»* (Jes 40,15–17).

Dass die Völker vor Gott «nichts» sind, bedeutet, dass sie im Vergleich mit dem Allmächtigen winzig sind. Die Assyrer, die zur Zeit Jesajas Israel unterjochten und später die Babylonier, waren bloße Wassertropfen am Eimer, ein Sandkörnlein auf der Waage! Wenn diese Völker vor Gott ein Nichts sind und er ihre Geschichte lenkt, hat Gott auch das Schicksal seines Volkes in der Hand.

Jesaja möchte, dass die Israeliten nicht vergessen, an wen sie glauben und wie vergänglich die Macht der Mächtigen ist. In immer neuen Anläufen malt er seinen Lesern die Größe Gottes vor Augen, damit sie ja verstehen, wer es ist, der am Ende des Abschnitts den Harrenden Kraft gibt:

> *«Er thront über dem Kreis der Erde, und die darauf wohnen, sind wie Heuschrecken; er spannt den Himmel aus wie einen Schleier und breitet ihn aus wie ein Zelt, in dem man wohnt; er gibt die Fürsten preis, dass sie nichts sind, und die Richter auf Erden macht er zunichte: Kaum sind sie gepflanzt, kaum sind sie gesät, kaum wurzelt ihr Stamm in der Erde, da bläst er sie an, dass sie verdorren, und ein Wirbelsturm führt sie weg wie Spreu»* (Jes 40,22–25).

Gott ist die alles überragende Wirklichkeit in der Schau Jesajas. Die Fürsten und Richter auf Erden sind im Vergleich mit ihm klein wie Heuschrecken. Das ist die alles entscheidende Wirklichkeit über der irdischen Wirklichkeit. Wenn Gott sagt, dass ihre Zeit auf der Weltbühne vorüber ist, dann verdorren sie und werden wie Spreu verweht, so dass man sich nicht mehr an sie erinnert.

Es ist auffallend, dass Jesaja in diesem Abschnitt dauernd Fragen stellt, so wie Gott in seinen Reden an Hiob. Wer misst das Wasser mit der hohlen Hand (Jes 40,12)? Wen fragt Gott um Rat (Jes 40,14)? Mit wem wollt ihr ihn vergleichen (Jes 40,18)? Wisst ihr nicht, dass Gott über der ganzen Erde thront (Jes 40,21–22)? Weißt du nicht, dass der Herr ein ewiger Gott ist (Jes 40,28)? Hast du es nicht gehört, dass er nicht müde wird und dem Kraftlosen Stärke verleiht (Jes 40,29)?

Das Versprechen, dass denen Flügel wachsen, die auf Gott harren, ist als Höhepunkt des gesamten Abschnitts konzipiert. Wenn Gott die Wasser mit der hohlen Hand misst und über der Erde thront, kann er den Müden auch Kraft geben, so dass sie auffahren mit Flügeln wie Adler.

Jesaja malt den Israeliten die Größe Gottes vor Augen, weil in der Erinnerung Kraft liegt. Die Israeliten scheinen vergessen zu haben, an wen sie glauben. Wissen sie denn nicht, wie groß ihr Gott ist? Ist es ihnen nicht verkündigt worden (Jes 40,21)? Doch, das ist es. Sie haben die Tora, die davon berichtet, wie Gott ihren Vätern am Sinai begegnete. Haben die Israeliten nicht gehört, wie unvergleichlich ihr Gott ist (Jes 40,25)? Doch, sie haben es gehört, als sie Kinder waren und ihre Eltern ihnen beim Passa erzählten, wie Gott das Volk mit starker Hand aus Ägypten führte. Haben sie es vergessen? Trägt die Erinnerung an Gottes machtvolle Taten sie nicht mehr?

Die Macht der Erinnerung

Die Macht der Erinnerung ist entscheidend für unsere geistliche Gesundheit. Im Leiden ist sie eine unerlässliche Quelle der Kraft. Das Problem vieler Christen ist nicht, dass sie zu wenig über den Glauben wissen, das Problem ist, dass wir so schnell vergessen. Brennan Manning erzählt, was ihm sein geistlicher Leiter einmal sagte:

> *«Brennan, du brauchst keine Erkenntnisse mehr über den Glauben. Du hast so viele Erkenntnisse, dass sie locker für die nächsten dreihundert Jahre ausreichen würden. Was du in deinem Leben am dringendsten brauchst, ist Vertrauen in das, was du empfangen hast.»*[265]

Wenn Sie schon länger als zehn Jahre Christ sind, haben Sie in dieser Zeit viel empfangen. Das gilt besonders für jene, die in einer christlichen Familie aufgewachsen sind. Sie haben Gottesdienste besucht, Geschichten aus der Bibel gehört, Erfahrungen mit Gott gemacht, Predigten gehört, Gebetserhörungen erlebt und die Bibel kennengelernt. Sie haben einen riesengroßen Schatz empfangen. Vertrauen Sie dem, was Sie empfangen haben!

In unserer hektischen Zeit mit unzähligen Informationen, die täglich auf uns einstürmen, ist es schwierig, nicht zu vergessen. Wir verarbeiten in einem Jahr mehr Informationen als jemand im Mittelalter während eines ganzen Lebens. Dauernd werden Eindrücke, Einsichten und Ideen von neuen Informationen überlagert. Das Bedauerliche daran ist, dass sich unwichtige Dinge in den Vordergrund drängen. Die wichtigen Dinge, die uns in unserem Leben Halt bieten, werden überdeckt und gehen vergessen.

Ich glaube, dass «die Tugend der Erinnerung» eine unterschätzte, aber wirksame Waffe im Kampf gegen das Vergessen ist. Sie nimmt seit vielen Jahren in meinem Glauben in Form der Sonntagsheiligung und mit dem Führen eines geistlichen Tagebuches einen wichtigen Platz ein. Die bewusste Entwicklung dieser Tugend war entscheidend, dass ich im Leiden nicht völlig orientierungslos geworden bin.

Als mein Leiden vor zwanzig Jahren anfing, kam mir zugute, dass ich als junger Christ die Gewohnheit eingeübt hatte, am Sonntag den Gottesdienst zu besuchen. Der Sonntag ist in einem gewissen Sinn *unser* Tag und in einem gewissen Sinn *Gottes* Tag. Er ist unser Tag, weil wir an diesem Tag ausruhen und Atem holen dürfen. Er ist ein Tag der Erholung für Geist, Seele und Leib und eine Notwendigkeit auf allen Ebenen. Er ist eine beständige Erinnerung daran, dass wir nicht von unserer Unermüdlichkeit leben, sondern von jedem Wort, das aus Gottes Mund kommt. Weise ist, wer diese Regel akzeptiert und sein Leben danach richtet.

In einem anderen Sinn ist der Sonntag *Gottes* Tag – und weniger der unsere. Er entspricht dem Sabbat im Alten Testament, an dem

Gottes Volk der großen Schöpfungstat gedachte, indem es von seiner Arbeit ruhte und sich vor Gott zusammenfand.

Wenn wir uns zum Gottesdienst versammeln, bekennen wir uns auf sichtbare Weise zum Gott der Bibel. Wir ehren ihn durch unsere Anwesenheit und beten ihn an. Wenn wir den Gottesdienst besuchen, werden wir an das erinnert, was im Leben wirklich zählt. Wir erinnern uns zusammen mit unseren Mitchristen, dass Gott die alles bestimmende Wirklichkeit über der sichtbaren Wirklichkeit ist.

Wir hören nicht notwendigerweise jeden Sonntag etwas Neues, obwohl es inspirierend ist, in einer Predigt neue Aspekte des Glaubens zu entdecken. Der weitaus größte Teil der Predigten, die wir hören, wiederholt Bekanntes. Das klingt nicht sonderlich attraktiv, doch genau darin liegt ihre Wichtigkeit. Wir werden Sonntag für Sonntag an die Dinge erinnert, die unserem Leben Tiefgang verleihen können. Indem wir sie immer wieder hören, verinnerlichen wir biblische Wahrheiten, und diese Wahrheiten tragen uns, wenn das Leben hart wird.

Es reicht nicht aus, dass wir uns vornehmen, Gott zu vertrauen, wenn Schwierigkeiten auftauchen. Wenn sie da sind und wir nicht vorbereitet sind, ist es zu spät. Wenn der Sturm an unser Haus schlägt, können wir uns nur noch auf das verlassen, was wir empfangen und verinnerlicht haben.

Im Alter von dreißig Jahren, als ich Pastor wurde, habe ich damit begonnen, geistliche Tagebücher zu schreiben. Hier führe ich einen Dialog mit meinem Herrn. Ich vertraue darauf, dass er zu mir spricht, wenn ich den Stift in die Hand nehme und meine Eindrücke, Fragen und Gebete aufschreibe.

Meine Tagebücher haben mich in meinen dunkelsten Tälern mit Gott verbunden. Sie helfen mir, mich an Dinge zu erinnern, die Gott mir gezeigt hat. An gewisse Zusagen, die ich empfangen habe, kann ich mich noch heute erinnern, weil ich sie aufgeschrieben habe. Ich habe oft in meinen Tagebüchern nachgeschlagen, mir die Situation in Erinnerung gerufen, in der ich Antworten bekam, und bin ermutigt worden, mit dieser Antwort zu leben.

Diese Tagebücher sind meine Kultur des Erinnerns. Sie gehören zu meinen wertvollsten geistlichen Schätzen, die ich wie meinen Augapfel hüte. Ich weiß nicht, wie ich aus der Phase der Aggression und der Resignation herausgekommen wäre und zur Annahme meines neuen Lebens gefunden hätte, wenn ich mich nicht daran erinnern könnte, wie Gott mich ermutigte, führte und mir den Weg wies.

Verborgener Gott

Es ist nicht leicht, einem verborgenen Gott zu vertrauen (Jes 45,15). Wir können Gott nicht sehen, seine Existenz nicht beweisen, sein Handeln nicht erklären. Gott entzieht sich unserem Denkvermögen. Wenn jemand sagt, Gott solle sich doch mal beweisen, ist das – zurückhaltend formuliert – etwas arg unweise. Wenn Gott in dieser Welt den Tatbeweis seiner Existenz antreten würde, würden wir das nicht überleben. Wir würden in seiner Gegenwart vergehen wie ein Insekt, das einem Scheinwerfer zu nahe kommt (1Tim 6,16).

Erst am Jüngsten Tag wird Gott aus seiner Verborgenheit heraustreten. Bis zu diesem Tag ist unser Leben ein Leben im Glauben. Gott ist der ganz Andere, der Verborgene, Unverfügbare, Unbegreifliche. Gott kann alles, und Gott darf alles. Er kann uns formen, er kann schweigen, er kann reden, er kann eingreifen, er kann warten. Glauben ist das Vertrauen, diese Unbegreiflichkeit auszuhalten.

Als Leidende müssen wir die wichtige Lektion lernen, dass Verborgenheit nicht dasselbe ist wie Abwesenheit. Gott ist verborgen, aber er ist niemals ein Gott, der nicht da ist.

Das Buch Ester verdeutlicht diese Lektion eindrücklich. Es handelt von der Jüdin Ester und ihrem Onkel Mordechai zur Zeit, als die babylonische Gefangenschaft zu Ende war. Die Perser hatten die Babylonier als beherrschende Macht im Osten abgelöst. Viele Juden blieben in der Fremde unter persischer Herrschaft, die tolerant gegenüber Minderheiten war. Ester wurde durch «Zufall» zur persischen Königin an der Seite des berühmten Artaxerxes, ohne dass ihre jüdische Abstammung bekannt wurde.

Die Geschichte dreht sich um den Spitzenbeamten Haman, der durch eine List einen königlichen Erlass erwirkte, der es erlaubte, die Juden im ganzen persischen Reich zu vernichten. Der getäuschte König bestätigte den Erlass durch Amt und Siegel. Die Juden, eine kleine Minderheit in einem Reich, das von der Ägäis bis an den indischen Subkontinent reichte, waren ihrem Schicksal hilflos ausgeliefert. Wo war der Herr, der Gott Israels, der versprochen hatte, seinem Volk im Land der Feinde kein Ende zu machen?

Es ist kein Zufall, dass der Name Gottes im Buch Ester nicht vorkommt. Es ist, als hätte sich Gott aus der Geschichte verabschiedet. Aber Gott wirkte im Verborgenen. Geschickt webt der Verfasser Andeutungen der Anwesenheit Gottes in die Geschichte hinein. So riet Mordechai Ester, sie solle ihre Stellung am Hof nutzen, um für ihr Volk Fürsprache beim König einzulegen: «Wenn du in diesen Tagen schweigst, dann wird den Juden anderswoher Hilfe und Rettung kommen. Du aber und das Haus deines Vaters werden untergehen. Wer weiß, ob du nicht gerade dafür in dieser Zeit Königin geworden bist?» (Est 4,14).

Um Fürsprache einlegen zu können, musste Ester ungebeten vor den König treten; ein Vergehen, das mit dem Tod bestraft werden konnte. Ester wagte es und fand Gnade. Sie deckte Hamans Verschwörung auf, und es gelang ihr, einen Gegenerlass zu erwirken, der es den Juden ermöglichte, den Völkermord abzuwenden. Der wunderbaren Rettung gedenken die Juden durch das Purimfest (Est 9,20 ff.).

Die Gefangenschaft der Juden und das Schicksal von Ester erinnern an die Zeit des Auszugs aus Ägypten. In beiden Geschichten ist Gott der Herr des Geschehens. Den Auszug aus Ägypten feierten die Juden mit dem Passafest, die Rettung zur Zeit Esters mit dem Purimfest. Im Passa feierten die Israeliten die Befreiung aus der Hand des Pharao, im Purimfest aus der mörderischen Hand Hamans. An diesem Punkt hören die Gemeinsamkeiten auf. Die Art und Weise, wie

Gott die Rettung seines Volkes bewerkstelligte, könnte unterschiedlicher nicht sein:

Der Auszug aus Ägypten wurde durch Zeichen und Wunder ermöglicht. Gott trat in den Plagen, die über das Land kamen, aus seiner Verborgenheit heraus und erwies sich im Showdown mit den Göttern der Ägypter als der wahre Gott.

Die Rettung aus der Hand Hamans jedoch geschah ohne Zeichen und ohne Wunder. Gott wirkte im Verborgenen durch das Zusammenfallen von Ereignissen und gebrauchte menschliches Tun.

Kurz bevor Ester Königin wurde, kehrte eine erweckte Schar von Juden aus der Gefangenschaft ins Land der Väter zurück. Wie ihre Väter zur Zeit des Auszugs wanderten sie durch die Wüste in das gelobte Land. Im ersten Auszug brach Gott seinem Volk durch Zeichen und Wunder Bahn. Die Füße der Israeliten schwollen nicht an, ihre Kleider zerrissen nicht (5Mo 29,4), und es fiel Brot vom Himmel (2Mo 16,1 ff.). Im zweiten Auszug führte Gott sein Volk durch die Wüste, ohne eines dieser Zeichen zu wiederholen.

In der Geschichte Israels zeigt sich Gott als der Verborgene und doch Anwesende, als der Fürsorgende, aber Unverfügbare und als Lenker der Geschichte. Gott ist der Souveräne und in seinem Handeln völlig frei. Er kann sich offenbaren oder verbergen, er kann durch Wunder wirken oder durch ganz gewöhnliche Umstände, welche die Menschen dann «Zufall» nennen.

Wir können Gott mit unserer Vernunft nicht fassen. Der Versuch, Gottes Beweggründe oder sein Handeln in jedem Fall zu erklären, ist die Weigerung, Gottes Unbegreiflichkeit auszuhalten.

Es würde bedeuten, in ein Geheimnis einzudringen, das weit über unserem Denkvermögen steht. Wir würden Gott auf unseren menschlichen Horizont beschränken, und das würde ihn klein machen. Im Grunde genommen wäre dies klug verpackter Unglaube und der Eintausch wahren Glaubens gegen billige Religion.

Es ist besser, nicht mit klugen Erklärungen aufzuwarten, wenn wir Leidenden Mut zusprechen wollen. Wie erliegen sonst derselben Versuchung wie Hiobs Freunde und verkaufen Religion, anstatt Vertrauen zu spenden. Für uns selbst bedeutet es, das Vertrauen aufzubringen, mit unbeantworteten Fragen zu leben. Wenn wir dieses Wagnis eingehen, harren wir aus und erleben, dass uns Flügel wachsen.

Verlockung zum Vertrauen

Wenn man die Evangelien liest und beobachtet, wie Jesus seine Jünger unterwies, wird deutlich, dass er bei ihnen vor allem Glauben wecken wollte. Wir finden bei Jesus auffallend wenige Erklärungen über grundlegende Dinge wie das Leiden und besonders häufig die Ermutigung, zu vertrauen. Obwohl die Jünger die Frage brennend interessierte, warum es Leiden gibt, hat Jesus nie eine Leittheorie entwickelt, die das Geheimnis des Leidens lüftete. Jesus weigerte sich ausdrücklich, Leid als göttliche Strafe für bestimmte Sünden zu bezeichnen (Joh 9,1 ff.; Lk 13,1–5). Jesus wollte, dass seine Jünger lernten, im Vertrauen zu wachsen.

Jesus nahm seine Jünger wie ein jüdischer Rabbi in seine Schule auf und lehrte sie, so zu denken und zu handeln wie er selbst. Jesus lebte im völligen Vertrauen auf seinen himmlischen Vater und suchte dieses überfließende Leben seinen Jüngern weiterzuvermitteln.

Der Lehrplan, den Jesus seinen Schülern verordnete, war unkonventionell. Jesus stellte ihnen Fragen, er führte sie in Situationen der Überforderung, er gab ihnen Rätsel auf, und er ließ sich über die Schulter blicken, wenn er betete. Er lehrte sie, dass der Glaube Berge versetzen kann (Mt 21,21), und sagte, er tue das, was er den Vater tun sehe (Joh 5,19). Das Leben mit dem Messias Jesus war eine einzige Verlockung, dem himmlischen Vater zu vertrauen.

Die Evangelien sind voll von Begebenheiten, in denen Jesus mit seinen Jüngern das Vertrauen praktisch einübte. Der See Genezareth mit seinen Fallwinden vom Libanon her, die plötzliche Stürme auslösen konnten, wurde zum Klassenzimmer. Im Sturm gerieten die Jünger, die Fischer waren, auf ihrem eigenen Terrain an ihre Grenzen

(Mt 8,23 ff.). Sie weckten Jesus und riefen: «Herr, rette uns, wir gehen zugrunde!»

Die Reaktion des Meisters muss sie sehr verwundert haben: «Warum habt ihr solche Angst, ihr Kleingläubigen?» Als Jesus aufstand und sich der Wind auf sein Wort hin legte, dämmerte es den Jüngern, dass sie sich auf ein Abenteuer eingelassen hatten, bei dem die Grenzen ihres Vertrauens stetig ausgedehnt werden sollten.

Nach der Speisung der Fünftausend (Mt 14,13 ff.) wies Jesus seine Jünger an, mit dem Boot an das andere Ufer des Sees vorauszufahren. Während Jesus sich auf einen Berg zurückzog, um zu beten, kämpften die Jünger die ganze Nacht gegen den Wind. Vor Tagesanbruch ging Jesus auf den Wellen den Jüngern entgegen. Sie glaubten, ein Gespenst zu sehen, und schrien auf vor Angst. Jesus aber rief den Jüngern zu: «Habt Vertrauen, ich bin es; fürchtet euch nicht!» (Mt 14,27).

Es ist offensichtlich, dass Jesus den Glauben seiner Jünger prüfen wollte. Wie reagieren sie, wenn sie auf ihrem eigenen Terrain geschlagen werden und nicht mehr ein und aus wissen? Wie reagieren *wir*, wenn alle bekannten Schemata und die Erklärungen, die bisher galten, nicht mehr taugen? Wer oder was ist unsere Sicherheit, wenn uns die Krücken aus der Hand geschlagen werden? Diese Fragen fallen alle auf die eine Frage zurück: Wem vertrauen wir?

In der Angst zeigt Petrus eine erstaunliche Reaktion. Er ergreift die Initiative und ruft durch den Wind Jesus zu: «Herr, wenn du es bist, so befiehl, dass ich auf dem Wasser zu dir komme» (Mt 14,28). Petrus hatte einen wichtigen Grundsatz der Nachfolge verstanden. Wenn Jesus nachzufolgen bedeutet, dass ich das tue, was Jesus tut, dann kann ich wie Jesus auf dem Wasser gehen!

Es ist nicht nötig, dass Petrus auf dem Wasser geht, Jesus befiehlt es nicht, aber Petrus will es, weil er wie Jesus sein möchte. Sein Vertrauen ist in den vergangenen ein oder zwei Jahren so gewachsen, dass er begriff, dass man mit Jesus die eigenen Grenzen, sogar die Gesetze der Schwerkraft, überwinden kann. Es ist völliges Vertrauen, es auch nur schon zu wagen, auf dem Wasser zu gehen!

Als Petrus sich aufs Wasser hinausbegibt und die Wellen sieht, bekommt er es mit der Angst zu tun; er wäre ja auch nicht der Erste gewesen, der im See ertrunken wäre. Als Petrus zu sinken beginnt, ergreift ihn Jesus bei der Hand und sagt: «Du Kleingläubiger, warum hast du gezweifelt?» (Mt 14,31).

Ist Petrus das Musterbeispiel eines Kleingläubigen? Wohl kaum. Petrus ist ein Glaubensheld, der es verdient, dass man von ihm sagt: Durch den Glauben ist Petrus auf dem Wasser gegangen. Sein Vertrauen zeigte sich daran, dass er an die Grenzen seines Maßes an Glauben ging – und sogar noch darüber hinaus. Petrus hatte einen großen Glauben; für das Maß an Nachfolge, das er auf dem See erprobte, war sein Glaube aber noch zu klein.

Indem Petrus buchstäblich über das Maß seines Glaubens hinausging, wurde sein Glaube erweitert. Er wurde größer und stärker, obwohl er die Lektion noch nicht ganz bestanden hatte. Das Wort «Kleingläubiger, warum hast du gezweifelt?» ist als tadelndes Lob eines Rabbi zu verstehen, der seinem Schüler seinen gegenwärtigen Reifestand aufzeigt und ihn so verlockt, ihm in zukünftigen Situationen noch mehr zu vertrauen. Der Satz bedeutet so viel wie: «Für dieses Maß an Nachfolge ist dein Glaube noch zu klein, Petrus, aber dein Glaube wird wachsen. Du wirst lernen, mir völlig zu vertrauen.»

Lauter Unklarheiten

Jesus gab seinen Jüngern immer wieder Rätsel auf. Er sprach öfter von Dingen, die sie noch nicht verstehen konnten, über die sie aber nachdenken mussten, um im Glauben zu wachsen. Wenn sie in ihrem Vertrauen auf Gott wachsen wollten, mussten sie der Auffassung Jesu nach interessierte, fragende, suchende und denkende Menschen werden.

In der Mitte seines Dienstes fragte Jesus seine Jünger, für wen sie ihn hielten (Mt 16,13 ff.). Sie waren zu diesem Zeitpunkt über ein

Jahr Schüler Jesu gewesen. Sie hatten die Stillung des Sturms erlebt, sie hatten gesehen, wie Petrus auf dem Wasser gegangen war, sie hatten erlebt, wie Jesus mit fast nichts fünftausend Menschen speiste und wie er lehrte und betete. Die Jünger machten sich fast ständig Gedanken über Jesus. Jetzt war der Zeitpunkt für ein klares Bekenntnis. Petrus antwortete im Namen der Zwölf: «Du bist der Messias, der Sohn des lebendigen Gottes» (Mt 16,16).[266]

Zweifellos hatte Jesus auf diesen Punkt hingearbeitet. Die Jünger hatten das Entscheidende erkannt, nämlich dass Jesus der im Alten Testament angekündigte Gesalbte Gottes ist und dass mit ihm die Königsherrschaft angebrochen war.

Jesus wusste, dass sich die Jünger hinsichtlich seiner Messianität falsche Vorstellungen machten. Für die Jünger konnte die Erkenntnis, dass Jesus der Messias war, nur bedeuten, dass Jesus sich sehr bald als König offenbaren und Israel befreien würde. Stattdessen kündigte Jesus unmittelbar an das Bekenntnis des Petrus an, dass ihm nicht die Krone, sondern das Kreuz bevorstand. Er sagte den Jüngern, die zweifellos völlig konsterniert waren, dass er nach Jerusalem gehen müsse, dass er dort leiden und getötet und am dritten Tag auferstehen werde (Mt 16,21).

Für die Jünger war die Ankündigung Jesu ein Rätsel.

Ein leidender Messias passte nicht in ihr Weltbild.

Petrus nahm Jesus beiseite und versuchte, ihn zu überzeugen, dass dies nicht Gottes Wille sei. Aber der Lehrer wies seinen Schüler scharf zurecht (Mt 16,22 ff.).

Ein wenig später jedoch schien es den Jüngern, dass sie mit ihrer Vorstellung vom baldigen Anbruch der Königsherrschaft doch recht hatten. Jesus sagte nämlich: «Von denen, die hier stehen, werden einige den Tod nicht erleiden, bis sie den Menschensohn in seiner königlichen Macht kommen sehen» (Mt 16,28).

Jetzt war das Durcheinander in den zwölf Köpfen vollkommen. Der Lehrer offenbarte und verhüllte Gottes Heilsweg vor seinen Schülern zur selben Zeit! Jesus offenbarte, dass das Heil durch seinen Tod und seine Auferstehung kommen würde, verhüllte das Geschehen aber durch die Ankündigung, dass seine Herrschaft kurz vor dem Durchbruch stehe.

Erst sechs Tage später löste Jesus das Rätsel auf, als er sich auf dem Berg der Verklärung drei seiner Jünger in Macht und Herrlichkeit offenbarte (Mt 17,1 ff.). Erst jetzt wurde klar, dass Jesus von seiner Verklärung auf dem Berg gesprochen hatte und nicht von einem politischen Umsturz, den er in Jerusalem herbeiführen würde.

Hättest du das nicht von Anfang an sagen können, Jesus?

Jesus befriedigt unser Bedürfnis nach Religion nicht. Wir sehnen uns nach Klarheit, aber Jesus gibt uns Rätsel auf. Als Jünger sollten wir auf Fragen gefasst sein und bereit sein, Fragen zu stellen:

Gott fragte Hiob, ob er Gottes Walten erklären könne (Hiob 38,1 ff.), er fragte Jeremia, ob er nach ein wenig Widerstand aufgeben wolle (Jer 12,5), er fragte Elia, was er auf dem Berg mache (1Kö 19,9). Jesus fragte seine Jünger, wer er sei (Mt 16,15), und er stellte ihnen die Frage, was sie mit fünf Broten und zwei Fischen tun sollten, obwohl er genau wusste, was er tun wollte (Joh 6,5 ff.).

Unklarheit ist für einen Jünger eine Einladung zum Dialog. Im Fragen und Hören vertieft sich unsere Beziehung zu unserem himmlischen Vater. Wenn es leicht wäre, seine Stimme zu hören, und wir stets wüssten, was er mit uns vorhat, würden wir ihn nicht mehr suchen. So aber bleiben wir in Hörweite, wir suchen seinen Willen, wir stellen Fragen und denken beständig an ihn. Alle diese Dinge sind Zutaten für eine lebendige Beziehung mit unserem himmlischen Vater; eine Beziehung, die weit über theologische Richtigkeiten hinausgeht und eine Spiritualität des Herzens ist.

Vorsehung und Vertrauen

Vertrauen ist wie eine Pflanze. Sie braucht gute Erde und muss regelmäßig gegossen werden. Ich kann mir keinen besseren Nährboden für wachsendes Vertrauen vorstellen als den Glauben an die göttliche Vorsehung. Der Gedanke, dass Gott von Ewigkeit her einen Plan hat und dass dieser Plan einem liebenden und gütigen Herzen entspringt, prägte den Glauben früherer Generationen.

In vormoderner Zeit besaßen die Menschen die Fähigkeit, im Leiden zu vertrauen, weil der Glaube an einen allmächtigen und weisen Gott noch nicht durch den Säkularismus zerbrochen worden war. Praktisch alle alten Kommentatoren vertraten mit Überzeugung den Gedanken der Vorsehung, den sie aus der Bibel ableiteten.[267] Wenn sie den Gedanken der Vorsehung entfalteten, sprachen sie mit Überzeugung davon, dass Gott einen Plan mit uns hat, dass er uns nach seinem Willen formt und darüber hinaus die Geschichte lenkt, um seinen Ratschluss auszuführen.

Wie sehr das Geheimnis der Vorsehung Menschen des Glaubens mit Zuversicht erfüllte, zeigt ein Gebet des französischen Philosophen Blaise Pascal (1623–1662), der sein ganzes Leben lang an Krankheiten litt und nicht einmal vierzig Jahre alt wurde:

> *«Ich möchte dich weder um Gesundheit noch um Krankheit, weder um Leben noch um Tod bitten, aber ich möchte dich bitten, über meine Gesundheit und meine Krankheit, über mein Leben und über meinen Tod so zu verfügen, dass du dadurch geehrt wirst. Ich weiß nicht, ob es besser für mich wäre, gesund oder krank, arm oder reich oder irgendetwas auf der Welt zu sein. Diese Einsicht übersteigt die Vernunft von Menschen und Engeln. Sie versteckt sich unter all den Geheimnissen deiner göttlichen Vorsehung, die ich bewundere, aber nicht zu ergründen wage.»*[268]

Pascals Gebet widerspiegelt die Ehrfurcht vor dem Heiligen und Unergründlichen. Es wäre vermessen, Gottes Pläne und Handeln erklären zu wollen. Es wäre der törichte Versuch, den Unverfügbaren verfügbar zu machen. Oder es wäre reine Selbstüberschätzung. In jedem Fall würde es Gott klein machen, und das verträgt der Allmächtige nicht gut.

Wenn es etwas gab, das Gott in seinen Reden Hiob vorwarf, dann war es der Umstand, dass Hiob den Versuch unternahm, Gott zu sagen, was er tun dürfe und was nicht. Frederick Buechner bemerkt in seinem Buch «Wishful Thinking», dass Gott sich Hiob nicht erklärte, als er zu seiner Rede vom Himmel her ansetzte, sondern dass er explodierte. Er fragte Hiob, wer er sich eigentlich einbildete zu sein. Hätte Gott Hiob erklären wollen, wie die Dinge funktionieren, wäre es dem Versuch gleichgekommen, «Einsteins Theorien einer Muschel verständlich machen zu wollen», wie Buechner es bildhaft formuliert.[269]

Die Vorsehung ist ein Geheimnis, vor dem wir uns nur verbeugen können.

«Wir bleiben unwissend über viele Dinge», bemerkt Philip Yancey, «nicht weil Gott es genießt, wenn wir im Dunkeln tappen, sondern weil wir nicht so viel Licht in uns aufnehmen können».[270]

Von der individuellen Form einer einzelnen Schneeflocke bis zu den physikalischen Gesetzmäßigkeiten, die entfernteste Galaxien zusammenhalten, untersteht alles Gottes Vorsehung, Allmacht und Allwirksamkeit. Gott knüpft die Bande des Siebengestirns und löst die Fesseln des Orions (Hiob 38,31), er lenkt im Verborgenen unser Leben und behält die Kontrolle über sein Schöpfungswerk (Offb 5,1 ff.). Unsere Haare auf dem Kopf sind gezählt (Mt 10,30), und nicht einmal ein Spatz fällt zu Boden ohne den Willen Gottes (Mt 10,29).

Wir verstehen nicht, wie sich Verkehrsunfälle, Tumore und Naturkatastrophen mit dem Geheimnis der Vorsehung vertragen. Was wir beobachten, ist Teil von etwas Größerem, das wir nicht verstehen. Wir können Gottes Wege nicht erklären, aber wir können vertrauen. Wenn kein Spatz zu Boden fällt, ohne dass Gott es will, und wenn alle Haare auf meinem Kopf gezählt sind, sind weder ein Tsunami noch ein Tumor, weder ein Erdbeben noch eine Erbkrankheit Zufall.

Das bedeutet nicht, dass wir auf jedes Leid eine Antwort haben. Aber es gibt uns die Gewissheit, dass unser Leiden nicht das Resultat eines blinden Schicksals ist und dass Gott die verworrenen Fäden unseres Lebens wieder ordnen kann.

Zur Größe emporsteigen

Es ist offensichtlich, dass das Leiden im christlichen Glauben einen besonderen Stellenwert hat. Insbesondere der Gedanke, dass Leiden uns Dinge lehrt, die wir sonst nicht lernen würden (Leiden als Pädagogisierung), und dass es unseren Charakter formt (Leiden als Schule der Seele), findet die Zustimmung der biblischen Autoren.

Es ist wichtig, im Auge zu behalten, dass es einen Unterschied gibt zwischen dem Leiden als Tatsache und dem, was Leiden bewirken kann. Das «malum physicum» ist eine Tatsache, die von den biblischen Autoren auf den Sündenfall zurückgeführt wird (Röm 5,1 ff.). Dieses Malum wird als Tatsache akzeptiert. Gleichzeitig wird der Hoffnung Ausdruck verliehen, dass Gott es jenseits der Geschichte überwinden wird (Röm 8,18 ff.). Die biblischen Autoren verharmlosen das Leiden nicht, werden aber fast euphorisch, wenn sie darüber nachdenken, wie viel Gutes Leiden bewirken kann.

Leiden wird im Neuen Testament auffallend häufig mit Freude in Verbindung gebracht. Im Philipperbrief, den Paulus in Untersuchungshaft schrieb, kommt das Wort Freude öfter vor als in jedem anderen Brief. Der Brief ist von einer auffälligen Heiterkeit durchsetzt, obwohl Paulus einen Prozess erwartete. Jakobus rät seinen Lesern, voll Freude zu sein, wenn ihr Glaube auf die Probe gestellt wird. Wie bei anderen Texten, die einen Zusammenhang zwischen Leiden und Freude herstellen, ist auch Jakobus nicht über das Leiden an sich erfreut, sondern über das, was es bewirken kann:

> *«Liebe Brüder und Schwestern! Betrachtet es als besonderen Grund zur Freude, wenn euer Glaube immer wieder hart auf die Probe gestellt wird. Ihr wisst doch, dass er durch solche Bewährungsproben fest und unerschütterlich wird. Diese Standhaftigkeit soll in eurem ganzen Leben ihre Wirkung entfalten, damit ihr in jeder Beziehung zu reifen und tadellosen Christen werdet, denen es an nichts mehr fehlt» (Jak 1,2–4).*[271]

Nicht weniger euphorisch klingt Paulus, wenn er sagt, dass wir uns über unsere Bedrängnisse freuen, weil sie Geduld, Bewährung und Hoffnung bewirken (Röm 5,3–5). Der Schreiber des Hebräerbriefs rät seinen Lesern, es anzunehmen, wenn Gott uns erzieht: «Keine Strafe ist angenehm, und während wir sie erleiden, ist sie immer schmerzlich! Doch danach werden diejenigen, die auf diese Weise geformt werden, inneren Frieden und ein Leben in der Gerechtigkeit gewinnen» (Hebr 12,11).[272] Petrus stimmt in diesen erstaunlich zuversichtlichen Chor ein und schreibt, dass das Leben eines Christen trotz Leiden voller Freude sei (1Petr 1,6 ff.; 4,12 ff.).

Die Gedanken der neutestamentlichen Autoren sind auf das gerichtet, was durch Leiden Positives geschehen kann. Sie haben die Augen nicht vor der Tatsache verschlossen, dass das meiste Leid in der Welt ungerecht ist, und sie haben das Leiden nicht romantisiert. Sie haben es als ein Werkzeug gesehen, das Gott benützt, um uns zu formen, und sie haben vertraut, dass Gott dieses Werkzeug angemessen einsetzt.

Mit ihrer Sicht von Gott als einem strengen, aber liebevollen Erzieher haben sie es geschafft, das Übel zu «entübeln», und den Blick darauf gelenkt, dass alles, was Gott in unserem Leben geschehen lässt, für etwas gut ist. Sie haben das Übel glaubhaft relativiert und ihm seine Macht genommen.

Sie vermochten es, weil sie einhellig der Meinung waren, dass es besser ist, mit einem durch Leiden geformten Charakter Gottes Anerkennung zu gewinnen, als sich durch Mittelmäßigkeit von Gott wegtreiben zu lassen. Schließlich konnten sie nur deshalb dem Übel so gefasst in die Augen blicken, weil die Hoffnung sie beflügelte, dass jenseits der Geschichte eine neue Welt wartet, in der es kein Leid mehr geben wird.

Es ist keine freudige Angelegenheit, wenn wir durch Leiden gehen, aber es ist Grund zur Freude, dass Gott uns durch Leiden formt. Wenn Gott uns in die Schule des Leidens aufnimmt, dann nicht, um uns zu strafen, sondern um uns zu Menschen nach seinen Gedanken zu formen.

Fast alle Glaubenshelden der Bibel sind durch Leiden zu ihrer wahren Größe aufgestiegen:

Abraham, der versucht wurde, wuchs zum Vater des Glaubens heran und inspiriert uns, Gott unerschütterlich zu vertrauen.

Josef, der verkauft wurde, wurde zum Segen für eine ganze Nation und beeindruckt durch seinen Großmut.

David, der verfolgt wurde, reifte in der Wüste zum König nach Gottes Herzen und ermutigt uns mit seinen Psalmen.

Jeremia, der verlacht wurde, wurde zu einem lebendigen Monument charakterlicher Größe und inspirierte eine ganze Generation, aus ihrer Mittelmäßigkeit auszubrechen und Gott zu suchen.

Daniel, der verschleppt wurde, diente ohne Tadel als Spitzenbeamter im Zentrum einer heidnischen Supermacht und bewies, dass man Gott in schwierigen Situationen treu sein kann.

Petrus, der Jesus verleugnete, wurde zum Felsen der Kirche und zu einem Beispiel, was die Gnade im Leben eines Menschen bewirken kann.

Diese Menschen wurden von Gott geformt und im Ofen des Leidens gehärtet. Sie umgeben uns wie eine Wolke von Zeugen (Hebr 12,1), die uns ihr Beispiel hinterlassen haben. Sie haben ihr Leiden nicht nur angenommen, sondern ihr Leben durch das Leiden gestaltet, und sind zu ihrer wahren Größe emporgestiegen. Ihr Beispiel ermutigt uns, uns nicht zu ducken, bis der Sturm vorüber ist, sondern unseren Drachen steigen zu lassen und mit dem Wind zu tanzen.

Schönheit

Schließlich liegt in jeder gemeisterten Herausforderung etwas Schönes. Schönheit im Leid ist nicht dasselbe wie das, was wir «Entübelung durch Ästhetisierung» genannt haben. Wir brauchen das Böse nicht, um das Schöne zu würdigen. Es würde dem Bösen eine viel zu prominente Rolle einräumen. Das Schöne liegt in der gemeisterten Herausforderung selbst. Es hat etwas Schönes an sich, wenn man sein Leiden mit Würde trägt, wenn man nicht zerfällt oder sich aufgibt. Es hat etwas Schönes an sich, wenn man im Leiden innerlich aufrecht bleibt und im Vertrauen, dass uns alles zum Besten dient, aus jedem Tag das Beste macht.

Ich werde immer wieder mal darauf angesprochen, dass ich für meine Mitmenschen eine Ermutigung bin, einfach weil ich trotz meines Leides den Glauben nicht über Bord geworfen habe. Ich bin selbst schon unzählige Male durch leidende Menschen ermutigt worden, sei es, dass ich einen Bericht über sie las oder ihnen selbst begegnete.

Während meiner Klinikaufenthalte bin ich Menschen begegnet, die, vom Leben gezeichnet, dem Schmerz nicht klein beigegeben haben. Es gab einen Unterschied zwischen denen, die über ihr Schicksal fluchten, und jenen, welche die Herausforderung annahmen und sich vorwärtskämpften.

Martin Luther King ermutigte die Mitarbeiter der Bewegung, die er anführte, mit den Worten: «Wenn du nicht fliegen kannst, renne, wenn du nicht rennen kannst, gehe, wenn du nicht gehen kannst, krieche, aber was auch immer du tust, du musst weitermachen.»

Es hat mich beeindruckt, Menschen zu erleben, die weitergemacht haben, obwohl sie hätten aufgeben können:

Ich habe in der Klinik gesehen, wie Menschen mit Hilfe einer Maschine ihre ersten zehn Schritte nach dem Unfall machten und sich über ihren Fortschritt freuten, obwohl es sie größte Anstrengung kostete.

Ich habe gesehen, wie eine Mitarbeiterin einer Patientin am Esstisch liebevoll die verkrümmte Hand öffnete, damit sie nach dem Schlaganfall mit der Gabel wieder zu essen lernte, und sie sanft wieder schloss, damit die Gabel nicht herausfiel.

Ein Freund von uns ist Opfer eines Betrugs geworden und deswegen in finanzielle Schwierigkeiten geraten. Obwohl er unten durch muss, ist er einer der fröhlichsten und dankbarsten Menschen, die ich kenne.

Die Tochter einer befreundeten Familie ist nie von einer gefährlichen Reise zurückgekehrt und gilt seither als verschollen. Der Verlust hat der Familie viel abverlangt, aber die Eltern sind nicht bitter geworden.

Wenn ich bei uns im Stadtcafé bei einem Latte macchiato an meinem Lieblingsplatz sitze und an einem Manuskript arbeite, habe ich freien Blick auf den Gehsteig. Öfter sehe ich einen älteren Mann vorübergehen. Er geht in gebeugter Haltung an zwei Stöcken und schiebt seine fast lahmen Füße Schritt um Schritt vorwärts. Man sieht seinen Bewegungen die enorme Anstrengung an. Trotzdem ist das Gesicht dieses Mannes nicht verzerrt. Es strahlt Zufriedenheit und ein inneres Aufrechtsein aus.

Für mich sind solche Leute Helden. Sie geben mir zusammen mit den biblischen Glaubenshelden die Gewissheit, dass in meinem Leben inmitten des Leidens andauernd Gutes und Schönes entstehen kann.

Kapitel 12
Gerechtigkeit wird dann sein

Die Welt ist voller Ungerechtigkeiten und Tragödien. Sie sind in praktisch allen Nachrichten zu finden, in Berichten von Flutkatastrophen, Flugzeugabstürzen, Terroranschlägen und Hungersnöten. Das «malum physicum» begleitet uns auf Schritt und Tritt. Manchmal mögen wir es fast nicht mehr hören und sehen. Glücklich sind die, die ihm bei einem Skiurlaub in den Bergen oder an einem unberührten Sandstrand entfliehen können. Aber dann müssen wir zurück in unsere tägliche Welt, und wir wissen nicht, ob es uns trifft. Wir können morgen unsere Arbeitsstelle verlieren oder vor unserem nächsten Geburtstag an Krebs erkranken.

Die Bibel spricht in kräftigen Bildern von einer kommenden Welt der Gerechtigkeit ohne Leid und ohne Schmerzen. Der Kern der christlichen Hoffnung ist der Glaube, dass die Welt eines Tages vom Schöpfer selbst ins Lot gebracht wird. In dieser kommenden Welt jubelt die Schöpfung, und Gott wischt den Menschen die Tränen aus den Augen (Jes 65,17 ff.; Offb 21,1 ff.).

Die Schönheit dieses Glaubens ist nicht zuletzt durch ernsthafte Christen in Misskredit gebracht worden. Manche haben so von der kommenden Welt gesprochen, dass der Eindruck entstand, Gott interessiere sich nicht für die gegenwärtige Welt, er habe Freude daran, Menschen in die Hölle zu werfen, und die Erlösten würden im Himmel hauptsächlich Harfe spielen. All das ist natürlich eine schreckliche Verzerrung der biblischen Hoffnung. Eines der hauptsächlichen Probleme dieser Ansicht ist, dass sie mit keinem Wort davon handelt, dass Gott Gerechtigkeit auf Erden wiederherstellen wird. Dabei ist dieser Gedanke für die biblischen Autoren sowohl im Alten als auch im Neuen Testament zentral.

Das Leben auf unserer Seite der Geschichte ist schrecklich ungerecht. Es entspricht so gar nicht dem, was Gott ursprünglich im Sinn hatte, als er sagte: «Es ist sehr gut» (1Mo 1,31). Die meisten Menschen haben das schreckliche Ausmaß des Leidens, das sich täglich auf unserem Planeten abspielt, einfach nicht verdient. Es kann nicht verdient sein, wenn Kastenlose zu ewiger Armut verdammt sind, wenn ein Kind mit einem offenen Rücken zur Welt kommt oder eine Landmine die Beine eines Landarbeiters zerfetzt.

Die christliche Hoffnung ist die Hoffnung, dass diese Übel aufgehoben werden, dass die lange Kette des Leidens, die sie erzeugen, zerbrochen und alles Leid wiedergutgemacht wird.

Falscher Trost?

Wenn die schwierigen Fragen, die das Leiden aufwirft, wie Domino-Steine umfallen, kommt man irgendwann zum letzten Stein mit den letzten Fragen des Lebens. Was kommt nach dem Tod? Gibt es ein Leben danach? Kann das Leiden dieser Welt in einer jenseitigen wiedergutgemacht werden?

Fragen wie diese wollen ergründen, wie sich die verschiedenen Jenseitsvorstellungen, welche die Geschichte hervorgebracht hat, zu der Tatsache des Leides in der Welt verhalten. Es kann niemand behaupten, ein ernsthafter Denker zu sein, der diesen Fragen nicht gründlich nachgeht. Der britische Theologe N. T. Wright weist in seinem lesenswerten Buch «Von Hoffnung überrascht» darauf hin, dass von Plato bis Hegel einige der größten Philosophen erklärten, dass das Nachdenken über den Tod und das Leben danach der Schlüssel zum ernsthaften Nachdenken über alles andere ist.[273]

Jenseitsvorstellungen sind eine direkte Antwort auf das Problem des Bösen. Mit ihnen verbindet sich in den meisten Fällen die Frage, ob erlittenes Unrecht in dieser Welt in irgendeiner Form in der jenseitigen aufgehoben werden kann. Sie sind Ausdruck unserer Bedürftigkeit, Endlichkeit, aber auch Gottebenbildlichkeit. Die Bibel lehrt, dass es auf dieser Seite der Geschichte letzte Gerechtigkeit nicht gibt. Leid und Schmerz werden erst in der jenseitigen Welt aufgehoben.

Am prägnantesten kommt dieser Glaube im zweiten Petrusbrief zum Ausdruck:

> *«Wir erwarten gemäß seiner Verheißung einen neuen Himmel und eine neue Erde, in denen die Gerechtigkeit wohnt» (2Petr 3,13).*

Mit Texten wie diesen setzt die Bibel zu einer großen «eschatologischen Theodizee» an.[274] Die biblischen Verfasser fühlten sich zwar nicht gedrängt, das Geschichtshandeln Gottes vor dem Tribunal der menschlichen Vernunft zu rechtfertigen. Trotzdem tun sie genau das, wenn sie von der neuen Schöpfung sprechen, in der durch das Eingreifen Gottes in den Lauf der Geschichte und durch einen zweiten Schöpfungsakt das Leid aufgehoben wird (Jes 65,17; 2Petr 3,13; Röm 8,18 ff.; Offb 21,1 ff.).

Die östlichen Religionen kennen die Aufhebung des Leides in einer wirklichen Welt jenseits der Geschichte nicht. Sie erwarten nicht eine neue Schöpfung, sondern das endlose Drehen des Rades der Wiedergeburt.

Für den Hinduisten ist sein Leiden im Wesentlichen gerecht. Es ist eine Auswirkung früherer Leben, dem er mit Blick auf den Kreislauf der Wiedergeburt nicht ohnmächtig ausgeliefert ist. Er kann sein Los in einem späteren Leben verbessern, wenn er gutes Karma anhäuft.

Für den Buddhisten ist Leid schlicht sinnlos. Er fragt nicht nach Ursachen, sondern strebt nach der Aufhebung des Leides auf dem Weg zur Erleuchtung. Im Gegensatz zur christlichen Jenseitsvorstellung ist die Erlösung vom Leid im Osten kein Ort, sondern ein Zustand.

Der Atheist glaubt weder an einen erlösten Zustand noch an einen himmlischen Ort. Für ihn gibt es nur dieses Leben. Der Glaube an eine himmlische Welt ist für ihn ein bloßer religiöser Seufzer. Jenseitsvorstellungen gibt es seiner Ansicht nach, weil sie eine Flucht aus der leidvollen Wirklichkeit bieten und die Gegenwart erträglicher machen. Für Christopher Hitchens hat die Religion im besten Fall eine schmerzstillende Wirkung. Im schlimmsten Fall (und dieser tritt nach seiner Ansicht praktisch immer ein) unterdrückt sie das Individuum, vergiftet das Zusammenleben der Menschen und bietet ihnen einen falschen Trost.[275]

Moderne Theologen bringen erstaunlich ähnliche Argumente vor wie der Protest-Atheismus. Viele halten eine eschatologische Theodizee für unangebracht, in der Gottes Handeln durch den Blick auf das Ende der Geschichte und die kommende erlöste Welt gerechtfertigt wird. Sie mögen nach zwei Weltkriegen, den Gaskammern der Nationalsozialisten und dem Vietnamkrieg nicht mehr an einen guten Gott glauben, der einen Himmel nötig hat, um alles wieder in Ordnung zu bringen. Es klingt ihrer Auffassung nach zu billig und wird den Opfern des Mordens nicht gerecht.

Niemand hat die Kritik an der christlichen Jenseitsvorstellung schärfer auf den Punkt gebracht als die evangelische Theologin Dorothee Sölle (1929–2003):

> *«Der Gott, der Leid verursacht, kann nicht dadurch gerechtfertigt werden, dass er das Leid später wieder aufhebt. Kein Himmel kann Auschwitz wieder gut machen.»*[276]

Wenn Sölle recht hat, ist Gott als liebendes Wesen nicht denkbar. Das Christentum wäre gescheitert und die ganze Rede vom Himmel, in dem es kein Leid mehr gibt, ein falscher Trost.

Gerücht einer besseren Welt

Die Verfasser der biblischen Schriften verzehrten sich fast ohne Ausnahme in ihrer Sehnsucht und Vorfreude bezüglich der kommenden Welt. Ihre Begeisterung wirkte über die Jahrhunderte als starker Impuls, über diese Welt nachzudenken. Es überrascht nicht, dass sie im Denken von christlichen Philosophen und Autoren einen prominenten Platz einnimmt. Bei vielen spielt der Gedanke eine Rolle, dass das Leid der gegenwärtigen Welt ein Hinweis darauf ist, dass mit ihr etwas nicht stimmt, und dass sie deshalb nur etwas Vorübergehendes ist, das in der Zukunft vom Eigentlichen abgelöst wird.

Der Schriftsteller Gilbert K. Chesterton (1874–1936) erwähnt in seinem Klassiker «Orthodoxy», die moderne Philosophie habe ihm ständig gesagt, er sei in dieser Welt am richtigen Platz, doch er habe sich dabei nie richtig wohlgefühlt in seiner Haut. Erst als er hörte, er sei im Grunde am falschen Ort, habe seine Seele zu singen begonnen.

Chesterton vermochte nicht zu glauben, dass wir in der besten aller Welten leben. Die Botschaft des Christentums sei für ihn glaubwürdiger. Das Leben in der Welt könne man damit vergleichen, dass wir Überlebende eines goldenen Schiffswracks seien, das vor dem Beginn der Welt unterging. In seiner christlichen Weltanschauung sei sein Optimismus jetzt ein ganz anderer: «Ich fühlte mich augenblicklich so erleichtert, als hätte man alle meine Knochen wieder eingerenkt. Ich nannte mich oft einen Optimisten, um nicht Pessimist genannt zu werden. Aber der ganze Optimismus dieses Zeitalters ist falsch und trügerisch, weil er immer beweisen will, dass wir in diese Welt hineinpassen. Der christliche Optimismus hingegen beruht auf der Tatsache, dass wir gerade nicht in die Welt passen.»[277]

C. S. Lewis argumentiert ähnlich wie Chesterton. Leid sei das Mittel, durch das Gott lauter zu uns spreche als durch alles andere: «Gott flüstert in unseren Freuden, er spricht in unserem Gewissen; in unseren Schmerzen aber ruft er laut. Sie sind sein Megaphon, eine taube Welt aufzuwecken.»[278]

In seinem Klassiker «Pardon, ich bin Christ» entwickelt Lewis den interessanten Gedanken, dass von unseren menschlichen Bedürfnissen auf eine himmlische Welt geschlossen werden könne. Kein Mensch sei mit Wünschen und Bedürfnissen geboren, für die es keine Befriedigung gäbe Daraus folgert er:

«Wenn wir nun in uns selbst ein Bedürfnis entdecken, das durch nichts in dieser Welt gestillt werden kann, dann können wir daraus

> *doch schließen, dass wir für eine andere Welt erschaffen wurden. Wenn keine irdische Freude dieses Verlangen befriedigen kann, heißt das ja noch nicht, dass die ganze Erde ein Betrug ist. Die irdischen Freuden waren vielleicht nie dazu bestimmt, es zu stillen, sondern nur dazu, es wachzurufen, auf das Wirkliche hinzudeuten.»*[279]

Die Sehnsucht nach dieser «anderen Welt» darf nicht zur Weltverneinung führen. Wir sollten uns, so Lewis weiter, einerseits davor hüten, irdische Segnungen zu verachten, wir dürften sie aber auch nicht für die Sache selbst halten, weil sie nur ein Echo von ihr sei. Anderseits sollten wir das Verlangen nach unserer wahren Heimat wachhalten. Wir müssten dafür sorgen, dass es niemals verschüttet werde, und es sollte das Hauptziel unseres Lebens sein, «auf dieses andere Land zuzueilen und in anderen das Verlangen danach zu wecken».[280]

Lewis gehört zu den Autoren, die sich gegen eine Vergeistigung der kommenden Welt zur Wehr setzen, und bestand darauf, dass hinter der Symbolsprache der Bibel reale Wirklichkeiten stünden. Ein Christ solle sich die Sehnsucht nach dem Himmel nicht durch Witzbolde vergällen lassen, die sagten, sie hätten keine Lust, in alle Ewigkeit Harfe zu spielen. Solchen Leuten müsse man sagen:

> *«Wer unfähig ist, ernste Bücher ernst zu nehmen, soll wenigstens den Mund halten. Die Bilder in der Heiligen Schrift, Harfen, Kronen, Gold usw., sollen doch nur dazu dienen, das Unsagbare auszusagen. Das Bild der Musikinstrumente ist gewählt, weil für die meisten Menschen die Musik am ehesten der Ausdruck für losgelöstes Entzücken und für alles Unendliche ist. Kronen sollen zum Ausdruck bringen, dass Gottes Kinder an Seiner Herrlichkeit, Seiner Macht und Seiner Freude teilhaben werden. Das Symbol des Goldes ist gewählt, um die Unvergänglichkeit (Gold rostet nicht) und die Kostbarkeit des Himmels anzudeuten. Wer diese Symbolsprache wörtlich nimmt, könnte ebensogut Christus selbst beim Wort nehmen. Und wenn Christus sagt, wir sollen sein wie die Tauben, meinte er damit etwa, wir sollen gurren?»*[281]

Philip Yancey, der sich in seinem Buch «Wo ist Gott in meinem Leid?» intensiv mit der Bedeutung von Schmerzen auseinandersetzt, spricht vom Leid als einem Gerücht über eine bessere Welt:

> *«Leid ist wie ein transzendentes Gerücht über eine andere Welt. Es weist uns mehr oder weniger laut darauf hin, dass mit der gesamten Menschheit irgendetwas nicht in Ordnung ist. Irgendetwas stimmt nicht mit dieser Welt, die voller Kriege, Gewalt und menschlicher Tragödien ist. Wer mit dieser Welt zufrieden sein und den einzigen Sinn seines Lebens im Genuss sehen will, muss sich Watte in die Ohren stopfen, denn dieses Megaphon ist nicht zu überhören.»*[282]

Es ist offensichtlich, dass viele christliche Denker, angefangen von den Verfassern der biblischen Schriften bis zu Autoren wie Lewis oder Yancey, nicht Zuflucht zur jenseitigen Welt suchten, weil ihnen die Argumente ausgingen. Sondern weil sie überzeugt waren, dass nur die kommende Welt der Gerechtigkeit eine adäquate Antwort auf das Übel in der Welt sein kann.

Darüber hinaus waren sie zusammen mit den Aposteln der festen Überzeugung, dass das Christentum ohne die kommende Welt im Grunde genommen sinnlos ist (1Kor 15,17 ff.).

Auschwitz wiedergutmachen?

Der berühmte britische Atheist Bertrand Russell (1872–1970) hielt 1927 einen Vortrag vor der National Secular Society in London, der über England hinaus weite Verbreitung fand. Russell brachte in seinem Vortrag unter dem Titel «Warum ich kein Christ bin» seine Bedenken gegen den christlichen Glauben vor.

Unter der Überschrift «Der teleologische Gottesbeweis»[283] suchte er das Argument zu entkräften, es gäbe eine zielgerichtete Ordnung in der Welt, die Hinweis auf einen Schöpfergott sei. In moralischer Hinsicht zeigte sich Russell verwundert, dass man glauben könne, in

Jahrmillionen habe Gottes Allmacht nichts Besseres als Rassismus und Gewalt hervorgebracht. Wissenschaftlich sei davon auszugehen, dass in unbestimmter Zeit jegliches Leben auf unserem Planeten aussterben werde. Wir befänden uns in einem Übergangsstadium im Verfall des Sonnensystems, in dem zufällig Bedingungen herrschten, die Leben auf dem Planeten ermöglichten. Die Erde steuere auf einen Zustand zu wie den des Mondes, «auf etwas Totes, Kaltes, Lebloses».[284]

Die biblische Hoffnung ist das exakte Gegenteil von Russells Kosmologie. Die gegenwärtige Welt ist das Objekt der leidenschaftlichen Liebe Gottes (Joh 3,16), die er täglich erhält, bewegt und trägt. Sie wird als seufzende Schöpfung beschrieben, die in Geburtswehen liegt und eine neue Welt hervorbringt (Röm 8,18 ff.). Diese neue Welt ist nicht kalt und leblos, sondern voll der Gegenwart Gottes, unberührt von Leid und Schmerz und voller Lebendigkeit.

Die biblischen Autoren waren so erfüllt von dieser Hoffnung, dass sie der Meinung waren, dass das Leid der Gegenwart im Vergleich zur kommenden Herrlichkeit kaum ins Gewicht fällt: «Die Nöte, die wir jetzt durchmachen, sind nur eine kleine Last und gehen bald vorüber, und sie bringen uns etwas, was von unvergleichlich viel größerem Gewicht ist: eine unvorstellbare und alles überragende Herrlichkeit, die nie vergeht» (2Kor 4,17).[285] Die biblischen Autoren waren der Meinung, dass wir mehr sehen müssen und können als nur das, was mit den Augen zu erkennen ist:

Diese Welt ist nicht das Eigentliche. Was sich hier abspielt, ist verhältnismäßig kurz und nur ein Vorspiel. Es spielt sich sozusagen vor dem Vorhang ab, während man bereits hört, wie hinter dem Vorhang die große Bühne aufgebaut wird. Wenn Gottes großer Tag anbricht, geht der Vorhang auf, und wir sehen das Eigentliche.

Eine christliche Antwort auf das Problem des Bösen muss überzeugende Argumente vorbringen, damit Auschwitz tatsächlich wiedergutgemacht wird, wenn der Vorhang aufgeht. Eine solche Antwort gibt es tatsächlich. Sie war von allem Anfang an da, wurde aber in den ersten Jahrhunderten unserer Zeitrechnung unter dem

Einfluss der griechischen Philosophie stark vergeistigt, so dass die Vorstellung von Harfe spielenden Erlösten überhaupt erst entstehen konnte.

In jüngster Zeit ist in der theologischen Forschung im Zusammenhang mit der Einsicht, dass die christliche Hoffnung jüdische Wurzeln hat, neu entdeckt worden, wie konkret die biblische Zukunftshoffnung ist.[286] Es geht nicht um eine Zukunft, in der bloße Seelen existieren, sondern es geht um eine konkrete Welt, in der die konkreten Nöte unserer Welt aufgehoben sind. Was Christen im Glauben erwarten, ist nichts weniger als die völlige Überwindung und Wiedergutmachung des dreifachen «malum», das seit Leibniz den Leidensdiskurs bestimmt.

Eine neue Wirklichkeit

Seit dem Sündenfall leiden wir unter dem «malum physicum». Ein Tsunami fordert Menschenleben, ein herabfallender Ziegel tötet ein spielendes Kind, eine Nervenkrankheit zerstört den Traum von einem unbeschwerten Leben. Die letzten beiden Kapitel der Johannes-Offenbarung handeln von der Aufhebung dieses Malums. Eingeleitet werden sie mit einer gewaltigen Schau:

> *«Dann sah ich einen neuen Himmel und eine neue Erde; denn der erste Himmel und die erste Erde sind vergangen, auch das Meer ist nicht mehr. Ich sah die heilige Stadt, das neue Jerusalem, von Gott her aus dem Himmel herabkommen; sie war bereit wie eine Braut, die sich für ihren Mann geschmückt hat. Da hörte ich eine laute Stimme vom Thron her rufen: Seht, die Wohnung Gottes unter den Menschen! Er wird in ihrer Mitte wohnen, und sie werden sein Volk sein; und er, Gott, wird bei ihnen sein. Er wird alle Tränen von ihren Augen abwischen: Der Tod wird nicht mehr sein, keine Trauer, keine Klage, keine Mühsal. Denn was früher war, ist vergangen» (Offb 21,1–4).*

Wenn man die Johannes-Offenbarung liest, werden einem kurze Blicke in die kommende Welt erlaubt. Es ist, als würden wir durch einen langen Gang schreiten, wo kleine Fenster den Blick nach draußen freigeben:

Wir wissen, dass es die kommende Welt gibt.
Sie ist da draußen, sie ist wirklich.
Wir haben ihre Luft aber noch nicht eingeatmet …

Mit dem Erreichen der letzten beiden Kapitel treten wir hinaus in die neue Wirklichkeit. Die Hoffnung wird zur Wirklichkeit, der Glaube wird zum Schauen. Alles wird neu. Es wird keine Tränen mehr geben, keine Klage, keine Mühsal, keine Todesanzeigen. Das «malum physicum» wird nur noch eine philosophische Hülse sein, mit der wir auf dieser Seite der Geschichte das Böse zu beschreiben suchten, und nur noch in unserer Erinnerung existieren.

«Das Meer ist nicht mehr», bedeutet, dass das Böse in all seinen Formen der Vergangenheit angehört. In der Johannes-Offenbarung wird das Meer als Symbol für das Böse verwendet. Es steht hauptsächlich für den Ursprung des Bösen und eine gegen Christus gerichtete Weltmacht, die ein System von Ausbeutung und Unterdrückung generiert.[287] Das Böse, das fortwährend Böses gebiert, wird es nicht mehr geben, denn der Böse schlechthin, Satan, ist besiegt (Offb 20,10).

Johannes bedient sich kräftiger Symbolsprache, weil er gar nicht anders über die kommende Welt schreiben kann. Es fehlen ihm die Worte, um zu beschreiben, was er sieht, so dass er zur Symbolik greifen muss, um das Unsagbare zu benennen. Zwischen der kommenden Welt und unserem gegenwärtigen Leben wird es eine Verbindung geben. Johannes beschreibt die kommende Welt als erneuertes Jerusalem. Gott selbst ist das Licht dieser Stadt, und in diesem Licht, das alles verändert, geschieht Erstaunliches:

«Einen Tempel sah ich nicht in der Stadt. Denn der Herr, ihr Gott, der Herrscher über die ganze Schöpfung, ist ihr Tempel, er und das Lamm. Die Stadt braucht weder Sonne noch Mond, die ihr leuchten.

Denn die Herrlichkeit Gottes erleuchtet sie, und ihre Leuchte ist das Lamm. Die Völker werden in diesem Licht einhergehen, und die Könige der Erde werden ihre Pracht in die Stadt bringen. Ihre Tore werden den ganzen Tag nicht geschlossen – Nacht wird es dort nicht mehr geben. Und man wird die Pracht und die Kostbarkeiten der Völker in die Stadt bringen» (Offb 21,22–26).

Im Hintergrund dieser Schau steht die Völkerwallfahrt nach Zion, von der Propheten des Alten Testaments sprachen (Jes 60,3 ff.). Der Einzug der Völker in die Gottesstadt will sagen, dass das Beste aus der jetzigen Welt in die kommende gebracht wird.

Es ist ja nicht so, dass unsere Welt nur dunkel und verdorben ist. Wir haben wunderbare Fähigkeiten, die wir zum Wohl unserer Mitmenschen und zur Ehre Gottes entwickeln dürfen, und haben erstaunliche Dinge geschaffen. Wir dürfen erwarten, dass alles, was den Menschen diente und Gott ehrte, dass alles Schöne und Gute der jetzigen Welt in der zukünftigen in gereinigter Form wieder erscheinen wird.[288]

Wir werden dort weiterarbeiten, wo wir aufgehört haben. Wir können durch unser Handeln die neue Welt zwar nicht schaffen. Zwischen der gegenwärtigen und der zukünftigen Welt steht der Jüngste Tag. Das Kommen der Herrschaft Gottes in ihrer vollendeten Form bedeutet den Abbruch der diesseitigen Strukturen. Dieser Abbruch muss nicht bedeuten, dass alles Schaffen des Menschen aufhören wird. Arbeit ist ein Teil der guten Schöpfung Gottes. Es gab sie schon im Garten des Ursprungs, als der Mensch noch nicht wusste, was Arbeit im Schweiße des Angesichts bedeutet.

Arbeit ist ein Teil unserer göttlichen Berufung. Sie gehört zu unserer Würde, die der Schöpfer uns verliehen hat, und ist eine Widerspiegelung unserer Ebenbildlichkeit aus Gott. Wenn davon die Rede ist, dass die Kostbarkeiten der Völker in der erneuerten Schöpfung zu finden sind, bedeutet das, dass unser Arbeiten weitergehen wird. Nur wird es nicht mehr im Schweiße des Angesichts geschehen. Unsere Arbeit wird nicht mehr Last sein, nur noch Würde.[289]

Das Beste an dieser neuen Welt wird die Gegenwart Gottes sein. Gott wird in unserer Mitte wohnen (Offb 21,3). Es wird keinen Tempel mehr geben (Offb 21,22), weil Gott uns unmittelbar Gott sein wird. Es werden keine Gebete mehr von der Zimmerdecke zurückgeworfen. Wir werden nicht mehr wie die Psalmisten beten: «Wie lange noch verbirgst du dein Gesicht vor mir?» (Ps 13,2). Wir werden die Unendlichkeit der Zeit haben, um den König in seiner Schönheit zu sehen (Jes 33,17) und um die neue Welt zu entdecken.

Die Hölle

Die wohl schlimmste Form des Leidens ist, wenn Menschen anderen Menschen Schaden zufügen. Das «malum morale», wie es genannt wird, ist Ursache unzähliger Leiden, angefangen bei Kindern, die mit Plastikschaufeln Sand nacheinander werfen, bis zum organisierten Verbrechen. Wenn es das «malum morale» nicht gäbe, gäbe es keine Kriminellen, keine Korruption und keinen Krieg.

Die finale Antwort der Bibel auf das «malum morale» ist die Lehre vom Jüngsten Tag.[290] Die Bibel lehrt, dass Gott eines Tages aus seiner Verborgenheit heraustreten und die Welt in Gerechtigkeit richten wird. Gott wird jedem einzelnen Menschen, der je über diese Erde gegangen ist, geben, was seine Taten wert sind. Die einen werden in das ewige Leben eingehen, die anderen werden sich in der Gottesferne wiederfinden.

Der Jüngste Tag funktioniert wie ein großes Völkertribunal, an dem alles ans Licht kommt, was verborgen ist. In diesem großen Finale wird nichts Gutes unbelohnt und nichts Schlechtes ungestraft bleiben. Der Jüngste Tag ist der große Tag der Wahrheit, an dem alles ins Lot gebracht wird, das aus dem Gleichgewicht geraten ist.

Die Bibel verbindet den Gedanken des Jüngsten Tages mit der umstrittenen Vorstellung von der Hölle. Die meisten Menschen können sich vorstellen, an einen Gott zu glauben, der Liebe ist, aber nicht an einen Gott, der Menschen in die Hölle schickt. «Wenn Gott Liebe ist, würde er doch niemals Menschen in die Hölle werfen!»

Die Liste der Klagen über die biblische Lehre von Gericht und Hölle ist lang. Der deutsche Philosoph Herbert Schnädelbach hält die Lehre vom Jüngsten Gericht für schädlich. Er spricht von einer Schreckensvision, in deren Schatten die Menschen in der westlichen Welt jahrhundertelang gelebt hätten. Die Vorstellung vom Jüngsten Gericht sei ein Instrument, das die Kirche zur Verunsicherung der Gläubigen benutzt habe. Zuerst sei damit Angst erzeugt worden (die Angst, unter Gottes Urteil zu fallen), und dann sei ein Ausweg aus der selbst erzeugten Angst angeboten worden. Ein perfider Kreislauf also, mit dem man die Gläubigen terrorisiere.[291]

Insofern Schnädelbach auf das vormoderne Christentum zielt, sind seine Vorwürfe berechtigt. Die Kirche verstand es, den Menschen die Hölle heißzumachen. Mittelalterliche Vorstellungen von Teufeln und Dämonen, welche die Menschen mit dem Dreizack drangsalieren, zeugen davon.

In seinem berühmten Vortrag setzte sich Bertrand Russell auch mit der Hölle auseinander. Nach Russells Ansicht hatte Jesus einen «sehr schweren Charakterfehler», nämlich dass er an die Hölle glaubte. Offenbar habe ihm die Vorstellung von Menschen, die in der Finsternis heulen und mit den Zähnen knirschen, «ein gewisses Vergnügen» bereitet. Die Lehre von der Hölle sei «grausam», sie habe Grausamkeit in die Welt gebracht und sei für einen Religionsstifter letztlich unwürdig.[292]

Im kollektiven Gedächtnis hat sich die Ansicht festgesetzt, dass die Hölle das Gegenteil von Liebe ist. So einleuchtend sich dieses Argument präsentiert, geht es doch am Kern der Sache vorbei. Nicht die Strafe ist das Eigentliche, wenn die Bibel den Begriff der Hölle verwendet, sondern die Frage nach der Gerechtigkeit. Die Bibel hat, wenn sie von Gottes richterlichem Walten spricht, die Opfer im Blickfeld, die von Anbeginn der Menschheit darauf warten, dass ihnen Gerechtigkeit widerfährt.

Die Hölle ist nicht das Gegenteil von Liebe, sondern von Ungerechtigkeit. Ja, tatsächlich! Um diesen Zusammenhang zu verstehen, muss man einerseits in Betracht ziehen, wie die Bibel den Begriff der Hölle verwendet. Andererseits müssen traditionelle Höllenvorstellungen hinterfragt werden.

Der Begriff «Hölle» kommt in unseren deutschen Bibelübersetzungen zwölfmal vor. Für viele dürfte es eine Überraschung sein, dass es mit einer einzigen Ausnahme Jesus ist, der den Begriff verwendet.[293] Das Leben von Jesus beeindruckt durch seine Liebe zu den Menschen. Wir kennen ihn als Beschützer der Entrechteten und als Prediger der Gnade. Dennoch ist es ausgerechnet Jesus, der häufiger und eindringlicher von der Hölle sprach als jeder andere. Wir können den Gedanken der Hölle also nicht zu den Akten legen oder sie einem unaufgeklärten Zeitalter zuschlagen, ohne einen offenbar wichtigen Teil von Jesu Botschaft unter den Teppich zu kehren.

Unser deutsches Wort «Hölle» wird vom altnordischen Begriff «hel» abgeleitet, mit dem das Totenreich bezeichnet wurde. Martin Luther wählte den Begriff «Hölle», um das griechische Wort «Gehenna» zu übersetzen, das hauptsächlich im Matthäus-Evangelium vorkommt. Dort spricht Jesus von der «Gehenna» als dem Ort der Strafe für Übeltäter (Mt 10,28; 18,9; 23,15 ff.).

«Gehenna» ist eine griechische Wiedergabe des hebräischen «Gehinnom». Der Begriff bedeutet «Tal von Hinnom» und bezeichnete ein im Süden von Jerusalem gelegenes Tal. Dort begingen zu alttestamentlicher Zeit die Könige Israels die schändlichste aller Sünden: Sie brachten den Götzen der Heiden rituelle Kinderopfer dar, bei denen Kinder lebendigen Leibes verbrannt wurden (Jer 32,35). Der Prophet Jeremia kündigte an, dass dieses Tal zum Tal des Gerichts über alle Formen der Gottlosigkeit wird (Jer 7,31–33). In diesem Wort des Jeremia und in der schändlichen Praxis, auf das es Bezug nimmt, hat das Konzept der Hölle ihren Ursprung.

Das Neue Testament beschreibt die Hölle als einen Ort des Zähneknirschens und der Finsternis und damit als Ort der Abwesenheit Gottes (Mt 22,13). Gott ist Licht, die Hölle ist Finsternis. Bei Gott ist

Leben, die Hölle ist der Tod. Die Hölle ist der Ort, wo niemand sein möchte, weil er das Gegenteil all dessen ist, was unser Glück ausmacht.

Es liegt in der Natur der Sache, dass bei der Frage nach der Hölle die Meinungen auseinandergehen. Mit der Hölle beschreibt das Neue Testament entweder einen ewigen Zustand bewusster Pein oder die Auslöschung der Existenz. Wenn man dem Gedanken folgt, dass die Verurteilten in der Hölle Pein leiden (wie es Offb 14,9–11 sagt), wird man in ihr eine immerwährende Strafe erblicken. Folgt man dem Gedanken, dass der Lohn der Sünde der Tod ist (wie Röm 6,23 festhält), wird man in der Hölle die Auslöschung der Existenz erblicken. Beide Interpretationen sind vom Neuen Testament her möglich.

Mittelalterliche Ausmalungen über die Hölle mit Teufeln, welche die Menschen mit dem Dreizack quälen, kennt das Neue Testament nicht. Die Rede von Feuer, Finsternis und Zähneknirschen genügt, um klarzumachen, dass es sich um eine schreckliche Realität handelt. Was darüber hinausgeht, ist Ausschmückung und steht uns nicht zu. Überdies spricht das Neue Testament viel, viel öfter über die Liebe Gottes und seine Langmut gegenüber den Sündern als über die Strafe der Hölle. Der Apostel Paulus, der prominenteste Theologe der Urkirche, kam ohne den Begriff aus.

Im Mittelalter hat die Kirche die Menschen mit der Lehre von der Hölle in Angst und Schrecken versetzt. Im kollektiven Gedächtnis hat sich das Bild eines zornigen Gottes festgesetzt, so dass nur schon die Erwähnung des Begriffs «Hölle» Abscheu hervorruft.

Wenn es irgendeine Lehre gibt, die man aus der Bibel streichen könnte, würden sich viele Leute für die Hölle entscheiden, weil sie den Gedanken für sinnlos und rückständig halten. Den traditionellen Höllenvorstellungen haftet der Makel an, dass sie grausam sind und dass sie den Gedanken der Gerechtigkeit nicht zu berücksichtigen scheinen. Sie verdecken so die entscheidende Wahrheit, dass Gott Gerechtigkeit schafft, wenn er aus seiner Verborgenheit heraustritt und richtet.

Gerechtigkeit wird sein

Wenn wir verstehen wollen, was die Bibel über die Hölle sagt, müssen wir traditionelle Vorstellungen hinter uns lassen und nach dem biblischen Verständnis von Gerechtigkeit fragen. Wenn das Neue Testament vom Verloren-Sein und Jesus von der Hölle redet, geht es nicht um blindwütiges Strafen eines zornigen Gottes, sondern um Gerechtigkeit in ihrer reinsten Form. Es geht um einen finalen Akt, durch den Gott die aus den Fugen geratene Welt ins Lot bringt und Gerechtigkeit schafft.

Im Grunde genommen ist es genau das, worauf wir hoffen. Wir wünschen uns eine Welt des Friedens und der Gerechtigkeit. Wir starren entsetzt auf die Bilder von Krieg und Zerstörung, wenn Männer töten und Kinder zu Soldaten werden. Irgendetwas in uns sagt, dass die Verhältnisse eines Tages zurechtgerückt werden müssen. Ob Christ oder Moslem, Agnostiker oder Atheist, diese Sehnsucht lebt in jedem Menschen, und niemand kann sie auslöschen. Man kann sie unterdrücken und nicht weiter darüber nachdenken. Oder man kann sie zulassen und sich auf die Suche machen, woher sie kommt und worauf sie hinweist. N. T. Wright vermittelt das richtige Bild, wenn er schreibt:

> *«Wir müssen uns daran erinnern, dass Gottes kommendes Gericht in der Bibel, nicht zuletzt in den Psalmen, durchgängig eine gute Sache ist, etwas, das es zu feiern gilt, nach dem man sich sehnt und verzehrt. Es bringt die Menschen dazu, vor Freude zu schreien, und es bringt die Bäume des Feldes dazu, in die Hände zu klatschen. In einer Welt von systematischer Ungerechtigkeit, Tyrannei, Gewalt, Arroganz und Unterdrückung ist der Gedanke, dass ein Tag kommen könnte, an dem die Bösen mit Nachdruck in die Schranken gewiesen werden und an dem den Armen und Schwachen gegeben wird, was ihnen gebührt, die beste Nachricht, die es geben kann. Angesichts einer Welt in Rebellion, einer Welt voller Ausbeutung und Bösartigkeit, muss ein guter Gott ein Gott des Gerichts sein.»*[294]

Der Atheismus hat ein großes moralisches Problem. Wenn es keinen Gott gibt, gibt es keine Gerechtigkeit, und das Leben macht keinen Sinn. Was für einen Sinn macht es, dass Menschen First Class um die Welt fliegen, um die Neujahrsparty in Australien nicht zu verpassen, während andere an Durchfall sterben, weil sie die Handvoll Dollar für das richtige Medikament nicht aufbringen können? Ist das gerecht?

Der Atheismus hat keine befriedigende Antwort auf diese Frage, weil er Gott für tot erklärt. Wer in einem westlichen Land aufgewachsen ist und eine gute Ausbildung absolvieren konnte, hat «Glück» gehabt. Wer in einem Slum geboren wurde, chronisch krank ist oder von Terroristen erschossen wird, hat «Pech» gehabt. Es gibt keine Vorsehung, nur kaltes Schicksal, keinen Gott, nur die Launen der Natur.

Im Grunde genommen ist die Vorstellung, dass der Himmel über uns leer ist, unerträglich. Wir wären völlig auf uns selbst gestellt wie unbeaufsichtigte Kinder, bei denen niemand nach dem Rechten sieht. Mit dem Unterschied, dass wir nicht mit Plastikschaufeln aufeinander losgehen und Sand nacheinander werfen, sondern dass wir Pistolen benützen und Bomben bauen.

Wenn es keinen Gott und keine Hölle gibt, gibt es kein Gut und kein Böse, keine Moral und keine Gerechtigkeit. Wie wir unser Leben gestalten, wäre letztlich belanglos. Ob jemand seine Schwiegermutter pflegt oder Geld verschwendet, eine Kinderpatenschaft eingeht oder Steuern hinterzieht, wäre völlig unerheblich. In letzter Konsequenz hieße das: Ob Hitler oder Heiliger, Mutter Teresa oder Massenmörder, spielt keine Rolle.

Der Atheismus hat keine Antwort auf das Problem der Ungerechtigkeit und damit auf das «malum morale». Der Atheismus muss an seinem stärksten Argument letztlich scheitern. Der Fels des Atheismus, das Leiden, ist der Fels, an dem er zerschellt. Als Lebensentwurf hat er den Leidenden und Entrechteten nichts zu bieten.

Der Schmerz, der den Opfern dieser Welt zugefügt wird, lässt sich in alle Ewigkeit nicht wiedergutmachen, weil es diese Ewigkeit nach

Auffassung des Atheismus nicht gibt. Der Atheismus als Weltanschauung ist die ungerechteste und unmoralischste aller Möglichkeiten.

Dass es jemand gibt, der uns sagt, was wahr, gerecht und moralisch ist, und dass dieser Jemand in einem finalen Urteil die Verhältnisse zurechtrücken wird, ist grundlegend für eine gelingende Gesellschaft. Wo dieser Glaube fehlt, fehlt die ordnende Mitte. Wenn Gott am Jüngsten Tag die Menschheit richtet, wird zum ersten Mal auf dieser Welt vollständige Gerechtigkeit herrschen. Gott wird den Menschen nicht mehr und nicht weniger geben, als ihre Taten wert sind.

Vielleicht sollten wir den belasteten Begriff der Hölle gar nicht mehr verwenden. Er verdeckt die wichtige Tatsache, dass es am Jüngsten Tag um Rechtfertigung in einem umfassenden Sinn geht. Es geht um Gerechtigkeit für die Entrechteten, die Rechtfertigung des Geschichtshandelns Gottes und die Rechtfertigung unseres Glaubens.

Nur wenn Gott in einem finalen Akt alles Gute belohnt, das je auf Erden getan wurde, und alles Böse bestraft, widerfährt den Entrechteten Gerechtigkeit. Nur wenn die neue Schöpfung, die auf Gerechtigkeit gründet, eine völlig wiederhergestellte Welt ist, die alles Gute übertrifft, das wir uns vorstellen können, kann Auschwitz wiedergutgemacht werden. Diesem großen Ziel dient der Jüngste Tag.

Der Jüngste Tag ist gleichzeitig das große Tribunal der Theodizee. Gott, der diesseits der Geschichte verborgen ist und den wir im Schmerz nicht verstehen, wird seine Gerechtigkeit hervortreten lassen. Niemand wird aufstehen und sagen: Warum so und nicht anders? Alle Mäuler werden gestopft werden (Röm 3,19), alle Knie werden sich beugen (Phil 2,10 ff.), alle werden dem göttlichen Urteil zustimmen (Offb 19,3 ff.).[295] Die Leidenden werden jubeln (Offb 19,1–2), und die verwirrten Fäden unseres Lebens werden geordnet.

Wir werden erfahren, dass uns alles, was wir durchgemacht haben, tatsächlich zum Besten gedient hat (Röm 8,28). Der Jüngste Tag wird auch die Rechtfertigung unseres Glaubens sein. Es wird sich zeigen, dass es kein falscher Trost war, als wir im Leiden den Herrn unseren Hirten nannten. Wir werden sehen und staunen, dass Gott in allem, auch in unserem schwersten Leid, am Werk war.

Im Rückblick wird alles Sinn machen. Glauben bedeutet, wie Philip Yancey es ausdrückt, das im Voraus zu glauben, was erst im Rückblick einen Sinn ergibt.[296]

Eine neue Schöpfung

Das dritte Übel, das «malum metaphysicum», wird erst überwunden sein, wenn auch die Schöpfung befreit ist. Nur eine Welt, der die Fesseln der Vergänglichkeit gelöst sind, kann eine Welt ohne Leiden sein.

Der Gedanke einer befreiten Schöpfung beschäftigte praktisch alle biblischen Autoren. Sie haben alle eine wirkliche, verwandelte Schöpfung erwartet, in der die Menschen ein buchstäblich auferwecktes, erlöstes Leben führen.

Diese neue Schöpfung ist zwar buchstäblich himmlisch, aber sie ist deswegen nicht unwirklich. Die Vorstellung, dass es eines Tages «Puff!» macht und diese Erde sich in Nichts auflöst, war ihnen nicht geläufig. Vielmehr erwarteten sie, dass der Jüngste Tag der Auftakt zu einer kosmischen Transformation sein wird. Sie glaubten, dass aus der alten, seufzenden Schöpfung eine neue, gereinigte Welt hervorgehen wird.

Am prägnantesten kommt diese Erwartung beim Apostel Paulus im Römerbrief zum Ausdruck.

«Ich bin überzeugt, dass die Leiden der gegenwärtigen Zeit nichts bedeuten im Vergleich zu der Herrlichkeit, die an uns offenbar werden soll. Denn die ganze Schöpfung wartet sehnsüchtig auf das Offenbarwerden der Söhne Gottes. Die Schöpfung ist der Vergänglichkeit unterworfen, nicht aus eigenem Willen, sondern durch den, der

sie unterworfen hat; aber zugleich gab er ihr Hoffnung: Auch die Schöpfung soll von der Sklaverei und Verlorenheit befreit werden zur Freiheit und Herrlichkeit der Kinder Gottes. Denn wir wissen, dass die gesamte Schöpfung bis zum heutigen Tag seufzt und in Geburtswehen liegt» (Röm 8,18–22).

Paulus entwickelt in diesem Text in einem großen Bogen das folgende Argument: Seit dem Sündenfall ist die Schöpfung der Vergänglichkeit unterworfen. Als der Mensch sich von Gott losriss, fiel die materielle Schöpfung unter die Herrschaft des Bösen und wurde dem Fluch der Sünde unterworfen (1Mo 3,1 ff.). Sie ist seither eine Schöpfung in der Entfremdung von sich selbst, versklavt unter das «malum metaphysicum» und damit erlösungsbedürftig.

Nicht nur wir hoffen auf unsere Erlösung vom Übel, sondern auch die Schöpfung. Wenn mit dem Jüngsten Tag das Morgenrot der Erlösung anbricht, wird nach der Überzeugung des Apostels auch die Schöpfung erlöst werden: «Auch die Schöpfung soll von der Sklaverei und Verlorenheit befreit werden zur Freiheit und Herrlichkeit der Kinder Gottes» (Röm 8,21).

Paulus geht davon aus, dass Geschöpf und Schöpfung auf Gedeih und Verderb miteinander verbunden sind. Am Anfang der Geschichte fiel der Mensch, und die Schöpfung fiel mit ihm; am Ende werden wir erlöst, und die Schöpfung wird mit uns befreit werden. Die Erde, die wir von Gott gepachtet haben, wird also nicht vernichtet, sondern erneuert.

Für Paulus sind die gegenwärtigen Leiden nicht das Todesröcheln dieser alten Welt, sondern schon die Geburtswehen der neuen. Beim neuen Himmel und der neuen Erde, welche uns in Aussicht gestellt sind, handelt es sich nicht um etwas völlig Neues, sondern um etwas völlig Erneuertes.[297]

All dies bedeutet, dass wir die Vorstellung vom Harfespielen hinter uns lassen dürfen. Wir werden keine gestaltlosen Seelen sein, die irgendwo über dem Wolkenkuckucksheim weiterexistieren. Die neue Schöpfung wird eine wirkliche Schöpfung sein, zu der Wachstum, Zeit, erlöste Arbeit und Kreativität gehören. Wir sind Geschöpfe Gottes, die dazu bestimmt sind, ein buchstäblich auferwecktes, erlöstes Leben in einer transformierten Schöpfung zu führen.

Die kommende Welt ist gute Nachricht, Evangelium für die Leidenden. Sie nimmt Leid und Schmerz im Diesseits ernst, und sie gibt Hoffnung.

Unser Leiden ist vorübergehend, und das Beste kommt noch. Wir werden in einem Land wohnen, in dem alle unsere Bedürfnisse gestillt sind.

Wir werden lachen, tanzen, arbeiten und anbeten. Jedes Leid wird wiedergutgemacht werden, der ganze Kosmos wird geheilt sein.

Die schlaflosen Nächte im Krankenhaus, der Verlust des geliebten Kindes, die Schmerzen zerfetzter Glieder, die gestohlene Kindheit der Kindersoldaten, das Grauen von Auschwitz, es wird alles wiedergutgemacht.

Die neue Welt ist eine Welt ganz ohne Katastrophenhilfekorps, Krankenhäuser und Krematorien, dafür voller Lebendigkeit, Licht und Lachen.

Der Prophet Jesaja entwirft ein Bild von der kommenden Welt, die sowohl atemberaubend als auch voller Schönheit ist, so als würde man das harmonische Panorama eines großen Künstlers betrachten: Die Augen der Blinden werden geöffnet (Jes 35,5), die Ohren der Tauben werden hören (Jes 35,5), die Lahmen werden springen wie die Hirsche (Jes 35,6). Wolf und Lamm werden zusammen weiden (Jes 65,25), das durstige Land wird zur sprudelnden Quelle (Jes 35,7), die Entrechteten erfahren Gerechtigkeit (Jes 42,4). Wir werden Häuser bauen und darin wohnen (Jes 65,21), wir werden nicht mehr an vergangene Zeiten denken (Jes 65,17), wir werden uns freuen ohne Ende (Jes 65,18).

Die Verheißung einer kommenden Welt ohne Leid ist kein falscher Trost. Sie erfüllt uns mit der Gewissheit, dass Gott die verwirrten Fäden unseres Lebens entwirren wird. Gott kommt, um zu heilen, was zerbrochen ist.

Die bleierne Schwere der alten, verwundeten Welt wird nicht mehr an uns hängen. Unser Leiber werden tanzen dürfen, und das Lachen der Erlösten wird die neue Welt erfüllen (Lk 6,21.23). Wir werden in einer Welt leben, wo Schatten nicht mehr sind und auch niemals wiederkehren werden.

Dann werden wir zurückblicken und wissen:

Er war immer da in unserem Schmerz.

Er hat uns keinen Augenblick verlassen.

Literaturverzeichnis

Beale, Gregory K. 1999. The Book of Revelation. The New International Greek Testament Commentary. Hg. I. Howard Marshall und Donald A. Hagner. Grand Rapids und Carlisle: Eerdmans und Paternoster.

Berkhof, Louis 1969. Systematic Theology. 5. Auflage der British Edition. London: Banner of Truth Trust.

Boice, James Montgomery 1992. Romans. Volume 2, The Reign of Grace, Romans 5–8. Grand Rapids: Baker.

Bräumer, Hansjörg 2002 [1992]. Das Buch Hiob. Kapitel 1–19. Wuppertaler Studienbibel. Gerhard Maier und Adolf Pohl (Hg.). Wuppertal: Brockhaus.

Bräumer, Hansjörg 2002 [1994]. Das Buch Hiob. Kapitel 20–42. Wuppertaler Studienbibel. Gerhard Maier und Adolf Pohl (Hg.). Wuppertal: Brockhaus.

Breidert, Wolfgang 1994. Die Erschütterung der vollkommenen Welt. Die Wirkung des Erdbebens von Lissabon im Spiegel europäischer Zeitgenossen. Darmstadt: Wissenschaftliche Buchgesellschaft.

Busche, Hubertus 2020. Leibniz' Theodizee – ihre Ziele und ihre Argumente. www.fernuni-hagen.de vom 2.10.2020.

Craigie, Peter C., Page H. Kelley und Joel Fr. Drinkard. Jr. 1991. Jeremiah 1–25, in David A. Hubbard und Glenn W. Baker (Hg.). Word Biblical Commentary. Band 26. Dallas: Word Books.

Dalheim, Werner 2014. Die Welt zur Zeit Jesu. München: C. H. Beck.

Dawkins, Richard 1998. Und es entsprang ein Fluß in Eden. München: Goldmann.

Dietrich, Johannes 2013. Halbgott wider Willen. «Tages Anzeiger» vom 6. Dezember 2013.

Dietz, Walter 2000. Der Einfluss des Christentums auf unsere Vorstellung von Wert und Würde des Menschen, in Klaus Berger, David Jaffin und Walter Dietz (Hg.). Mehr als man glaubt. Christliche Fundamente in Recht, Wirtschaft und Gesellschaft. Gräfelfing: Resch.

Dunn, Ronald 1996. Wenn Gott schweigt. Lahr: Verlag der St. Johannis Druckerei.

Egelkraut, Helmuth 2012. Das Alte Testament. Entstehung – Geschichte – Botschaft. 5., völlig neubearbeitete Auflage. Gießen: Brunnen.

Engels, Eve-Marie 2016. Charles Darwins geheimnisvolle Revolution, in Astrid Schwarz und Alfred Nordmann (Hg.). Das bunte Gewand der Theorie. Vierzehn Begegnungen mit philosophierenden Forschern. Freiburg: Karl Alber.

Feinberg, Charles L. 1986. Jeremiah, in Frank E. Gaebelein (Hg.). The Expositor's Bible Commentary. Band 6. Grand Rapids: Zondervan.

Flaig, Egon 2009. Weltgeschichte der Sklaverei. München: C. H. Beck.

Flasch, Kurt 2013. Warum ich kein Christ bin. Bericht und Argumentation. München: C. H. Beck.

Girard, René 2008. Die moderne Sorge um die Opfer, in: Ich sah den Satan vom Himmel fallen wie einen Blitz. Eine kritische Apologie des Christentums. Berlin: Verlag der Weltreligionen (Suhrkamp).

Grudem, Wayne 1994. Systematic Theology. Grand Rapids: Zondervan.

Hardmeier, Roland 2013. Himmelstöchter! Warum die Stärke der Frau in der Kirche gebraucht wird. Und warum das biblisch ist. Basel: Brunnen.

Hardmeier, Roland 2016. Der Triumph des Königs. Die große Story der Bibel von Genesis bis Offenbarung. Studienreihe IGW. München: GRIN.

Hardmeier, Roland 2020. Die Stadt des Königs. Eine biblische Theologie der Hoffnung. Studienreihe IGW. München: GRIN.

Heiner, Wolfgang 1989. Bekannte Lieder – wie sie entstanden. Neuhausen-Stuttgart: Hänssler.

Hengel, Martin und Anna Maria Schwemer 2007. Jesus und das Judentum. Geschichte des frühen Christentums. Band 1. Tübingen: Mohr Siebeck.

Herrmann, Axel 2009. Idee der Menschenrechte. Bundeszentrale für politische Bildung. www.bpb.de vom 30. Oktober 2015.

Heun, Werner 2012. Die Einflüsse der Stoa auf die Entwicklung von Menschenwürde und Menschenrechten bis zum Ende des 18. Jahrhunderts, in Armut – Arbeit – Menschenwürde. Die Euböische Rede des Dion von Prusa. Tübingen: Mohr Siebeck.

Hinck, Valeria 2003. Hiob: Wenn Gottesbilder zerbrechen. www.zwischenraum.net vom 9. November 2020.

Hitchens, Christopher 2007. Der Herr ist kein Hirte. Wie Religion die Welt vergiftet. 6. Taschenbuchauflage 2009. München: Wilhelm Heyne.

Hughes, Philip E. 1962. The Second Epistle to the Corinthians, in F. F. Bruce (Hg.). The New International Commentary on the New Testament. Grand Rapids: Eerdmans.

Keller, Timothy 2015. Gott im Leid begegnen. Gießen: Brunnen.

Küng, Hans 2003. Das Christentum. Die religiöse Situation unserer Zeit. München und Zürich: Piper.

Kushner, Harold S. 1981. Wenn guten Menschen Böses widerfährt. 10., völlig überarbeitete Auflage 2010. Gütersloh: Gütersloher Verlagshaus.

Lang, Bernhard 2003. Himmel und Hölle. Jenseitsglaube von der Antike bis heute. München: C. H. Beck.

Lauster, Jörg 2015. Die Verzauberung der Welt. Eine Kulturgeschichte des Christentums. München: C. H. Beck.

Lewis, Clive S. 1960. Was man Liebe nennt. Zuneigung, Freundschaft, Eros, Agape. 5. Taschenbuchauflage 1995. Basel und Gießen: Brunnen.

Lewis, Clive S. 1977. Pardon, ich bin Christ. Meine Argumente für den Glauben. Basel: Brunnen.

Lewis, Clive S. 1982. Der innere Ring und andere Essays. 2. Taschenbuchauflage 1992. Basel und Gießen: Brunnen.

Lewis, Clive S. 1988. Über den Schmerz. Basel und Gießen: Brunnen.

Loichinger, Alexander und Armin Kreiner 2010. Theodizee in den Weltreligionen. Paderborn: Ferdinand Schöningh.

MacDonald, Gordon 1995. Du machst mich stark. Wie unser Glaube widerstandsfähig wird. Wuppertal: Brockhaus.

Maier, Paul L. 1982. Pontius Pilatus. Wuppertal: Brockhaus.

Mandela, Nelson 1997. Der lange Weg zur Freiheit. Autobiographie. Frankfurt am Main: Fischer.

Mangalwadi, Vishal 2014. Das Buch der Mitte. Wie wir wurden, was wir sind: Die Bibel als Herzstück der westlichen Kultur. Basel: Fontis.

Manning, Brennan 2002. Verwegenes Vertrauen. Ergreifen, was Gott uns schenkt. Wuppertal: Brockhaus.

Moltmann, Jürgen 1986. Trinität und Reich Gottes. Gütersloh: Gütersloher Verlagshaus.

Moltmann, Jürgen 2000. Der gekreuzigte Gott. Das Kreuz Christi als Grund und Kritik christlicher Theologie. Gütersloh: Gütersloher Verlagshaus, Reihe: Kaiser Taschenbücher.

Niemetz, Daniel 2022. Die Völkerschlacht bei Leipzig – Vorgeschichte, Verlauf, Folgen. www.mdr.de vom 3. November 2022.

Noller, Jörg 2017. Theorien des Bösen zur Einführung. Hamburg: Junius.

Packer J. I. 1997. Heiligkeit. Wuppertal: One Way.

Pechmann, Ralph 2015. Tätermoral und Opferdenken. Einführung in die Opferthematik bei René Girard. Deutsches Institut für Jugend und Gesellschaft. www.dijg.de vom 16. Oktober 2015.

Peterson, Eugene 2002. Wer den Himmel sucht, muss die Erde lieben. Gott im Alltag finden. Gießen: Brunnen.

Peterson, Eugene 2003. Mit den Pferden laufen. Verlockung zu einem leidenschaftlichen Leben. Gießen: Brunnen.

Plüss, Mathias 2020. Das Warten. «Tages Anzeiger»-Magazin Nr. 16 vom 28. April 2020.

Roloff, Eckart 2019. Luthers Krankheiten. «Ich leide, was ich kann». Frankfurter Rundschau. www.fr.de vom 8. Januar 2019.

Russell, Bertrand 1994 [1927]. Warum ich kein Christ bin. Letztmals als Rowohlt-Taschenbuch erschienen (vergriffen).

Schnädelbach, Herbert 2000. Der Fluch des Christentums. Die sieben Geburtsfehler einer alt gewordenen Weltreligion. Eine kulturelle Bilanz nach zweitausend Jahren. «Die Zeit» Nr. 20/2000.

Schuchardt, Erika 2003. Krisen-Management und Integration. Band 1: Biographische Erfahrung und wissenschaftliche Theorie. 8., überarbeitete und erweiterte Auflage 2003. Bielefeld: Bertelsmann.

Slaughter, Frank G. 2000. König David. Moers: Brendow.

Smick, Elmer B. 1998. Job, in Frank E. Gaebelein (Hg.). The Expositor's Bible Commentary. Band 4. Grand Rapids: Zondervan.

Stamm, Hugo 2010. Hiob: Wenn Gott mit dem Teufel wettet. Blog «Tages Anzeiger» vom 6. September 2010.

Stoll, Claus-Dieter 1990. Die Klagelieder. Wuppertaler Studienbibel. Gerhard Maier und Adolf Pohl (Hg.). Wuppertal: Brockhaus.

Stott, John R. W. 2000. Die Botschaft der Apostelgeschichte. Ein exegetisch-homiletischer Kommentar. Holzgerlingen: Hänssler.

Von Rad, Gerhard 1975. Theologie des Alten Testaments. Band 2. Die Theologie der prophetischen Überlieferungen Israels. Gütersloh: Gütersloher Verlagshaus, Edition Chr. Kaiser.

Von Stosch, Klaus 2013. Theodizee. Paderborn: Ferdinand Schöningh.

Weber, Beat 2010. Werkbuch Psalmen III. Theologie und Spiritualität des Psalters und seiner Psalmen. Stuttgart: Kohlhammer.

Wiesel, Eli 1958. Die Nacht. Erinnerung und Zeugnis. Neuausgabe 2008. Freiburg, Basel und Wien: Herder.

Wilcock, Michael 1975. The Message of Revelation. The Bible Speaks Today. Hg. John R. W. Stott. Leicester: InterVarsity.

Wolff, Hans Walter 1990 [1973]. Anthropologie des Alten Testaments. Gütersloh: Gütersloher Verlagshaus.

Wright, Tom 2011. Von Hoffnung überrascht. Was die Bibel zu Auferstehung und ewigem Leben sagt. Neukirchen-Vluyn: Neukirchener Verlagsgesellschaft.

Yancey, Philip 1990. Von Gott enttäuscht. Durch Leiden an Gott in der Liebe zu ihm wachsen. Metzingen: Ernst Franz.

Yancey, Philip 2001. Sehnsucht nach dem unsichtbaren Gott. Aßlar: Gerth Medien.

Yancey, Philip 2002. Wo ist Gott in meinem Leid? Aßlar: Gerth Medien.

Yancey, Philip 2007. Beten. Wuppertal: Brockhaus.

Zenger, Erich 1994. Ich will die Morgenröte wecken. Freiburg: Herder.

Zimmermann, Karl 1949. Jeremia. Zürich: Beer & Cie.

Anmerkungen

[1] Yancey, Wo ist Gott in meinem Leid?, 76.

[2] Russell, Warum ich kein Christ bin. Vortrag vom 6. März 1927 vor der National Secular Society in London.

[3] Loichinger und Kreiner, Theodizee in den Weltreligionen, 10.

[4] Moltmann, Trinität und Reich Gottes, 55.

[5] Wiesel, Die Nacht, 54–55.

[6] Wiesel, Die Nacht, 56.

[7] Wiesel, Die Nacht, 59.

[8] Wiesel, Die Nacht, 152–153.

[9] Wiesel, Die Nacht, 157.

[10] Wiesel, Die Nacht, 70.

[11] Wiesel, Die Nacht, 94–95.

[12] Wiesel, Die Nacht, 96.

[13] Wiesel, Die Nacht, 96–97.

[14] Wiesel, Die Nacht, 98.

[15] Wiesel, Die Nacht, 11–12.

[16] Von Stosch, Theodizee, 40 ff.

[17] Von Stosch, Theodizee, 41.

[18] Von Stosch, Theodizee, 42.

[19] Vgl. für das Folgende Loichinger und Kreiner, Theodizee in den Weltreligionen, 43 ff.

[20] Loichinger und Kreiner (Theodizee in den Weltreligionen, 45–46) stellen Grundvoraussetzungen der Prozesstheologie verständlich dar. Sie weisen darauf hin, dass nach Auffassung der Prozesstheologie die Materie unabhängig von Gott die Fähigkeit zur Selbstorganisation besitzt. Damit «distanziert sich die Prozesstheologie bewusst von der klassischen Metaphysik, wonach die Wirklichkeit nach ewigen Wesensformen (Platon) konstituiert ist, die nach christlicher Vorstellung den ewigen Schöpfungsideen Gottes entsprechen (Augustinus, Thomas v. Aquin). In bewusster Kritik dieser starren Seinsontologie betont man: Es gibt keinen solchen einzigen ewigen, a priori feststehenden Bauplan der Wirklichkeit, der einmal realisiert werden wird. Vielmehr besitzt die Wirklichkeit unendlich viele Varianten möglicher Realisierungen. Darin besteht das Spiel der Evolution. Und darin besteht auch das Abenteuer der göttlichen Ideen, mit denen Gott in den Weltprozess eingreifen, aber eben

nicht definitiv über ihn verfügen kann – mit der Konsequenz, dass Gott immer das Risiko eingeht, dass die Dinge plötzlich eine evolutive Eigendynamik und Richtung einschlagen, die er weder direkt beabsichtigt hat noch direkt steuern kann. Der prozesstheologische Gott nimmt daher eine völlig andere schöpfungstheologische Rolle im evolutiv-kreativen Weltprozess ein als im traditionellen Glauben. Er kann weder über die von ihm in Gang gesetzten Evolutionsprozesse frei walten noch deren ‹guten› Ausgang garantieren. Denn er kann seinen Willen nicht direkt durchführen. Er kann nichts kraft göttlicher Allmacht verfügen. So klingt zumindest die negative Seite der prozesstheologischen Streichung des Allmachtsprädikats. Ihre positive Seite freilich lässt Gottes eigentliches Wesen und Wirken aufscheinen. Danach fungiert Gott als ‹Poet der Welt›, wie Whitehead an berühmter Stelle sagt. Gott beeinflusst den Weltprozess durch ‹überredende› (persuasive) Verursachung. Genauer: Er lenkt ihn durch seine unendliche Liebe, durch seine fortwährende Geduld und Fürsorge in die richtige Richtung. Gott oktroyiert der Welt nicht eine Ordnung auf, sondern sein Ziel ist es, den kreativen Weltprozess in Richtung auf die Entwicklung von Wertvollem, Gutem und Schönem zu lenken. Auf diese Weise wirkt Gott heilbringend und erlösend. Denn Gott wählt innerhalb der spontanen Aktivität der Welt aus. Der kreativ-evolutiven Aktivität des Weltprozesses steht Gottes wertende Aktivität gegenüber.»

21 Kushner, Wenn guten Menschen Böses widerfährt, 10.

22 Kushner, Wenn guten Menschen Böses widerfährt, 10–11 (meine verkürzte Zitierweise).

23 Kushner, Wenn guten Menschen Böses widerfährt, 57.

24 Kushner, Wenn guten Menschen Böses widerfährt, 57.

25 Leibniz, Die Theodizee, I, 21; von Stosch, Theodizee, 8; Noller, Theorien des Bösen, 12–13.

26 Noller, Theorien des Bösen, 12.

27 Luther-Übersetzung 2017.

28 Loichinger und Kreiner, Theodizee in den Weltreligionen, 47–48.

29 Nach von Stosch, Theodizee, 18 ff.

30 Ich folge mit dieser Darstellung Klaus von Stosch, Theodizee, 18 ff.

31 Von Stosch, Theodizee, 19 ff.

32 Yancey, Wo ist Gott in meinem Leid?, 13 ff.

33 Yancey, Wo ist Gott in meinem Leid?, 16.

34 Von Stosch, Theodizee, 23 f.

35 Yancey, Wo ist Gott in meinem Leid?, 15.

36 Yancey, Wo ist Gott in meinem Leid?, 15.

37 Von Stosch, Theodizee, 24.

38 Augustin, On the Sacraments of the Christian Faith, 2,18,2.

[39] Lang, Himmel und Hölle, 57–58.
[40] Vgl. von Stosch, Theodizee, 24 f.
[41] Von Stosch, Theodizee, 27.
[42] Loichinger und Kreiner, Theodizee in den Weltreligionen, 136.
[43] Neue Genfer Übersetzung 2011.
[44] Keller, Gott im Leid begegnen, 118.
[45] Keller, Gott im Leid begegnen, 118.
[46] Keller, Gott im Leid begegnen, 118.
[47] Keller, Gott im Leid begegnen, 53.
[48] Dalheim, Die Welt zur Zeit Jesu, 318.
[49] Dalheim, Die Welt zur Zeit Jesu, 316.
[50] Loichinger und Kreiner, Theodizee in den Weltreligionen, 226 ff für das und das Folgende.
[51] Brihadaranyaka-Upanishad 4.4.5.
[52] Loichinger und Kreiner, Theodizee in den Weltreligionen, 227.
[53] Zitiert in Loichinger und Kreiner, Theodizee in den Weltreligionen, 227.
[54] Hiriyanna, The Essentials of Indian Philosophy, 48. Zitiert in Loichinger und Kreiner, Theodizee in den Weltreligionen, 234.
[55] Das Folgende nach Mangalwadi, Das Buch der Mitte, 98 ff.
[56] Mangalwadi, Das Buch der Mitte, 103–104.
[57] Ich folge in diesem Abschnitt im Wesentlichen Loichinger und Kreiner, Theodizee in den Weltreligionen, 243 ff.
[58] Loichinger und Kreiner, Theodizee in den Weltreligionen, 243–244.
[59] Mangalwadi, Das Buch der Mitte, 123.
[60] Ich beziehe mich in diesem Abschnitt auf das Frühjudentum nach dem babylonischen Exil einschließlich des vorexilischen Glaubens Israels. Die beiden Perioden können nicht streng voneinander getrennt behandelt werden, weil viele alttestamentliche Texte, die sich mit dem Leiden befassen, vorexilischen Ursprung haben und die Endredaktion der Texte im nachexilischen Frühjudentum liegen dürfte.
[61] Meine Übersetzung.
[62] Yancey, Wo ist Gott in meinem Leid?, 7–8.
[63] Yancey, Wo ist Gott in meinem Leid?, 8.
[64] Yancey, Wo ist Gott in meinem Leid?, 8.
[65] Ich beziehe mich auf den Artikel in der Frankfurter Rundschau «Ich leide, was ich kann» von Eckhart Roloff vom 8.1.2019 auf www.fr.de, der Neumanns Buch bespricht.
[66] Newton, Letters, 179 f. Zitiert und übersetzt in Keller, Gott im Leid begegnen, 326.
[67] Kolakowski, Falls es keinen Gott gibt, 16. Zitiert in Stosch, Theodizee, 57.

[68] Busche, Leibniz' Theodizee, 12.

[69] Leibniz, Essais de Théodicée II. Par 129. Zitiert und übersetzt in Busche, Leibniz' Theodizee, 12.

[70] Nietzsche, Die fröhliche Wissenschaft (Drittes Buch, Der tolle Mensch): Habt ihr nicht von jenem tollen Menschen gehört, der am hellen Vormittage eine Laterne anzündete, auf den Markt lief und unaufhörlich schrie: «Ich suche Gott! Ich suche Gott!» – Da dort gerade viele von denen zusammenstanden, welche nicht an Gott glaubten, so erregte er ein großes Gelächter. Ist er denn verlorengegangen? sagte der eine. Hat er sich verlaufen wie ein Kind? sagte der andere. Oder hält er sich versteckt? Fürchtet er sich vor uns? Ist er zu Schiff gegangen? ausgewandert? – so schrien und lachten sie durcheinander. Der tolle Mensch sprang mitten unter sie und durchbohrte sie mit seinen Blicken. «Wohin ist Gott?» rief er, «ich will es euch sagen! Wir haben ihn getötet – ihr und ich! Wir alle sind seine Mörder! Aber wie haben wir dies gemacht? Wie vermochten wir das Meer auszutrinken? Wer gab uns den Schwamm, um den ganzen Horizont wegzuwischen? Was taten wir, als wir diese Erde von ihrer Sonne losketteten? Wohin bewegt sie sich nun? Wohin bewegen wir uns? Fort von allen Sonnen? Stürzen wir nicht fortwährend? Und rückwärts, seitwärts, vorwärts, nach allen Seiten? Gibt es noch ein Oben und ein Unten? Irren wir nicht wie durch ein unendliches Nichts? Haucht uns nicht der leere Raum an? Ist es nicht kälter geworden? Kommt nicht immerfort die Nacht und mehr Nacht? Müssen nicht Laternen am Vormittage angezündet werden? Hören wir noch nichts von dem Lärm der Totengräber, welche Gott begraben? Riechen wir noch nichts von der göttlichen Verwesung? – auch Götter verwesen! Gott ist tot! Gott bleibt tot! Und wir haben ihn getötet! Wie trösten wir uns, die Mörder aller Mörder? Das Heiligste und Mächtigste, was die Welt bisher besaß, es ist unter unsern Messern verblutet – wer wischt dies Blut von uns ab? Mit welchem Wasser könnten wir uns reinigen? Welche Sühnefeiern, welche heiligen Spiele werden wir erfinden müssen? Ist nicht die Größe dieser Tat zu groß für uns? Müssen wir nicht selber zu Göttern werden, um nur ihrer würdig zu erscheinen? Es gab nie eine größere Tat – und wer nur immer nach uns geboren wird, gehört um dieser Tat willen in eine höhere Geschichte, als alle Geschichte bisher war!» – Hier schwieg der tolle Mensch und sah wieder seine Zuhörer an: auch sie schwiegen und blickten befremdet auf ihn. Endlich warf er seine Laterne auf den Boden, daß sie in Stücke sprang und erlosch. «Ich komme zu früh», sagte er dann, «ich bin noch nicht an der Zeit. Dies ungeheure Ereignis ist noch unterwegs und wandert – es ist noch nicht bis zu den Ohren der Menschen gedrungen. Blitz und Donner brauchen Zeit, das Licht der Gestirne braucht Zeit, Taten brauchen Zeit, auch nachdem sie getan sind, um gesehn und gehört zu werden. Diese Tat ist ihnen immer

noch ferner als die fernsten Gestirne – und doch haben sie dieselbe getan!» – Man erzählt noch, daß der tolle Mensch desselbigen Tages in verschiedene Kirchen eingedrungen sei und darin sein Requiem aeternam deo angestimmt habe. Hinausgeführt und zur Rede gesetzt, habe er immer nur dies entgegnet: «Was sind denn diese Kirchen noch, wenn sie nicht die Grüfte und Grabmäler Gottes sind?»

71 Übersetzt in Breidert, Die Erschütterung der vollkommenen Welt, 68.

72 Küng, Das Christentum, 765.

73 Lauster, Die Verzauberung der Welt, 558.

74 Flasch, Warum ich kein Christ bin, 11.

75 Flasch, Warum ich kein Christ bin, 173. Flasch argumentiert wie folgt: Erstens habe die Kirche in ihrer langen Geschichte behauptet, das Schlechte sei unwirklich. Flasch argumentiert nachvollziehbar, dass das philosophisch und praktisch nicht überzeugt. Christliche Denker wie Thomas von Aquin behaupteten zweitens, dass die Unordnung und das Böse auf der Erde einen guten Naturbestand voraussetze, und Augustin habe das Schlechte mit dem Argument zu rechtfertigen versucht, Gott als der große Künstler habe sein Werk mit starken Kontrasten ausgestattet. Dieses Argument instrumentalisiere «Krebsleiden und Tsunami-Opfer zu reizvollen Flecken auf dem kontrastreichen Gemälde der Welt», was unannehmbar sei. Dass die Erbsünde den Menschen aus dem Paradies vertrieben habe, wie Augustin betonte, könne drittens nicht überzeugend dazu verwendet werden, Gott davon zu entlasten, dass es Elend in der Welt gibt. Der Blick auf das Jenseits, das nach dem Leiden unvergleichliche Herrlichkeit verspreche, sei viertens nicht angebracht, weil damit bloß auf eine jenseitige Welt vertröstet werde. Das Argument, das Leiden in der Welt werde dadurch gelöst, dass Gott mit uns leide, sei fünftens untauglich, weil unser Leiden durch das Mitleiden eines anderen nicht erträglicher werde. Sechstens spreche es dem Menschen die Urteilskraft ab, wenn die Bibel sage, der Mensch vermöge nicht über die Werke des Allmächtigen zu befinden.

76 Flasch, Warum ich kein Christ bin, 179.

77 Dawkins, Und es entsprang ein Fluss in Eden, 151.

78 Lauster, Die Verzauberung der Welt, 562. Siehe im Weiteren zu Darwin Engels, Charles Darwins geheimnisvolle Revolution, 154 ff.

79 Hitchens, Der Herr ist kein Hirte, 30–31.

80 Hitchens, Der Herr ist kein Hirte, 31–32.

81 Von Stosch, Theodizee, 65.

82 Das Folgende nach von Stosch, Theodizee, 115 ff.

83 Rahner, Politische Dimension des Christentums, 96. Zitiert in von Stosch, Theodizee, 117.

[84] Tertullian, Apologie 39,1 ff.
[85] Keller, Gott im Leid begegnen, 33.
[86] Ich wandle hier das berühmte Zitat «Der erste Trunk aus dem Becher der Naturwissenschaft macht atheistisch, aber auf dem Grund des Bechers wartet Gott» des deutschen Physikers und Nobelpreisträgers Werner Heisenberg (1901–1976) ab.
[87] Von lateinisch nihil (nichts).
[88] Camus, Der Nihilismus führt sich selbst ad absurdum, www.zeit.de (ohne Seitenangaben).
[89] Das Folgende verdanke ich weitgehend Keller, Gott im Leid begegnen, 34–35.
[90] Keller, Gott im Leid begegnen, 27.
[91] Für das Folgende vgl. Niemetz, Die Völkerschlacht bei Leipzig (ohne Seitenangaben); Heiner, Bekannte Lieder – wie sie entstanden, 263–264.
[92] Schuchardt, Krisen-Management und Integration. Band 1: Biographische Erfahrung und wissenschaftliche Theorie. 8. überarbeitete und erweiterte Auflage 2003.
[93] Schuchardt, Krisen-Management, 143–145 für die folgenden Phasen, die ich in bearbeiteter Form wiedergebe und mit eigenen Erfahrungen ergänze.
[94] Schuchardt, Krisen-Management, 145.
[95] Meine Übersetzung.
[96] Gute Nachricht Bibel 2018.
[97] Meine Übersetzung.
[98] Meine Übersetzung.
[99] Wolff, Anthropologie des Alten Testaments, 190.
[100] Schuchardt, Krisen-Management, 148.
[101] Gute Nachricht Bibel 2018.
[102] Schuchardt, Krisen-Management, 149.
[103] Schuchardt, Krisen-Management, 151.
[104] Schuchardt, Krisen-Management, 152.
[105] Schuchardt, Krisen-Management, 152.
[106] Schuchardt, Krisen-Management, 150.
[107] Schuchardt, Krisen-Management, 150.
[108] Hinck, Hiob: Wenn Gottesbilder zerbrechen (ohne Seitenangaben).
[109] Einheitsübersetzung 2016 mit veränderter Schreibweise des Namens (Hiob statt Ijob) im ganzen Kapitel.
[110] Hinck, Hiob: Wenn Gottesbilder zerbrechen (ohne Seitenangaben).
[111] Auch hier weichen die Meinungen erheblich voneinander ab. Einige der alten Rabbiner waren der Meinung, es sei in der Zeit der Glaubensväter Israels geschrieben worden. Andere datieren es so spät wie das babylonische Exil. Diese Abweichung könnte damit zu tun haben, dass altes Quellenmaterial

verarbeitet wurde, das Spuren einer sehr frühen Zeit aufweist, und dass die Endredaktion relativ spät vorgenommen wurde.

[112] Es handelt sich um den Text «Ludlul Bel Nemeqi» («Preisen will ich den Herrn der Weisheit»). Der Text wurde im 13. Jahrhundert v. Chr. verfasst und ist 300 Jahre älter als das Buch Hiob. Von diesem Text, der als eine der bedeutendsten babylonischen Dichtungen gilt, gibt es mehrere Abschriften auf Tontafeln. Eine davon ist im Louvre in Paris ausgestellt, dem meistbesuchten Museum der Welt. «Ludlul Bel Nemeqi» ist der Monolog eines Leidenden, der eine Hiobserfahrung macht. Der Text beginnt mit den Worten: «Preisen will ich den Herrn der Weisheit.» Gemeint ist Marduk, der oberste babylonische Gott. Der Leidende lobt Marduk nicht nur, er klagt auch wie Hiob. Auf der ersten Tafel heißt es: «Mein Gott hat mich verlassen und ist entschwunden, meine Göttin hat mich aufgegeben und hält sich fern. Mein Schutzgeist, der mir zur Seite ging, wandte sich ab. Mein behüteter Dämon entwich und kümmerte sich um einen anderen. Meine Würde schwand, mein Äußeres wurde düster, mein Stolz zerrann, mein Schutz verging» (Ludluls Bel Nemqi, Tafel I, 43–56). Wegen der Ähnlichkeit mit dem Buch Hiob ist der Leidende aus «Ludlul Bel Nemeqi» als babylonischer Hiob in die Geschichte eingegangen. Er klagt, Gott habe ihn grundlos verlassen und seine Verwandten hätten sich von ihm abgewandt. Er berichtet, wie Marduk ihm durch Träume Rettung angekündigt hat und ihn aus seiner Not befreit.

[113] Bräumer, Das Buch Hiob, Kapitel 1–19, 62 f.

[114] Bräumer, Das Buch Hiob, Kapitel 1–19, 68.

[115] Bräumer, Das Buch Hiob, Kapitel 1–19, 69.

[116] Meine Übersetzung.

[117] Bräumer, Das Buch Hiob, Kapitel 1–19, 80.

[118] Im «Testament des Hiob», einer erzählerischen Nachdichtung der Hiobsgeschichte, die nicht zur Bibel gehört, wird der Schmerz von Hiobs Frau berücksichtigt. Ausführlich wird beschrieben, wie die Menschen sie begaffen und sie die Schande des Bettelns auf sich nehmen muss (Bräumer, Das Buch Hiob, Kapitel 1–19, 79).

[119] Bräumer, Das Buch Hiob, Kapitel 1–19, 80.

[120] Bräumer, Das Buch Hiob, Kapitel 1–19, 81–82.

[121] Neue evangelistische Übersetzung.

[122] Bräumer, Das Buch Hiob, Kapitel 1–19, 86.

[123] Bräumer, Das Buch Hiob, Kapitel 1–19, 87–88.

[124] Gute Nachricht Bibel 1991 für alle Hiobtexte in diesem Abschnitt.

[125] Gute Nachricht Bibel 1991 für alle folgenden Hiobtexte in diesem Abschnitt.

[126] Gute Nachricht Bibel 2018.

[127] Gute Nachricht Bibel 2018.

[128] Luther-Übersetzung 2017.

[129] Solipsismus bezeichnet in der Philosophie die These, dass nur das eigene Ich existiert. In ethischer Hinsicht bezeichnet es Selbstsucht und Egoismus.

[130] Von Stosch, Theodizee, 30.

[131] Von Stosch, Theodizee, 55.

[132] Von Stosch, Theodizee, 94.

[133] Von Stosch, Theodizee, 29.

[134] Von Stosch, Theodizee, 88.

[135] Von Stosch, Theodizee, 89.

[136] Von Stosch, Theodizee, 90–91.

[137] Gute Nachricht Bibel 1991 für alle Hiobtexte in diesem Abschnitt.

[138] Meine verkürzte Zitierweise der Stelle.

[139] Smick, Job, The Expositor's Bible Commentary, 888.

[140] Für Hugo Stamm (Wenn Gott mit dem Teufel wettet, ohne Seitenangaben), ist das «grausame Spiel», das Gott mit Hiob treibt, Ausdruck eines «pathologischen» Gottesbildes.

[141] Peterson, Mit den Pferden laufen, 19.

[142] Zimmermann, Jeremia, 41.

[143] Von Rad, Theologie des Alten Testaments, Band 2, 25.

[144] Zum Gedanken der Anklage, die Jeremia vorbringt, siehe Egelkraut, Das Alte Testament, 907.

[145] Zimmermann, Jeremia, 72–73.

[146] Das «Dickicht des Jordan» bezieht sich aller Wahrscheinlichkeit nach auf den Frühling, wenn der Jordan über die Ufer ging und die Raubtiere aus dem Dickicht vor den Fluten flohen. In dieser Zeit sollte man sich besser nicht in der Nähe des Jordans aufhalten, dessen Lauf damals wohl recht bewaldet war, um nicht Raubtieren wie Löwen und Bären in die Fänge zu laufen. Vgl. Feinberg, Jeremia, The Expositor's Bible Commentary, 458.

[147] Peterson, Mit den Pferden laufen, 18–19.

[148] Peterson, Mit den Pferden laufen, 19.

[149] Peterson, Mit den Pferden laufen, 23.

[150] Peterson, Mit den Pferden laufen, 106.

[151] Egelkraut, Das Alte Testament, 915 ff.

[152] Feinberg, Jeremia, The Expositor's Bible Commentary, 502; vgl. Craigie, Kelley und Drinkard, Jeremia 1–25, Word Biblical Commentary, 273.

[153] Peterson, Mit den Pferden laufen, 117.

[154] Meine Paraphrasierung der Botschaft Jeremias, wie Jer 27,11 sie darstellt.

[155] Zimmermann, Jeremia, 104–105.

[156] Zimmermann, Jeremia, 105.

[157] Die Situation wird von Zimmermann, Jeremia, 124 ff., anschaulich beschrieben.

[158] Peterson, Mit den Pferden laufen, 206.

[159] Die jüdische und die christliche Tradition schreiben die Klagelieder Jeremia zu. Zweifellos war Jeremia in der Lage, dieses poetische Juwel zu verfassen. Seine Empfindsamkeit, sein literarisches Können und das Miterleben der ganzen Geschichte, die zum Fall Jerusalems führte, sind ein starkes Indiz dafür. In der Septuaginta, der griechischen Übersetzung des Alten Testaments aus dem 3. Jahrhundert v. Chr., heißt es zu Klagelieder 1,1: «Und es geschah, nachdem Israel in die Gefangenschaft geführt und Jerusalem verwüstet worden war, setzte sich Jeremia weinend nieder und stimmte dieses Klagelied auf Jerusalem an.» Näheres bei Egelkraut, Das Alte Testament, 958 f.

[160] Kapitel 1–4 sind akrostisch. Kapitel 1–2 haben je 22 Verse, Kapitel 3 hat dreimal 22 Verse (immer drei Verse beginnen mit dem gleichen Buchstaben), Kapitel 4 wieder 22 Verse. Kapitel 5 hat ebenfalls 22 Verse, ist aber nicht von der Akrostik geprägt. Der Hauptgrund für die Verwendung der Akrostik, die sich auch in einigen Psalmen findet, liegt darin, dass sie eine Gedächtnishilfe zum Auswendiglernen ist.

[161] Luther-Übersetzung. Gottes Güte ist wörtlich Gottes «Gnadenerweise». Das hebräische Wort «chesed», das hier im Plural steht und über 200 Mal im Alten Testament vorkommt, trägt die Bedeutung von Gnade, Güte, Huld, Zuwendung in sich. Vgl. Stoll, Die Klagelieder, Wuppertaler Studienbibel, 104.

[162] Yancey, Von Gott enttäuscht, 179.

[163] Meine verkürzte Zitierweise der Stelle.

[164] Peterson, Mit den Pferden laufen, 210.

[165] Peterson, Mit den Pferden laufen, 211.

[166] Der Gedanke des Bundes und seines Bruchs gehört zu den zentralen theologischen Gedanken des Jeremiabuches. Israel hat den Bund vom Sinai gebrochen und total versagt. Aber Gott wird einen «neuen Bund» mit dem Volk machen und ihnen die Sünden vergeben (Jer 31,31–34). Dieser neue Bund wird durch Jesus Christus in Kraft gesetzt (Mt 26,28). Näheres bei Egelkraut, Das Alte Testament, 941 ff.

[167] Zur Wüstenerfahrung des Mose siehe Ex 2,15ff; zu Elia siehe 1Kö 19,1ff; zu Paulus siehe Gal 1,17–18; Apg 9,23a.

[168] www.youtube.com. Zugriff vom 2.12.2020. University of Texas at Austin 2014 Commencement Address.

[169] Peterson, Wer den Himmel sucht, muss die Erde lieben, 55.

[170] Meine verkürzte Zitierweise der Stelle.

[171] Packer, Heiligkeit, 368.

[172] Packer, Heiligkeit, 366.

173 Slaughter, König David, 464–465.
174 Slaughter, König David, 464 ff.
175 Nabal bedeutet «Tor», «Dummkopf».
176 Peterson, Wer den Himmel sucht, muss die Erde lieben, 104.
177 Meine um erklärende Worte in Klammern erweiterte Übersetzung.
178 Meine verkürzte Zitierweise der Stelle.
179 Meine verkürzte Zitierweise der Stelle.
180 Elberfelder Übersetzung.
181 Meine verkürzte Zitierweise der Stelle.
182 Luther, Kommentar zum Galaterbrief 1519, Erklärung zu Gal 6,1. Meine verkürzte Wiedergabe des Textes.
183 Quelle unbekannt.
184 So der deutsche Titel seines Buches über das Leben Davids. Der Titel der amerikanischen Originalausgabe lautet «Leap over a Wall. Earthy Spirituality for Everyday Christians». Der deutsche Titel weicht zwar erheblich vom Original ab, bringt Petersons Ansatz, das Leben Davids zu betrachten, aber sehr gut auf den Punkt.
185 Luther-Übersetzung 2017.
186 Luther-Übersetzung 2017.
187 Vgl. 2Kor 11,23; Apg 9,23; 16,23; 21,27; 28,16; Phil 1,13. Mindestens vier Gefängnisaufenthalte können nachgewiesen werden, auch die Mordanschläge dürften insgesamt noch wesentlicher häufiger gewesen sein.
188 Dem Verb, das Paulus in 2Kor 12,10 verwendet, entspricht das Substantiv «astheneia». Der Kranke ist der «asthenon». Das Wort kann in verschiedenen Zusammenhängen verwendet werden (z. B. 1Petr 3,7; 2Kor 10,10; Apg 20,35). In den Evangelien ist es praktisch gleichbedeutend mit «nosos» (Krankheit) und meint überwiegend körperliche Krankheit (Mt 10,8; Lk 13,11; Joh 4,46). In diesem Sinn wird es auch in Apg 9,37 verwendet.
189 Packer, Heiligkeit, 366.
190 Meine verkürzte Zitierweise der Stelle.
191 Die Kirchenväter Tertullian und Chrysostomos schreiben, man halte das Leiden des Paulus für Kopfweh oder Ohrenschmerzen. Der Kirchenvater Augustin hielt es für möglich, dass ein körperlicher Schmerz gemeint sei, glaubte aber, dass hinter dem Pfahl die Widersacher des Paulus auf seinen Missionsreisen zu sehen seien, die von Satan angestachelt wurden. In den katholischen Kommentaren des Mittelalters ging man im Allgemeinen davon aus, dass es sich beim Pfahl um fleischliche Versuchungen und unreine Gedanken handle. Andere Erklärungen gehen dahin, Paulus habe unter Epilepsie, Malaria, Gallensteinen, Rheuma oder Magenentzündungen gelitten. Viele dieser Erklärungen lassen sich aus dem Bibeltext nicht ableiten, sondern stellen

bloße Vermutungen dar. Eine Übersicht bietet Hughes, The Second Epistle to the Corinthians, The New International Commentary on the New Testament, 443 ff.

192 Neue Genfer Übersetzung.

193 Belege dafür finden sich in 1Kor 16,21 und Röm 16,22.

194 Elberfelder Übersetzung.

195 Meine Hinzufügung in Klammern.

196 Luther-Übersetzung 2017.

197 Vgl. Boice, Romans, Volume 2, The Reign of Grace, Romans 5–8, 903 ff.

198 Lewis, Was man Liebe nennt, 73.

199 MacDonald, Du machst mich stark, 238.

200 Vgl. Lewis, Was man Liebe nennt, 82.

201 MacDonald, Du machst mich stark, 253.

202 Aus den Briefen des Paulus und aus der Apostelgeschichte sind rund 70 Personen namentlich aufgeführt, mit denen Paulus zum Teil engeren Kontakt hatte.

203 Lewis, Was man Liebe nennt, 64.

204 In der Apostelgeschichte wird an den sogenannten «Wir-Abschnitten» deutlich, wann und wo Lukas mit dem Team unterwegs war. Die Abschnitte in der Wir-Form (Apg 16,10–17; 20,5–15; 21,1–8; 27,1.28,16) zeigen an, wo Lukas mit von der Partie war.

205 Das Wort «symbibazo», das in Apg 16,10 verwendet wird, bedeutet wörtlich «zusammenbringen», «vereinigen». Es bedeutet, dass aus einer Reihe von Tatsachen eine Schlussfolgerung gezogen wird. Die Luther-Übersetzung mit «gewiss» und die Einheitsübersetzung mit «überzeugt» geben diesen Sachverhalt zu wenig wieder. Genauere Übersetzung mit «indem wir daraus schlossen». Näheres bei Stott, Die Botschaft der Apostelgeschichte, 379.

206 Das Wort «prostatis», das Paulus in Röm 16,2 verwendet, bedeutet «Vorsteherin», «Leiterin» oder «Beschützerin». Vgl. Hardmeier, Himmelstöchter, 138 f.

207 Zum Namen «Junia» als Frauenname siehe Hardmeier, Himmelstöchter, 140 ff.

208 Moltmann, Der gekreuzigte Gott, 139.

209 Das Folgende nach Flaig, Weltgeschichte der Sklaverei, 61–62.

210 Hengel und Schwemer, Jesus und das Judentum, 610.

211 Darauf spielt Jesus in der Bergpredigt in Mt 5,41 an.

212 Matthäus vermerkt diesen Umstand ausdrücklich (Mt 27,31). Unter den Juden war Nacktheit verpönt, weshalb man darauf verzichtete, die Todeskandidaten völlig entblößt durch die Gassen der Stadt zu treiben.

213 Wahrscheinlich standen die schroff in den Himmel ragenden Stämme wäh-

rend Jahren dort, als beständiges Mahnmal an jene, die an einen Aufstand dachten. Sie wurden einige Jahre später entfernt, als der jüdische König Agrippa I. die Stadtmauer erweiterte, denn Kreuzigungen mussten außerhalb der Stadt erfolgen.

214 Die Römer kannten zwei Formen von Kreuzen: Die «crux commissa» glich dem Großbuchstaben T, die «crux immissa» der uns bekannten Form des Kreuzes. Da im Fall von Jesus der Titulus mit der Inschrift «Jesus von Nazaret, der König der Juden» oben am Kreuz angebrachte wurde (Joh 19,19), handelte es sich offenbar um die Form des uns bekannten Kreuzes. Wahrscheinlich war während der Prozession, in welcher Jesus den Querbalken zur Hinrichtungsstätte trug, der Titulus von einem Soldaten vorangetragen worden, um öffentlich zu machen, wessen Verbrechen Jesus schuldig war.

215 Dass Jesus nach sechs Stunden bereits tot war, war ungewöhnlich, vielleicht war die Geißelung besonders heftig gewesen, so dass er viel Blut verlor.

216 Beim römischen Anwalt und Schriftsteller Cicero heißt es: «Der Begriff ‹Kreuz› muss nicht nur dem Leibe römischer Bürger, sondern ihren Gedanken, ihren Augen, ihren Ohren fern sein» (Cicero, Pro Rabirio, 5,16).

217 Moltmann, Der gekreuzigte Gott, 256.

218 Das Folgende nach Moltmann, Der gekreuzigte Gott, 256 f.

219 Loichinger und Kreiner, Theodizee in den Weltreligionen, 121.

220 Moltmann, Der gekreuzigte Gott, 217.

221 Neues Leben Übersetzung.

222 Moltmann, Der gekreuzigte Gott, 138 ff.

223 Moltmann, Der gekreuzigte Gott, 230 ff., dem ich die Gedanken dieses Abschnitts verdanke.

224 Meine verkürzte Zitierweise beider Stellen.

225 Mangalwadi, Das Buch der Mitte, 108.

226 Vgl. Heun, Einflüsse der Stoa auf die Entwicklung von Menschenwürde und Menschenrechten bis zum Ende des 18. Jahrhunderts, 235 ff. Der italienische Renaissancedichter Petrarca war der erste Humanist, der die besondere Würde des Menschen zu einem Programm des Humanismus machte. Bezeichnenderweise entwickelte er sie von der Idee der Gottesebenbildlichkeit des Menschen aus (Lauster, Die Verzauberung der Welt, 246 ff.).

227 Demgegenüber wird oft behauptet, die Menschenrechte gründeten auf die Philosophie der vorchristlichen Stoa, die auf Zenon von Kition um 300 v. Chr. zurückgeht. Ihr Einfluss in der Antike war zwar beträchtlich, was ihr Beitrag zur Entwicklung der Menschenrechte betrifft, wird ihr Einfluss aber gerne überschätzt. Die Stoiker lehrten zwar die natürliche Gleichheit aller Menschen und erachteten die Sklaverei als widernatürlich. In dieser Hinsicht waren sie ihrer Zeit voraus. Dennoch veränderten sie die Verhältnisse nicht.

Sie glaubten, das Übel mit Leidenschaftslosigkeit, stoischer Ruhe eben, überwinden zu können (Herrmann, Idee der Menschenrechte, 1). Die Humanisten der Renaissance und die Verfechter des Menschenrechtsgedankens im 18. Jahrhundert bezogen sich darum kaum auf die Stoa (Heun, Einflüsse der Stoa auf die Entwicklung von Menschenwürde und Menschenrechten bis zum Ende des 18. Jahrhunderts, 236 ff.).

228 Aristoteles, Politik, I, 5, 1254b.

229 Herrmann, Idee der Menschenrechte, 1.

230 Dietz, Der Einfluss des Christentums auf unsere Vorstellung von Wert und Würde des Menschen, 65.

231 Dietz, Der Einfluss des Christentums auf unsere Vorstellung von Wert und Würde des Menschen, 68.

232 1Kor 11,1ff; 14,26ff; 1. Tim 3,11.

233 Artikel 1 der Resolution 217 A (III) der Generalversammlung der Vereinten Nationen, 10. Dezember 1948. In meine Darstellung der prozesshaften Überwindung gesellschaftlicher Übel ist die Bedeutung der Aufklärung, welche ab dem 18. Jahrhundert die Einführung der allgemeinen Menschenrechte forderte, nicht berücksichtigt. Es geht mir nicht darum, die Bedeutung dieses gewichtigen Faktors in Abrede zu stellen, der eine gesonderte Darstellung verlangen würde, um ihr gerecht zu werden. Ich möchte aber darauf hinweisen, dass die christliche Weltanschauung der Mutterboden war, der die Aufklärung erst möglich machte. Insofern sind soziale Errungenschaften, die der Aufklärung zu verdanken sind, durch die vorher bereits verankerte christliche Weltanschauung erst möglich geworden.

234 Girard, Die moderne Sorge um die Opfer, 1.

235 Maier, Pontius Pilatus, 246.

236 Mangalwadi, Das Buch der Mitte, 187.

237 Yancey, Sehnsucht nach dem unsichtbaren Gott, 155.

238 www.zeit.de/2005 (Zugriff vom 23. März 2018).

239 «Archaisch» wird in diesem Zusammenhang in seiner Grundbedeutung von «frühzeitlich» verwendet und bezieht sich, allgemein gesagt, auf die vorchristlichen Religionen des Altertums.

240 Mandela, Der lange Weg zur Freiheit, 697.

241 Dietrich, Halbgott wider Willen, 5.

242 Vgl. Pechmann, Tätermoral und Opferdenken, 2, der sich auf Girard bezieht.

243 Yancey, Sehnsucht nach dem unsichtbaren Gott, 155–156.

244 Lewis, Was man Liebe nennt, 11 (leicht verkürzte Zitierweise).

245 Loichinger und Kreiner, Theodizee in den Weltreligionen, 209.

246 Weber, Werkbuch Psalmen III, 214.

247 Luther, Vorrede zur Psalterauslegung 1528 (meine verkürzte Zitierweise).

[248] Dietrich Bonhoeffer, Werke, 8, 186.

[249] Zitiert in Zenger, Ich will die Morgenröte wecken, 11.

[250] Die fünf Psalmbücher (1–41; 42–72; 73–89; 90–106; 107–150), die den Psalter als Gesamtwerk ausmachen, sind daran erkennbar, dass jedes mit einem liturgischen Lob endet. Jedes Buch hat eigene Schwerpunkte. So besteht das erste Buch abgesehen vom Eingangsportal durchgehend aus Liedern von David. Das dritte Buch enthält ausschließlich Psalmen aus dem Umfeld des Tempels. Das fünfte Buch enthält als einziges eine Sammlung von Zionsliedern, die gesungen wurden, wenn man auf Pilgerfahrt nach Jerusalem war. Zur Struktur des Psalters und seiner Botschaft siehe Hardmeier, Der Triumph des Königs, 173 ff.

[251] Elberfelder Übersetzung.

[252] Englischer Originaltitel «Fiddler on the roof».

[253] Eine Ausnahme könnte Hannas Gebet sein (1Sam 1,9 ff.).

[254] Yancey, Sehnsucht nach dem unsichtbaren Gott, 21 (meine verkürzte Zitierweise der Stelle).

[255] Yancey, Sehnsucht nach dem unsichtbaren Gott, 55.

[256] Manning, Verwegenes Vertrauen, 64.

[257] Lewis, Der innere Ring und andere Essays, 67 ff. für das Folgende.

[258] Lewis, Der innere Ring und andere Essays, 67–68.

[259] Lewis, Der innere Ring und andere Essays, 69.

[260] Plüss, Das Warten, Tages-Anzeiger Magazin, Nr. 16, 28. April 2020,14–15, für die folgenden Ausführungen.

[261] Luther-Übersetzung 2017.

[262] Manning, Verwegenes Vertrauen, 16.

[263] Manning, Verwegenes Vertrauen, 16.

[264] Luther-Übersetzung 2017 für alle Zitate aus Jes 40 in diesem Abschnitt.

[265] Manning, Verwegenes Vertrauen, 13.

[266] Meine Übersetzung.

[267] Calvin, Institutio, I,16,1 ff.

[268] Genaue Quelle unbekannt. Ich zitiere nach Yancey, Wo ist Gott in meinem Leid?, 128. Möglicherweise ist das Gebet abgeleitet aus Pascal, Gedanken, 2. Teil: Gedanken, welche sich unmittelbar auf die Religion beziehen, 19. Abschnitt, Paragraf 13, Über den rechten Gebrauch der Krankheit: «Nimm denn von mir, Herr, die Traurigkeit, welche meine Selbstliebe in mir über meine eignen Leiden und über die Dinge der Welt, die nicht nach den Wünschen meines Herzens gelingen und die nicht zu deiner Ehre sind, erregen könnte, und flöße mir eine Traurigkeit ein, die der deinigen ähnlich sei. Möchten meine Leiden dazu dienen, Zorn zu mildern. Mache daraus eine Gelegenheit zu meinem Heil und zu meiner Bekehrung. Möge ich fortan nicht

Gesundheit und Leben wünschen als nur, um es anzuwenden und zu beschließen für dich, mit dir und in dir. Ich bitte dich weder um Gesundheit noch um Krankheit, weder um Leben noch um Tod, sondern daß du über meine Gesundheit und über meine Krankheit, über mein Leben und über meinen Tod gebietest zu deiner Ehre, zu meinem Heil und zum Nutzen der Kirche und deiner Heiligen, zu denen ich durch deine Gnade zu gehören hoffe. Du allein weißt, was mir dienlich ist; du bist der alleinige Herr, tue, was du willst. Gib mir, nimm mir, aber bilde meinen Willen nach dem deinen, daß ich in demüthiger und vollkommener Unterwerfung und in heiliger Zuversicht mich anschicke, die Gebote deiner ewigen Vorsehung zu empfangen und alles, was mir von dir kommt, immer gleich verehre.»

269 Buechner, Wishful Thinking, 46. Zitiert in Yancey, Wo ist Gott in meinem Leid?, 120.

270 Yancey, Von Gott enttäuscht, 190.

271 Übersetzung: Hoffnung für alle.

272 Übersetzung: Neues Leben.

273 Wright, Von Hoffnung überrascht, 6.

274 Der theologische Fachbegriff der «Eschatologie» leitet sich von den griechischen Wörtern «eschatos» (Letztes, zuletzt) und «logos» (Wort, Lehre) ab. In der Eschatologie geht es um die Dinge, die sich zuletzt, das heißt am Ende der Geschichte, ereignen, und sie umfasst die Dinge, die wir das Jenseits nennen. Wenn von einer eschatologischen Theodizee die Rede ist, sind damit Argumente gemeint, die darauf abzielen, Gottes Handeln im Licht der Verheißungen zu rechtfertigen, die sich auf das Jenseits beziehen.

275 Hitchens, Der Herr ist kein Hirte, 20.

276 Sölle, Suffering, 149. Zitiert in Loichinger und Kreiner, Theodizee in den Weltreligionen, 136.

277 Chesterton, Orthodoxie, Eine Handreichung für die Ungläubigen, 160.

278 Lewis, Über den Schmerz, 93.

279 Lewis, Pardon, ich bin Christ, 132.

280 Lewis, Pardon, ich bin Christ, 132.

281 Lewis, Pardon, ich bin Christ, 133.

282 Yancey, Wo ist Gott in meinem Leid?, 76.

283 Der teleologische Gottesbeweis leitet sich vom griechischen «telos» (Ziel) ab. Er besagt, dass es in der Welt eine zweckmäßige Ordnung und eine Zielgerichtetheit gibt, die Hinweis auf einen diese Ordnung ins Leben gerufen habenden Gott seien.

284 Russell, Warum ich kein Christ bin, ohne Seitenangaben.

285 Neue Genfer Übersetzung.

286 Vgl. Wright, Von Hoffnung überrascht; Hardmeier, Die Stadt des Königs.

[287] Beale, The Book of Revelation, 1040. Vgl. Offb 5,13; 7,1–3; 8,8–9; 10,2 ff.; 12,18; 18,10 ff.; 20,13.

[288] Wilcock, The Message of Revelation, 211.

[289] Hardmeier, Die Stadt des Königs, 320.

[290] Martin Luther prägte aus der biblischen Wendung «letzter Tag» für den Tag des Gerichts (Joh 6,44) den Begriff «Jüngster Tag», eine Wortbildung, die sich aus der deutschen Sprache des Hochmittelalters ergab und «allerletzter Tag» bedeutet.

[291] Schnädelbach, Der Fluch des Christentums. Die sieben Geburtsfehler einer alt gewordenen Religion. Eine kulturelle Bilanz nach zweitausend Jahren. Die Zeit Nr. 20 /2000, 5–7.

[292] Russell, Warum ich kein Christ bin, 5.

[293] Mt 5,22; Mt 5,29; Mt 5,30; Mt 10,28; Mt 18,9; Mt 23,15; Mt 23,33; Mk 9,43; Mk 9,45; Mk 9,47; Lk 12,5; Jak 3,6 ist die einzige Ausnahme.

[294] Wright, Von Hoffnung überrascht, 152 verweist in diesem Zusammenhang auf Psalm 98.

[295] Grudem, Systematic Theology, 1146; vgl. Berkhof, Systematic Theology, 731.

[296] Yancey, Von Gott enttäuscht, 190.

[297] Näheres bei Hardmeier, Die Stadt des Königs, 306 ff.